D1701443

# Manfred Bachmann
# Holzspielzeug aus dem Erzgebirge

# Manfred Bachmann
# Holzspielzeug aus dem Erzgebirge

Manfred Bachmann

# Holzspielzeug aus dem Erzgebirge

Mit Zeichnungen
von
Hans Reichelt

VEB Verlag der Kunst
Dresden 1984

*Für Heidrun,
Matthias
und Hans-Joachim,
für Lars und Sven*

© VEB Verlag der Kunst Dresden 1984

Alles,
was der Mensch
in der Kindheit erfährt,
erleidet,
alle Schmerzen, aller Kummer
und alle Entdeckungen
bleiben ihm
für immer erhalten.
Sie sind der Nährboden
für die Phantasie,
für Erinnerungen
und menschliche Beziehungen,
zur eigentlichen
Wirklichkeit seines Lebens.

Tschingis Aitmatow

Die Volkskunst
ist ein friedvolles Besingen
von all dem,
was schön und wert
im Leben ist.

Reinhold Langner
1905–1957

*In der vorliegenden Arbeit wird der schillernde Begriff «Spielzeug» im engeren Sinne als «Kinderspielzeug» eingesetzt, läßt also «Spielmittel» für Erwachsene außer acht. Als Grenzgebiet erscheint dabei die Fülle der erzgebirgischen Weihnachtsfiguren und -gestaltungen, die im Jahresbrauch eine zusätzliche Funktion erfüllen.*
*Die Spielzeugforschung – gleichsam ein Klammerbegriff für die pädagogischen, soziologischen, psychologischen, medizinischen, historischen und volkskundlichen Aspekte der konkreten Untersuchung der Spielmittel – hat in den letzten Jahren erfreulichen Aufschwung erhalten. (Freilich muß man sie unterscheiden von den vielen publizistischen Äußerungen, die dem oft «nostalgisch» orientierten Modetrend des westlichen Kunstmarktes und einer spekulativen Sammelbewegung als Hilfsmittel dienen, zum Beispiel flott geschriebene Preiskataloge mit historischer «Dekoration», Reprints alter Kataloge usw. ohne wissenschaftliche Einordnung und oft nicht einmal im Äußerlichen authentisch gearbeitet.) Nicht zu übersehen ist der für viele Spielmittel zutreffende Funktionswandel vom Spielzeug für Kinder zur «Vitrinenkunst». Obgleich der gegenwärtige kapitalistische Spielzeugmarkt lawinenartig immer wieder mit modischer Wucht von neuen Materialien, Figuren und Modellen überschüttet wird – die häufig den Widerspruch der Fachleute provozieren, weil sie gegen humanistische Grundhaltungen verstoßen –, hält sich das oft ganz elementare und den kindlichen Spielvorstellungen entsprechende Holzspielzeug bis heute. Wenn zum Beispiel in kaum zu überblickender Fülle das vor allem aus den USA auf den westlichen Kunstmarkt eindringende Computerspielzeug – marktschreierisch angepriesen als geeignetes Mittel zur Steigerung der persönlichen Bildung, um den Kampf um den Arbeitsplatz zu bestehen –, andere elektronische «Spielkameraden» wie manipulierendes Reagieren fördernde Telespiele etc., auch 1983 auf der Internationalen Spielzeugmesse in Nürnberg einen vorderen Platz einnahmen, so war doch andererseits der «Hang» zum Holzspielzeug nicht zu übersehen.*
*Die Geschichte des Spielzeugs beweist, daß seine Produktion immer abhängig war von Produktivkräften und den herrschenden Produktionsverhältnissen und Ideen der Zeit, von pädagogischen Strömungen und Bräuchen, gesellschaftlichen Bewußtseinsformen und Leitbildern von Ausdrucksformen künstlerisch-stilgeschichtlicher Epochen, von kulturpolitischen Einwirkungen und – nicht zuletzt – von den marktbedingt geregelten Zyklen industriell-technischer Voraussetzungen (Holz, Papier, Zinn, Blech, Kunststoffe; Anwendung der Lithographie, der Dampfmaschine, der Elektrizität, der Elektronik). Darauf verwies in jüngster Zeit nachdrücklich auch Theo Gantner (Katalog Spiel als Beispiel ... 1982).*
*Der Spielzeuggestalter trägt eine große Verantwortung, um Spielzeug und Spiele als Mittel der Bildung nicht zur «Unterweisung», sondern als Entdeckung für das Kind aufzubereiten: Holzspielzeug ist in der Regel einfaches Spielzeug, jedoch nicht einfach Zeug zum Spielen. Ein Schriftsteller bekannte: Spielen, das kreativste Meer der Möglichkeiten. – In Theorie und Praxis*

der sozialistischen Erziehung haben Spiel und Spielgut einen bedeutenden Stellenwert im Hinblick auf die Prägung allseitig gebildeter Persönlichkeiten. Die Spielzeugindustrie und das mit ihr verbundene Handwerk der DDR genießen einen guten Ruf in der Welt. Was Walter Benjamin in einer Rezension des Gröberschen Standardwerkes von 1928 schrieb, gilt auch für uns: «Aber freilich, man käme überhaupt weder zur Wirklichkeit noch zum Begriff des Spielzeugs, versuchte man es einzig aus dem Geist der Kinder zu erklären. Ist doch das Kind kein Robinson, sind doch auch die Kinder keine abgesonderte Gemeinschaft, sondern Teil des Volkes und der Klasse, aus der sie kommen. So gibt denn auch ihr Spielzeug nicht von einem autonomen Sonderleben Zeugnis, sondern ist ein stummer Zeichendialog zwischen ihm und dem Volk. Ein Zeichendialog, zu dessen Entzifferung dieses Werk ein gesichertes Fundament bietet» (Über Kindheit, Jugend und Erziehung. Frankfurt/M. 1969, S. 65).
Die vorliegende Arbeit ist das Ergebnis jahrzehntelanger Studien zur «Seiffener Volkskunst» und intensiver Bemühungen um die Förderung und Erhaltung der regionalen Tradition in der Volkskultur. Spielzeug aus dem Erzgebirge: in Jahrhunderten «gewachsen», bedingt durch das Vertriebssystem der Verleger oft nur anonym überliefert, Existenzgrundlage kärglichster Art in der kapitalistischen Klassengesellschaft für die Bewohner des Gebirges – trotz des «heiteren Folklorecharakters» (R. Haller) der Erzeugnisse – heute in vielen Ländern begehrt und gesicherte soziale Basis für die Spielzeugmacher. Freilich, Plagiate, Nachahmungen tradierter Formen, oft verbunden mit süßlicher Verzerrung der Gestaltungen und Figuren, Übernahme von erzgebirgischen Symbolen, um die «Marktgängigkeit» zu fördern – das sind Erscheinungen, mit denen sich die volkseigene Industrie und das Spielzeugmacherhandwerk ständig auseinanderzusetzen haben. Beispiele aus dem Angebot Hongkongs, Grödens und der BRD sind bekannt. In der eigenen Produktion zeigen sich gestalterische Probleme, Abgleiten in kunstgewerbliche Nettigkeiten, noch ungenügend durchdachte ökonomische Regelungen, zum Beispiel im Hinblick auf die wirklichen «Volkskunsterzeugnisse» im großen Angebot, auf die wirtschaftliche Stimulierung ihrer Produzenten. Viel Förderungsmaßnahmen wurden durch den Staat eingesetzt und angeregt. Seiffen heute – das ist ein Bekenntnis zur Tradition, zum kulturellen Erbe. (Seiffen möge in diesem Buch als Synonym für das historische Zentrum der gesamten erzgebirgischen Spielzeugproduktion verstanden werden.) Die tradierte Volkskunst weckt die Lust zum Experiment, mögen deshalb von diesem Band geeignete Impulse für die gegenwärtige Arbeit der Spielzeuggestalter ausgehen.
Das erzgebirgische Holzspielzeug ist in allen bedeutenden Fachsammlungen Europas vertreten (Basel, Berlin – Hauptstadt der DDR, Dresden, Hamburg, Nürnberg, Riehen, Salzburg, Seiffen, Sonneberg, Wien, Zürich u. a.). Bei Privatsammlern steht es hoch im Kurs, wie die Auktionskataloge, aber auch die «Flohmarktpreise» beweisen. Der vorliegende Band schließt sich den vorausgegangenen Studien des Verfassers zur erzgebirgischen Volkskunst und den regional orientierten Darstellungen zur Geschichte des Holzspielzeugs an, die den Anspruch auf wissenschaftliche Studien erheben können (u. a. Karl Gröber für Oberammergau, Rita Stäblein und Artur Haberlandt für Gröden, Herbert Clauß für die Rhön, August Hartmann und Alois Mitterwieser für Berchtesgaden). Der Verfasser hat darüber hinaus einen zusammenfassenden Band «Berchtesgadener Volkskunst» abgeschlossen und zum Druck vorbereitet.
Als Hauptaufgabe des vorliegenden Buches steht die geschichtliche Darstellung der Entwicklung der Holzspielzeugproduktion im Gebiet von Seiffen, der Wandel der sozialökonomischen Grundlagen der Herstellung und des Vertriebs des Spielzeugs, der bestimmende Einfluß der Produktionsverhältnisse

auf die Dialektik von Lebensbedingungen, Lebenstätigkeit und Lebensweise der Spielzeugmacher, die besonderen technologischen Bedingungen der Produktion und die volkskünstlerischen Ausprägungen der Erzeugnisse unter dem Aspekt der ethnisch-regionalen Gebundenheit. Dabei werden die gegenwärtigen Entwicklungen mit einbezogen, um den historischen Wandel verständlicher zu machen. Unter Berücksichtigung der erfreulichen Tatsache, daß zur Technik der Holzdrechselei und ihren Sonderformen im Erzgebirge gerade in den letzten Jahren grundlegende Werke und Studien erschienen sind (Hellmut Bilz, Helmut Flade), konnte ich mich dabei auf knappe Aussagen beschränken. Wir möchten den schöpferischen Reichtum an Gestaltungen, den besonderen Reiz des erzgebirgischen Holzspielzeugs – vorwiegend begriffen als Ausdruck volkskünstlerischen Bemühens der Hersteller – an gültigen Beispielen vorführen. Wenn 1967 in der Schrift «Mäzenatentum in Sachsen» (Frankfurt/M.) von einem Vertreter des ehemaligen sächsischen Königshauses formuliert wurde, «daß Caspar Heinrich von Schönberg der Vater der Weihnachtspyramiden und Räuchermänner sei...» (S. 36), so wird die wirkliche Geschichte auf den Kopf gestellt. Die Figurenwelt des Seiffener Spielzeugs formte sich unter den Bedingungen sozialer Unterdrückung und Armut ihrer Hersteller. Die im Band ausführlich zitierten Vertreter der Arbeiterbewegung dokumentieren das auf ihre Weise mit historischer Wahrhaftigkeit.

Die grundlegenden Studien und jahrzehntelangen Bemühungen um Seiffener Volkskunst meiner verehrten Kollegen Karl-Ewald Fritzsch (1894–1974), Hellmut Bilz und Johannes Eichhorn waren gleichermaßen unerläßliche Voraussetzungen für den vorliegenden Band wie die Erkenntnisse, die mir mein Lehrer Adolf Spamer (1883–1953) und mein Mentor Reinhold Langner (1905–1957) vermittelten. Als persönliche Widmung in seinem Band «Deutsche Volkskunst – Sachsen» schrieb mir Adolf Spamer: «Eine künstlerische Volkskultur setzt, mag sie auch landschaftlich und sozial in noch so vielen Abarten schillern, eine einheitliche Welt- und Lebensdauer voraus, verlangt Wurzelhaftigkeit und Stete des persönlichen Daseins.» Dieser Satz, vor dreißig Jahren geschrieben, enthält für mich eine der Grundlehren für die wissenschaftlich betriebene Volkskunde unserer Tage.

Der Tafelteil des Bandes schließt sich – nach Sachgruppen oder Werkstätten geordnet und historisches Formengut mit gegenwärtigen Gestaltungen verbindend – den fibelartig angelegten Büchern bzw. Mappen von Geist-Mahlau, Rumpf, Seyffert-Trier, Hoffmann und Vogenauer an, beschränkt sich jedoch – im Gegensatz zu den genannten Werken – ausschließlich auf das Holzspielzeug des Seiffener Gebietes. Als sensibler Zeichner bewährte sich der Spielzeuggestalter und Ingenieur für Holztechnik Hans Reichelt (geb. 1922) Seiffen, tätig im zentralen Bereich Forschung des VEB VERO Olbernhau. Von Jugend an eng verbunden mit der Volkskunst seiner Heimat, Sohn eines Holzdrechslers, Absolvent der Spielwaren-Fach- und Gewerbeschule Seiffen (1936–1939), Studium an der Kunstgewerbeakademie Dresden, nach dem Kriege Spielwarenmaler, später Praktikant und Zeichenlehrer an der Staatlichen Spielwarenfachschule Seiffen (1946–1952) und seitdem Entwickler und Gestalter in verschiedenen Einrichtungen, bot er alle Voraussetzungen, die Vielfalt der Seiffener Volkskunst adäquat ins Bild zu setzen. Im wesentlichen wurden die Bestände aus dem Spielzeugmuseum Seiffen dokumentiert, alle übrigen – nicht als solche gekennzeichneten – stammen aus Privatbesitz von Sammlern oder aus den Werkstätten und Betrieben.

Mein herzlicher Dank für fachliche Unterstützung gilt vor allem Herrn Hellmut Bilz, Herrn Johannes Eichhorn, Herrn Helmut Flade, Fräulein Christel Auerbach, den befragten Handwerkern, den Leitungen der Genossenschaften, volkseigenen Betriebe und Kombinate. Die Arbeit förderten der Leiter des Folklorezentrums Schneeberg, Herr Werner Rienäcker, und die Partei- und Staatsorgane des Bezirkes Karl-Marx-Stadt. Wichtige Hinweise gaben mir in bewährter Kollegialität Dr. Lydia Bayer, Hans Gauß, Dr. Theo Gantner, Prof. Dr. habil. Wolfgang Jacobeit, Dr. Brunhild Meyfarth, Prof. Dr. habil. Paul Nedo. Mit Katalogen und Festschriften unterstützten mich außer den im Band genannten Betrieben der volkseigenen Kombinate die Firmen F. C. Weber, Zürich und Vedes GmbH, Nürnberg. Für die sorgfältige Drucklegung des Manuskriptes habe ich meiner Mitarbeiterin Frau W. Damm, Prof. Dr. Horst Jähner und Kollegen Heinz Krentzlin sowie Dr. Erhard Frommhold vom Verlag der Kunst Dresden Dank zu sagen.

*Dresden, im Sommer 1983*
*Manfred Bachmann*

# Inhaltsverzeichnis

### 1.
### Zur Geschichte
### der erzgebirgischen Spielzeugproduktion

| | |
|---|---:|
| Vom Bergmann zum Drechsler | 15 |
| Vom Holzdrechsler zum Spielzeugmacher | 22 |
| Spielzeugmacher – Fabrikarbeiter – Heimarbeiter | 29 |
| Verleger, Handel und Spielzeugmacher | 32 |
| Fabriken und Hausindustrie | 38 |
| Zur sozialen Lage der Spielzeugmacher. Kinderausbeutung und Wohnungselend | 43 |
| Die Arbeiterbewegung und ihr Kampf um soziale Gerechtigkeit | 56 |
| Die Entwicklung der Spielzeugproduktion im monopolistischen Kapitalismus | 68 |
| Die erzgebirgische Volkskunst und Spielzeugproduktion im Gefüge der sozialistischen Wirtschaft | 80 |
| Zeittafel zur Geschichte Seiffens | 93 |

### 2.
### Seiffener Volkskunst im Bild

| | |
|---|---:|
| Wesen und Merkmale der Holzgestaltungen | 99 |
| Zur Technologie der Reifendreherei | 113 |
| Farbe, Klang und Bewegung: Spielzeug für die Jüngsten (Tafeln 1–14) | 128 |
| Auguste Müller (1847–1930) – eine naive Künstlerin aus dem Volke (Tafeln 15–17) | 136 |
| Karl Müller (1879–1958), der Männelmacher (Tafeln 18–22) | 145 |
| Menschen – Tiere – Häuser – Bäume: Das Kind erbaut sich seine Welt (Tafeln 23–44) | 156 |
| Arbeit, Verkehr, Technik, Lebensweise: Die Welt in Miniaturen (Tafeln 45–66) | 185 |
| Seiffen – Werkstatt des Weihnachtsmannes (Tafeln 67–88) | 203 |

| | |
|---|---:|
| Literaturverzeichnis | 247 |
| Personenregister | 256 |

# 1. Zur Geschichte der erzgebirgischen Spielzeugproduktion

## Vom Bergmann zum Drechsler

Die Spielzeugindustrie des Seiffener Gebietes hat – ebenso wie die «Feierabendschnitzerei» und Klöppelei des westlichen Erzgebirges – ihre Wurzeln im Bergbau, der seit dem 12. Jahrhundert in zunehmendem Maße Bevölkerungsstruktur, Wirtschaftsleben und Kultur dieser Landschaft prägte. Es ist noch nicht genau nachgewiesen, wann die Seiffener Zinnlager entdeckt wurden, vermutlich im 13. Jahrhundert. Ihr Name verrät uns, daß einst bergerfahrene Männer planmäßig suchend bei Purschenstein zinnhaltiges Schwemmland entdeckten und mit seiner Ausbeutung begannen. Wann sie sich dann am Seiffenbache mitten im böhmischen Walde zu einer Dauersiedlung entschlossen, ist nicht zu ermitteln. Aber bereits 1324 werden im Lehnbriefe über Sayda und Purschenstein (aufbewahrt im Staatsarchiv Dresden) «cynsifen» genannt. Sicher siedelten die Bergleute ganz in ihrer Nähe. Die beiden Bingen und die Pochwerke am Seiffenbach belegen, daß das Zinnerz seit der zweiten Hälfte des 15. Jahrhunderts in Gruben abgebaut wurde. Schließlich, im Verlaufe des 18. Jahrhunderts, ließ die aus ökonomischen Gründen notwendige Vergewerkung die ehemals selbständigen Eigenlehner zu schlecht bezahlten Lohnarbeitern werden. (Das älteste Seiffener Siegel vom Anfang des 18. Jahrhunderts trägt die Umschrift «Bergflecken zum Seuffen» mit einem Altvater.) Nun begann Seiffens Aufstieg zum Bergort mit einem der wenigen sächsischen Vasallenbergämter der Herren von Schönberg; es wurde um 1560 eingerichtet. Der Bergmeister für das Saydaer Ländchen hatte hier seinen Sitz. Die Zinnseifner waren zugleich Bauern, rangen dem steinigen Boden in rauhem Klima geringe Erträge ab. Der Zinnbergbau Seiffens war im allgemeinen nicht sehr bedeutungsvoll. Über die geologischen Bedingungen des Zinnbergbaues im Seiffener Gebiet vermerkt Werner Quellmalz: «Für die Ausbildung von alluvialen Zinnerzlagerstätten sind die Bedingungen im Osterzgebirge durch die starke Oberflächengliederung mit steilen Hangneigungen günstiger, jedoch fehlen hier größere und tiefere Anschnitte erzführender Gesteinspartien. Dadurch werden erst bei längerem Transportweg – zum Beispiel im Müglitztal bei Bärenstein und im Unterlauf der Biela – höhere Zinngehalte in den Flußsedimenten gefunden. Die Primärvorkommen dazu liegen im Bereich der Sachsenhöhe und der Hegelshöhe und sind weniger in Altenberg und Zinnwald zu suchen. Der Bergbau auf Seifenzinn ist im Erzgebirge schon seit langem erloschen. Von den zahlreichen primären Zinnerzvorkommen dieser Region sind – wie gezeigt wurde – nur drei von wirtschaftlicher Bedeutung, zwei davon auf dem Gebiet der DDR. Andere bekannte Zinnerzreviere wie Sadisdorf, Seiffen, Geyer im Erzgebirge, Gottesberg, Tannenbergsthal und Lauterbach im Vogtland sind abgebaut oder zu arm an Erz, um noch eine wirtschaftliche Gewinnung zu gewährleisten.» (In: Das erzgebirgische Zinn ... S. 20) Wir erinnern auch an die Feststellung von Friedrich Engels, «wie sehr die Gold- und Silberproduktion Deutschlands ... das letzte treibende Moment war, das Deutschland 1470–1530 ökonomisch an die Spitze Europas stellte». Erzgebirgisches Silber war über viele vermittelnde Glieder mit anderen Bereichen der materiellen und ideellen Produktion verbunden. Die Doppelberufigkeit ist typisch für die Entwicklung der Wirtschaft des Gebietes Seiffen und erhielt sich zum Beispiel in der Bindung von Drechsler und Landwirt bis heute. (Auch Bergmann und Landwirt, Bergmann und Maurer, Bergmann und Schmied sind belegt.) Im vorliegenden Beitrag ist es nicht möglich, die wechselvolle Geschichte des 1849 erloschenen Seiffener Bergbaues bis zur Auflösung des Bergamtes 1851 nachzuzeichnen. Karl-Ewald Fritzsch hat sie in gründlicher Auswertung der einschlägigen Archivbestände ausführlich beschrieben und die Umstellung des Bergortes Seiffen zur Spielzeugproduktion, den Übergang vom Bergmann zum Spielzeugmacher, überzeugend nachgewiesen. Seine Zusammenfassung belegt (Sächsische Heimatblätter 6, 1965 S. 482ff.):

«1. In der Periode bergbaulicher Blüte leben Zinnseifner wie anfahrende Bergleute im wesentlichen von der Gewinnung des Erzes. Soweit Witterungsverhältnisse die Arbeit über Tage beeinträchtigen, bleibt Zeit für notwendige häusliche Arbeiten; soweit landwirtschaftliche Arbeiten die männlichen Kräfte zur

Sicherung der Ernährung beanspruchen, gibt sie der technisch völlig unkomplizierte Betrieb ohne weiteres dafür frei.

2. In der Periode rückläufigen Bergbaues wird die landwirtschaftliche Nebenarbeit bedeutsamer. Auch weitere Berufe müssen dann die bergmännische Existenz stützen, die bisher nur gelegentlich in Erscheinung traten. Dafür gewinnt in unserem Untersuchungsbereich das Holz der großen Wälder vorrangige Bedeutung.

3. In einer dritten Periode des erlöschenden Bergbaues wird dann die Holzverarbeitung zur eigentlichen Existenzgrundlage. Der Bergmann wird Holzhandwerker und Spielzeugmacher.»

Sicherlich bekamen die Seiffener gestalterische Anregungen durch die Produktion der 1488 gegründeten Glashütte Heidelbach. An ihr waren außer Glasmachern auch Glasmaler, Glasschleifer, Glasschneider und Edelsteinschneider manufakturmäßig tätig. Sie fertigten kunstvolle Glashängeleuchten, -gefäße und Gläser für die 1581 gegründete Hofapotheke in Dresden. Auch in der Frauenbach wird für 1452 eine Glashütte erwähnt.

Über den Bergbau dieser Frühzeit sind wir durch das monumentale Buch «De re metallica libri XII» (Bergbau und Hüttenkunde, 12 Bücher) anschaulich informiert. Das bekannteste Werk (1. Auflage Basel 1556 in lateinischer Sprache) des Dr. Georgius Agricola (1494–1555), Sohn eines Glauchauer Tuchmachers, Stadtarzt und Humanist, Begründer der wissenschaftlich betriebenen Bergbau- und Hüttenkunde, Mineralogie und Geologie, ermöglicht uns mit seinen etwa 300 Abbildungen einen guten Einblick in die Arbeits- und Lebensbedingungen der Bergleute und in die Technik des Bergbaues. (In Buch II nennt er das Waschen der Seifen in Flüssen und Bächen. – Eine Seife sind Sande, in denen Edelsteine oder Erzkörner angereichert sind. Schlich ist gewaschenes und gesiebtes Erz. Die schwarzen Steinchen sind Zinngraupen.)

Die kurfürstliche Holzordnung von 1560 für das Lautersteiner Gebiet und die Purschensteiner Holzordnung von 1588 bestätigen, daß in den

Orientierungskarte: Das Seiffener Spielzeuggebiet

Orten an der Flöha im mittleren Erzgebirge bereits im 15. und 16. Jahrhundert, also noch während der Zeit des Bergbaues, zahlreiche Holzhandwerker tätig waren. Sie boten Holzgefäße und Arbeitsgeräte an, die dann von Hausierern im Lande vertrieben wurden. Aus den Stämmen von hartem und weichem Holz fertigten sie «kandeln» (Kannen), «schüßeln, schöffel-thrusen» (Holzbütten), «schauffeln», Brechen (Flachsbrechen), Rollen, Siebe, auch Sieben-Leuffte (Lauf- und Wurfsiebe zur Aufbereitung des Erzes) und dergleichen hölzern Gefäß «uffn Kauff». Spielzeug wurde nicht erwähnt. (Übrigens hatten die Glashütten gleichermaßen großen Bedarf an Holz zum Schmelzen und zur Gewinnung von Pottasche als Schmelzzusatz.) Im Kirchenbuch von Grünhainichen wird bereits 1578 ein Händler mit Holzwaren genannt. In der Folgezeit entwickelten sich vor allem Grünhainichen und Waldkirchen zu Handelsorten, die im wesentlichen den Vertrieb der Erzeugnisse aus dem ganzen Seiffener Industriegebiet übernahmen. 1486 hatte es erst 13 Besessene (dagegen z. B. Sayda 136). 1455 wurde Seiffen als Dorf erstmalig genannt. 1541 hatte es 14 Besessene und 48 Einwohner, 1570 aber 39 Ansässige (darunter 13 Häusler) und wurde als «Bergflecklein» bezeichnet. Der Ort entwickelte sich nur langsam (1551: 146 Einwohner). Bereits 1560 gab es im Seiffener Tal acht mit Wasserkraft betriebene Pochwerke, die unbedingter Bestandteil des Bergbaus im festen Gestein sind, da Pochwerke für die Gewinnung von Seifenzinn nicht benötigt wurden. Andererseits wurden aber noch bis zum Ende des 17. Jahrhunderts Seifenwerke gemutet, so daß die Zinngewinnung im Seiffener Gebiet über zwei Jahrhunderte etwa sowohl in Seifenwerken als auch im Bergwerksbetrieb erfolgte. «Binge» und «Geyerin», ehemalige Stolleneinbrüche, mitten im Ortszentrum gelegen, erinnern an die Frühzeit des Bergbaus, in der auch die Zinngießerei ansässig war. Holzhandwerk wird auch für Grünhainichen an der unteren Flöha bezeugt. Auf dem schmalen Bergrücken zwischen den Flußtälern der Zschopau und der Flöha bot hier das Land der bäuerlichen Arbeit kaum eine Entfaltungsmöglichkeit. Der Wald beherrschte die ganze Landschaft, und seine schier unerschöpflichen Holzreserven mußten den

Zinnwaschen mit Seifengabel. Der Bach A. Der Graben B. Die Breithaue C. Die Rasenstücken D. Die siebenzinkige Gabel (Seifengabel) E. Die eiserne Schaufel F. Der Läutertrog G. Ein anderer, daruntergestellter Trog H. Eine kleine hölzerne Schaufel I. (Der re metallica, 1557)

zahlreichen Häuslern erst zu einer sicheren Nahrungsgrundlage verhelfen. Das bezeugen die allerdings unvollständigen Eintragungen im Kirchenbuch von Grünhainichen nach 1550. So dürfte der 1579 genannte Hans Oehme nicht der einzige Löffelmacher im Orte gewesen sein. Vermutlich haben seine Vorfahren schon im gleichen Häuschen geschnitzt. Die Berufsverbindung Holzarbeiter und Holzwarenhändler wird in der Folge immer häufiger. Grünhainichen hatte sich demnach bereits zu dieser Zeit zu einem Handelsort entwickelt – dank der Nähe mehrerer wichtiger Straßen. Ganz nahe führte die Straße von Hof nach Dresden und nach dem Osten vorbei. Vor allem war bei Chemnitz die Messestraße nach Leipzig unschwer zu erreichen. Wir erfahren, daß die Frau des Händlers Christoph Wagner stirbt, als dieser 1613 mit seinen Holzwaren auf dem «Leipsischen Markt» war, wo auch 1634 der Häusler Hans Oehme an der Pest gestorben ist. Sogar von Todesfällen bei Messeaufenthalten in Frankfurt, Braunschweig, Lüneburg und in Messestädten des Ostens lesen wir. Außer den Erzeugnissen der eigenen Arbeit haben die Großhändler auch die Überproduktion der oberen Gebirgsorte auf die Jahrmärkte und zur Leipziger Messe gebracht. Ihre Schubkarren vermochten aber nur begrenzte Mengen geschnitzter Löffel, Quirle und sonstiger kleiner Gegenstände zu tragen. Der Transport größerer Gefäße machte Pferdewagen erforderlich, die die Bauern wegen des guten Verdienstes gern stellten, obschon die Fahrt auf den schlechten Straßen nicht ungefährlich war. Wiederholt hat ein hochbeladener Wagen beim Umstürzen den Fuhrmann erschlagen. Nach dem Dreißigjährigen Krieg muß in der örtlichen Produktion eine bemerkenswerte Änderung eingetreten sein. Häufiger werden jetzt, wie auch in den Nachbarorten, Geigenmacher, Musikanten, Kisten-, Kästel-, Schachtelmacher und Maler genannt, nach 1700 auch Pfeifendreher. Trommeln und Pfeifen waren meist für Kinderhände gedacht. Man kann demnach schon für diese Zeit von einer Spielzeugproduktion in Grünhainichen sprechen. Das steile Gefälle des Dorfbaches ermöglichte am Unterlaufe die Anlage mehrerer Wasserräder zum Antrieb rotierender Drehspindeln. Große Kisten benötigte man beim Ferntransport zu den Messen.

Olbernhau mit Stadtkirche. Ansicht vom Süden

Grünhainichen. Ortsansicht 1983

Waldkirchen. Ortsansicht 1983

Dort stellten die Händler gute Verbindungen zu den Kaufleuten aus Nürnberg und Sonneberg her und lieferten die bestellten Waren zu niedrigen Preisen. Der Schellenberger Amtshauptmann Schütz berichtet im Jahre 1770, daß «En-Gros-Händler» von kleinem Hausrat in Grünhainichen die größten Niederlagen hätten und ihren Handel bis in die Neue Welt verbreiteten. Holzspielzeug erwähnt Schütz zwar nicht unmittelbar, aber die umfangreichen Aufträge an gedrehten Pfeifen lassen erkennen, daß sein Anteil bereits recht erheblich war und noch weiter anstieg. Die Anregung und Lenkung der Produktion erforderte vom Händler Sachkenntnis und kaufmännischen Weitblick, Betriebskapital, Räume für die Lagerung und Mittel für die Organisation des Transports. Wenige vermochten diese Bedingungen zu erfüllen, unter ihnen Angehörige der alteingesessenen Familien Oehme und Wagner, die nach 1764 in Grünhainichen und im benachbarten Waldkirchen die führenden Verlagshäuser gründeten. Sie stützten sich dabei nicht allein auf die örtliche Produktion, sondern kauften als Zwischenhändler auch die Erzeugnisse im Seiffner Gebiet auf. In der Einwohnerliste von 1789 sind für Grünhainichen dreißig Händler aufgeführt (1785 bereits fünfzig Einwohner, davon zwanzig Händler). Für die Mitte des 18. Jahrhunderts werden Holzdrechselwaren und Spielzeug auch in Bergstädten des westlichen Erzgebirges bezeugt, die von den Händlern in Grünhainichen mit vertrieben wurden. Dazu gehörten Schneeberg (hölzerne Puppen, Docken nach Nürnberger Art mit Krönchen auf dem Kopf), Annaberg und Lößnitz. Aber auch in Augustusburg, Wolkenstein und Lauterstein saßen Drechsler.

Eine zeitgenössische Quelle vermerkt für 1803, daß die Drechslerwaren dieser Orte sich durch Wohlfeilheit auszeichnen, die Waren aus Warmbrunn in Schlesien und die Tyroler (Grödener) seien weit teurer. In Seiffen hatte die gewerbliche Holzverarbeitung – neben dem Bergbau – eine gewisse Tradition. Bereits 1644 wird Georg Frohs als «Teller- und Spindeldreher» genannt. – Die Arbeiten der Drechsler standen im 17. Jahrhundert neben der Arbeit des Bergmanns. Beide Tätigkeiten waren nicht verbunden.

Nicol Lorenz hatte 1655 von seinem Erbherren Caspar Haubold von Schönberg einen Laßheim (Wald) erhalten als Dank dafür, daß er ihn und seinen Bruder in die Kunst des Drechselns eingeführt hatte. Als Spindeldreher und Tellermacher drechselten sie für die Frauen Spinnräder und Rockenstöcke, auch Holzteller für die Hauswirtschaft, Nadelbüchsen, Holzknöpfe und gelegentlich auch einige kleine Spieldinge für die Kinder.

1695 war die Anzahl der Drechsler in Seiffen auf zehn, im angrenzenden neugegründeten Heidelberg auf vier gestiegen. – Offenbar war auch durch die Zuwanderung von evangelischen Exulanten aus dem böhmischen Nachbarland, die in mehreren Wellen im Zuge der Gegenreformation durch die strengen Rekatholisierungsgesetze und scharfen Robotordnungen der Habsburger Krone aus ihrer Heimat vertrieben wurden, ein gewisser Zustrom von Holzhandwerkern erfolgt, obgleich urkundliche Belege dafür fehlen. Das trifft vor allem für die dritte Exulantenwelle am Ende des Dreißigjährigen Krieges zu, die zur Gründung von «Exulantendörfern» führte. Karlheinz Blaschke hat in seiner «Bevölkerungsgeschichte Sachsens bis zur industriellen Revolution» die Exulanteneinwanderung ausführlich analysiert: «Die Exulanten haben sich in vielen sächsischen Dörfern besonders in der südlichen Oberlausitz und im mittleren Erzgebirge zwischen Lauenstein, Freiberg und Sayda niedergelassen, wo durch die Bevölkerungsverluste des Dreißigjährigen Krieges große Lücken entstanden waren. Sie haben außerdem aber auch neue Siedlungen entlang der Grenze im Erzgebirge und in der Oberlausitz angelegt. Die größten von ihnen waren die Städte Johanngeorgenstadt und Neusalza. Bei den neugegründeten Dörfern handelte es sich nicht um bäuerliche Siedlungen, sondern um kleinräumige Gärtner- und Häuslersiedlungen, deren Bewohner sich vom Bergbau oder von gewerblicher Arbeit nährten. Insgesamt gibt es in Sachsen etwa dreißig solcher von Exulanten gegründeter Orte, wobei es in manchem Einzelfall nicht einwandfrei zu klären ist, ob ein Ort ausschließlich von Exulanten oder nur unter starker Beteiligung von Exulanten begründet wurde und ob eine kleine Siedlung überhaupt als selbständiger Ort oder nur als Ortsteil anzusehen ist. Die folgende Aufstellung dürfte die Exulantensiedlungen in Sachsen mit einer gewissen Vollständigkeit wiedergeben. In der Klammer ist jeweils die Entstehungszeit beigefügt, soweit sie sich feststellen ließ. Um einen Eindruck von der Größe der Siedlungen zu geben, sind die Einwohnerzahlen von 1750 mit angeführt.

| | |
|---|---:|
| Altgersdorf (1657) | 410 |
| Aschberg | 23 |
| Brüderwiese (1666) | 18 |
| Deutschcatharinenberg (1663) | 54 |
| Deutschgeorgenthal (1680) | 18 |
| Deutschneudorf (1650) | 365 |
| Eisenzeche (1670) bei Oberneuschönberg mitgezählt | |
| Georgenfeld (1671) | 131 |
| Georgenthal | 14 |
| Gottgetreu (1721–30) | – |
| Heidelbach (1659) | 54 |
| Hutha (1672) | 41 |
| Johanngeorgenstadt (1654) | 3096 |
| Kleinneuschönberg (1659) | 198 |
| Lässigherd bei Niederseiffenbach mitgezählt | |
| Müglitz | – |
| Neugersdorf (1657) | 1155 |
| Neusalza (1670) | 822 |
| Neuwernsdorf (1660) | 212 |
| Niederneuschönberg (1651) | 135 |
| Niederschlag (1657) | 81 |
| Niederseiffenbach (1655) | 180 |
| Oberneuschönberg (1651) | 284 |
| Oberseiffenbach (1666) | 144 |
| Rauschenbach (1660) | 14 |
| Sachsenberg (1630) | 273 |
| Stahlberg | 180 |

Alle Exulantensiedlungen zusammen haben um 1750 knapp 8000 Einwohner gehabt, nachdem sie in den meisten Fällen rund achtzig bis hundert Jahre bestanden und sich in dieser Zeit vergrößert hatten. Sie dürften zur Zeit ihrer Entstehung kaum wesentlich mehr als 5000 Einwohner aufgenommen haben.» (S. 114 f.)

Durch diese Bewegung wurde vor allem die Herrschaft Purschenstein berührt. Die Bevölkerungsbewegung in der oberen Herrschaft Purschenstein zeigt folgendes Bild:

| | |
|---|---|
| 1618 | 496 Einwohner |
| 1634 | 367 Einwohner |
| 1648 | 434 Einwohner |
| 1660 etwa | 685 Einwohner |
| 1680 etwa | 1075 Einwohner |

Für Seiffen drückt sich der Exulantenzuzug in den Einwohnerzahlen aus (vgl. 1660):

| | |
|---|---|
| 1602 | 175 Einwohner |
| 1618 | 240 Einwohner |
| 1648 | 280 Einwohner |
| 1660 | 380 Einwohner |
| 1799 | 470 Einwohner |

1732 kam es im Erzgebirge zu vielen Begegnungen mit Gruppen der 21000 protestantischen Exulanten aus Salzburg, die, vertrieben durch den berüchtigten Erzbischof Graf von Firmian (1727–44), auch das Erzgebirge durchstreiften. In Kursachsen ließ man die Salzburger weiterziehen, obgleich sie unter der Bevölkerung wärmste Anteilnahme fanden und sich im Lande Stimmen für ihre Aufnahme und Ansiedlung erhoben (vgl. dazu Blaschke, S. 117 ff.). Durch die in sechzehn Zügen aus dem Lande gewiesenen Bauern waren in Salzburg 1776 Höfe frei geworden. Das Emigrationspatent von 1731 wies alle Lutheraner und Reformisten aus dem Erzstift Salzburg aus. König Friedrich Wilhelm I. sicherte den Bauern durch das preußische Einladungspatent eine neue Heimat zu. Damit ergriff der preußische König die Gelegenheit, die von der Pest fast entvölkerten litauischen Distrikte aufzufüllen. Das seit Beginn der zwanziger Jahre unternommene Aufbauwerk in Ostpreußen und speziell in seinem litauischen Teil sollte die furchtbaren Pestjahre 1709/1710 ausgleichen. Als die Emigranten auf ihrem langen Weg vom Süden zum äußersten Nordosten die preußische Hauptstadt passierten, ließ der Monarch seine neuen Untertanen vor dem Schloß aufziehen und genoß den Anblick der armen Vertriebenen, die seinen Reichtum mehren sollten. Friedrich Wilhelm I. nahm über 15000 Salzburger auf (1732/1733).

1732/33 machten über 900 Berchtesgadener Protestanten von der im Westfälischen Frieden gewährleisteten Auswanderungserlaubnis Gebrauch und wanderten – den Salzburger Glaubensbrüdern folgend – aus dem Lande. Daraufhin traten die

Seiffen. Blick zum Schwartenberg. 1934

Verleger in Aufstand (28. September 1732) und verlangten vom Fürstpropst – aus Angst vor kommender Konkurrenz (unter den Auswanderern befanden sich viele Schnitzer) –, daß er lieber den geheimen Gottesdienst nach lutherischer Weise gestatten sollte, als die Menschen über die Grenze zu lassen. Die Regierung erkannte die wirtschaftliche Gefahr und versuchte, die Auswanderer unter Berufung auf ihren Stand als «Leibeigene» und mit Hilfe einer hohen Entlassungsgebühr zurückzuhalten, schließlich nach Ungarn zu leiten. Die Versuche mißlangen. Die Berchtesgadener zogen wie die Salzburger nach Ostpreußen. Ein Teil blieb in Berlin und stellte unter dem Schutz von Friedrich Wilhelm I. Holzschnitzereien und Baumwollarbeiten her. Andere zogen nach Hannover und von dort aus – sie konnten sich wirtschaftlich nicht halten – nach Altdorf bei Nürnberg, wo sie mit den Nürnberger Händlern einen monopolartigen Kontrakt schlossen.

Mit dem beginnenden 18. Jahrhundert wurde die Holzdrechselei in ihrer Entwicklung rückläufig. Von Jahr zu Jahr verminderte sich die Zahl der zinszahlenden Drechsler, bis in Seiffen von 1713 an für lange Zeit – bis nach 1750 – nur noch ein oder zwei Drechsler tätig waren.

Daß Seiffen um 1730 noch kein leistungsfähiges Drechslerhandwerk besaß, ist auch daraus zu schließen, daß der Auftrag zur Herstellung von 30 000 Holztellern für das berühmte Zeithainer Lustlager nach dem nahen Neuwernsdorf gegeben wurde. August der Starke wollte damit seinen Gästen, darunter Friedrich Wilhelm I. mit seinem damals siebzehnjährigen Sohn, dem späteren Friedrich II., imponieren. Auf dem Schauprunkgelage des dreiwöchigen Feldlagers sollte die Speisung der gesamten sächsischen Armee (30 000 Mann) von hölzernen Tellern erfolgen. Auf jedem Teller mußte das königliche Signum mit der Jahreszahl eingebrannt werden. Am Abend des 24. Juni eröffnete ein großes Feuerwerk das Lager. Das Essen fand dann am 26. Juni statt. Im Anschluß daran nahm das Heer längs des Ufers Aufstellung, und die Soldaten warfen auf Kommando die Teller in die Elbe «zum ewigen Angedenken des rühmlichen Campements». (Dieses Ereignis war mehrfach Stoff für bürgerliche Heimatschriftsteller, u. a. für

Gustav Nieritz 1795–1876.) Karl-Ewald Fritzsch hat in seinen auf umfassendem Aktenmaterial fußenden gründlichen Beiträgen die Geschichte des Seiffener Bergbaus, die Wandlungen des Bergfleckens zum Industrieort exakt nachgezeichnet. (Vgl. unter diesem Aspekt besonders «Vom Bergmann zum Spielzeugmacher, Jahrbuch für Volkskunde 1956, S. 179 ff.)

### Vom Holzdrechsler zum Spielzeugmacher

Die weitere Entwicklung des Holzgewerbes ist nicht progressiv erfolgt, wie man bisher allgemein annahm. Die Akten des Bergamtes zeigen, daß sie bald darauf rückläufig wurde. In der ersten Hälfte des 18. Jahrhunderts erlebte der Seiffner Bergbau einen beachtlichen Aufschwung. In seiner Blütezeit aber bestimmte er allein das wirtschaftliche Leben des Ortes. Einem Handwerk, das nicht in seinem Dienst stand, ließ er keine Entfaltungsmöglichkeit. Einem einzigen Drechsler ist es gelungen, während der Jahre von 1713 bis 1754 seinen Arbeitsplatz an der Drehbank zu behaupten und damit die Kontinuität der Holzarbeit zu wahren: Andreas Hiemann. Sicher hat er seine Drehlade mit dem Fuße betrieben, denn der Bergbau benötigte nicht nur alle Arbeitskräfte, sondern auch die Produktionsmittel, die Wasserkraft, für seine Pochstätten. Möglicherweise haben Drechsler, die der Bergbau an sich zog, ihre Tätigkeit nebenberuflich weitergeführt, vielleicht haben andere sich in ungünstiger Witterung durch Holzarbeit einen Ausgleich gesucht, besonders dann, als nach der Jahrhundertwende der Bergbau wieder rückläufig wurde.

Gern nahm man an, der Bergmann hätte in seiner freien Zeit geschnitzt und gebastelt und dabei das Spielzeug selbst erfunden, das später in großen Mengen produziert wurde. Aber dafür fehlen die konkreten Nachweise. Die Entwicklung vom Bergmann zum Spielzeugmacher ist nicht über die Feierabendbeschäftigung, sondern auf Grund wirtschaftlicher Gesetzmäßigkeit und ökonomischer Sachzwänge erfolgt. Erst als während des Siebenjährigen Krieges der Zinnbergbau fast völlig zum Erliegen kam und im alten Bergflecken die Not einzog, erfolgte allmählich die endgültige Umstellung zum Spielzeugort. Eine wichtige Grundlage dafür war die Umwandlung der alten Pochstätten zu Drehwerken. Die siebzehn am Seiffenbach von der Höhe bis zum Tal wie Perlen an einer Schnur aufgereihten Pochwerke bildeten mit ihren kraftspendenden Wasserrädern das Produktionsgerüst des neuen Gewerbes. Das Bergamt unterstützte diesen Vorgang, um den Bergleuten wieder Arbeitsmöglichkeiten zu bieten. Der Drechsler Christian Friedrich Hiemann verstand es eindringlich, die Aufmerksamkeit auf das Holzgewerbe als neue «Nahrung» für den Bergmann zu lenken. Vielleicht war er der Sohn des Andreas Hiemann? Nach dem Vorbild der Grünhainicher Händler hatte er ebenfalls die Fahrt zur Leipziger Messe gewagt und vom Schubkarren sein Leinen und seine gedrechselten Holzwaren verkauft. Diese Fahrten müssen in der Familie Hiemann schon Tradition gewesen sein, denn bereits 1699 hatte – wie das im Neuhauser Kirchenbuch vermerkt ist – ein Johann Friedrich Hiemann mit dem gleichen Transportmittel handwerkliche Erzeugnisse zur Messe nach Leipzig gebracht. Vermutlich war er der Großvater des Christian Friedrich, dessen Fahrten um 1760 für die wirtschaftliche Weiterentwicklung Seiffens so bedeutungsvoll werden sollten. Von dem Schriftsteller Georg Wieck ward berichtet, Christian Friedrich Hiemann habe so viel Aufträge mitgebracht, daß sie von den in Seiffen und Heidelberg tätigen Drechslern gar nicht bewältigt werden konnten. Er verschaffte den Drechslern neue Modelle und erfand auch selbst welche. Der geschickte Händler brachte auch Modelle aus Thüringer Produktion und aus den süddeutschen Schnitzgebieten mit.

1763 durfte sich zuerst ein Drechsler ein Drehstübchen in eine Pochstatt einbauen. Zwei Jahre später verpflichteten sich mehrere andere, verfallene Pochstätten als Drehwerke auszubauen, mußten aber versprechen, sie für den Bergbau zur Verfügung zu halten. 1765 arbeiteten die Drechsler bereits an achtundzwanzig Drehladen in acht Drehwerken, ehemaligen Pochwerken. (Noch 1760 hatten sämtliche siebzehn Pochwerke nur dem Bergbau gedient.) Dafür mußten sie dem Bergherren im Jahre acht, später zwölf Groschen Zins zahlen. Für 1781 ist die gleiche Anzahl Drehladen belegt. Als einige Jahre später der Bergbau erneut aufgenommen werden sollte, wollten die ehemaligen Bergleute nicht wieder ihren alten Beruf ausüben, sondern blieben im neuen Erwerbszweig, der besseren Verdienst, günstigere Arbeitsbedingungen und größere persönliche Freiheit als die Bergarbeit bot. Das Holzgewerbe war zum Schicksal für den Bergbau geworden, dem unter diesen Umständen jede Entfaltungsmöglichkeit genommen war. Der Bergherr Rudolf von Schönberg klagte, die Bergleute hätten alle Pochwerke in Besitz genommen, dort ihre Werkstätten aufgeschlagen und die Herstellung ihrer Waren und deren Vertrieb dergestalt zu vervollkommen gewußt, daß mit dem Holzdrechseln das Brot leichter zu verdienen sei. Auch andere Quellen bestätigen die Richtigkeit der Meinung des Bergherrn. Wenigstens während der ersten Jahrzehnte konnte der Drechsler zu einem viel höheren Verdienst kommen als einst als Bergmann. Zwar mußte er sein Werkzeug und das Arbeitsmaterial selbst beschaffen, konnte aber statt eines Talers in der Woche unter Mitarbeit der Familie vier bis fünf Taler verdienen. Ebenso wichtig war für ihn, daß er seine Selbständigkeit wiedergewonnen hatte, da er in eigener Werkstatt schaffen und über die Arbeitszeit selbst verfügen konnte. Die Nachteile dieser Selbständigkeit sollte er erst viel später zu spüren bekommen, als sich die wirtschaftliche Lage des Holzgewerbes wesentlich verschlechterte.

Der Holzreichtum der erzgebirgischen und böhmischen Wälder schuf günstige Voraussetzungen für den gewerblichen Wandel im Seiffener Gebiet, für die Stabilisierung des einheitlichen Industriegebietes im «Seiffener Winkel» um 1780, mit dem Doppelort Seiffen-Heidelberg als Zentrum. Als Gründe für den Verfall des Bergbaus in Seiffen gab das Bergamt 1780 an: die Erschöpfung der Seifenlager, die Erschöpfung der Gänge in der oberen Gesteinsschicht, den niedrigen Zinnpreis, den Mangel an Gewerke, die Bedrängnis und Kontributionszahlungen im Siebenjährigen Krieg und im Erbfolgekrieg von 1778/79, die Unfähigkeit der Bergbeamten und die schlechte Arbeit der Bergleute.

Im Hinblick auf neue Forschungsaspekte zu Kultur und Lebensweise der Bergleute der Mon-

Haus. An der Binge 18. Seiffen 1954

Typisches Erzgebirgshaus. Gebiet Seiffen

tanethnographie hat Helmut Wilsdorf zehn Besonderheiten bis zum verspäteten Übergang von Feudalismus zum Kapitalismus (in Deutschland um 1865) formuliert, die auch Schlüsselerkenntnisse für die besondere Stellung des Bergmanns in der erzgebirgischen Volkskunst darstellen:

«1. Die Lebenswelt der Bergarbeiter ist determiniert durch die Disproportion zwischen niedrigem ökonomischem Niveau und hohem Sozialprestige, das ein hohes kulturelles Niveau voraussetzte.
2. Berufserlebnisse von erregender Dramatik infolge der Unfälle und Zufälle unter Tage stehen im Gegensatz zu einem eintönig langsamen Fortschreiten der Arbeit.
3. Der Bergmann ist in eine variable Gesellungsform hineingestellt, die zugleich Gefahrengemeinschaft ist und infolgedessen in besonders hohem Maße das Solidaritätsgefühl ausbildet, was sich in Organisationsformen (Knappschaften, Bruderkassen) niederschlägt.
4. Der Bergmann bewegt sich nicht nur in Familie und Gemeinde; er findet im gesamten feudalstaatlichen Territorium Resonanz – er überschreitet dessen Grenzen sogar leicht durch das Privileg der Freizügigkeit und kommt dadurch in interethnische Konnexe.
5. Seine Arbeitswelt ist inkommensurabel und samt Arbeitsgerät nur bedingt transferierbar, wobei aber das Fachwissen sich irrig auch auf den Volksglauben und nicht nur auf empirisches Volkswissen stützt.
6. Sein Theoriebedürfnis ist groß, seine Lehrtradition – ohne Handwerkerzunftzwang – gefestigt und infolge der Notwendigkeit von gewissen Fertigkeiten im Lesen, Rechnen und Schreiben relativ hoch – und auf Novationen eingestellt.
7. So konnten Impulse von der Gesamtkultur aufgenommen und an diese abgegeben werden, wobei technische Neuschöpfungen durch volkskünstlerische Ausdrucksformen ergänzt werden, die ein hohes ästhetisches Niveau haben – angeregt durch die Naturformen der Kristallisationen und das Farbenspiel der Mineralisationen.
8. Infolgedessen hat es die ‹Bergmannsvolkskunde› aller Zeiten und Länder mit Symbolformen, (Schlägel und Eisen) die über den Bereich der Ergologie des Arbeitsgerätes wie der Produktion (erste Erzausbeute und Weihegabe) hinausgehen, zu tun. Das gilt auch für das Arbeitsbrauchtum, das sehr zweckgerichtet sein kann, auch wenn es in verdeckten Formen (Gebet vor der Schicht = Ruhepause nach dem Anmarschweg und Konzentrationsübung auf die Gefahren des Einfahrens) abläuft.
9. Die Mentalität der Bergleute wird also durch die Spezifik der Arbeit unter Tage, durch Hoffnung auf das große Glück eines reichen Anbruchs, durch Sorgen um den Fortgang des Bergwerks und durch Leiden an weitverbreiteten Berufskrankheiten bestimmt.
10. Hinzu kommt mitunter ein ‹Abseitswohnen›, bei geringer Kaufkraft und Eigenanbau geringe Kommunikation, erschwertes Verständnis der Außenstehenden für die Eigenarten des Berufs – um nur einiges zu nennen – was Lebensweise und Kultur stark beeinflußt hat.» (Vgl. Helmut Wilsdorf, Elemente... 1978, S. 55–56)

Aus der Feder des Olbernhauer Kaufmanns Gottlieb Semmler stammt auch einer der ersten exakten Belege für das Einsetzen des Überseehandels Ende des 18. Jahrhunderts. Semmler richtete 1787 an den sächsischen Kurfürsten ein Kreditersuchen und vermerkte dazu:

«Schon im Jahre 1782 habe ich ohne zu rühren mit allen Eifers und gethane Reisen mich bemüht, die inländischen Holz-Waren zu vertreiben und bin so glücklich gewesen, daß ich im Januar 1784 25 Kisten an Werte 2500 Thl. mit der Spanischen Silberflotte, dann im Monat Juni 1785 200 Kisten an Werthe 10000 Thlr., und dann zuletzt im Monat Dezember vorigen Jahres (1786) 300 Kisten an Werth 12643 Thlr. 18 Gr. in verschiedene außer Europa mehrenteils liegende Gegenden versendet.» (Zit. nach Westenberger S. 29.) In Hamburg habe er eine eigene Niederlassung gegründet. Seine Lieferungen seien nach Nürnberg, Venedig, Amsterdam, London, Archangelsk gegangen. Wir danken Semmler in diesem Zusammenhang ein Verzeichnis der seit 1782 für ihn produzierenden

Drechsler in Heidelberg (50), Seiffen (41), Einsiedel (10), Neudorf (6) und anderen Orten, insgesamt 128 Drechsler und Familien. (1771 gab es in Seiffen 12 und in Heidelberg 15 Drechsler.) Um seine Verdienste zu belegen, verwies er darauf, daß die Seiffener Drechsler vorzugsweise an ihn lieferten, weil er am besten zahle. Als Beispiel für die Billigkeit seiner Waren legte er seinem Ersuchen einen holzgedrechselten Apfel bei, in dem sich 23 kleine Formen von Hausgerät und Geschirr befanden – für 8½ Pfennig. (Das «Waldkirchener Spielzeugmusterbuch» bringt auf Blatt 29 unter Nr. 677 ein Beispiel mit einer Stadtanlage und auf Blatt 6 unter Nr. 666 ein Beispiel mit Geschirr.) Offenbar waren die in gedrechselten Früchten versteckten Miniaturen sehr beliebt, denn ein vor 1900 angelegtes Verzeichnis des Verlegers Hiemann enthält Hinweise auf «Früchte mit verschiedenen Gegenständen», zum Beispiel mit «Bergbau» und mit Dampfwagen. In der westerzgebirgischen Schnitzerei lebt diese Tradition noch heute in Form von Miniatur-Pyramiden, -Bergwerken, -Krippen und -Märchendarstellungen, die begabte Schnitzer in Walnüsse einbauen (Harry Schmidt, Bermsgrün, Horst Schreiter, Borstendorf, Werner Pflugbeil, † 1975, Schneeberg). Für das Einsetzen des Überseehandels ist die bereits aufgeführte Quelle, ein Bericht von 1803, sehr aufschlußreich: «In den mittleren und kleinen Städten sowie in den großen findet man verhältnismäßig einzelne und mehrere Drechsler, und im erzgebirgischen Kreise ist es ein beträchtliches Gewerbe verschiedener Orte. So lieferte dieser Kreis 1789 für 10.473½ Thlr. Drechslerwaren; vorzüglich stark werden die Arbeiten getrieben zu Seiffen im Erzgebirge und im Orte Heidelberg daselbst. Diese Holzdrechslerwaren und Spielzeuge gehen bis Ost- und Westindien.» (Zit. nach B. E. Westenberger S. 27f.) Neben der Fertigung einfacher Haushaltgeräte mehrten sich die Aufträge für Nadelbüchsen, Spielzeugpfeifen, Docken und Figuren. Der Schwerpunkt lag auf den gedrechselten Formen, auf die sich die Drechsler beschränkten und damit besonders leistungsfähig wurden. Die Werbekraft ihrer Erzeugnisse lag aber nicht allein in ihrer Preiswürdigkeit, sondern in der spezifischen Gestaltungsart. Chronisten meinen, sie seien anfangs sehr plump gewesen. Der scheinbare Mangel war in Wirklichkeit ein Vorzug. Das spielende Kind fühlte sich in den naiven Figuren angesprochen, da sie seiner Spielphantasie weiten Raum zur Betätigung ließen.

Einen umfassenden Einblick in diesen Entwicklungsprozeß, der sich Mitte des 18. Jahrhunderts vollzog, gewährt uns Karl August Engelhardt in Merkels Erdbeschreibung vom Jahre 1804, Bd. 2, S. 96f:

«Der beträchtlichste Erwerbszweig aber hiesiger Gegend, besonders in Seifen, Haidelberg, Einsiedel, Niederseifenbach und Deutschneudorf ist die Holzwaarenmanufaktur, welche 2–300 Menschen unmittelbar ernährt, und außerdem noch Vielen, wenigstens am Feierabend oder im Winter einen guten Nebenverdienst giebt... Sonst fertigte man nur Hemdenknöpfe, hölzerne Teller, Rockenstöcke, Spindeln etc. und der Vertrieb wollte nicht viel sagen. Allein seit etwa 50 Jahren ist die Mannigfaltigkeit und Schönheit der Waaren, damit aber auch der Absatz unglaublich gestiegen. Man fertigt jetzt, außer zahllosen Arten von Figuren, Kästchen und Büchschen, kleinen und großen Gruppen von klingendem, quiekendem, bellendem und knarrendem Spielzeug, besonders die jetzt so beliebten kleinen Häuser, Paläste, Kirchen, Bäume, Zelter, Mauern, Bauhölzer etc., aus welchen Kinder nach Gefallen ganze Städte, Festungen, Klöster, Gärten, Ställe, Schuppen etc. zusammensetzen können... Nächst künstlicher Spielwaare fertigt man aber auch nutzbares Geräthe, wie Punschlöffel, Zitronenpressen, Nusknacker, Nähkästchen, Garnwinden, Schreibzeug etc....»

Vermutlich waren die Seiffener Erzeugnisse vor dem 18. Jahrhundert noch nicht als «Seiffener Ware» marktgängig. Vielleicht erschienen sie anonym oder auch als «Nürnberger Tand» oder «nach Berchtesgadener Art» über die Handelszentren Nürnberg und Leipzig bzw. über die Verlagsgeschäfte Grünhainichen auf den europäischen Märkten.

Eine Bemerkung in Schumanns Staats-, Post- und Zeitungslexikon von 1824 (S. 73) läßt diese Schlußfolgerung zu: «Diese letzteren [die Spielwaren, M. B.] sind es vornehmlich, welche unter dem Namen Seifner Waaren dem Orte Celebrität

[Berühmtheit, M. B.] geben, aber auch unter dem der Nürnberger Waaren – denn unglaublich viel gehen von Seifen nach Nürnberg und kommen in 3 oder 4fach höhern Preise zu den fremdsüchtigen Sachsen zurück ... – diese Celebrität mindern.»

Im Gegensatz zu seinen sehr ausführlichen Darstellungen über die Nürnberger, Berchtesgadener und Sonneberger Produktion behandelt Johann Christian Gädicke noch 1799 die erzgebirgische Spielzeug- und Holzwarenproduktion nur sehr knapp, währenddessen er ziemlich ausführlich die Spitzenherstellung registriert. Unter anderem verweist er im zweiten Teil seines Werkes nur in Stichworten bei Zöblitz auf «Holzwaarenhandel», bei Olbernhau auf die Verfertigung von Holzwaren, bei Lauter auf geflochtene Holzwaren, und bei Seiffen heißt es nur, daß «vielerley künstliche Holzwaaren und Spielsachen» verfertigt werden (S. 942). Für die Gliederung des Angebots unterscheidet Gädicke interessanterweise:

«Holzwaren» (z. B. Schachteln, Kasten, Kübel, Bretter, Rähmchen «und alle nur denkbare feine und ordinäre, lakrite, gemahlte, vergoldete und betaigte Kinder-Spielsachen». S. 147f.)

«Spielsachen» («alle Art, zum Unterricht und Vergnügen der Jugend, nicht nach der Art der gemeinen Drechsler-Waaren, sondern mit Fleiß und Geschmack gearbeitet...» S. 313)

«Puppen-Waaren» («Hierunter versteht man gemahlte, betaigte und poußirte Kinderspielsachen von tausenderley Art, nemlich Reiter, Jagden, Kutschen etc. Man hat prächtige klingende und bewegende Stücke, so auch viele kleine artige Spielereyen ...» S. 270)

«Drechsler-Waaren» (in Elfenbein, Horn, Metall, Holz. In dieser Sparte werden nur Gebrauchsgeräte aufgeführt. S. 78f.)

Obwohl der Dorfhandel durch ein kursächsisches Mandat von 1767 zugunsten des städtischen Handels stark eingeengt war, verkauften die Seiffener Drechsler einen Teil ihrer Waren – so wie es auch in anderen deutschen Gebieten der Hausindustrie üblich war – durch Hausieren. Eine weitere Absatzmöglichkeit boten die Jahrmärkte in den Städten, die das Feilhalten gestatteten. Einer Bekanntmachung im «Dresdener Anzeiger» ist zu entnehmen, daß diese Vergünstigung erstmals 1809 vier Seiffener Drechsler für den Weihnachtsmarkt der Residenzstadt erhielten. Die Erlaubnis war aber nur auf einen Tag begrenzt. Eine Übertretung wurde mit einer Strafe von zehn Talern bedroht. Auf dem Weihnachtsmarkt waren auch die «Grünheyner Schachtelleute» vertreten, die nach altem Herkommen den Dresdner Jahrmarkt beschicken durften und deshalb ursprünglich die Waren der wenigen Seiffener Drechsler, mit denen sie in Handelsverbindung standen, auch zum Kauf angeboten hatten.

Wenn sich in der frühen ersten Periode des 16. bis 18. Jahrhunderts der Grünhainicher Holzwarenhandel fast ausschließlich auf das Lautersteiner Holzhandwerk gestützt hatte, so war in einer zweiten Periode des späten 18. und 19. Jahrhunderts der Seiffener Winkel als ausgesprochenes Spielwarengebiet hinzugestoßen und hatte im Laufe mehrerer Jahrzehnte in dem von Flöha, Schweinitz und Natzschung umgrenzten Raum fast sämtliche freien Arbeitskräfte absorbiert. Der Übergang von der Herstellung gedrechselten Gebrauchsgutes für den Haushalt zur Herstellung von Spielzeugen auf gewerblicher Grundlage ist für den Anfang des 18. Jahrhunderts eindeutig belegt. Bergbau, Holzdrechselei und Spielzeugproduktion bestimmen nun gemeinsam das wirtschaftliche Leben des Bergfleckens. Die Drechseltechnik erfährt ihre spezifische Ausprägung und fördert die Vielfalt des Angebots an Volkskunst und Spielzeug. War Seiffen seit dem 15. Jahrhundert eine bäuerliche Siedlung mit landwirtschaftlich tätigen Bergleuten, dann Bergort, so wurde es seit 1780 zum Industrieort. Nach 1825 steigt die Anzahl der Drechsler sprunghaft an: Um 1800 arbeiteten in Seiffen etwa 40 Drechsler, in Heidelberg etwa 70; 1843 in Seiffen und Heidelberg zusammen bereits 310 und im ganzen Gebiet mehr als 500. Für 1843 werden 800–900 Familien genannt, die im Bereiche der Herrschaft Purschenstein vom Spielzeuggewerbe lebten. (Zu Beginn des 20. Jahrhunderts zählten etwa 50 Orte zum erzgebirgischen Spielzeugland.) Die Krisis der sechziger Jahre des 19. Jahrhunderts gab der sächsischen Regierung den Anlaß, auf Anregung der Handwerkskammer Dresden eine «Gesamtkommission zur Hebung der Lage der erzgebirgischen Spielzeugindustrie» zu bilden. Dem Jahresbericht der Handels- und Gewerbekammer zu Dresden für das Jahr 1868 (S. 142 ff.) kann man folgende Statistik entnehmen, die den hohen Anteil an Kinderarbeit glaubhaft dokumentiert:

«In 18 Gemeinden des Saidaer Gerichtsamtes ließen sich bei einer Bevölkerung von 12 850 Seelen (nach der Zählung von 1867) 4648 Männer, Frauen und Kinder (36,2% der Bevölkerung) als in der Spielwarenbranche Beschäftigte ermitteln und für die einzelnen Orte wie Heidelberg mit 77,2% und Seiffen mit 65,4%, in denen die Kinder schon von vier Jahren ab ihr kleines Arbeitspensum liefern, zeigt das prozentuale Verhältnis in solchem Grade, daß Haus für Haus und Wohnstube für Wohnstube Spielwaren gefertigt werden und nur die Bestellung des meist geringen Feldareals die Erwachsenen zu anderer Arbeit abruft. Gezählt wurden 973 Familienväter, 1000 Familienmütter, 825 erwachsene Söhne und Töchter, 1688 Kinder unter 14 Jahren, 104 in der Spielwarenbranche mitbeschäftigte Dienstboten, 58 Personen mit eigenem Haushalt (= 4648 Beschäftigte). In 34 Drehwerken mit 410 Drehstellen waren 624 Dreher beschäftigt, während mit der weiteren Bearbeitung des Schnitzens 945 Erwachsene, 821 Kinder, davon 652 Kinder von 8–14 Jahren, 169 Kinder unter 8 Jahren sowie 864 Anstreiche- und Malmädchen beschäftigt waren.»

Die Ausdehnung des Gerichtsamtes Sayda war identisch mit dem Seiffener Bezirk (= Bezirk der Dresdner Handelskammer). Ergänzt man die Zahl der dort in der Spielzeugindustrie tätigen 4648 Personen mit denen im Grünhainicher Bezirk (= Bezirk der Chemnitzer Handelskammer) ansässigen 5273 Personen, so ergibt sich, daß im ganzen Spielwarengebiet 9921 Personen beschäftigt waren, die sich auf 43 Ortschaften verteilten. – Hellmut

Seiffen. Im Freilichtmuseum 1983

Reifendreherwerkstatt im Freilichtmuseum 1983

28

Seiffen 1899

Bilz hat in gründlicher Weise die staatlich ermittelten Zahlen der Produzenten analysiert (vgl. Schriftenreihe Heft 2, S. 7ff.). Die extensive Form der Ausbeutung blieb in der gesamten Hausindustrie erhalten. Für den Kapitalisten bedeuteten die dort tätigen Arbeitskräfte auch weiterhin das billigste und ergiebigste Ausbeutungsobjekt.

In der zweiten Hälfte des 19. Jahrhunderts erwies sich im Ergebnis der industriellen Revolution der Eisenbahnbau als entscheidendes Glied in der Formierung des einheitlichen Wirtschaftsgebietes für erzgebirgische Spielwaren. Nachdem Sachsen 1839 die erste Fernverbindung (Leipzig–Dresden) erhalten hatte, wurde 1851 die Linie Leipzig–Plauen–Hof, 1852 die Linie Riesa–Chemnitz und 1858 deren Verlängerung bis Zwickau dem Verkehr übergeben. Und nun überzieht sich das ganze Gebiet bis ins obere Erzgebirge mit einem schnell dichter werdenden Schienennetz. Die verkehrstechnische Erschließung von Aue führte zu dessen Formierung als Wirtschaftszentrum. 1861 erfolgte die Einrichtung der Linie Chemnitz–Pockau–Lengefeld über Grünhain. 1866 kam die Verbindung Chemnitz–Annaberg dazu, die 1872 bis Weipert, mit Anschluß an das böhmische Eisenbahnnetz, weitergeführt wurde. 1889 bekam Annaberg die Verbindung zu Schwarzenberg. Die Flöhatalbahn über Olbernhau bis Neuhausen mit einem Abzweig nach Reitzenhain über Zöblitz und Marienberg begann 1875 den Fahrbetrieb. Um 1840 verfügte Deutschland mit 549 km über 7% des Welteisenbahnnetzes, 1850 betrug der Anteil bereits 16% (= 6000 km). Damit stand es nach Großbritannien und Irland an zweiter Stelle in Europa. In der Mitte des 19. Jahrhunderts stellten die Eisenbahnarbeiter einen großen Teil des Proletariats. (1837 begann der Dampfschiffsverkehr auf der Elbe.) 1849 betrug die Gesamtbevölkerung Sachsens 1894431, der Anteil der Bevölkerung in der Landwirtschaft umfaßte 17,7%, der Anteil in der Industrie 21,5%. 1895 zählte man in Sachsen 3753262 Gesamtbevölkerung, davon entfielen 9,7% auf die Landwirtschaft und 25,2% auf die Industrie.

## Spielzeugmacher Fabrikarbeiter Heimarbeiter

Die gründlichen Studien von Hellmut Bilz zur sozialen Struktur der Seiffener Spielzeugmacher differenzieren erstmalig die Produzenten nach den Kriterien, die sich aus den Produktionsverhältnissen ergeben. Der Verfasser schafft damit begriffliche Klarheit. Als hausindustrielle Spielzeugmacher – sie produzieren den überwiegenden Teil der Spielwaren des Seiffener Gebietes – definiert er kleine Warenproduzenten, deren ökonomisch-rechtliche Stellung durch folgende Fakten bestimmt ist:

«1. Er verfügt, wenn auch nur in geringem Umfange, über eigene Produktionsmittel.
2. Die von ihm verarbeiteten Rohstoffe oder Halbfabrikate beschafft er sich selbst; sie sind sein Eigentum.
3. Anfang, Ablauf und Ende des Produktionsprozesses werden von ihm festgelegt und bestimmt.
4. Er nimmt selbst aktiv am Produktionsprozeß teil und arbeitet überwiegend nur mit Hilfe seiner Familienangehörigen. Vereinzelt beschäftigt er auch fremde Arbeitskräfte in seiner Werkstatt, seiner Wohnung oder auch in deren eigener Wohnung gegen Lohn. Die Anzahl der fremden Arbeitskräfte bleibt aber in jedem Falle so gering, daß er nicht von der Ausbeutung leben kann.
5. Das Endprodukt, das er aus eigenen Rohstoffen und mit eigenen Maschinen und Werkzeugen fertigt, ist sein Eigentum, über das er frei verfügen kann.
6. Er hat keinerlei Marktbeziehungen zum Endverbraucher seiner Erzeugnisse, sondern verkauft diese fast ausschließlich nur an Spielwarenverlagsgeschäfte.
7. Durch die Tatsache, daß nur die Verleger alleinige Abnehmer seiner Erzeugnisse sind, befindet er sich diesen gegenüber in starker Abhängigkeit.
8. Seiner rechtlichen Selbständigkeit im Produktionsprozeß steht eine starke ökonomische Abhängigkeit vom Verleger gegenüber.»
(Schriftenreihe Heft 2, S. 17)

Der hausindustrielle Spielzeugmacher unterschied sich damit von den in der Spielwarenindustrie tätigen Lohnarbeitern:

«a) Fabrikarbeiter

Er ist abhängig vom Fabrikanten. Sein Arbeitsplatz ist die Fabrik. In ihr ist er durch den Verkauf seiner Arbeitskraft gezwungen, sich in bezug auf Arbeitszeit, Arbeitsplatz, Arbeitstechnik, Arbeitsordnung und Arbeitsbedingungen dem vom Fabrikanten bestimmten Produktionsprozeß zu unterwerfen. Die Fabrik ist zugleich Arbeitsplatz für viele seinesgleichen. Sie sind seine Klassengenossen und mit ihm durch gleiche, gegen den Fabrikanten gerichtete Klasseninteressen verbunden. In ihm erkennen sie ihren Klassengegner, der von ihrer Ausbeutung lebt und der selbst nicht mehr am Produktionsprozeß teilnimmt. Bei ihnen, als dem revolutionärsten Teil des Proletariats auch in der Spielwarenindustrie des Seiffener Gebietes, prägten sich Klasseninteressen, Klassenstandpunkt und Klassensolidarität am stärksten aus.

b) Hausindustrieller Lohnarbeiter

Er ist abhängig vom selbständig produzierenden hausindustriellen Spielzeugmacher. Sein Arbeitsplatz ist die Wohnung oder Werkstatt des hausindustriellen Spielzeugmachers. Der hausindustrielle Lohnarbeiter arbeitet hier meist allein oder nur noch mit wenigen seinesgleichen, fast immer aber in Gemeinschaft mit dem hausindustriellen Spielzeugmacher, seinem ‹Arbeitgeber›, der aber selbst unmittelbar am Produktionsprozeß teilnimmt. Die Klasseninteressen des Proletariats prägen sich hier durch die Vereinzelung des hausindustriellen Lohnarbeiters und durch die gegenüber dem hausindustriellen Spielzeugmacher fehlenden grundsätzlichen Klassengegensätze weniger aus.

c) Heimarbeiter

Sie können sowohl von Fabrikanten als auch von hausindustriellen Spielzeugmachern abhängig sein. Sie arbeiten ausschließlich in ihrer eigenen Wohnung und sind an keine feste Arbeitszeit gebunden. Heimarbeit wird überwiegend als Nebenerwerb von Frauen und

Reifendreher. Um 1907

Kindern, von alten, kranken und gebrechlichen Personen verrichtet. Bei den Heimarbeitern tritt eine völlige Vereinzelung als Lohnarbeiter ein, und unter Berücksichtigung des Personenkreises und der Tatsache, daß Frauen im 19. Jahrhundert noch nahezu völlig von der Teilnahme am politischen Leben ausgeschlossen waren, konnten sich proletarische Klasseninteressen hier nur ganz gering ausprägen. Die das Proletariat bildenden Lohnarbeiter sind also durch ihr Nichteigentum an Produktionsmitteln, den ökonomischen Zwang zum Verkauf ihrer Ware Arbeitskraft und durch gleiche Klasseninteressen verbunden, die jedoch durch Arbeitsplatz, Arbeitsbedingungen und Abhängigkeitsverhältnis bedingt, in unterschiedlicher Intensität wirksam werden.» (Hellmut Bilz, Schriftenreihe Heft 2, S. 18 f.)

Die selbständigen hausindustriellen Spielzeugmacher unterscheiden sich durch ihr geringes Eigentum an Produktionsmitteln von den Lohnarbeitern. In der Regel verwahren sie sich dagegen, als Proletariat eingeordnet zu werden. Sie fühlten sich als sozial höherstehend, indem sie zum Teil «Arbeitgeber» waren und Lohnarbeiter beschäftigten. Andererseits befanden sie sich jedoch in drückender Abhängigkeit vom Verleger. Das förderte auch bei ihnen den Prozeß der Proletarisierung, denn letztlich waren auch sie den organisiert auftretenden Verlegern gegenüber machtlos. Wie sie sich dagegen wehrten, beweist deutlich die Eingabe der 158 Drechsler und Spielzeugmacher von 1843, gerichtet an die Schönbergischen Gerichte, auf Beschränkung der Gewerbefreiheit, Abschaffung des Trucksystems, Bildung einer «Corporation», Einrichtung eines Warenmagazins, einer Kasse nach dem Vorbild der bergmännischen Knappschaftskassen als Hilfsquelle in Notzeiten. Es war der Versuch einer Loslösung von den Verlegern. Beeinflußt durch den Widerspruch der Verleger, lehnten die Gerichte das Ersuchen ab. In klarer Erkenntnis der Zusammenhänge formulierten die Drechsler ihre anklagende Beschwerde. «Dieses System, den armen Arbeiter auszusaugen, hat sich fast allenthalben so schon bewährt, daß die Händler täglich reicher, die Arbeiter aber in Masse täglich ärmer werden. Diesem Übelstand

Reifendreherei. Kurt Biermann. Herbert Storch. Heidelberg

Beim Reifenspalten. Ernestine Thiele, Deutsch-Einsiedel. Um 1920

Ludwig Richter: Der Schnitzelmann von Nürnberg. 1849

könnte erst wirklich abgeholfen werden, wenn den Spielzeugverlegern die Konzession zum Materialwarenhandel entzogen wird, denn der Handel mit Spielwaren gewährt allein schon so reichlich Gewinn, daß es gar nicht notwendig ist, ihn noch mit einer anderen Handelsbefugnis zu cumulieren.»

Die von Bilz vorgetragene sozialökonomische Gliederung der Spielzeugproduzenten erwies ihre Anwendbarkeit auch für die Geschichte der Sonneberger Spielzeugmacher (vgl. dazu Brunhild Meyfarth, S. 12 ff.).

### Verleger, Handel und Spielzeugmacher

Auf Grund der technischen Bedingungen und der wirtschaftlichen Situation begannen sich die Spielzeugmacher schon früh zu spezialisieren. Dieser Prozeß kann bis in die Gegenwart verfolgt werden. Neben einzelnen Familien, die ganz bestimmte Typen pflegten, legten sich auch verschiedene Dörfer auf spezielle Formen fest (so zum Beispiel Hallbach: Archen; Borstendorf: Baukästen, Brettspiele; Grünhainichen und Umgebung: Pferdeställe, Kaufläden, Puppenstuben; Deutschneudorf: Dosen und Kästchen, vorwiegend Federkästen; Blumenau: Baukästen; Olbernhau: Kindergewehre; Popershau: Pfeifen).

Wie auch in anderen Gegenden Deutschlands (neuerdings bietet Reinhard Haller einen knappen Überblick über die Zentren der Holzschnitzerei in Deutschland, Österreich und der Schweiz, S. 25 ff., ohne Erzgebirge), in denen die ländliche Hausindustrie zum wichtigsten Wirtschaftsfaktor wurde, entwickelte sich im Erzgebirge der Stand der Verleger als frühkapitalistisches Element der Spielwarenindustrie. Sie traten als Mittelsleute zwischen Produzenten und Konsumenten. Der Übergang von der einfachen zur frühen kapitalistischen Warenproduktion vollzog sich zuerst und verbreitet über den Verlag. Die Initiative ging vom Handelskapital aus. Der ehemals selbständige Handwerker «wird de facto Lohnarbeiter, der bei sich zu Haus für den Kapitalisten arbeitet; das Handelskapital des Aufkäufers wird hier zu Industriekapital» (Lenin).

Aus bestimmten ökonomischen und verkehrsgeographischen Gründen festigten sich im Ort Seiffen nur wenige Verlagsgeschäfte (das erste 1777). Die Spielzeughandwerker waren in der Regel an auswärtige Verleger gebunden (in Olbernhau, Grünhainichen, Waldkirchen). Über die Entstehung des Verlagswesens schrieb Josef Kulischer, Bd. II, S. 113: «Zog der Gewerbetreibende nicht bloß ausnahmsweise nach entfernter liegenden Märkten, so hatte dies eine wiederholte Einstellung des Betriebes für kürzere oder längere Zeit zur Folge. Andererseits erforderten die neuen Absatzmärkte eine Kenntnis der lokalen Verhältnisse, die man sich nur durch längere Übung aneignen konnte. Die neu aufgekommene Konkurrenz unter den einzelnen, voneinander ehemals streng abgesonderten Stadtgebieten stellte an den Handwerker Anforderungen in bezug auf Beweglichkeit und Rührigkeit, kommerziellen Sinn und Anpassungsfähigkeit an den Bedarf, denen er nur dann gerecht werden konnte, wenn er den Handel, der ja stets bloß Nebenbeschäftigung des Handwerkers gewesen war, zu seinem Hauptberuf erhob. Und dies hatte eine notwendige Spaltung der ehemaligen Tätigkeit des Handwerkers, die ursprünglich Produktion und Absatz zugleich erfaßte, in zwei selbständige, voneinander allmählich sich absondernde Berufe zu bedeuten. Diejenigen unter ihnen, die sich einige Ersparnisse zurückgelegt hatten und eine gewisse kaufmännische Schulung besaßen, stellten allmählich den eigenen Betrieb ein, um sich ausschließlich dem Absatz der Gewerbeprodukte zu widmen. Sie wurden zu kaufmännischen Unternehmern, zu hausindustriellen Verlegern. Zunächst waren wohl ihre Handelsgeschäfte noch von geringem Umfange. Wenn sie nach einer Messe zogen, so nahmen sie mit den selbstproduzierten Waren auch die von anderen Zunftmeistern hergestellten vorläufig wohl noch aus Gefälligkeit mit. Nach der Rückkehr wurde aber die Arbeit auch wieder aufgenommen. Dieses änderte sich mit der Erweiterung ihrer Handelstätigkeit, indem sie eigene Produktion immer mehr einzuschränken gezwungen waren, um sie zuletzt vollständig aufzugeben und sich ausschließlich mit dem Absatz von Waren, die andere, nunmehr in ihrem Auftrage arbeitende Meister produzierten, zu befassen. Diese anderen

Ludwig Richter: Vom Christmarkt in Dresden. 1853

Hugo Bürkner: Striezelmarkt. 1851

Handwerker, die weitaus in der Mehrzahl sich befanden, wurden im Verlauf dieser Entwicklung immer mehr zu bloßen Warenerzeugern herabgedrückt. Immer seltener traten sie in unmittelbare Beziehungen zum Kunden. Auf den direkten Absatz mußten sie verzichten, um endlich ausschließlich für den Verleger zu produzieren.» Der Stand der Verleger rekrutierte sich vornehmlich aus ehemaligen Hausindustriellen und Warenhändlern. Sie brachten die Spielzeugmacher und Drechsler in völlige Abhängigkeit. Häufig lieferten die Verleger Rohstoffe, Lebensmittel, Farb-, Schnitt- und Drogenwaren für die übernommene Fertigware. Das Trucksystem entwickelte sich zu einer drückenden Fessel für die Holzwarenarbeiter. Auch die Preisgestaltung wurde durch die Verleger völlig willkürlich gehandhabt, deshalb war Lohndrückerei eine alltägliche Erscheinung. Weidlich nutzten sie saisonbedingte Absatzschwierigkeiten aus. In wirtschaftlichen Krisenzeiten wälzten die Verleger den Verlust auf die hausindustriellen Arbeiter ab, indem sie keine Aufträge mehr erteilten oder gefertigte Waren nicht übernahmen. Armut und Hunger zogen in die Hütten der Spielzeugmacher ein. Ähnliche soziale Zustände herrschten unter den Spitzenklöpplerinnen des Westerzgebirges. Dazu kam, daß die in Not geratenen Spielzeugmacher aus Existenzangst in Krisenzeiten sich noch gegenseitig im Preis unterboten und häufig Musterdiebstähle eintraten. (Bürgerliche Autoren rügen den Hang zum Individualismus der Erzgebirger.) Die Tatsache, daß nicht alle Verleger «Blutsauger» und «ungeheuerliche Naturen» waren – Begriffe, die in der sozialkritischen Literatur überliefert sind –, sondern daß es auch solche gegeben hat, die sich um relativ humane Geschäftsbeziehungen zu den hausindustriellen Spielzeugmachern bemühten und hin und wieder gewisse soziale Gesten machten, ändert nichts an dem Sachverhalt: Die Spielzeugmacher unterlagen einem ständigen ökonomischen Druck, der täglich ihre elementarsten Lebensinteressen berührte, ihr bedingungsloses Ausgeliefertsein an die Verleger wurde von diesen brutal mißbraucht. Bilz analysiert das Abhängigkeitsverhältnis der hausindustriellen Spielzeugmacher unter Berücksichtigung zeitgenössischer Quellen (A. Schumann, 1824):

«Es wäre aber falsch, wollte man von diesen Ausnahmen gleich allgemein auf Arbeitsbeschaffung, fachliche Beratung und soziale Maßnahmen als Aufgabenkreis des Verlegers schlechthin schließen. Das Motiv seines Handelns galt in jedem Fall der Warenbeschaffung als Voraussetzung für Umsatz, und so wird man zum Beispiel die Tatsache, daß die Verleger den hausindustriellen Spielzeugmachern Muster vorlegten und damit zur Erweiterung des Sortiments anregten, nicht allein als fachliche Beratung ansehen dürfen. Es ging den Verlegern vielmehr auch hier darum, die Produktion auf Grund ihrer Marktkenntnisse zu beeinflussen, um ‹billige Massenware und Schlager auf den Markt zu werfen, die ihren Umsatz steigerten und größere Gewinne brachten› (Eichhorn). Auch bei den ‹sozialen Maßnahmen›, die man in der hin und wieder erfolgten Vorschußgewährung glaubte erkennen zu müssen, muß man fragen, ob diese auch wirklich an die finanziell schwächsten hausindustriellen Spielzeugmacher erfolgten, das heißt wirklich nach einem sozialen Motiv an die der Hilfe bedürftigsten. Oder wurden die Vorschüsse nicht vielmehr im Interesse der Verleger jenen gewährt, die besondere Artikel fertigten, Waren besonderer Qualität herstellten oder besonders preiswert lieferten, um gerade diese durch die Kreditgewährung fester an sich zu binden, als Lieferanten unbedingt zu erhalten und sie damit für die Konkurrenz lieferungsunfähig zu machen? Über die vielfach als ‹soziale Maßnahme› gekennzeichneten Vorschußgewährungen berichtet eine Beschwerde der Spielzeugmacher gegen einen Verleger in Waldkirchen vom 29. März 1851 sehr eindeutig:

‹... Da endlich die Arbeiter selbst sowohl durch die von ihm bestellten großen Waaren-Massen, sowie durch andere Bindemittel als Vorschüsse, Vorausgaben von Consumtilien Farben und Zuthaten ihm bereits so weit in die Hände gegeben sind, daß von Seiten des Arbeiters niemals eine gravierende Anzeige über die oder jene Bedrückung zu erwarten steht, weil der Arbeiter, der dies thäte, niemals wieder auf eine Bestellung von ihm zu hoffen hätte, wie von ihm schon mehrfach drohend ausgesprochen.›» (Schriftenreihe Heft 2, S. 22)

Wir verdanken *Robert Blum* (1807–1848), dem trotz seiner Immunität als Abgeordneter festgenommenen und am 9. November 1848 in Wien zum Tode verurteilten und ermordeten Revolutionär, dem demokratischen Politiker und Führer der radikalen Opposition in Sachsen, eine erschütternde Schilderung der Lebensweise der Familien im Gebiet der Hausindustrie. Als Publizist und als Verlagsbuchhändler verfocht er das Recht des polnischen Volkes auf nationale und soziale Freiheit. In Wien schloß er sich dem bewaffneten Kampf gegen die habsburgische Konterrevolution an. In seinem Bericht über das Erzgebirge reißt er den Schleier der Romantik vom Leben der Gebirgsbewohner und entlarvt die Heuchelei christlicher Nächstenliebe der Reichen.

Unter dem Eindruck des protzenhaften Reichtums der Gründerjahre schrieb *Friedrich Engels* (1820–1895) 1872 im Leipziger «Volksstaat» drei Artikel «Zur Wohnungsfrage», die er 1887 in 2. Auflage als Broschüre in der unter dem Druck des Ausnahmegesetzes 1882 als Auslandsverlag der Partei gegründeten Verlagsbuchhandlung in Hottingen-Zürich herausgab. Im Vorwort dieser Ausgabe (S. 3–10) behandelt er aktuelle Probleme über Gegenwart und Zukunft der ländlichen Hausindustrie, deren Kenntnis für die Einschätzung der historischen Entwicklung der erzgebirgischen Spielzeug- und Volkskunstproduktion von grundlegender Bedeutung ist. Engels entlarvte damit bürgerliche Auffassungen, die das ländliche Hausgewerbe – vor allem in den deutschen Mittelgebirgen – romantizistisch verklärten und damit zugleich sozial entschärften. Die ländliche Hausindustrie bildete in der zweiten Hälfte des 19. Jahrhunderts die breite Grundlage der jungen Großindustrie Deutschlands. Als ihr besonderes Charakteristikum beschreibt Engels, daß sie im Verein mit Garten- oder Feldbau betrieben wird und damit zugleich mit gesicherter Wohnung verbunden ist. Engels erkannte auch, daß nach dem Einsetzen der kapitalistischen Entwicklung der Scheinbesitz eines schuldenüberladenen Hauses die Bergleute vielfach von der proletarischen Entwicklung fernhielt. «In der Tat drängt sowohl die wachsende Notlage der deutschen Parzellenbauern wie die allgemeine Lage der deutschen Industrie zu einer immer weiteren

Spankorbflechter. Lauter. Um 1930

Liefertag: Holzbaukästen. Um 1920

Ausdehnung der ländlichen Hausindustrie.» Diese Verbindung bedeutete für den hausindustriellen Arbeiter eine halbfeudale Fessel: Durch die Einführung der Maschinerie wurde der Preis durch das Maschinenprodukt bestimmt, und der Lohn des hausindustriellen Arbeiters fiel mit diesem Preise. Er mußte ihn nehmen oder sich anderswo eine andere Arbeit suchen. Das konnte er nicht, ohne Proletarier zu werden, d. h. ohne auf sein Anwesen – eigen oder gepachtet – zu verzichten. Das geschah nur selten. Meistens begnügte sich der Arbeiter mit den geringen Löhnen, weil er vom Landbau allein nicht leben konnte. «In der Industrie schlug der mechanische Webstuhl seinen Handwebstuhl, im Landbau schlug die große Agrikultur seinen Kleinbetrieb aus dem Felde. Aber während auf beiden Produktionsgebieten die vereinigte Arbeit vieler und die Anwendung der Maschinerie und der Wissenschaft gesellschaftliche Regel wurden, fesselten ihn sein Häuschen, Gärtchen, Feldchen und sein Webstuhl an die veraltete Methode der Einzelproduktion und der Handarbeit. Der Besitz von Haus und Garten war jetzt weit weniger wert als die vogelfreie Beweglichkeit.» Als Folge dieser Entwicklung zeigte sich eine erstaunliche Wohlfeilheit vieler deutscher Erzeugnisse auf dem Weltmarkt, die Konkurrenzfähigkeit Deutschlands auf dem Weltmarkt mit vielen kleinen Artikeln. «Man schlägt den ganzen Kapitalprofit heraus aus einem Abzug vom normalen Arbeitslohn und kann den ganzen Mehrwert dem Käufer schenken. Das ist das Geheimnis der erstaunlichen Wohlfeilheit der meisten deutschen Ausfuhrartikel.» Die Arbeiter litten unter niedrigsten Löhnen, erbarmungsloser Ausbeutung durch die Verleger und Fabrikherren, unter dem Trucksystem und politischer Entrechtung. Diese ökonomische Fessel bildete auch einen der wichtigsten Gründe für die schreckliche Kinderarbeit, die in allen Gebieten der ländlichen Hausindustrie üblich war. Karl Marx nannte sie treffend die «Verwandlung von Kinderblut in Kapital». Die krasse Ausbeutung bewirkte, «daß die Groß- und Kleinbürgerschaft, die von diesen abnormen Abzügen vom Arbeitslohn lebt und sich bereichert, für ländliche Industrie, für hausbesitzende Arbeiter schwärmt, für alle ländlichen Notstände das einzige Heil-

Ulrich Grumal, Drechsler und Schnitzer. Heidelberg. Um 1930

mittel sieht in der Einführung neuer Hausindustrien!» Diese von Friedrich Engels getroffene sozialökonomische Analyse ist für die erzgebirgische Hausindustrie mit einer Fülle von Fakten zu belegen. Gerade im Seiffener Gebiet zeigt sich deutlich, wie seit etwa 1860 mit dem Erstarken des Industriekapitalismus auch die künstlerische Qualität der Erzeugnisse immer mehr sinkt, wie die Volkskunst – eingespannt in die Zange von Angebot und Nachfrage – zur Ware wird, wie Profitinteressen ernsthafte künstlerische Erwägungen zerschlagen. – Engels erkannte aber auch, daß durch die Ausdehnung der Hausindustrie eine «Revolutionierung der Landdistrikte» erfolgt und damit zugleich die revolutionäre Arbeiterbewegung über ihre städtischen Zentren hinausdringt. Friedrich Engels hatte ja bereits in seiner «Geschichte der arbeitenden Klasse in England» (geschrieben 1844/45) die Auswirkungen des Sieges der Maschinenarbeit über die Handarbeit am englischen Beispiel beschrieben, die Folgen der technisch-ökonomischen Sachzwänge neuer Produktionsmethoden und Betriebsformen für die Arbeiter analysiert. Bei der Auswertung des Ergebnisses der Reichstagswahlen von 1881 schrieb *Friedrich Engels* am 30. November 1881 an Eduard Bernstein: «Die Masse unserer Leute in Sachsen besteht aus Handwebern, die dem Untergang durch den Dampfstuhl geweiht sind und nur durch Hungerlohn und Nebenbeschäftigung (Gartenbau, Spielwarenschnitzerei etc.) noch so eben fortexistieren. Diese Leute befinden sich in einer ökonomisch reaktionären Lage, vertreten eine untergehende Produktionsstufe. Sie sind also mindestens nicht in demselben Grad geborne Repräsentanten des revolutionären Sozialismus wie die Arbeiter der Großindustrie ... ein richtiger Kern für eine große nationale Bewegung sind sie nicht. Ihr Elend macht sie unter Umständen – wie 1865–70 – rascher empfänglich für sozialistische Anschauungen als die Großstädter. Aber dasselbe Elend macht sie auch unsicher ... Jetzt ist das alles anders. Berlin, Hamburg, Breslau, Leipzig, Dresden, Mainz, Offenbach, Barmen, Elberfeld, Solingen, Nürnberg, Frankfurt a. M., Hanau neben Chemnitz und den erzgebirgischen Distrikten, das gibt einen ganz andern Halt. Die ihrer ökonomischen Lage nach revolutionäre Masse ist Kern der Bewegung geworden. Daneben ist die Bewegung gleichmäßig über den ganzen industriellen Teil von Deutschland verbreitet, aus einer auf ein paar lokale Zentren beschränkte, eine nationale erst jetzt geworden.» Im Hinblick auf die sächsische und schlesische Hausindustrie schrieb der revolutionäre Historiker der deutschen Arbeiterbewegung *Franz Mehring* (1846–1916):

«Immer blieb der deutsche Kapitalismus weit hinter dem französischen oder gar englischen zurück. Er war darauf angewiesen, auf dem Weltmarkt mit Hungerlöhnen und kleinlichen Geschäftskniffen der überlegenen Konkurrenz der westlichen Völker ein Bein zu stellen. Seine breite Basis war die Hausindustrie, hinter der die auf Handarbeit beruhende Manufaktur und vollends die mechanische Fabrik weit zurückstanden.

Nun ist die Hausindustrie, wie die älteste, so die rückständigste Form der kapitalistischen Produktionsweise. In ihren Anfängen erscheint sie oft als eine Wohltäterin des armen Bauern und Handwerkers; sie lullt ihre Opfer in einen behaglich-lethargischen Geistesschlaf, um sie dann zur ärgsten Verkümmerung an Geist und Leib zu erwecken. Sobald die Hausindustrie vom Manufaktur- oder gar Maschinenbetrieb überholt wird, vermag sie sich nur durch die fieberhafteste Anspannung der Arbeitskraft aufrechtzuerhalten. Die Zersplitterung der Hausarbeiter lähmt ihre Widerstandskraft gegen das Kapital, und der fortwährende Druck auf die Löhne zwingt sie, den Arbeitstag bis an die Grenzen der physischen Möglichkeit auszudehnen, Weib und Kinder in das gleiche Joch zu spannen, sich und ihre Familien einem schnellen Siechtum, einem frühen Tode zu opfern: nicht nur durch das Übermaß der Arbeit, sondern auch durch den Mangel an Licht, Luft und Ventilation in der engen Behausung, die Wohnung und Werkstätte in einem ist, oft genug auch durch die gesundheitsgefährliche Beschäftigung. Dazu kommen Unregelmäßigkeit der Arbeit, Truck und Wucher, parasitisches Faktorenwesen, hundert andere Übelstände. Die hoffnungslosesten aller Proletarier, stehen die Hausarbeiter gleichwohl dem proletarischen Klassenbewußtsein am fernsten. Sie prunken mit dem Schein ihrer Selbständigkeit, während ihr federleichter Besitz sie wie ein schweres Bleigewicht in den Abgrund reißt. Die Art ihres Betriebs wirft sie um so wehrloser in das zerstörende Getriebe des Weltmarktes, je fester sie den Bauern an seinen Ackerfleck, den Handwerker an sein Werkzeug schmiedet.

Die deutsche Hausindustrie entstand wesentlich auf zwei Wegen. Teils nistete sich das Kapital in die Risse der Zunft und sprengte den morschen Bau, so daß einzelne Handwerker zu kapitalistischen Verlegern, die meisten aber zu hausindustriellen Lohnarbeitern wurden. Auch hierbei half freundwillig die Staatsgewalt. Das preußische Landrecht unterwarf das ganze Zunftwesen dem landesherrlichen Gebote; neue Zünfte durfte nur der König errichten, und die bestehenden Zünfte konnte er öffnen oder schließen wie ihm gefiel. Teils aber und hauptsächlich warf sich das Kapital aufs platte Land, wo es frei war von den immer doch beengenden Schranken der Zunft, auf den hörigen Bauern, den der Junker schon wehrlos gemacht hatte, auf den Zwergbauern, der in Gegenden von geringer Fruchtbarkeit und mit stark zerteiltem Grundbesitz auf karger Hufe saß, vom Ackerbau allein nicht leben konnte, im Spinnen und Weben, im Schnitzen von mehr oder minder kunstvollem Hausgerät schon lange eine Nebenbeschäftigung gesucht hatte.

Es ist bezeichnend, daß der Kapitalismus die Höhen und Abhänge der deutschen Gebirge, des Eulen- und Riesen-, des Erz- und Fichtelgebirges, des Thüringer Waldes und der Rhön, des Taunus, des Schwarzwaldes und der bayerischen Alpen mit hausindustriellem Jammer überschwemmte. Doch verschmähte er auch nicht, was ihm die Ebene an Opfern bot; breite Striche am Niederrhein und in Westfalen waren alte Sitze der Hausindustrie.» (Aufsätze ... S. 151 f.)

Übersichtskarte: Produktionsstätten und Handelswege deutschen Spielzeugs (im 18./19. Jahrhundert)

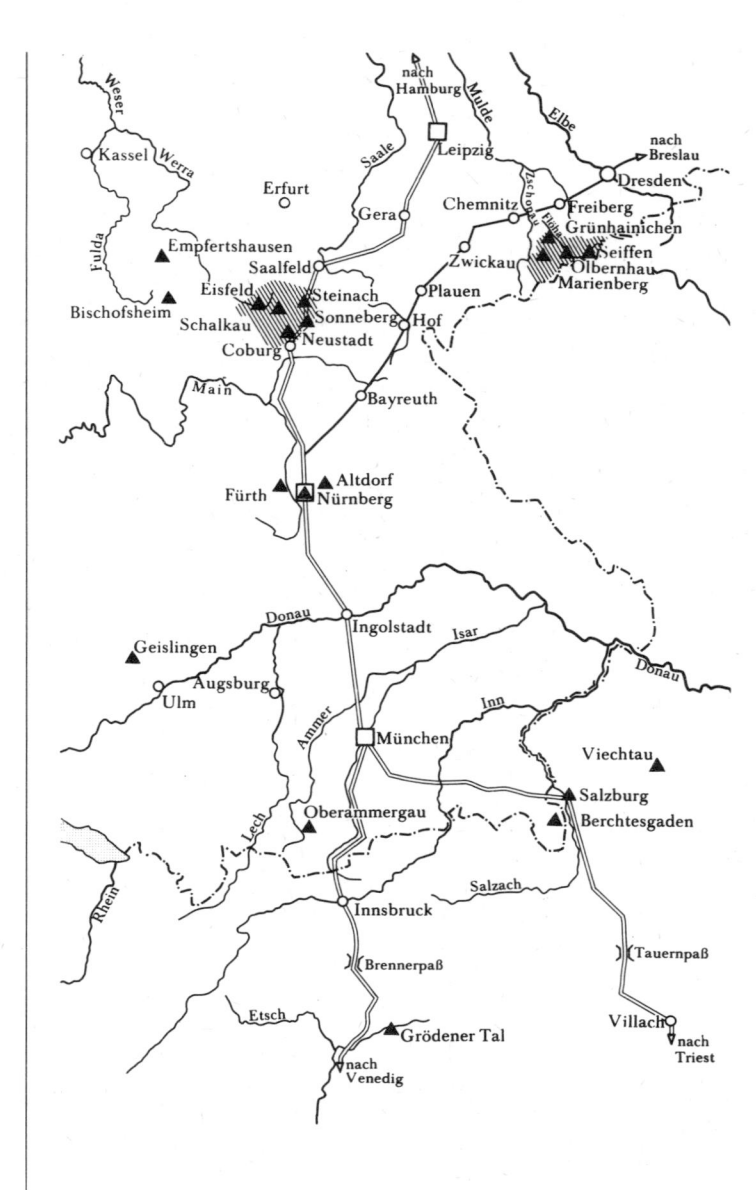

▲ Spielzeugproduktionsort
▨ Spielzeugproduktionsgebiet
☐ Für den Spielzeughandel wichtige Messestadt
— Für den Spielzeughandel wichtiger Handelsweg
= Für den Spielzeughandel wichtige Haupthandelsstraße
-·- Die 1815 festgelegte Grenze zwischen Gebieten Österreichs und angrenzenden deutschen Ländern

## Fabriken und Hausindustrie

Im Zuge der industriellen Revolution, die wir als revolutionären Umgestaltungsprozeß des Systems der gesellschaftlichen Produktionskräfte begreifen, in dessen Verlauf auf der Grundlage der Ablösung der Handarbeit durch die Maschinenarbeit die kapitalistische

Industrie entsteht – die durch die Fabrik mit hochentwickelter Arbeitsteilung und dreiteiligem Maschinensystem als Grundelement gekennzeichnet ist –, kam es auch im Erzgebirge zur Gründung von Fabriken. Industrielle Revolution – das ist ein umfassender, alle Bereiche des gesellschaftlichen Lebens berührender sozialer Umwälzungsprozeß, in dessen Verlauf sich die beiden Grundklassen der kapitalistischen Gesellschaftsordnung, Proletariat und Bourgeoisie, und zwar mit ihren Kernen, dem modernen Industrieproletariat und der Industriebourgeoisie, herausbilden (vgl. dazu Wolfgang Jonas, Thesen, S. 273–275).

«Die Arbeits- und Lebensbedingungen der unmittelbaren Produzenten wurden durch die Industrielle Revolution entscheidend umgestaltet. Mit der Anwendung der Maschinen traten die extensiven Ausbeutungsmethoden wie Verlängerung der Arbeitszeit und die Einbeziehung von Frauen und Kindern in den Produktionsprozeß zurück. Das zunehmende Arbeitstempo ließ die Unfallzahlen steigen. Die Streikkämpfe des Proletariats nahmen zu. Am schwersten war die Lage der Arbeiter in der Hausindustrie und die des ländlichen Proletariats.» (Rolf Sonnemann, in: Wendel, Beiträge... S. 49.)

In seinem Brief an Kautsky am 8. II. 1884 schildert Friedrich Engels treffend die Situation der Hausindustrie unter dem Druck der industriellen Umwälzung, die er als das «größte Vermächtnis» des Jahres 1848 bezeichnet. «Die auf kleinen, freien oder gepachteten Grundbesitz gestützte Hausindustrie kämpft noch fortwährend an gegen die Maschinen und den Dampf; der untergehende Kleinbauer wirft sich auf Hausindustrie als letzten Rettungsanker; aber kaum industriell geworden, wird er schon wieder von Dampf und Maschine erdrückt. Der ländliche Nebenverdienst, die selbstgebaute Kartoffel wird das kräftigste Mittel zum Herabdrücken des Lohns für den Kapitalisten, der den ganzen normalen Mehrwert jetzt dem auswärtigen Kunden schenken kann als einziges Mittel, um auf dem Weltmarkt konkurrenzfähig zu bleiben, und der seinen ganzen Profit macht durch Abzug am normalen Arbeitslohn. Daneben die direkte Umwälzung aller Lebensverhältnisse in den industriellen Zentren durch die mächtig fortschreitende Großindustrie. So wird ganz Deutschland – mit Ausnahme des verjunkerten Nordosten etwa – in die gesellschaftliche Revolution gerissen, der Kleinbauer in die Industrie gezogen, die patriarchalischsten Bezirke in die Bewegung geschleudert und damit viel gründlicher revolutioniert als England oder Frankreich. Diese gesellschaftliche Revolution, die schließlich auf Enteignung des kleinen Bauern und Handwerkers hinausläuft, vollzieht sich aber zu einer Zeit, wo es grade einem Deutschen, Marx, vergönnt war, die Resultate der englischen und französischen praktischen und theoretischen Entwicklungsgeschichte theoretisch zu verarbeiten, die ganze Natur und damit das geschichtliche Endschicksal der kapitalistischen Produktion klarzulegen; und damit dem deutschen Proletariat ein Programm zu geben, wie es die Engländer und Franzosen, seine Vorgänger, nie besessen. Gründlichere Umwälzung der Gesellschaft einerseits, größere Klarheit in den Köpfen andrerseits – das ist das Geheimnis des unaufhaltsamen Fortschritts der deutschen Arbeiterbewegung.»

Seit der Mitte des 19. Jahrhunderts entstanden vor allem im Grünhainicher und Waldkirchner Bezirk und in Olbernhau und Umgebung auch zahlreiche Fabriken, die nunmehr neben der Hausindustrie produzierten. Manche Arbeiten ließen sich jedoch nicht mit Maschinen ausführen, deshalb bestand zwischen den Fabriken und den hausindustriellen Spielzeugmachern eine enge wirtschaftliche Verbindung: Viele arbeiteten als Zubringer für die Industrie oder übernahmen aus den Fabriken Halbfabrikate zur Fertigstellung. So wuchs gleichzeitig ein großes Heer von Heimarbeitern heran, vorwiegend Frauen, deren soziales Los mit das härteste war. Die Hausindustrie und die Verleger betrachteten die Einrichtung von Fabriken als gefährliche Konkurrenz. Die Unternehmer sahen natürlich, daß im Fabrikproletariat in viel stärkerem Maße als in der Hausindustrie die Keime revolutionärer Ideen gediehen. 1868 gründete ein Konsortium auswärtiger Geldgeber eine «Mechanische Spielzeugfabrik» mit Dampfantrieb in Seiffen. Trotz des fortgesetzten Wechsels von Prosperität und Krisenlage weiteten sich im Verlaufe des 19. Jahrhunderts die beiden Kerngebiete der Spielzeugproduktion und des Spielzeughandels Grünhainichen und Seiffen zum einheitlichen Spielzeugland beiderseits der Flöha. Der zwischen beiden Orten gelegene bedeutende Marktflecken Olbernhau hatte sich auf Grund seiner vom Handwerk bestimmten Wirtschaftsstruktur lange Zeit dem neuen Gewerbe verschlossen. Metallverarbeitende Handwerke, vor allem die Büchsenmacherei, boten hier der Heimindustrie nicht die Entfaltungsmöglichkeit wie in Seiffen. Die Olbernhauer «Gewehr-Fabrique», die 1703 nach einem Vorlauf durch die 1681 konzessionierte Rohrschmiede «gegründet» wurde, beruhte auf einer ortsgebundenen, begrenzt kooperativen Fabrikation und stellte ein hochwertiges Produkt in einer für den Gesamtbedarf der sächsischen Armee ausreichenden Dimension her. 1703 waren sechzig Büchsenmacher aus Suhl übergesiedelt. Helmut Wilsdorf ordnete diese Fabrik in die «lokalen Ausprägungen innungsgebundener Bergwarenfabriken» ein, ebenso wie die Manufaktur für Serpentinsteinwaren Zöblitz (vgl. dazu Wilsdorf, Bergfabriquen, S. 75 ff.).

Erst nach dem Zusammenbruch der kursächsischen Gewehrindustrie (1854) entstanden neben einer Fabrik von Kindergewehren (1863) noch weitere Fabriken von Spielzeugen. Vor allem kam nun die außerordentlich günstige zentrale Lage Olbernhaus für den Handel zur Geltung, nachdem Semmlers Verlagsgründung der achtziger Jahre keinen Bestand gehabt hatte. Nun entwickelte sich rasch ein Verlagsgeschäft nach dem anderen. (1889 waren schon neunzehn etabliert.) Ihr Warenumsatz überflügelte bald den des alten Handelsortes Grünhainichen. Die umgebenden Dörfer wurden für die Produktion der zum Versand benötigten Kisten, Kästen und Spanschachteln gewonnen. Schon in den zwanziger Jahren des 19. Jahrhunderts hatte die alte Bergstadt Marienberg ihre durch den rückläufigen Bergbau freigewordenen Arbeitskräfte in einer Spielzeugfabrik untergebracht. Das nahe Zöblitz fand an Stelle seiner labilen Serpentinsteinindustrie mit der Gründung mehrerer Fabriken (die erste 1867) für Metallspielzeug eine ähnliche Lösung. Im alten Bergbauort Pobershau glaubte der Bergmann nach dem Abklingen der bergbaulichen Spätblüte im Schachtelmachen eine neue «Hauptnahrung» gefunden zu haben, kam aber nur zu einem kümmerlichen Erwerb, denn neben 1500 Spielzeugarbeitern waren im Jahre 1846 in Sachsen allein 225 Schachtelmacher tätig. Erst als das Bergamt wie einst in Seiffen die Pochstätten freigab, entwickelte sich das weitläufige Dorf nach 1845 zu einem Industrieort, in welchem zahlreiche Drehspindeln surrten. Zu einem zweiten «Seiffen» wurde es allerdings nicht, wie der Waldkirchner Verleger Oehme durch Umsiedlung Seiffner Drechsler erstrebt hatte, denn die Anlage einer großen Spinnerei mitten im Ort verhinderte die Entwicklung einer Heimindustrie.

Während die Grünhainicher Verleger ihren Handelsbetrieb durch fabrikmäßige Fertigung ergänzten – 1851 gab es hier bereits zehn Fabriken – hielten Seiffen und Heidelberg stärker an der Heimarbeit fest. Sie büßte auch nach der Einschränkung der Kinderarbeit wenig von ihrem Umfang ein. Für 1911 erfaßte Westenberger (S. 63) zum Beispiel in Grünhainichen sieben, in Heidelberg vier, in Rothental sechs, in Lauterbach drei, in Dittersbach drei, in Neuhausen sechzehn, in Lengefeld zwei, in Leubsdorf vier, in Eppendorf vierzehn (für Puppenstuben, Puppenmöbel, Kaufmannsläden, Viehställe, Häuser usw.), in Niederseiffenbach vier, in Blumenau neun (vor allem für Baukästen, Metallophone, Federkästen) und Olbernhau einundzwanzig Fabriken für Holz- und Spielwaren. Trotz mancher Überschneidungen im Arbeitsablauf kann man um die Jahrhundertwende neben den Maschinenarbeitern in den Fabriken folgende Berufsgruppen unterscheiden: Drechsler, Reifendreher, Schnitzer, Kleinarbeiter, Metallophonarbeiter, Maler, Schachtelmacher und Astelhacker (nach Westenberger, S. 76). Auch im Erzgebirge kündeten Beispiele von Maschinenstürmerei als Element des Klassenkampfes das soziale Spannungsfeld an, in dem sich die industrielle Revolution vollzog (so u. a. 1797 und 1846 durch die Posamentierer in Annaberg, die Beierfelder Hüttenarbeiter 1820, die Nagelschmiede 1848 in Markersbach und Elterlein).

Zwischen der Mitte der dreißiger und der Mitte der sechziger Jahre des 19. Jahrhunderts erfolgte in Sachsen eine rapide Industrialisierung, siegten die Maschinen in einem Umfang, wie er von keinem deutschen Lande in der gleichen Zeitspanne

Spielzeugmacherstube um
1900. Spielzeugmuseum

erreicht worden ist. Als Beleg mag eine Karte des Komitees zum Bau der Annaberger Eisenbahn gelten (1860). Sie verzeichnet als Wirtschaftsgebiet, das durch diese Bahn erschlossen werden sollte, eine Landschaft mit 17 Städten, 125 Dörfern, 178 557 Einwohnern. Die fiskalische Waldfläche betrug 47 719 Acker, die im Besitz von Gemeinden, Rittergütern und Privaten befindliche Waldfläche 25 619 Acker. Im Einzugsgebiet der Bahn lagen 338 Mahlmühlen mit 553 Gängen, 170 Schneidemühlen mit 216 Sägen, ... 86 Öl- und Pochmühlen mit 424 Paar Stampfern, 17 Kammgarn-, Streichgarn- und Flachsspinnereien, 93 Baumwollgarnspinnereien, 23 Hochöfen, Eisenhütten- und Hammerwerke, 9 Papierfabriken, 32 Kalköfen, 21 Erzgruben, 54 industrielle geschlossene Fabriken und 100 Industriefirmen, die mittels Hausindustrie ihre Waren erzeugten. Chemnitz und Böhmen waren dabei nicht erfaßt (nach Siegfried Sieber 1951, S. 370). Über die Zusammensetzung des modernen Industrieproletariates um die Mitte des 19. Jahrhunderts vermerkt H. Neef:

«Die in die ersten kapitalistischen Betriebe kommenden Beschäftigten waren sowohl im Hinblick auf ihre fachlichen Fähigkeiten als auch darauf, was ihr Klassenbewußtsein betraf, keine ‹fertigen› oder erfahrenen Arbeiter; sie wurden als Arbeiter nicht geboren. Ihre ursprüngliche ökonomische und soziale Stellung entsprach der vielschichtigen und zersplitterten feudalen Produktionsweise. Sie war sehr unterschiedlich und in der Regel auch lokal, provinziell und je nach Land bedingt. Sie kamen aus dem niedergehenden Erzbergbau oder aus ihm angeschlossenen Gewerken; vom Lande als enteigneter Klein- und Fronbauer und geflohener oder ausgestoßener Leibeigener; aus Manufakturbetrieben, in denen sie als Nagler, Gürtler, Feinblechner usw. beschäftigt waren. Aus der Heimindustrie und dem Handwerk suchten Weber, Posamentierer und andere eine neue Arbeit. Aus dem ‹Armenhaus› der Gesellschaft kamen Bettler und Lumpenproletarier, oftmals hervorgegangen aus dem Überschuß der Bevölkerung, denen die feudale Produktionsweise keine Existenz bieten konnte.

... Entsprechend der ökonomischen Entwicklung war die Arbeiterklasse differenziert und vielschichtig; so gab es das moderne Industrieproletariat, den kampferfahrenen Bergmann, die oft mit zünftlerischen Traditionen behafteten Manufakturarbeiter, den pauperisierten Handarbeiter, das Handwerksproletariat und die Landarbeiter. Die weitsichtigsten und erfahrensten Kräfte im deutschen Proletariat in der ersten Hälfte des 19. Jahrhunderts waren die proletarischen Handwerksgesellen. Ihre Teilnahme an demokratischen Kundgebungen und Aufständen, ihre ökonomische Lage und berufsbedingten Traditionen veranlaßten und zwangen die revolutionärsten unter ihnen, die deutschen Staaten zu verlassen. Sie gingen in die damals gesellschaftlich fortschrittlichsten Staaten, in die Schweiz, nach Frankreich und England; auf diese Weise erhielten sie unmittelbaren Kontakt mit Arbeitern dieser Länder und deren Organisationen und kamen mit den Ideen der utopischen Sozialisten in Berührung. Dabei lernten diese Handwerksgesellen die internationale Solidarität, gegenseitige Hilfe und Unterstützung kennen und verspürten sie im eigenen Leben. Von Anfang an waren der Kampf und die Entwicklung des deutschen Proletariats mit denen des internationalen Proletariats auf das engste verbunden.» (Zur Geschichte ... I, S. 7f.)

Auf Vorschlag des Industrievereins Sachsen, der einen Prüfungsausschuß aus Vertretern der Industrie und des Handwerks berief, fanden 1831 und 1834 Ausstellungen für sächsische Gewerbeerzeugnisse statt. 1831 war die «Holzwaaren-Manufaktur» des Erzgebirges bedauerlicherweise – so heißt es im Bericht – überhaupt nicht vertreten, währenddessen in der Ausstellung 1834 – vornehmlich durch das Angebot der Verlagshäuser Hiemann & Sohn sowie Carl Heinrich Einhorn aus Seiffen – ein «vollständiges Sortiment der gangbarsten Holz- und Spielwaaren» das Interesse der Besucher fand.

Unter dem maßgeblichen Einfluß von Professor Oskar Seyffert (1862–1940), dem Begründer des 1913 eröffneten Landesmuseums für sächsische Volkskunst, waren die Erzeugnisse der erzgebirgischen Spielzeugmacher auch in anderen, der Propagierung des Handwerklichen gewidmeten Ausstellungen vertreten, so zum Beispiel 1896 in der Dresdner Handwerker-Ausstellung, in der Ausstellung «Haus und Herd» (Dresden 1899), in der Berliner Volkskunstausstellung im Warenhaus Wertheim und in der 3. Deutschen Kunstgewerbe-Ausstellung in Dresden (1906).

1828 entstand der Industrieverband für das Königreich Sachsen, der sich besonders die Hebung des Exports zum Ziel gesetzt hatte. Die Einfuhr von Maschinen wurde gefördert. Dagegen verstand sich die Regierung zunächst nicht zum Anschluß an das norddeutsche Zollsystem Preußens, sondern trat 1828 dem Mitteldeutschen Handelsverein bei. Erst 1833 wurde der Anschluß an den Preußisch-süddeutschen Zollverein vollzogen. 1834 gehörten achtzehn deutsche Staaten unter Preußens Führung dem Deutschen Zollverein an, der das Ziel hatte, ein einheitliches Zollgebiet zu schaffen sowie gemeinsame Regelungen für Ausfuhr- und Einfuhrzölle, – und damit freien Spielraum zur Entfaltung der kapitalistischen Wirtschaft. Bis Mitte der vierziger Jahre schlossen sich die meisten deutschen Staaten an.

## Zur sozialen Lage der Spielzeugmacher. Kinderausbeutung und Wohnungselend

Die sozialen Zustände in den anderen hausindustriellen Produktionszweigen des Erzgebirges unterschieden sich wenig von der Lebenslage der Spielzeugmacher. Das gilt für die Klöppelei, Posamentenherstellung, Bürstenmacherei, Strohflechterei (vor allem in den Dörfern um Dippoldiswalde), Stickerei, Lederhandschuhmacher u. a. m.

Obwohl sich nach 1870/71 die deutsche Wirtschaft kräftig entwickelte, Deutschland vom Agrarstaat zum Industriestaat, zur kapitalistischen Großmacht wuchs, herrschte unter den Arbeitern der Spielzeugindustrie ungeheures Elend.

Häufig wurden bereits Drei- und Vierjährige in der Hausindustrie beschäftigt. Nicht selten mußten die Schulkinder in Saisonzeiten Nächte hindurch arbeiten, um der Familie das karge Brot zu sichern. Es wurde durch radikale Arbeitsteilung innerhalb der Familie und durch unbegrenzte Arbeitszeit erkauft. Nach 1871 ging die Kinderarbeit in den

Joh. Wilhelm Meil (1733–1805): Schornsteinfeger-Kinder

Der Leierkastenmann

44

Beim Reifendreher Emil Biermann. Um 1920

mit Maschinen ausgerüsteten Fabriken zurück, weil sie nicht mehr rentabel erschien. Trotzdem erfaßte die Berufs- und Gewerbestatistik von 1895 in Deutschland immerhin noch 214 954 Kinder unter vierzehn Jahren als «erwerbstätig im Hausberufe und im Hausgesindedienst». Dabei ist zu berücksichtigen, daß die Zahl sicher viel größer war und mancherorts vertuscht wurde. Der Gemeindevorstand Seiffen formulierte in einem Schreiben vom 7. Januar 1905 an die Amtshauptmannschaft über die Kinderarbeit: «Als Vorzüge ist dabei beachtet worden, daß ... diese Kinder während der Arbeitszeit stets unter Aufsicht sind und daß diesen Kindern durch das Arbeiten das Essen besser schmeckt und dieselben dadurch markiger und kräftiger werden. Es ist noch nie beobachtet worden, daß Kinder durch Arbeiten krank geworden sind ... Es sind überhaupt in der Kinderbeschäftigung Gefahren für Gesundheit und Sittlichkeit nicht zu beobachten gewesen, wohingegen sich vermuten läßt, daß, wenn Kinder ohne jede Beschäftigung sind, eine Gefahr gegen Gesundheit und Sittlichkeit sehr nahe liegt» (Archiv Spielzeugmuseum Seiffen). Wer hierbei die Feder führte und seine Interessen verfocht, ist klar. Um 1910 waren noch 90% aller Schulkinder von Steinhübel in die Produktion einbezogen. Die Reallöhne der Arbeiter sanken ständig, nach einer amtlichen Ermittlung der Regierungskommission von 1881 zwischen 1875 und 1881 zum Beispiel im Durchschnitt um 63%, in Einzelfällen bis zu 91%. Die Statistik ergibt, daß zum Teil Spielzeugmacherfamilien mit 0,60 bis 1,– Mark Verdienst in einer Woche je Beschäftigten leben mußten. Von 100 Spielzeugmacherfamilien verdienten

1875   20 weniger als 10 Mark wöchentlich
1878   28 weniger als 10 Mark wöchentlich
1881   64 weniger als 10 Mark wöchentlich.

(Die gründlichsten Analysen der Lohnverhältnisse bietet Hellmut Bilz, Schriftenreihe Heft 1, S. 42 ff., Heft 2, S. 25 ff., Heft 3, S. 69 ff. auf Grund vielfacher Vergleiche.)

Wie weit entfernt von der gesellschaftlichen Realität waren die beschaulichen Schilderungen des Lebens der Erzgebirger, die in Mundartdichtung und Heimatliteratur von einer falschen Romantik übertönt die Zufriedenheit der Gebirger

Beim «Viehmacher». Um 1920.

Aus Deutschlands Zukunft. Heimarbeiterfamilie (Der wahre Jacob 3.7.1900)

besangen. Die bescheidenen Freuden erwiesen sich beim genauen Hinsehen oft als ökonomische Zwänge. Und auch die «Hutzenabende» als nachbarliche Zusammenkünfte waren vor allem eine Ersparnis von Heizmaterial in den Spielzeugmacherfamilien. Die Gesänge der Zufriedenheit und des angeblichen Gleichseins zwischen arm und reich, die u. a. Anton Günther (1876–1939) anstimmte, waren ein schwacher Trost. 1880 hatte ein Spielzeugarbeiter bei dreizehnstündiger Arbeitszeit 15 Pfennig Stundenlohn. Die Verleger zahlten für eine Handvoll Reifentiere 1 Pfennig. Vor dem ersten Weltkrieg brachte ein Schock (60 Stück!) ganze 5 Pfennig. Von 50 Familien verdienten um 1881, trotz der Mitarbeit von Frauen und Kindern, 32 weniger als 10 Mark wöchentlich, so zum Beispiel eine Familie mit $3\frac{1}{2}$ Arbeitskräften, die Viehherden anbot, nur 5,70 Mark. Der wöchentliche Verdienst einer sechsköpfigen Familie, die 6000 Reifentiere herstellte, betrug etwa 7,00 Mark. Als Folge der Unterernährung litten die Familien unter vielen Krankheiten. Ein Alter von über 50 Jahren galt als Ausnahme. Um 1861 hieß es in einem Gedicht, das eine Meißner Zeitung veröffentlichte:

> Im sächsischen Erzgebirge
> Da ist gar große Not,
> Der Doktor nennt es Typhus,
> Das Volk nennt's Hungertod.

Arbeitszeiten der hausindustriellen Spielzeugmacher von 12 bis 17 Stunden galten 1906 noch als normal, in saisonbedingten Zeiten oft noch länger.

In der großen Berliner Heimarbeitsausstellung von 1906 wurde das Erzgebirge als «Schmerzgebirge» bezeichnet. In der zeitgenössischen Literatur finden wir auch oft den Namen «Sächsisches Sibirien». Die engen, unwürdigen Wohnverhältnisse der Hausarbeiter ließen keine gesunde Lebensführung zu, zerstörten oft das Familienleben. Die Stuben dienten zum Kochen und Wohnen sowie gleichzeitig zum Arbeiten und Trocknen der Ware. Von Hygiene konnte oft nicht die Rede sein. In den Fabriken herrschten ähnliche Verhältnisse. Lichtlose und luftarme Werkstätten und das Fehlen von Arbeitsschutzvorrichtungen erschwerten dem Arbeiter das Leben. Hunger und karge Mahl-

Herstellung von «Goldschäfchen». Um 1920 (Teig, gepreßt, als Fahrtier)

Der Arnsfelder Männelmacher

zeiten waren die Regel, Krankheiten die Folge. Diese Zustände mußten sich auf die Produktion auswirken. Deshalb beschäftigten sich staatliche Stellen mit der wirtschaftlichen Lage in der Spielzeug- und Holzindustrie. Es wurden verschiedene Maßnahmen eingeleitet mit dem Ziele, den gefährdeten Industriezweig zu schützen und konkurrenzfähig zu halten. So wurde bereits 1874 ein Holzkonsumverein gegründet und 1891 eine vorübergehende Industrieausstellung eröffnet. Seit 1874 und verstärkt mit der Einrichtung des neuen Fachschulgebäudes (1904) gab es in Seiffen zugleich eine ständige Ausstellung in Form der Mustersammlung der Schule. Ab 1914 zeigte die Firma Hetze eine ständige Verkaufsausstellung. Soziale Erwägungen wurden bei der Durchsetzung staatlicher Maßnahmen insofern berücksichtigt, als sie dem ökonomischen Aufschwung, der wirtschaftlichen Stabilisierung dienten! In Seiffen und Grünhainichen bestanden am Ende des 19. Jahrhunderts Gewerbevereine. Es wurden 1853 in Seiffen (in der Nachfolge einer 1840 eingerichteten Zeichenschule) und 1874 in Grünhainichen Fachgewerbeschulen, 1885 in Olbernhau eine Industrieschule begründet. Man strebte eine praxisnahe Ausbildung an, die zur Förderung der Qualität der Erzeugnisse und der kaufmännischen Kenntnisse der Produzenten beitragen sollte. Die Einrichtung solcher Fachschulen war im 19. Jahrhundert eine charakteristische Maßnahme in allen Zentren der hausindustriellen Spielzeugfertigung und Schnitzerei (z. B. in Erbach, Warmbrunn, Berchtesgaden, Garmisch-Partenkirchen, Mittenwald, Oberammergau, St. Ulrich und Wolkenstein im Grödener Tal, Empfertshausen und Bischofsheim in der Rhön, Sonneberg, Brienz, Interlaken, Gadmen, Meiringen im Berner Oberland usw.). Auch für andere Hausindustrien des Erzgebirges gab es spezielle Fachschulen, so für Posamenten in Buchholz, Geyer, Scheibenberg, Crottendorf und Annaberg, für Strohflechten in Dippoldiswalde, für Stickerei in Eibenstock, für Klöppellehrerinnen in Schneeberg (1878). Die Schulen waren unterschiedlich strukturiert, in der Regel als gewerbliche Fortbildungsschulen, gelegentlich auch als Abendschulen. Unter den Lehrfächern dominierte die jeweilige kunsthandwerkliche Technik. Die Einrichtung von örtlichen Klöppelschulen geschah zum Teil schon im 18. Jahrhundert, so u. a. 1767 in Thum, 1772 in Geyer. Bis 1916 waren im Gebiet Annaberg-Schwarzenberg 34 Klöppelschulen in Betrieb gesetzt. Auch diese Bildungseinrichtungen waren letztlich Instrumente der Verleger und Fabrikanten zur Steigerung des Profits, denn die Arbeiten der Kinder wurden in der Regel verkauft. Zu den Aufgaben der Schulen gehörten ferner «Industrieberatung», das Entwerfen neuer Muster für die industrielle Produktion und Teilnahme an der Organisation von Ausstellungen zur Förderung des Absatzes (1860 waren im Gebiet zwischen Eibenstock und Geyer allein in der Klöppelei mehr als 20000 Bewohner tätig, im gesamten Erzgebirge etwa 40000). Das Regulativ für die sächsischen Klöppelschulen, die im Grunde Industrieschulen waren, formulierte 1836 eindeutig die Verpflichtungen der Schulen für die Verleger. Sie führten de facto die Aufsicht. Die Schulzeit wurde im Sommer für «die Kleinen von früh 7 bis abends 6 Uhr» festgelegt, im Winter bis zum Eintritt der Dämmerung (vgl. Ruth Hoppe, Dokumente, S. 16 ff.). Die Martinsche Fabrikschule in Herold/Erzgebirge führte 1839 im Lehrplan neben der handwerklichen Unterweisung der Kinder vor allem Religionsunterricht, er beanspruchte die Hälfte der Unterrichtszeit. Es gab keine Ferien, und der Fabrikherr war oberste Aufsichtsperson (vgl. Hoppe, Dokumente, S. 29 ff.). In einem Bericht aus der zweiklassigen Volksschule des Ortsteils Steinhübel wird 1909 vermerkt, daß dort von achtundvierzig Kindern neunundzwanzig ihren Eltern regelmäßig bei der Arbeit helfen mußten. Von diesen neunundzwanzig Kindern werden nur elf als körperlich und geistig normal entwickelt bezeichnet, während sechs als körperlich und fünf als geistig unterentwickelt, zwei als dauernd kränklich und fünf als «völlig degeneriert» bezeichnet werden. Gewisse Einschränkungen der Kinderarbeit, die bereits am Ende des 18. Jahrhunderts Massencharakter annahm, wurden – gegen den Widerstand der Unternehmer – in Deutschland unter dem Einfluß der englischen Fabrikgesetzgebung bereits in der zweiten Hälfte des 19. Jahrhunderts durch gesetzliche Festlegungen verfügt, aber nicht gültig durchgesetzt, so in Preußen 1824, 1839 und 1853, in Württemberg 1862 und in Sachsen 1861.

Baden und Bayern beschlossen solche bereits im Vormärz (1840); auch die Gewerbeordnungsnovelle des Reiches von 1891 proklamierte in Ergänzung der Reichsgewerbeordnung von 1878 – nach dem Scheitern des Sozialistengesetzes und als ersten Schritt zu einem gesetzlich fixierten Arbeitsschutz – u. a. das Verbot der Arbeit von Kindern unter dreizehn Jahren und beschränkte die Arbeitszeit von Jugendlichen zwischen vierzehn und sechzehn Jahren auf zehn Stunden pro Tag. Elastische Ausnahmebedingungen ließen jedoch den Unternehmern viel Raum für Überschreitungen.

Trotz des Schulgesetzes von 1835, das durch die reaktionäre Mehrheit des sächsischen Landtags stark verzögert und schließlich als ein Damm gegen revolutionäre Volksbewegungen in Kraft gesetzt wurde, änderte sich für die Ärmsten und ihre Kinder nur wenig: 1830 waren in den Belegschaften der Fabriken und Industriezweige etwa ein Drittel aller Beschäftigten Kinder. Noch 1840 blieben in Dresden von den etwa 10 000 schulpflichtigen Kindern 1500 ohne jeglichen Schulunterricht. Die durch die Unternehmer eingerichteten Fabrikschulen sollten formell der Schulpflicht genügen. Sie erlebten durch das Schulgesetz keine Drosselung, sondern breiteten sich vielmehr bis in die sechziger Jahre hinein weiter aus (vgl. dazu Gerd Hohendorf, Das sächsische Schulgesetz...). Es galt auch hierfür die Erkenntnis von Karl Marx: «Die Zwangsarbeit für den Kapitalisten usurpierte nicht nur die Stelle des Kinderspiels, sondern auch der freien Arbeit im häuslichen Kreis, innerhalb sittlicher Schranken, für die Familie selbst.»

1903 brachte das «Gesetz betreffend Kinderarbeit in gewerblichen Betrieben» eine Minderung der Kinderarbeit (mit der Novelle von 1908), jedoch noch keine gänzliche Beseitigung. Clara Zetkin bezeichnete es als «sozialreformerisches Pfuschwerk». Da sich die Lohnverhältnisse nicht gebessert hatten und in den Familien jede Arbeitskraft gebraucht wurde, klagten sogar die Arbeiter über seine Einführung und bekämpften in Existenznot die Durchsetzung. Die Unternehmer registrierten das mit Wohlwollen. Um 1900 erhielten Kinder für das Drücken der Gummibälle bei Holzbrandarbeiten einen Stundenlohn von 2 Pfennig (1911 betrug der geringste Kinderlohn 10 Pfennig

Johannes Wüsten: Heimarbeit im Erzgebirge (auch: «O, du fröhliche. O, du seelige...» Oder: Ob wir uns Weihnachten mal wieder ausschlafen können). 1934

pro Stunde). Bis in die Zeit des Faschismus war Kinderarbeit ein offenes Geheimnis. 1934 veröffentlichte Johannes Wüsten in der Arbeiter Illustrierten Zeitung seine erschütternde Zeichnung «Heimat im Erzgebirge» mit den von der Not ausgemergelten Kindern. Die Unterschrift lautet: «O, du fröhliche. O, du selige... oder: Ob wir uns Weihnachten wieder mal ausschlafen dürfen?»

Die Kindersterblichkeit war – wie überhaupt in Sachsen – erschreckend hoch. Das beweist unter anderem das Geburts- und Sterberegister des Standesamtes Seiffen: 1878 wurden in den Gemeinden Seiffen und Heidelberg 148 Kinder geboren, unter denen sich 9 Totgeburten befanden. Den 139 lebenden Geburten stehen im gleichen Jahre gegenüber 120 Sterbefälle von Kindern:

43 Sterbefälle von Kindern
  im Säuglingsalter           = 30,9%
55 Sterbefälle von Kindern
  im Alter von 1 bis 6 Jahren = 39,6%
22 Sterbefälle von Kindern
  im Alter von 7 bis 14 Jahren = 15,8%

Das sind 86,3% gegenüber den Geburten. Auch noch um 1900 lag die Kindersterblichkeit im Seiffener Gebiet mit über 32% weiter über dem damaligen Reichsdurchschnitt. Sachsen, das Land mit einer schnellen industriellen Entwicklung, stand nicht nur mit der Säuglingssterblichkeit, sondern auch mit seiner ungewöhnlich hohen Kinderselbstmordziffer unter den armen Klassen an der Spitze des Reiches. Otto Rühle verweist unter diesem Aspekt auf die chronische Unterernährung, die asozialen Verhältnisse, Häufigkeit von schlimmen Krankheiten wie Schwachsinnigkeit, Krüppelhaftigkeit, aber auch auf religiöse Schwarmgeisterei und Sektenfanatismus als mitwirkende Faktoren. (Vgl. Otto Rühle, Das proletarische Kind, S. 254 ff.) «In der christlichen Mythe knieen die Frommen vor dem Kindelein im Staube, es anzubeten und mit den Ehren eines himmlischen Königtums zu überschütten. In der Wirklichkeit dieses Lebens tritt die christliche Gesellschaft der Armen Kind, das in Ställen geboren wird und in Krippen gebettet liegt, mit Füßen, reißt ihm die Mutter fort und gibt es rücksichtslos allen Zufälligkeiten und Gefahren preis» (Rühle, Das proletarische Kind, S. 79).

Johannes Wüsten: Heimarbeit.
1934

Einer der Beweggründe der herrschenden Klassen für die Einschränkung der Kinderarbeit waren «die Besorgnis des Staates um die Qualität des Kanonenfutters» (Jürgen Kuczynski), die Klagen der Militärbehörden über den schlechten, oft dienstuntauglichen Gesundheitszustand der Rekruten. (Eine Ordre Friedrich Wilhelms III. befaßte sich 1828 mit diesem Sachverhalt.) – Es ist auch bezeichnend, daß in der reichhaltigen Kinder- und Jugendliteratur, die sich an das wohlhabende Bürgertum wandte, über Arbeit und Lebensweise der Kinder der Arbeiterklasse ganz selten Sätze des Mitleids, geschweige denn ökonomische Kritik zu finden waren. Bittere Ironie spricht aus den «Vorschlägen zur Verbesserung der Arbeiter», die Wilhelm II. 1890 sanktionierte: «Die Frage von dem sogenannten Schutz der Arbeiter ist nicht bloß von dem Standpunkte der Menschenliebe zu beurteilen; sie hat eine gleich schwerwiegende wirtschaftliche und sittliche Bedeutung. Würde ein Normalarbeitstag von 8 Stunden, ein Ausschluß jeder Frauenarbeit, die weitgehende Beschränkung der Kinderarbeit (bis zu 14 Jahren) herbeigeführt werden, so ist in sittlicher Beziehung zu befürchten:

1. daß der erwachsene Arbeiter seine freie Zeit im Wirtshaus zubringt, daß er mehr als bisher an agitatorischen Versammlungen teilnimmt, mehr Geld ausgibt und, obwohl der Lohn derselbe bleiben wird, wie für den bisherigen Arbeitstag, doch nicht zufrieden ist;
2. daß der Zuschuß, den mitarbeitende Ehefrauen und Kinder zu den Kosten des Haushalts beitragen, wegfällt, daß dieser Haushalt gezwungen wird, sich noch mehr als bisher einzuschränken, und daß mit dem schwindenden materiellen Wohlbefinden auch das Familienleben einen Stoß erhält;
3. daß die heranwachsenden Kinder, insbesonder die halbwüchsigen Burschen und Mädchen, sich außerhalb des Hauses umhertreiben und sittlich verwahrlosen und verwildern.» (Zit. nach Ingeborg Weber-Kellermann, Familie, S. 174)

In dieser politischen Stellungnahme, die das ungeheure Elend der Klasse dem Proletariat schuldweise anlastet, schwingt die bürgerlich-reaktionäre Meinung mit, wonach das gemeinsame Arbeiten

Karl Arnold: Heimarbeit
(«Simplizissimus» 1908)

um einen Familientisch herum eine gewisse binnenfamiliäre Wärme schafft und der alte Geist der gemeinsamen wirtschaftlichen Haushaltfamilie eine neue Wirklichkeit gewonnen hätte. Daß eine den Fähigkeiten der Kinder entsprechende Entwicklung unmöglich war und die Lebenschancen der Kinder aufs äußerste reduziert wurden, übersahen die Theoretiker geflissentlich. «Über Generationen hinweg wurde das lohnarbeitende Kind um den Entwicklungsraum seiner Kindheit betrogen, in seiner Lebenskraft geschwächt und in seinen geistigen Fähigkeiten gemindert. An Bildung und Ausbildung gehindert, in Spiel- und Bewegungsfreiheit unterdrückt, wurde es unfähig, seine späteren Lebensbedingungen menschenwürdiger zu gestalten.» (In: Johansen, Kinderleben – Kinderelend, S. 37.) Immer wieder wurde die mittelalterliche, christlich-ständische Auffassung zitiert, wonach Armut ein gottgegebenes Schicksal sei, das den Platz in der Gesellschaft bestimmt. – Es fehlte nicht an klassenkämpferischem Einsatz von Lehrlingen und jugendlichen Arbeitern gegen diese existentielle Bedrückung, so z. B. durch «Sabotage der Arbeitszeit», ja selbst durch Kinderstreiks. Vor allem die KPD und ihre Jugendorganisationen bereiteten die Jugendlichen dafür vor.

Deutschland war das erste Land, das die Hausindustrie in großem Maßstabe statistisch zu erfassen versuchte. Unter diesem Aspekt ist die Berufs- und Gewerbezählung vom 5. 6. 1882 von Bedeutung. In Ergänzung dazu boten die 1895 und 1907 erfaßten Daten instruktive Vergleichsmöglichkeiten und belegen eine Abnahme der hausindustriellen Betriebe, natürlich unterschiedlich in den Gewerbegruppen (vgl. dazu Werner Sombart, S. 185 ff.). Der von Sombart angestellte Vergleich macht sichtbar, daß im analysierten Zeitraum Sachsen – vor Berlin – an der Spitze liegt (mit 91 984 Hauptbetrieben, 23 098 Nebenbetrieben und insgesamt etwa 117 000 Hausgewerbetreibenden). Bis 1910 traten im Spielzeuggewerbe nur ganz geringe Lohnverbesserungen ein. Sie bedeuteten aber für den Arbeiter keine Hilfe, da die Lebenshaltungskosten inzwischen merklich gestiegen waren. In den Fabriken ließ das Akkordsystem die Arbeiter bis zur Erschöpfung schuften. Am schlechtesten wurde nach wie vor die Frauen- und Kinderarbeit entlohnt. Nach den Ermittlungen des Zentralverbandes des deutschen Konsumvereins betrug um 1909 der wöchentliche Durchschnittsverdienst eines hausindustriellen Spielzeugmachers ohne Familie 6 bis 16 Mark, mit Familienhilfe 9 bis 22 Mark; eine Heim- oder Fabrikarbeiterin verdiente nur etwa 300 bis 400 Mark im Jahr. Für Fabrikarbeiter bedeuteten 900 bis 1000 Mark ein hohes Jahreseinkommen. Ähnliche katastrophale Lohnverhältnisse fanden sich auch in den Spinnereien und Papierfabriken des Erzgebirges. Bilz hat die soziale Lage der hausindustriellen Seiffener Spielzeugmacher und Lohnarbeiter im 19. und Anfang des 20. Jahrhunderts ausführlich dokumentiert (Schriftenreihe Heft 2). *Karl Marx* kennzeichnete die moderne Hausindustrie folgendermaßen: Die «... moderne Hausindustrie hat mit der altmodischen, die unabhängiges städtisches Handwerk, selbständige Bauernwirtschaft und vor allem ein Haus der Arbeiterfamilie voraussetzt, nichts gemein als den Namen. Sie ist jetzt verwandelt in das auswärtige Departement der Fabrik, der Manufaktur oder des Warenmagazins.» Sie beruht auf der «... auf dem Hintergrund der großen Industrie aufgebauten Exploitationssphäre des Kapitals ...» (Das Kapital. 1. Bd. Buch I, S. 485 und 489.)

Im krassen Gegensatz dazu stehen die reaktionären Verbrämungen der Hausindustrie im Interesse des Profits: Die hausindustrielle Betriebsform sei für den Arbeiter vorteilhaft, weil sie angeblich ein größeres Maß «individueller Freiheit» gewährt, kein Zwang, in die Fabrik zu gehen, kein Zwang, sich einer «heteronomen Arbeitsordnung» zu fügen usw. usw. Und das bei vierzehn oder sechzehn Stunden Arbeitszeit! «Der Kern der Arbeitsfreiheit des Hausindustriellen liegt somit in der Ermöglichung der Nachtarbeit.» Die Nachteile für den Unternehmer leitet W. Sombart ein: «Über die Existenz einer sozialen Institution entscheidet in unserer Volkswirtschaft nun aber nicht zum mindesten das Interesse des Arbeiters, sondern allein das Interesse des kapitalistischen Unternehmers.» (Vgl. S. 180 ff.)

In seinem Entwurf zur «Genfer Resolution» über Frauen- und Kinderarbeit von 1866 formulierte *Karl Marx* für den ersten Kongreß der 1864 gegründeten Internationalen Arbeiterassoziation

(IAA) unter dem Gesichtspunkt des ökonomischen Klassenkampfes der Arbeiter, seiner unlösbaren Verbindung mit dem politischen Kampf und mit dem revolutionären Endziel des Proletariats, grundlegende Erkenntnisse für die Stellung von Kindern und Jugendlichen im Arbeitsprozeß. Nachdem er die «abscheuliche» Art und Weise der herrschenden Kinderausbeutung entlarvt hat, schlußfolgert er: «Von diesem Standpunkt sagen wir, daß keinen Eltern und keinen Arbeitgebern durch die Gesellschaft Erlaubnis gegeben werden darf, die Arbeit von Kindern oder jungen Personen zu gebrauchen, außer unter der Bedingung, daß jene produktive Arbeit mit Bildung verbunden wird. Unter Bildung verstehen wir drei Dinge:
- Erstens: Geistige Bildung
- Zweitens: Körperliche Ausbildung, solche, wie sie in den gymnastischen Schulen und durch militärische Übungen gegeben wird.
- Drittens: Polytechnische Erziehung, welche die allgemeinen wissenschaftlichen Grundsätze aller Produktionszweige mitteilt und die gleichzeitig das Kind und die junge Person einweiht in den praktischen Gebrauch und in die Handhabung der elementarischen Instrumente aller Geschäfte.

Mit der Einteilung der Kinder und jungen Personen von 9 bis 17 Jahren in drei Klassen sollte ein allmählicher und progressiver Lehrablauf der geistigen, gymnastischen und polytechnischen Erziehung verbunden sein. Mit Ausnahme vielleicht der ersten Klasse sollten die Kosten der polytechnischen Schulen teilweise gedeckt werden durch den Verkauf ihrer Produkte. Die Verbindung von bezahlter produktiver Arbeit, geistiger Bildung, körperlicher Übung und polytechnischer Abrichtung wird die Arbeiterklasse weiter über die höheren und mittleren Klassen heben. Es ist selbstverständlich, daß die Beschäftigung aller Personen von 9–17 Jahren (einschließlich) in Nachtarbeit und der Gesundheit verderblichen Geschäften in kurzer Zeit verboten werden muß.» (Zit. nach Quellen zur Geschichte der Erziehung, S. 288.)

Gut vertraut mit der zeitgenössischen Praxis der Arbeit von Kindern und Jugendlichen, den abscheulichen Methoden der Arbeitserziehung im Interesse hoher Ausbeutung, äußerten sich Karl Marx und Friedrich Engels an vielen Stellen ihrer Werke über die Notwendigkeit einer allgemeinen und allseitigen Arbeitserziehung als humanistisches und sittliches Anliegen, veränderbar unter den jeweiligen konkreten gesellschaftlichen Bedingungen. Eigene Beobachtungen, wie die Darstellungen von Engels in seinen Briefen aus dem Wuppertal und über die Lage der arbeitenden Klasse in England (1839 bzw. 1844), wie die Auswertung vieler Berichte bürgerlicher Ökonomen, vor allem aber der englischen Fabrikinspektoren – die im «Kapital» immer wieder zitiert werden –, befähigten sie zur Entwicklung einer fundierten Theorie, die man mit gutem Recht als Grundlage der heutigen polytechnischen Ausbildung in der Schule der DDR bezeichnen kann. (Vgl. dazu ausführlich: W. Lemm, Grundlagen und Theorie der Arbeitserziehung bei Marx und Engels. In: Zur Geschichte der Arbeitserziehung in Deutschland. Teil 1, 1970 S. 162–196.)

Um die Wende zum 20. Jahrhundert umfaßte das erzgebirgische Spielzeugland etwa fünfzig Orte, denn die zwischen den Schwerpunkten Grünhainichen, Seiffen, Olbernhau, Marienberg gelegenen Dörfer wurden fast ausnahmslos in die Produktion einbezogen. (Zwischen 1900 und 1913 stieg der Export des in Deutschland gefertigten Spielzeugs um 100%.) Fast jeder dieser Orte gewann allmählich einen Ruf durch die Herstellung typischer Gegenstände, und diese Differenzierung und Spezialisierung hatte eine bedeutsame Leistungssteigerung zur Folge. Das Ausgangsmaterial für die vielen Hunderte von Spieldingen, die die Auftrags- und Eingangsbücher der großen Handelshäuser aufwiesen, war (und ist noch heute) das Holz. Die Betriebs- und Gewerbezählung von 1907 – deren Ergebnisse unterschiedlich bewertet wurden mangels eindeutiger Begriffe – ermittelte für die wichtigsten Bezirke des Erzgebirges 827 Hausgewerbebetriebe gegenüber 1165 Betrieben im gesamten Erzgebirge überhaupt (= 48,8% aller Holzspielwarenbetriebe im Reich). 1925 war die Gesamtzahl der Betriebe zusammengeschrumpft auf 874 und die der Hausgewerbebetriebe auf 507. Etwa 88% aller in der erzgebirgischen Spielwarenindustrie Beschäftigten stellten Holzspielwaren her (= 42,9% aller in der Holzspielwarenindustrie des Reiches

Beschäftigten). 1919 wurde in Seiffen die «Vertriebsgesellschaft erzgebirgischer Holz- und Spielwaren» mit Geschäftsstellen in Seiffen und Dresden gegründet, die gleichsam einen genossenschaftlich orientierten Verlag darstellen sollte. Durch Mangel an Qualität in der Leitung – durch ehemalige Verleger! – ging die Einrichtung in Konkurs. 1930 erfolgte die Gründung einer Wirtschaftsgenossenschaft des Haus- und Lohngewerbes (Absatzgenossenschaft) mit einem Anteil von 100 RM für jedes Mitglied. Sie versuchte, durch geschickte Preispolitik (unter Ausschaltung des Preiskampfes zwischen den Mitgliedern) und ohne Mittelsmann zwischen Produzenten und Verbraucher den Absatz der Waren auf Kommissionsbasis zu forcieren. Die vor allem von Vertretern der bürgerlichen Volkswirtschaftslehre verfaßten Arbeiten über die Entwicklung der Hausindustrie sind vielfach verlegerfreundlich geschrieben, bemühen geographische Faktoren, wenden sich gegen die «Elendstheorie», werfen den Hausindustriellen Mangel an Bildungsdrang, Scheu vor technischen Neuerungen, Mangel an Leistungsfähigkeit, Kinderreichtum, leichtsinnigen Lebenswandel, Putzsucht, Alkoholismus, Mangel an Sparsinn und geringes Organisationstalent vor, betrachten die Hausindustrie – trotz mancher sozialer Mängel – als «Segen und Hilfe» für die Gebirgsbewohner, die Verleger als sozialgestimmte Wohltäter und notwendige Berater, die Kinderausbeutung als Arbeitserziehung. Die soziale Lage der Spielzeugmacher wird idealisierend verbrämt, das Elend harmonisiert, Zufriedenheit gepriesen, Ansätze marxistischer Kritik und politisch-gewerkschaftliche Organisiertheit werden verunglimpft. Einige Verfasser werten regionale Erscheinungen in der Volkskultur ab. So zum Beispiel Lindner, der den Erzgebirgern Geschwätzigkeit vorwirft und das Heiligabend-Lied (um 1830 entstanden) als «abergläubische Gebahrungen» einschätzt. Und gerade dieses Lied, das in einfachster Form die Weihnachtsbräuche vorstellt, trägt den Charakter eines echten Volksliedes – bis heute. Zu den Wortführern dieser reaktionären Auffassungen zählten zum Beispiel Paul Arndt und Ludwig Röder. Gefordert wird von den Apologeten der Arndtschen Schule in der Regel höhere Produktivität auf der Grund-

Tierschnitzer Oswald Biermann. Um 1930

Bei «Soldaten-Ehnerts». Um 1930

lage reformerischen Wirkens und staatlicher Hilfsaktionen, wie Musterschutz, Verbesserung der Technologie, Gewährung von Krediten usw. Dagegen setzten sich aufrechte Vertreter und Verbündete der Arbeiterklasse für die radikale Veränderung der Lage in der Hausindustrie mit Wort und Schrift ein. Zu einem Teil informierten die Heimarbeiterausstellungen des Reiches (1904, 1906, 1908, 1925) aufklärend über die soziale Situation der Spielwarenarbeiter und der Arbeiter in den anderen Hausindustriezweigen.

Die Ausstellung von 1904 – organisatorisch verbunden mit dem Heimarbeiterschutzkongreß der freien Gewerkschaften – bot ein erschütterndes Bild. Für die Ausstellung von 1906 verband Ernst Franke Gewerkschaften aller Richtungen mit bürgerlichen Sozialreformen. Die dritte Ausstellung 1908 in Frankfurt am Main beschränkte sich auf das rhein-mainische Wirtschaftsgebiet und wurde unter «paritätischer Mitwirkung von Arbeitgebern und Arbeitnehmern» (Wunderlich, S. 7) organisiert. Die größte Ausstellung war die von 1925 in den Ausstellungshallen am Lehrter Bahnhof in Berlin. Als Träger bekannten sich Gewerkschaften aller Richtungen, die Gesellschaft für soziale Reform – unter Mitverantwortung der Gewerbeaufsicht und einiger Fachausschüsse. Die Architektur besorgte Max Taut (1884–1967). Als Ziel wurde eine Rechenschaftslegung über das 1911 erlassene Hausarbeitergesetz proklamiert, die zugleich den Gesundheitsschutz und die Lohnfrage berühren sollte. Man versprach ein «objektives Bild», plastische Beispiele, – «weder eine einseitige Elendsausstellung, noch eine ebenso einseitige Zurschaustellung von besonders erfreulichen Erfolgen» (Wunderlich, S. 2). Verantwortungsvolle Vertreter der Arbeiterklasse nannten sie «ein Messer ohne Klinge». Die deutsche Spielwarenindustrie präsentierte sich auf 35 m Tischlänge in dreifacher Höhengliederung und belegte die gewaltige Ausdehnung der Heimarbeit. Fotos vom sozialen Milieu der Heimarbeiterfamilien und andere Dokumente sollten ein wirklichkeitsgetreues Bild vermitteln. Bei den Ausstellungsstücken der gesamten Ausstellung lagen Karten, die auf Grund einer Fragebogenaktion Auskunft gaben über Arbeitsleistung, Arbeitszeit, Stücklohn, tägliche Arbeitszeit,

Käthe Kollwitz: Plakat der Deutschen Heimarbeit-Ausstellung Berlin 1925

Die unterzeichneten Firmen müssen mit Bedauern die Beobachtung machen, dass

## Herr Pfarrer Härtel, Seiffen

auch in diesem Jahre wieder eine Tätigkeit als **Spielwaren-Einkäufer** ausübt, welche sie aufs Empfindlichste schädigen muss.

Nachdem die Unterzeichneten in der ruhigen Geschäftszeit soviel wie möglich von den Spielwaren-Fabrikanten und Arbeitern grössere Posten auf Lager gekauft haben, können sie jetzt von ihren Lieferanten fast keine Waren für Nachbestellungen erhalten, weil diese Leute an Herrn Pfarrer Härtel liefern.

Die Unterzeichneten sind dadurch gezwungen, denjenigen Spielwaren-Fabrikanten und Arbeitern, welche sie jetzt mit ihren Lieferungen vernachlässigen, fernerhin in ruhiger Zeit keine Aufträge zu erteilen.

**Grünhainichen:**
Böhme & Heinitz,
C. F. Drechsel,
C. F. Pötzschmann,
C. G. Richter,
Joh. Div. Oehme & Söhne,
D. H. Wagner & Sohn,
Joh. Div. Wagner;

**Niederneuschönberg:**
August Brose,
Carl Nötzel,
Schneider & Oehme,
Robert Schneider;

**Olbernhau:**
Aug. Herrmann Nachflg.,
Carl Hiemann,
Heymann & Seyfert,
Moritz Müller,
Paul Richard Müller,

**Olbernhau:**
C. H. Müller jr.,
Paul Neubert,
Emil Rudolph & Söhne,
Otto Scheibner's Nachf.,
F. Trepte & Co.,
Hermann Unger Nachf.,
Max Zimmermann,
Robert Zöppel Nachf.;

**Seiffen:**
Max Glöckner,
Max Hetze,
H. E. Langer,
Paul Ullrich;

**Waldkirchen:**
Oscar Beier,
Carl Heinrich Oehme,
Conrad Richter,
August Seyffarth & Sohn.

Die Verleger beantworteten Bemühungen zur Schaffung von Verkaufsorganisationen im Jahre 1915 mit aller Schärfe und erzieherischer Konsequenz

Geschlecht und Alter der Hersteller, Abzug der die Heimarbeiter belastenden Unkosten, vergleichbare Löhne von Fabrikarbeitern usw. Allerdings: In der Abteilung Spielzeug verzichtete man häufig auf solche Angaben, «um Warenhäuser und Grossisten nicht zum Preisdruck zu ermuntern» (Wunderlich, S. 5), oder man verschwieg die Arbeitsbedingungen aus Furcht, die Arbeit zu verlieren. Von einem «objektiven», d. h. umfassenden Bild der wirklichen Lage konnte also keine Rede sein. Die vom Deutschen Holzarbeiterverband ermittelten Löhne lagen zwischen 25 und 50 Pfennig je Stunde. Die Ausstellung dokumentierte unübersehbar den riesigen Umfang der Kinderarbeit. Für die Spielzeugzentren stellten Erzgebirge und Thüringen aus, das Berchtesgadener Gebiet fehlte. – Auch in dieser Ausstellung spiegelte sich die durch Arbeitslosigkeit gekennzeichnete Wirtschaftslage.

Die erzgebirgische Spielzeugindustrie entwickelte sich im wesentlichen auf dem Boden der Gewerbefreiheit als ländliche Hausindustrie. Im Gegensatz dazu ordnete ein vielgliedriges Zunftwesen die Berchtesgadener Hausindustrie (vgl. Bachmann 1957).

In Sachsen herrschte seit 1861 vollständige Gewerbefreiheit. Freilich gab es auch im Erzgebirge Zünfte und Innungen für verschiedene Handwerke, vor allem in den Städten; dazu zählen u. a. die Messer- und Nagelschmiede, Tuchmacher, Posamentierer, Strumpfwirker, Maurer und Zimmerleute. Im Spielzeuggebiet fanden sich lediglich die etwa 40 Reifendreher sehr spät (1906) in einer Zwangsinnung zusammen (Sitz in Heidelberg). Als 1925 der Antrag auf eine gemeinsame Zwangsinnung für das Reifendreher-, Holzdrechsler- und Spielwarengewerbe eingebracht wurde, stimmte nur ein Drittel der Drechsler für diese Verbindung. Damit war eine Ablehnung verbunden. Diese Entscheidung wurde sehr wesentlich durch ein von den Verlegern inspiriertes anonymes Flugblatt beeinflußt. Es drohte mit dem «Aufhören gewerblicher Freiheit».

Als Pfarrer Härtel in Seiffen zur Linderung der Not in seiner Parochie 1914 anregte, ständige Weihnachts-Verkaufsausstellungen in Dresden durchzuführen, und von der Kanzel aus die Spielzeugmacher dazu aufforderte, protestierten die organisierten Verleger des Spielwarengebietes in geschlossener Front, beschwerten sich bei der Amtshauptmannschaft, drohten den Produzenten mit dem Streichen von Aufträgen und diffamierten Härtel in der Presse. Um 1919 regte Härtel in Seiffen eine Ausstellung an, die im «Bunten Haus» (damals «Erbgericht») stattfand. (Bereits vom 9. Juli bis 3. August 1914 wurde im Spielzeugdorf eine Ausstellung im «Albertsalon» gezeigt.) Pfarrer Härtel vermerkte bereits 1901 in der «Neuen sächsischen Kirchengalerie»: «Die weitausgedehnte Kirchfahrt ... zählt zur Zeit außer 8 Holzwarenfabriken mit Dampfbetrieb, mehrere Wasserdrehwerke und einige größere Wirtschaften, im ganzen etwa 460 Häuser.

(Seiffen mit Ortsteil Steinhübel     171
Heidelberg mit Ortsteil Steinhübel   236
Oberseiffenbach                       53)

Grundsteuer-Einheiten hatte die Gesamtgemeinde im Jahre 1898 34505, die Höhe der gesamten Staatseinkommen belief sich im gleichen Jahre auf 5.200.– Mk. Im Jahre 1895 zählte die Kirchgemeinde 3838 Seelen ... Seit Jahren ist eine fortwährende Bevölkerungsabnahme, namentlich in Heidelberg, zu bemerken. Schuld daran tragen in der Hauptsache die kärglichen Verdienstverhältnisse.» (S. 240)

## Die Arbeiterbewegung und ihr Kampf um soziale Gerechtigkeit

Die Spielzeugmacher verkörperten die Schicht der kleinen Warenproduzenten, es fehlte die Kraft des geschlossen auftretenden revolutionären Proletariats. Ihr Kampf zielte auf bessere Preise, soziale Verbesserungen, aber oft ohne klare politische Ziele. Nur langsam entwickelte sich unter der zersplitterten Arbeiterschaft der Gebirgsdörfer die Arbeiterbewegung, das solidarische Denken und Handeln, und damit die Möglichkeit eines wirksamen Widerstandes. Das Jahr 1868 ist von *August Bebel*, der sich im Reichstag vor allem für die Verbesserung der sozialen Lage der Weber des Erzgebirges und seines Vorlandes einsetzte, als das Geburtsjahr der deutschen Gewerkschaften bezeichnet worden. Es steht in Zusammenhang mit der Formierung der revolutionären proletarischen Partei und mit dem Kampf der deutschen Arbeiterklasse für Koalitionsfreiheit. (In Sachsen wurde das Koalitionsverbot 1861 beseitigt. Das Koalitionsrecht wurde jedoch durch den Paragraphen 153 der Gewerbeordnung und durch die reaktionäre Klassenjustiz wesentlich eingeschränkt.) Karl Marx hat darauf hingewiesen, daß, um den Lohn, den Preis der Ware Arbeitskraft, dem Wert der Arbeitskraft auch nur anpassen zu können, die Arbeiter dem Kapital nicht vereinzelt, nicht als Isolierte und durch konkurrierende «Vertragspartner», sondern vielmehr kollektiv gegenübertreten müßten. 1892 organisierten sich die Drechsler und Bildhauer Neuhausens in einem Verband. Auch in anderen Orten entstanden nach 1900 gewerkschaftliche Zusammenschlüsse der Holz- und Spielwarenarbeiter im Holzarbeiterverband. Die sozialistische Gewerkschaftsbewegung orientierte auf die Zusammenschlüsse in Zentralverbänden. Um das einheitliche politische Handeln der Arbeiterklasse zu stärken (1891 konstituierte sich der Deutsche Metallarbeiter-Verband, 1893 der Deutsche Holzarbeiterverband). Seit 1926 verbreitete sich der Reichsverband des deutschen Lohngewerbes, der alle bestehenden Vereinigungen mit Ausnahme der Gewerbevereine zum Zentralverband des sächsischen Holz- und Spielwarenhausgewerbes zusammenschloß und in vielen Orten Fuß faßte. In Marienberg unterhielt der Verband der Holzarbeiter eine Zahlstelle, die 1906 160 Arbeiter umfaßte. 1905 lösten sich die Pobershauer Mitglieder heraus und bauten eine eigene Zahlstelle auf. In Olbernhau zählte der Verband 1906 bereits 145 und 1910 schon 215 Mitglieder. 1908 faßte die gewerkschaftliche Bewegung in Rübenau Fuß, und 1912 entstand in Pockau der Holzarbeiterverband. – Von großer Bedeutung für die politische Formierung der Arbeiterklasse war auch die Gründung von Gewerkschaften für die Berg- und Hüttenarbeiter (1869 in Niederwürschnitz und Lugau), die unmittelbar nach der Gründung schon 2000 Mitglieder zählten. «Diese braven Lugauer Minenarbeiter sind die ersten in Deutschland, die direkt mit uns in Verbindung treten, und wir müssen öffentlich für sie auftreten» (Karl Marx am 13. 11. 1869 in einem Brief an Friedrich Engels).

Anonymes, von den Verlegern inszeniertes Flugblatt gegen den 1925 beabsichtigten Anschluß der Drechsler und Spielzeugmacher an die Reifendreher-Zwangsinnung

Am Vorabend des ersten Kongresses der Gewerkschaften Deutschlands 1892 in Halberstadt galten die Bergleute, Metallarbeiter, Maurer, Buchdrucker und Holzarbeiter als am besten organisiert. Zwischen 1880 und 1890 stieg die Zahl der Zentralverbände von 40 auf 58. Die Zahl der Kleinbetriebe hatte zwischen 1882 und 1895 nur geringen Zuwachs, während sich die der Großbetriebe (mit mehr als 1000 Arbeitern) verdoppelte.

Die Klassenkämpfe der Bergarbeiter, die Erhebungen der Knappschaften in verschiedenen Bergrevieren 1524/25, die Bewegungen der Bauern waren Ausdruck der entwickelten antifeudalen Ideologie in den erzgebirgischen Städten und Dörfern. In den Jahren 1520/21 wirkte *Thomas Müntzer* in Zwickau. Bereits 1521 und 1523/24 fanden reformatorische Prediger in Zwickau, Schneeberg und Annaberg starken Widerhall. Die Erwartung kirchlicher Reformen verband sich mit sozialen Forderungen der Bergleute. Die Versuche der Knappschaften, mit den Bauern zusammen zu kämpfen, hatten teilweise Erfolg, obgleich ein Bündnis mit den aufständischen Bauern im allgemeinen nicht zustande kam, auch nicht das Bündnis mit den Städten. Die Marienberger Knappschaft schloß sich 1525 dem Aufstand der Bauern des Amtes Wolkenstein an. Gemeinsam stürmten sie in verschiedenen Orten die Pfarren – als Ausdruck der sozialreligiösen Opposition – und die Besitzungen des mächtigen Grundherrn Graf von Berbisdorf. Bauern besetzten das Kloster Grünhain. In den Wolkensteiner Artikeln formulierten die Bauern ihre Forderungen und verlangten elementare Rechte. Der Aufstand der Bergknappen von Joachimsthal am 20. Mai 1525 war ein Fanal, Tausende von Bauern der Umgebung schlossen sich an. Aber diese Erhebung kam zu spät. Bald war die feudale Reaktion wieder stark genug, um mit Strafmaßnahmen die Aufständischen zu terrorisieren – mit Folterungen und Geldbußen.

*Wolf Göftel*, Bergarbeiter aus Buchholz, im Erzgebirge bekannt als «Führer und Kapitän der Bergknappen von Marienberg», auch als «Heerführer der Bauern» und «Feldhauptmann», organisierte mit *Andreas Ziener* Erhebungen im sächsisch-böhmischen Grenzgebiet, warb für die Vereinigung der revolutionären Kräfte. Auch im Vogtland und im Elenbogener Land führten sie den Kampf der Bauern und formulierten ihnen ihre Artikel. Die im Staatsarchiv Dresden erhaltene Abschrift des Verhörprotokolls belegt die Eindeutigkeit der politischen Forderungen Göftels. Er und Ziener wurden verhaftet und im Juli 1525 hingerichtet. – In die Anfänge der bergmännischen Erschließung des Erzgebirges – geprägt von den Ideen des großen deutschen Bauernkrieges und seinem Einfluß auf die Bergknappen – gehört das in einem Exemplar erhaltene sozialkritische Drama «Der reiche Mann und der arme Lazarus» des Theologen und Kartographen Johann Krüginger (geb. 1521 in Joachimsthal, verstorben 1571 in Marienberg). Das biblische Thema wird zeitpolitisch aktualisiert: Armenliebe, Liebe zum Nächsten, die Forderung nach Brot für die Armen, gegen das «verfluchte Geld», gegen die Reichen, die prassen und die Armen hungern lassen. Lazarus kommt in den Himmel, der Reiche landet in der Hölle. Das Stück wurde am 2. Juni 1557 mit Spielern aus Schule und Bürgerschaft auf dem Marktplatz in Marienberg aufgeführt. Sicher drang die Kunde von diesen Ereignissen in die Siedlungen des Seiffener Gebietes, in die Hütten der Bergleute und Holzdrechsler. (Offenbar in Erinnerung an dieses Stück nannten die Genossen des 9. sächsischen Reichstags-Wahlkreises Freiberg – beeinflußt durch das Wochenblatt «Der arme Teufel aus der Oberlausitz», herausgegeben in Zittau – um 1900 ihre regionale Zeitung «Der arme Lazarus aus dem Erzgebirge».) Zu den revolutionären Traditionen des Widerstandes der Erzgebirger muß man auch die Bauernunruhen von 1790 rechnen und das Aufbegehren der Bauern von Friedebach und Seiffen gegen die Herrschaft von Purschenstein (1848/49).

Die Taten *Carl Stülpners* (1762–1841), der bei Jena gegen Napoleon mitfocht und der als Rebell aus sozialer Not die herrschende Klasse bekämpfte, blieben dem Erzgebirger in lebendiger Erinnerung. In Mundartdichtung und Volksspiel, auf Heimatbergen und als Schnitzwerk, im Seiffener Gebiet als gedrechselte Figur und als Räuchermann ist er auch heute noch ein geschichtenumwobenes, beliebtes Motiv für die Volkskunst. Trotz aller Schwierigkeiten kämpften auch die erzgebirgischen

Albert Füchtner

Ehnolds bei der Arbeit in der Wohnstube. Um 1928

Wilhelm Füchtner

Arbeiter mit Streiks und anderen politischen Aktionen um die ihnen verwehrten Rechte. Im Revolutionsjahr 1848, das auf ein schlimmes Hungerjahr folgte, zogen Weber aus erzgebirgischen Dörfern der Herrschaft Schönburg nach Waldenburg und zerstörten das Schloß des Fürsten. Auch im Sonneberger Spielzeuggebiet kam es 1848 zu revolutionären Aktionen der Arbeiter. Ehrenfriedersdorfer Spinner schlossen sich zusammen. Ganz sicher hatte auch der Weberaufstand im Eulengebirge (1844) agitatorischen Einfluß auf die Lage der Heimarbeiter in den anderen deutschen Zentren der Hausindustrie. In den vierziger Jahren häufen sich die Meldungen in der Presse über die Not im oberen Erzgebirge, besonders in der «Leipziger Allgemeinen Zeitung», im «Schwäbischen Merkur» (der auch über die Lage im Fichtelgebirge und im sächsischen Vogtland berichtete), und in einer Dresdner Korrespondenz der «Preußischen Staatszeitung» wurden die erzgebirgischen Heimarbeiter als «einzige Bettlerfamilie» bezeichnet.

Für die Mitte des 19. Jahrhunderts gibt der Bericht von Dr. Heinrich Bodemer ein wirklichkeitsgetreues Bild von der sozialen Lage der arbeitenden Bevölkerung im Erzgebirge: «Ohne Zweifel ist die obererzgebirgische Bevölkerung von jeher sehr arm gewesen und ohne Zweifel hat sie von jeher das Schicksal getheilt, welches den Bergeshöhen aller Länder von der Kargheit der Natur zugemessen wird... so bleibt es doch für ein in vieler Beziehung so reich begabtes Land wie Sachsen eine Demüthigung und auch ein Unrecht, eine von der Natur mit Scharfsinn und Anstelligkeit ausgestattete Arbeiterbevölkerung physisch verkrüppeln und moralisch versumpfen zu lassen, ohne daß bis jetzt ein ernstlicher Wille zur gründlichen Abhilfe dieses Zustandes, ja nur ein Versuch dazu bemerkbar gewesen wäre.» (S. 6)

An einigen Orten hatte die «Arbeiterverbrüderung» – die während der Revolution auf dem Berliner Arbeiterkongreß (1848) gegründete und von *Stephan Born* (1824–1898) mit reformistischen Tendenzen geführte erste gesamtnationale Vereinigung lokaler Arbeitervereine – bemerkenswerten Zulauf. Ab Mitte 1850 wurde sie nacheinander in allen deutschen Bruderstaaten verboten und löste sich schließlich auf. Ende des 19. Jahrhunderts stärkten sich auch im Erzgebirge die Reihen der Sozialdemokraten, ziemlich aktiv im 19. Reichstagswahlkreis mit dem Greifensteingebiet, dessen Arbeiter – unter ihnen viele Posamentenmacher und Strumpfwirker – Wilhelm Liebknecht das Mandat für den Reichstag gaben. Der Greifenstein wurde alljährlich das Ziel der Demonstrationen zum 1. Mai. Streiks, wie mehrfach der Handschuhmacher oder der Holzarbeiter, ein besonders langer Streik der Gornsdorfer Strumpfwirker oder der 1907 wochenlange Ausstand der Bürstenmacher von Schönheide verdeutlichen die heftigen sozialen Spannungen, die vor allem im Kampf um gerechte Löhne, verkürzte Arbeitszeit und andere Verbesserungen der Arbeitsbedingungen entstanden waren. Zweifellos strahlten der Metallarbeiterstreik im Oktober/November 1871 in Chemnitz, an dem sich mehr als 8000 Arbeiter beteiligten, und der Streik der 700 Frauen und 300 Männer der Chemnitzer Aktienspinnerei im Juni 1883 auch ins Erzgebirge aus. Das trifft auch für den Crimmitschauer Textilarbeiterstreik von 1903 zu. Der Bergarbeiterstreik 1889, der größte Streik der deutschen Arbeiterklasse im 19. Jahrhundert, erfaßte 150000 Bergarbeiter in allen deutschen Steinkohlenrevieren. Er griff auch auf die sächsischen Bergleute über, die als einzige schon gewerkschaftlich organisiert waren. Zu den Forderungen der Streikenden zählten unter anderem die Achtstundenschicht, 15%ige Lohnerhöhung, Verbesserung der Arbeitsbedingungen und Beseitigung des Lohnabzugssystems. Dieser Streik stärkte das solidarische Handeln und belegte die soziale Kraft der Arbeiterklasse. Friedrich Engels sprach vom «Eintritt einer neuen Schicht, einer Riesenarmee in die Arbeiterbewegung». Die konsequenten Forderungen der Bergleute fanden Zustimmung unter den Arbeitern der Hausindustrie, obgleich staatliche Terrormaßnahmen die Streikleitungen schwächten. Der Bergarbeiterstreik im Ruhrgebiet, in Oberschlesien und in Sachsen 1924 erfaßte 25000 sächsische Bergleute, die ebenfalls von anderen Teilen der Arbeiterklasse, Kleinbauern und Kleinhändlern unterstützt wurden. Lokale Streiks von Fabrikarbeitern flammten auf, zum Beispiel 1905 in Pobershau, 1908 in Lauterbach, 1910/13 in Deutschneudorf,

1905 und 1912 in Neuhausen. Im Westerzgebirge legte der Metallarbeiterstreik 1920/21 das Wirtschaftsleben lahm. Nach 1918 setzten in vielen Orten Demonstrationen und andere Formen des Klassenkampfes die Novemberrevolution fort. – Erst zu Beginn der zwanziger Jahre wurde die organisierte Arbeiterbewegung auch im Spielzeuggebiet zur wirkungsstarken Kraft im Klassenkampf: 1923 entstand die Ortsgruppe der KPD in Heidelberg, die enge Verbindungen zu den Genossen in Pockau herstellte und zu gemeinsamem Vorgehen aufrief. Dabei trat die Gruppe der Jungkommunisten besonders aktiv auf. In Pockau leitete Max Roscher die Partei. Welche Bedeutung Ende des 19. Jahrhunderts bereits das südwestsächsische Industriegebiet für die deutsche Arbeiterbewegung hatte, zeigten die Wahlen von 1874. Von den sechs Reichstagsabgeordneten der Eisenacher Partei waren alle hier gewählt worden: Bebel im Wahlkreis Glauchau, Gelb im Wahlkreis Freiberg, Liebknecht im Wahlkreis Stollberg, Most im Wahlkreis Chemnitz, Motteler im Wahlkreis Crimmitschau und Vahlteich im Wahlkreis Limbach.

Mit dem Sozialistengesetz, das zwischen 1878 und 1890 in Kraft war und die Aktivitäten der Arbeiterklasse lähmen sollte, kam es auch im Erzgebirge und seinem Vorland zum Verbot von politischen Arbeitervereinen, Bildungs-, Gesangs- und «Vergnügungs»-Vereinen, die zu einem Teil jedoch illegal ihre Arbeit fortsetzten. Das Verbot betraf unter anderem Vereine in Bockau, Gersdorf, Geyer, Planitz, Chemnitz, Glauchau, Meerane, Mittweida, Reichenbach, Sosa, Werdau, Gelenau, Lößnitz, Mildenau und Waldenburg. Zu den etwa 1350 verbotenen Presseorganen, die der Partei oder den Gewerkschaften gehörten oder mit der Sozialdemokratie sympathisierten, zählten unter anderem die «Obererzgebirgische Zeitung» (Buchholz), der «Chemnitzer Beobachter», das «Chemnitzer Abendblatt», der «Crimmitschauer Bürger- und Bauernfreund», die «Crimmitschauer-Meeraner Tagespost», die «Glauchauer Nachrichten» und die «Volkszeitung für Lichtenstein, Callenberg und Umgegend». Die Arbeiterklasse hatte noch einen langen, opferreichen Weg vor sich, bevor auch im erzgebirgischen Spielzeugland die Stunde der politischen und sozialen Befreiung der Werktätigen schlug.

Als Antwort auf die organisierten Aktionen der Arbeiterklasse fanden sich auch die Verleger zusammen. 1919 erfolgte die Gründung des «Verbandes der Erzgebirgischen Spiel- und Holzwareninteressenten G.m.b.H. Olbernhau», dem bald alle Verleger angehörten und ein großer Teil der Industriellen. 1926 erfaßte der inzwischen als eingetragener Verein konstituierte Verband mehr als 250 Firmen. 1916 konstituierte sich der «Verband zur Wahrung gemeinsamer Interessen von Spielwarenindustrie und -handel» als Vorläufer des «Deutschen Spielwarenverbandes» mit dem Sitz in Sonneberg (1917). Die größten Fachverbände schlossen sich dieser Spitzenorganisation an (für das Erzgebirge außer dem «Verband der Erzgebirgischen Spiel- und Holzwareninteressenten» auch der «Kaufmännische Verein der Spielwarenverleger von Grünhainichen und Waldkirchen», Grünhainichen, und die «Vereinigung Dresdner Spielwarenhändler», Dresden.) Diese Organisation ging schließlich 1924 im «Reichsverband deutscher Spielwarenindustrieller (Sitz Nürnberg) auf, der nur als Erzeugerorganisation wirkte, 600 bis 700 Firmen erfaßte und die Handelskreise ausschied. Im Zuge der nazistischen Handwerkerpolitik und Gleichschaltung, den staatsmonopolistischen Regulierungserfordernissen entsprechend, wurden 1933 «Reichsstände des Deutschen Handels und des Deutschen Handwerks» proklamiert, die deutsche Wirtschaft in Reichsgruppen zwangsvereinigt und gegliedert. 1934 folgte in Ergänzung dieser Maßnahmen das «Gesetz über die Vorbereitung des organisierten Aufbaus der deutschen Wirtschaft» als Kontrollorgan. (Eine ähnliche Reaktion erfolgte auf dem Gebiet der Posamentenindustrie: 1907 schlossen sich die Fabrikanten zum «Erzgebirgischen Posamentenverband» zusammen, 1919 konstituierte sich die «Vereinigung erzgebirgischer Posamenten- und Posamentenmaterialfabrikanten».)

Von großer Bedeutung für die Festigung der Arbeiterklasse in den Notstandsgebieten und -gewerben war der Einsatz prominenter Persönlichkeiten für die sozialen Rechte der unterdrückten Klasse. *Karl Marx* und *Friedrich Engels* haben wir bereits mehrfach zitiert. Um 1898 setzte sich *Emil Rosenow* (1871–1904) als Schriftsteller und Redakteur des sozialdemokratischen «Chemnitzer Beobachters» leidenschaftlich für die Verbesserung der sozialen Lage der Spielzeugarbeiter ein. Sie wählten ihn 1898, den damals 28jährigen, als jüngsten Abgeordneten der SPD in den Reichstag. Er vertrat den 20. Wahlkreis (Zschopau und Marienberg). In seiner bekannten sozialkritischen Mundartkomödie «Kater Lampe» (1902) brandmarkte er die erbarmungslose Ausbeutung der Arbeiter durch die Verleger. 1912 wurde seine Bergarbeitertragödie «Die im Schatten leben» uraufgeführt. Die Mundartkomödie «Kater Lampe» gehört zu den wenigen klassischen Werken dieser Gattung, steht dicht neben Kleists «Zerbrochenem Krug» und Hauptmanns «Biberpelz», von denen er Anregungen empfing. Gemeinsam ist ihnen das Thema: gefoppte Obrigkeit. Rosenow plante auch ein Stück über das Leben Carl Stülpners, wie Entwürfe in seinem Nachlaß ausweisen.

Zu den überragenden politischen Persönlichkeiten, die sich im heftigen Klassenkampf für die Rechte der Arbeiter einsetzten, für die Verbesserung der Lebensverhältnisse, gehört auch *Wilhelm Liebknecht* (1826–1900), der vor allem die Interessen der Bergarbeiter vertrat und Pate stand, als sich 1876 der Verband Sächsischer Berg- und Hüttenarbeiter konstituierte. Bereits im Gothaer Programm der sozialistischen Arbeiterpartei Deutschlands wurde 1875 gefordert: «Verbot der Kinderarbeit und aller die Gesundheit und Sittlichkeit schädigenden Frauenarbeit.»

Im Kommunistischen Manifest heißt es: «Öffentliche und unentgeltliche Erziehung aller Kinder. Beseitigung der Fabrikarbeit der Kinder in ihrer heutigen Form. Vereinigung der Erziehung mit der materiellen Produktion.»

In den Beschlüssen der Reichskonferenz der kommunistischen Kindergruppe Deutschlands in Weißenfels, Oktober 1924, auf der es zum Zusammenschluß zum Jung-Spartakus-Bund kam, wurde programmatisch erklärt: «4. Kampf gegen wirtschaftliches Elend und Kinderausbeutung. In Verbindung mit dem Schulkampf muß der wirtschaftliche Kampf geführt werden. Es muß sofort genaues Material über Kinderausbeutung gesammelt werden. Jede Kindergruppe hat in ihrem Ort festzustellen:

Fahrspiele und Reiter. Rudolf Ulbricht. Um 1930

Adam und Eva. Emma Liesche. Um 1930

a) in welcher Form besteht Kinderarbeit
b) in welchem Umfang
c) welche Möglichkeiten bieten sich im Kampf gegen die Kinderarbeit (Propaganda unter den arbeitenden Kindern, Organisierung und Erfassung dieser Kinder, Streiks und Arbeitsniederlegungen, Anprangerungen in der lokalen Presse). Der ‹Junge Genosse› wird eine ständige Rubrik über Kinderausbeutung führen. Die Zentrale des ISB wird eine Aktionswoche gegen Kinderarbeit und Kinderausbeutung durchführen.» (Zit. nach Quellen zur Geschichte der Erziehung S. 435.)

*Rosa Luxemburg* (1871–1919) formulierte in der Leipziger Volkszeitung Nr. 97 (1902) leidenschaftlich engagiert ihre Meinung gegen die Ausbeutung der Kinder, denn «die Aussaugung der Lebenssäfte aus diesen wehrlosesten Geschöpfen, die Vernichtung der Lebensfreude gleich an der Schwelle des Lebens, die Verzehrung der Saat der Menschheit schon auf den Halmen – das ist mehr als alles, was die furchtbare Herrschaft des Kapitals an der Gegenwart sündigt, das sind auch noch Eingriffe mit mörderischer Hand in die Zukunft».

*August Bebel* (1840–1913), der in Ärmlichkeit aufwuchs, dessen Mutter an den Folgen kräftezehrender Heimarbeit starb (1853), ging 1858 als Drechslergeselle auf Wanderschaft und arbeitete seit 1864 als selbständiger Kleinmeister. 1871 erfolgte seine Wahl in den ersten deutschen Reichstag und 1881 in den sächsischen Landtag. Er beurteilte die Verhältnisse der hausindustriell Tätigen: «In der Hausindustrie, die volkswirtschaftliche Romantiker gern so idyllisch darstellen, liegen die Verhältnisse für das Familienleben und die Moral nicht besser. Hier ist die Frau neben dem Mann von früh bis in die Nacht an die Arbeit gekettet, die Kinder werden vom frühesten Alter zu gleichem Werk angehalten. Zusammengepfercht auf dem denkbar kleinsten Raum leben Mann, Frau und Familie, Burschen und Mädchen, mitten unter den Arbeitsabfällen in den unangenehmsten Dünsten und Gerüchen und entbehren die notwendigste Reinlichkeit. Dem Wohn- und Arbeitslokal entsprechen die Schlafräume. In der Regel dunkle Löcher, ohne Ventilation, müßten diese schon für Gesundheit bedenklich gelten, wenn nur ein Teil der in ihnen untergebrachten Menschen darin hauste.» (Die Frau und der Sozialismus S. 195 f.)

1879 verfaßte Bebel eine Broschüre über den Mülsengrund, ein Zentrum der sächsischen Baumwollweberei. Darin heißt es anerkennend: «Als ehemaliger Vertreter dieses Bezirkes im Reichstag habe ich die Lage dieser Bevölkerungsklasse seit vielen Jahren genau kennengelernt und mit Interesse, ja ich darf sagen, mit Teilnahme verfolgt. Denn es gibt wohl kaum im deutschen Reich eine intelligentere, fleißigere und in ihrem Anspruch bescheidenere Arbeiterschaft wie die in unseren sächsischen Webereidistrikten.» 1878 zählte die SPD in Deutschland 40000 Mitglieder und verfügte über 40 Zeitungen. Zwischen 1877 und 1900 führten die sozialdemokratischen Abgeordneten im sächsischen Landtag einen konsequenten Kampf um die Verbesserung der proletarischen Familienerziehung, gegen die krasse kapitalistische Kinderausbeutung, um die Verkürzung der Arbeitszeit der Frauen, für wirksamere Gesetze zum Schutze der Kinder, zur Verbesserung des Gesundheitszustandes der Arbeiterkinder und der Schulhygiene sowie zur Einrichtung von Kindergärten und Kinderhorten (vgl. dazu Werner Lesanovsky, S. 121 ff.).

Anklagend entlarvte *Clara Zetkin* (1857–1933) die Beweggründe der herrschenden Klasse für die Verabschiedung eines Kinderschutzgesetzes und deren Verteidigung der Kinderausbeutung. In einem Leitartikel der «Gleichheit» vom 11.2.1903 (diese marxistische Frauenzeitschrift leitete sie von 1892 bis 1917) appelliert sie an die Leser: «Es bleibt ein Monument von dieser Zeiten Schande, daß die Gesetzgeber zögernd, widerwillig, unter dem Doppeldruck schwerster sozialer Übel und eindringlicher Forderung der aufgeklärten, kämpfenden Vorhut des Proletariats darangehen, einen dürftigen Schutz gegen die Ausbeutung der Kinder zu schaffen, statt mit begeistertem Eifer über die vorzüglichsten Mittel und Wege zur allseitigen Erziehung und Bildung des heranwachsenden Geschlechts zu beraten... Mittels der Kinderarbeit schleppt das Kapital die letzten verfügbaren Atome proletarischer Arbeitskraft in seine Profitmühle; mittels der billigen und willigen Kinderarbeit drückt es den Lohn der Erwachsenen tiefer und tiefer...»

(Zit. nach Quellen zur Geschichte der Erziehung S. 353 f.) 1902 schrieb Clara Zetkin in ihrem Aufsatz «Schutz unseren Kindern»: «Was sie [die kapitalistische Ausbeutung] an Körper, Geist und Sittlichkeit der proletarischen Kinder zertritt und welken macht, davon meldet der Tatsachen Fülle. Es offenbart sich in den erschreckend hohen Zahlen der schwächlichen, kränklichen, greisenhaften Kinder in den Volksschulen. Es schreit aus den wohlbegründeten Klagen der Lehrer über die geringe Aufmerksamkeit, geistige Frische und Auffassungskraft, über die minderwertigen Leistungen der Schüler, die – von Erwerbsarbeit am frühen Morgen und in späten Abendstunden aufgesaugt – schlafhungrig, matt, stumpfsinnig in dem Unterricht oder über den Hausaufgaben hocken.» In der «Gleichheit» veröffentlichte Clara Zetkin laufend Berichte mit Arbeitsergebnissen der auf Initiative der sozialdemokratischen Frauenbewegung vor allem in den Großstädten gegründeten Kinderschutzkommissionen. «Nur wenn die fluchbeladene ausgebeutete Kinderarbeit fällt, kann die segensschwere erzieherische Kinderarbeit in ihr Recht treten.»

Der sozialdemokratische Reichstagsabgeordnete (seit 1910) und Sozialpolitiker *Paul Göhre* (1864–1928), ein ehemaliger Pfarrer, der zum Massenaustritt aus der Kirche aufforderte, den Lenin auf Grund seiner kleinbürgerlich-idealistischen weltanschaulichen Ideen und rechtsopportunistischen Ansichten als «eingefleischten Opportunisten» charakterisierte, verglich vor dem ersten Weltkrieg die Lebensverhältnisse der Spielzeugmacher mit denen der Arbeiter in den anderen Hausindustrien des Erzgebirges, forderte von sozialdemokratischer Warte aus die politische Betätigung der Heimarbeiter im Kampf um ein besseres Leben, gegen den Hunger, gegen die brutale Kinderausbeutung und gegen die Zerstörung der Familie. Am 2. September 1906 denunzierte der Gendarm Bruno Seidel aus Lengefeld in einem Brief an die königliche Amtshauptmannschaft zu Marienberg: «Heute vormittag vor dem Beginn des Gottesdienstes wurden in hiesiger Stadt von mehreren Personen aus Olbernhau, darunter dem dortigen Stadtverordneten Rothe, Broschüren über die Heimarbeit im Erzgebirge und ihre Wirkungen von Paul Göhre verbreitet.» Paul Göhre gab zwi-

Auguste Müller. Ende der zwanziger Jahre

Werkstatt von Max Ramm. Heidelberg. 1928

Auguste Müller. Ende der zwanziger Jahre

Louis Frohs. Um 1930

schen 1903 und 1911 vier Arbeiterautobiographien in dem Verlag Eugen Diederichs, Jena, heraus, darunter die Lebensgeschichte des Fabrikarbeiters Bromme (1905), und verfaßte zwei Schriften über die Arbeiter-Konsumvereine (1910, 1913). Sein Buch «Drei Monate Fabrikarbeiter und Handwerksbursche» (1891), das er als Kandidat der Theologie schrieb, nachdem er anonym im Vorjahr in der Chemnitzer Maschinenfabrik Kappel gearbeitet hatte, erregte sensationelles Aufsehen. Nach dem ersten Weltkrieg war er zunächst Unterstaatssekretär im preußischen Kriegsministerium und von 1919 bis 1923 Staatssekretär im preußischen Staatsministerium.

Für die zwanziger Jahre unseres Jahrhunderts ermittelte der von den Nazis mehrfach eingekerkerte und im KZ Mauthausen ermordete kommunistische Arzt *Dr. Georg Benjamin* (1895–1942) zuverlässige Angaben über die erhebliche Zunahme der Kinderarbeit unter Mißachtung der gesetzlichen Bestimmungen – stillschweigend geduldet durch den bürgerlichen Klassenstaat und ohne Rücksicht auf die gesundheitlichen Schädigungen der Kinder, oft bereits im vorschulpflichtigen Alter. Benjamin hatte bei Alfred Grotjahn studiert, der 1920 in Berlin der erste Inhaber eines Lehrstuhls für Sozialhygiene in Deutschland war. 1922 trat er der KPD bei, wirkte unter anderem als Stadtschularzt im Bezirk Wedding, einem Zentrum des revolutionären Proletariats in Berlin, war Mitorganisator zahlreicher Hilfsaktionen für Arbeiterkinder, wie der Einrichtung eines Kinderlagers in Hammelspring und des «Proletarischen Gesundheitsdienstes». Er leitete entsprechende Kurse, um die Gesundheitspolitik der KPD zu verbreiten. Da er in den Augen der Verwaltung unbequem war, nahm ihm der sozialdemokratische Bürgermeister 1931 das Amt als Stadtschularzt. – In seiner wissenschaftlichen und publizistischen Arbeit behandelte er Themen, die für den Kampf der Arbeiterklasse um ihre Befreiung von aktueller Bedeutung waren und die er als Marxist gesellschaftlich tief auslotete. Seine Dissertation über Ledigenheime (1922), die Aufsätze über Armenpflege, Fürsorge, über die gesundheitlichen Verhältnisse des deutschen Volkes, gegen den Abbau von Sozialleistungen des Staates, über Schulhygiene und die Tuberkulosesterblichkeit der Bergarbeiter, über Fabrikhygiene und Berufskrankheiten der Arbeiter waren von brennender Aktualität. Das trifft auch für den Aufsatz «Kinderspeisung statt Panzerkreuzer» zu. Mit wissenschaftlicher Akribie analysierte er regierungsamtliche Sozialstatistiken und machte sie damit zum Ausgangspunkt seiner Forderungen. Benjamins Aufsätze zur Kinderarbeit in Deutschland, über Kinderausbeutung in den verschiedenen Erwerbszweigen, über Ausbeutung von Lehrlingen und Jugendlichen sowie über die Stellung der Frau im kapitalistischen Produktionsprozeß sind erschütternde Anklagen der bürgerlichen Gesellschaft. Innerhalb dieses Problemfeldes behandelte er in vielen Fällen die Verhältnisse in der Spielzeug- und Holzindustrie Sachsens, vornehmlich des Erzgebirges, und der Thüringer Gebiete. Er wies auch auf die Unzulänglichkeiten der Sozialstatistiken hin, die in der Regel zu niedrig angesetzt waren, um aus subjektiven Gründen oder auch im staatlichen Interesse die schlimmsten Sachverhalte zu vertuschen.

Sein Bruder *Walter Benjamin* (1892–1940) analysierte als Philosoph und Schriftsteller den Verfall der Beziehungen unter den Menschen, die Verfremdung der Dingwelt, die Entartung der kapitalistischen Gesellschaft durch Not und Gier. Er war ständig auf der Suche nach konstruktiven Antworten auf Lebens-, ja Überlebensfragen der Kunst an der kritischen Schwelle zwischen Kapitalismus/Imperialismus und Sozialismus. 1933 emigrierte er nach Paris und nahm sich auf der Flucht vor den Nazis an der spanisch-französischen Grenze das Leben. Walter Benjamin sammelte Spielzeug und Kinderbücher und schrieb substanzreiche Aufsätze über Gröbers Hauptwerk von 1928, über den Antagonismus von Jugend und Erfahrung, über bürgerliche und proletarische Kindererziehung sowie zur Kunstpolitik («Das Kunstwerk im Zeitalter seiner technischen Reproduzierbarkeit», 1935). Das Buch über seine Kindheit ist eines der schönsten Erinnerungsbücher.

*Dr. Otto Kanitz* (1894–1940), einer der bedeutendsten Theoretiker der linken Sozialdemokratie in Erziehungsfragen, Förderer der sozialistischen Kinderfreundesbewegung und 1932 Mitglied des österreichischen Bundestages, wies in seinen Reden und Schriften eindringlich auf die Auswirkungen der Kinderarbeit – auch an vielen Beispielen aus den ersten Jahrzehnten des 20. Jahrhunderts – für das Klima in der Familie als Keimzelle der Gesellschaft hin. Er analysierte die dreifache Belastung der Arbeiterkinder durch Erwerbsarbeit, häusliche Hilfeleistung und Schule. 1938 verschleppten ihn die Nazis in das KZ Buchenwald, wo er 1940 umgebracht wurde.

*Käte Duncker* (1871–1953), Mitbegründerin der Spartakusgruppe und der KPD, die bewußte Vorkämpferin für eine proletarisch-sozialistische Frauenbewegung, von den Faschisten in die Emigration gezwungen, analysierte die Kinderschutzgesetzgebung in Deutschland in ihren Anfängen bis 1891, kritisierte die völlige Unzulänglichkeit der Maßnahmen und wandte sich scharf gegen die Mißachtung der Forderungen durch die Unternehmer. Sie kritisierte den Anwendungsbereich des Gesetzes, die Begrenzung des Schutzalters und anderes. Wir danken ihr eine politisch klare Auswertung der Enquête der Regierung über den Umfang der Erwerbstätigkeit schulpflichtiger Kinder (1898). Diese Erfassung ergab 532 283 in Gewerbe, Handel und Verkehr erwerbstätige Kinder. Sie erkannte auch die Lücken und oberflächlichen Schätzungen in der Zählung und betrachtete die Zahl nur als Minimum (=6,5% der volksschulpflichtigen Kinder in Deutschland). Jedoch: die in der Landwirtschaft und im Gesindedienst beschäftigten Kinder waren nicht erfaßt worden. Mit ihnen schätzte sie, daß von den insgesamt 8 Millionen schulpflichtigen Kindern mindestens 2 Millionen (also 25%) erwerbstätig waren. Obgleich Käte Duncker das Kinderschutzgesetz von 1903 als Fortschritt wertete, wies sie auf viele politische Halbheiten hin und wertete die Kinderarbeit in ihren gesundheitlichen, psychischen und moralischen Folgen. Sie appellierte vor allem als Pädagogin an die Lehrer, gewerkschaftlichen Organisationen und an die sozialdemokratischen Frauen, offensiv gegen die Mißachtung des Gesetzes, Kinderverwahrlosung und Kindermißhandlung aufzutreten. Sie sah mit klassenmäßigem Blick, daß die profitorientierte Ausbeutung der kindlichen Arbeitskraft eine notwendige Begleiterscheinung der kapitalistischen Wirtschaftsweise ist und nur mit ihr völlig verschwinden wird. Ein Kinderschutzgesetz sei nur eine Kur gegen die Symptome der Krankheit, nicht die Ausrottung der Krankheit selbst. Erst auf dem Boden einer sozialistischen Produktionsweise sei es möglich, den gesellschaftlichen Wert der Arbeit in vernünftiger Weise den Kindern zu vermitteln. – An der Seite von Clara Zetkin sorgte Käte Duncker mit dafür, daß die Fragen der Hausindustrie, Kinderarbeit usw. in den sozialdemokratischen Frauenkonferenzen behandelt wurden.

Auch bildende Künstler setzten sich mit ihrem Werk für die Armen und Entrechteten in den Gebieten der deutschen Hausindustrie ein, unter ihnen Theodor Hosemann, Hans Baluschek, Max Liebermann, Heinrich Zille, Bernhard Kretzschmar, Johannes Wüsten, Lea und Hans Grundig. Die Not der «goldenen» zwanziger Jahre, Arbeitslosigkeit, Hunger, Obdachlosigkeit, Krankheit und Tod widerspiegeln sich in schmerzlicher Anklage im Werk von *Käthe Kollwitz* (1867–1945). «Ich bin einverstanden damit, daß meine Kunst Zwecke hat. Ich will wirken in dieser Zeit, in der die Menschen so ratlos und hilfsbedürftig sind» (1922). Zu ihren anklägerischen Plakaten gehören die für die Heimarbeit-Ausstellungen von 1906 und 1925. Käthe Kollwitz hatte bereits mit ihrem Zyklus «Ein Weberaufstand» (1897/98) die ideologische Position der Arme-Leute-Malerei überwunden und in packender Weise, realistisch gestaltet den Kampf der Weber gegen die Unterdrücker in ihre Blätter gebannt. Als Frau des Armenarztes Dr. Karl Kollwitz (1863–1940) hatte sie in den «Armenvierteln» des Berliner Nordens täglich die Not des Proletariats gespürt. Auch für ihre den Heimarbeit-Ausstellungen gewidmeten Plakate gilt, was Gerhard Strauss nachdrücklich unterstrich: daß die Herausarbeitung des proletarischen Charakters der in monumentaler Knappheit dargestellten Heimarbeiterin diese Schicht von isoliert produzierenden Werktätigen ganz im Sinne einer späten Arbeit von Friedrich Engels auf die fortgeschrittene Schicht der Klasse, das Proletariat der Großindustrie, orientierte und nicht etwa sentimentale Töne anschlug. «Das Menschliche sieht sie nur in der starken Farbe des Proletariats» (Willy Kurth). (Vgl. dazu Peter H. Feist, S. 201–226.)

Über ihr Plakat für die Ausstellung 1906 hieß es in der «Gartenlaube»: «Unter den grell leuchtenden Plakaten, die von den Anschlagsäulen herab das Berliner Publikum tagtäglich in rauschende Vergnügungen locken, ist ein Spielverderber aufgetaucht. Aus einem braunen Nebel blickt da ein todblasses, unsäglich elendes Weiberantlitz in das matte Winterlicht der Straßen. Das dünne strähnige Haar ist glatt zurückgestrichen, die Wangen sind hohl, und die eingesunkenen Augen schweifen glanzlos über die flüchtigen Menschen.

Nur ab und zu bleibt einer stehen und schaut furchtgebannt in das bleiche Elend, und er begreift, daß dieser breite, harte, lippenlose Mund nie gelächelt hat. Der bange Mensch da unten fühlt ein dunkles Erinnern. Schon einmal in seinem Leben war er von einem Kunstwerk so tief getroffen worden. Es war im Theater, und Gerhart Hauptmanns ‹Weber› wurden damals gegeben...

Auch das bleiche Weib da oben lockt, und ganz friedlich und beschaulich lesen sich die Worte ‹Deutsche Heimarbeits-Ausstellung in der alten Akademie›. Dem einen klingen sie wie trauliche Behaglichkeit, er hört nur das ‹Deutsche Heim›. Dem anderen tönen sie gar wie eine jubelnde Fanfare – ‹Deutsche Ausstellung›! Wir stellen ja gewöhnlich das aus, worauf wir stolz sind.

Andere wissen, um was es sich handelt». (Paul Schlesinger.)

In seinem anklagenden Buch «Deutschland von unten. Reisen durch die proletarische Provinz 1930» bot *Alexander Graf Stenbock-Fermor* neben anderem einen erschütternden Bericht über die Not der Spielzeugmacher im Erzgebirge, auch im böhmischen Teil, und im Thüringer Wald. (Er gab bereits 1928 «Meine Erlebnisse als Bergarbeiter» heraus.) Begleitet von einem jungen Arbeiter und Gewerkschaftsfunktionär, besuchte er viele Familien, die Ärmsten der Armen unter den Spielzeugmachern, Holzarbeitern und Bergleuten. Ergreifend schildert er die Begegnung mit den schlichten, volksverbundenen Figurengruppen der alten Schnitzerin Auguste Müller, die 1930 verstorben war. Aus den Arbeitsbedingungen heraus begründete er, weshalb die Isolierung der Spielzeugmacher in ihrer Wohn- und Produktionsstube

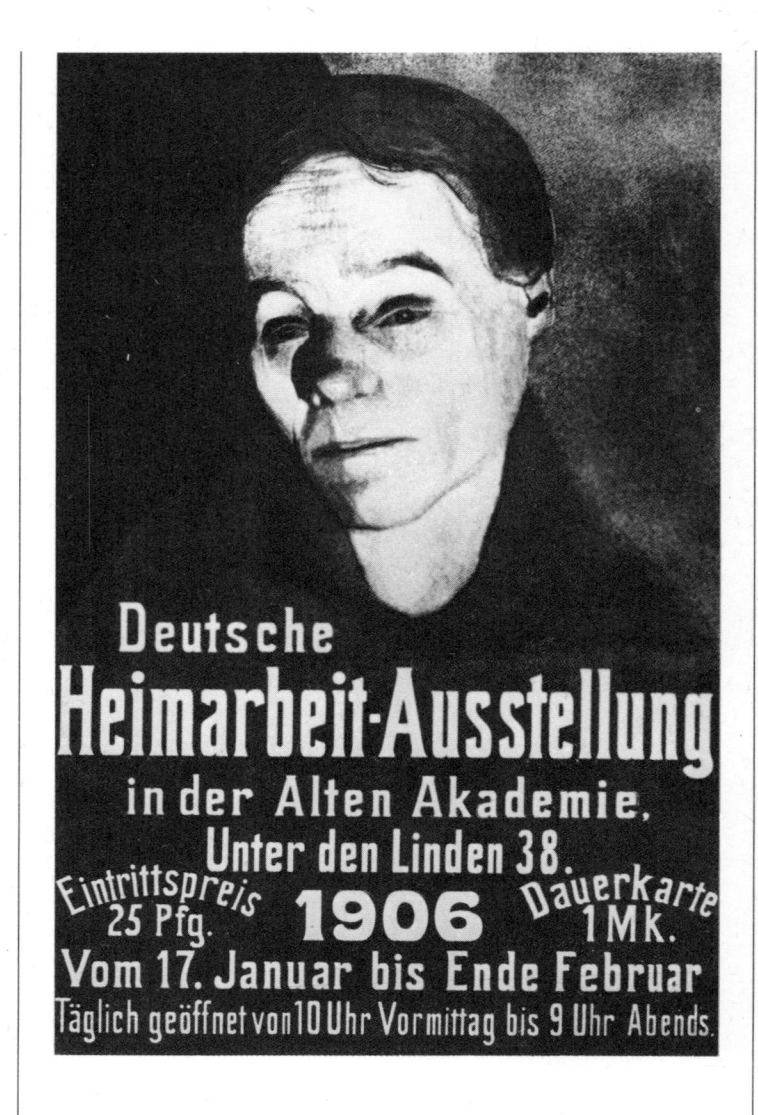

Käthe Kollwitz: Plakat der Deutschen Heimarbeit-Ausstellung Berlin 1906

das Klassenbewußtsein dämpft und die Klassenorganisation behindert. Seine Fotoreportagen sind eine beredte Anklage der kapitalistischen Gesellschaft. In seinen Erinnerungen «Der rote Graf» (Verlag der Nation, Berlin 1973) schildert er ausführlich das Entstehen und die Zielsetzung des Werkes.

In seinen der «Kultur- und Sittengeschichte des Proletariats» gewidmeten Büchern, die in einer enormen Materialfülle mosaikartig das Lebensbild der Arbeiterklasse nachzeichnen, hat *Otto Rühle* (1874–1943), Lehrer und Publizist, auch die erschütternden sozialen Verhältnisse unter den hausindustriellen Familien leidenschaftlich anklagend angesprochen. Sein Verhältnis zur Arbeiterklasse war zutiefst emotional, durch die Erfahrungen und Leiden des unermüdlichen Wanderlehrers, Pädagogen und Psychologen geprägt. Er suchte in allen Winkeln des proletarischen Daseins nach elementaren Lebensäußerungen, spürte den Arbeiter auch in seinen Beziehungen zur Kultur auf. Die sozialistische Kulturrevolution ist für ihn unabdingbarer Bestandteil der revolutionären politischen Befreiung der Arbeiterklasse. Seine geschichtlichen Untersuchungen zur proletarischen Lebensweise, dem «wirklichen Lebensprozeß» im Sinne von Marx und Engels, der wesentlich von der Stellung der Arbeiter im System der gesellschaftlichen Produktion bestimmt ist, bieten ein riesiges Quellenmaterial für die der Arbeiterklasse verbundene kulturgeschichtliche Forschung. Seine schulpolitischen Schriften und die kulturgeschichtlichen Untersuchungen zur sozialen Lage des proletarischen Kindes deckten kompromißlos den Klassencharakter des herrschenden Bildungssystems auf. Mit seinen Schriften zu dieser Thematik, vor allem «Das sächsische Volksschulwesen (1904), «Kinderelend» (1906), «Das proletarische Kind» (1911) und «Grundfragen der Erziehung» (1912), erwies er sich als ein führender Theoretiker proletarischer Bildungspolitik. Sein Verhältnis zur Partei entsprach nicht immer den Notwendigkeiten des Klassenkampfes und führte 1920 zum Ausschluß aus der KPD. Vor den Faschisten emigriert, starb er 1943 im mexikanischen Exil. Er war hier eine Zeitlang Berater des mexikanischen Unterrichtsministeriums.

*Edwin Hoernle* (1883–1952) gehörte zu den führenden Schulpolitikern der Kommunistischen Partei in der Weimarer Republik. Sein besonderes Interesse galt der Formierung der kommunistischen Kinder- und Jugendbewegung, vor allem der kommunistischen Kindergruppen (KKG), deren Gründung 1920 beschlossen wurde. Ihr Programm war maßgeblich durch Hoernle erarbeitet worden und führte im Verlauf der Jahre bis 1930 zu verschiedenen Organisationsformen mit dem Hauptziel, die proletarischen Kinderverbände zu gemeinsamen Aktionen zusammenzuführen und geschlossen gegen die kapitalistische Kinderausbeutung, nationalistische und militaristische Verhetzung der Arbeiterkinder in den Schulen aufzutreten. Hoernle sprach leidenschaftlich gegen das Bildungsmonopol der herrschenden Klasse und deckte den Klassencharakter des Schulwesens in der Weimarer Republik auf. In seinem Werk «Grundfragen der proletarischen Erziehung» (1929) vermerkte er: «Bildung ist im Kapitalismus Ware... Hierzu kommt der Zwang, den der Kapitalismus auf Proletarier und Bauern ausübt, die Arbeitskraft ihrer Kinder so früh als möglich auf dem Markte zu verkaufen oder selbst auszubeuten. Der Kapitalismus bedarf keiner besonderen Gesetze und Verordnungen, um die arbeitenden Massen von der Bildung auszuschließen, das besorgen die ökonomischen Gesetze ganz von selber. Und in dieser ökonomischen Zwangslage scheitern alle noch so gut gemeinten Volksbildungspläne reformistischer Schwärmer.» (Zit. nach Quellen zur Geschichte der Erziehung, S. 461.) Nach der Befreiung vom Faschismus wirkte Hoernle als Präsident der Deutschen Zentralverwaltung für Land- und Forstwirtschaft, gehörte zu den Organisatoren der demokratischen Bodenreform in der sowjetischen Besatzungszone, arbeitete als Professor und Vizepräsident an der Deutschen Verwaltungsakademie und wurde mit Gründung der Akademie der Landwirtschaftswissenschaften (1951) zum Ordentlichen Mitglied berufen.

Nach 1921 entlarvte in Wort und Bild als guter Gefährte und treuer Helfer des Proletariats die «Arbeiter-Illustrierte-Zeitung» (1921–1938) die ökonomischen und politischen Hintergründe der sozialen Not und Unterdrückung der Heimarbeiter in den deutschen Ballungszentren. Als Beispiel sei auf den Sonderbericht AIZ Nr. 36/1931 aus dem Thüringer Wald hingewiesen «Eine Semmel für drei Kinder». Erich Weinert (1890–1953) veröffentlichte in Nr. 25/1932 sein anklagendes Gedicht «Kinderaugen sehen Dich an», dessen erste Strophe lautet:

> «In diesem Antlitz war nie ein Lachen
> Unbekümmerter Kindlichkeit.
> Was weiß es auch von den vielen Sachen,
> Die Kinderherzen glücklich machen!
> Es sah nur Armut und Dunkelheit
> Und endloses Proletarierleid.»

Dem zehnjährigen Bestehen der AIZ widmete Käthe Kollwitz in Nr. 41/1931 den Lesern und Freunden der Zeitung ihr mahnendes Blatt «Wir haben eine Welt zu gewinnen» (Karl Marx), das gleichermaßen erschütternd wie ihr Plakat für die Heimarbeitsausstellung 1925 oder ihre «Bilder vom Elend» 1909 die Not, aber auch die Entschlossenheit der Arbeiterklasse einprägsam verdeutlichte (vgl. dazu Heinz Willmann, S. 108/131).

Arbeit und Lebensweise der osterzgebirgischen Kleinbauern und Häusler zeichneten und malten, von echtem Engagement für das harte soziale Los dieser Bevölkerungsgruppen getragen, in realistisch packender Weise *Ewald Schönberg* (1882–1949), Mitbegründer der Künstlergruppe «Das Ufer» (1947), und *Curt Querner* (1904–1976), Mitglied der ASSO und der KPD (1930).

Gemeinsam ist beiden Künstlern die kritische Schärfe im Blick auf die Lebenswelt des ländlichen Proletariats. Es sind nicht die Landschaft und der Mensch schlechthin, sondern die Dimension des Werdens, Reifens und Vergehens des Menschen und der die Landschaft verändernden Jahreszeiten, der Querner sein ganzes künstlerisches Streben widmete.

## Die Entwicklung der Spielzeugproduktion im monopolistischen Kapitalismus

Die Welt des Volkskünstlerischen in der handwerklich betriebenen Hausindustrie erlitt durch die rapide kapitalistische Industrialisierung nach der Mitte des 19. Jahrhunderts einen weithin spürbaren Bruch. Immerhin gehörte die Spielzeuggestaltung zu den Rückzugsgebieten, in denen die tradierten Formen noch lange weiterlebten, trotz der jeweiligen raschen Anpassung der Produktion an neue Formen der Technik und der Mode. «Die Motive beziehen sich immer auf deutsche Verhältnisse, werden aber allgemein verstanden. In manchen europäischen Ländern werden sie jedoch Ansatz zur Entwicklung einer nationalen Spielzeugindustrie unter Anpassung an den einheimischen Geschmack. Trotz ihrer weltweiten Geltung unterliegen die Motive zeitlichen und modebedingten Begrenzungen. Über ihrer Entstehung liegt fast allgemein der Schleier der Anonymität. Kaum einmal wird der geschickte Erfinder bekannt oder erfährt man, daß er einen wirtschaftlichen Gewinn von seiner Leistung hatte. Als freies Gut wird diese – vielleicht ein wenig abgewandelt – nachgeahmt, findet überall Anklang und beherrscht für eine bestimmte Zeit den Markt – bis ihre Beliebtheit abklingt, wie es allen modischen Formen ergeht. Manche Motive überdauern Jahrhunderte, manche bleiben nur ‹Eintagsfliegen›» (Karl-Ewald Fritzsch, Spielzeugmusterbücher 1958, S. 123). In kritischer Einschätzung der Zeiterscheinungen formulierte Bernward Deneke: «Die Hinwendung einer breiteren Öffentlichkeit zu den Zeugnissen traditionsorientierter Handfertigkeit ländlicher Bevölkerungsteile und die Zusammenfassung dieser Gegenstände unter dem Begriff der Volkskunst vollzog sich in den letzten vier Jahrzehnten des 19. Jahrhunderts. Wesentliche Impulse gingen dabei von der sich seit etwa 1865/70 formierenden Kunstgewerbebewegung aus. Die Bestrebungen, gewerbliche Produktion in Anlehnung an die Stile der Vergangenheit zu erneuern, ebenso aber auch die angesichts der zunehmenden Maschinenfertigung wachsende Wertschätzung der Handarbeit bewirkten, daß immer neue Sachgruppen in den

Ortsansicht Seiffen mit Bergkirche. 1983

Gesichtskreis jener traten, die sich auf unterschiedlichen Ebenen mit der Gewerbeförderung, vor allem mit der Anhebung der künstlerischen Qualitäten gewerblicher Erzeugnisse beschäftigten.» (S. 11.) Von maßgeblichem Einfluß erwiesen sich dabei die Weltausstellungen, die Erzeugnisse der Volkskunst, der «nationalen Hausindustrie» in das Programm einbezogen, um «zur Hebung des physischen und moralischen Wohlseins» der arbeitenden Bevölkerung in Stadt und Land beizutragen. Der moderne Folklorismus hat hier eine seiner Quellen. Zweifellos haben die Weltausstellungen, die «offiziellen Visitenkarten» des 19. Jahrhunderts, diese repräsentativen Warenmärkte mit nationalgetönten Auslagen, wesentlich dazu beigetragen, die Probleme der Hausindustrie ins Gespräch zu bringen. Obgleich die deutsche Spielzeugindustrie die Weltausstellung von 1851 in London beschickte (und das Sonneberger Gebiet eindrucksvoll vertreten war), fehlte die erzgebirgische Produktion. Die Ausstellungsberichte der frühen Weltausstellungen enthalten nur lückenhafte Angaben, zumal in der Regel nur die Firmen, die Medaillen errangen, genannt wurden, jedoch nicht die Hersteller. Zur Weltausstellung in Wien 1873 erwarb die erste erzgebirgische Fabrik für Holzspielzeuge zwei Diplome in der Gruppe X für Holzbaukästen und in der Gruppe XXVI für Fröbel-Spielgaben. Im Katalog ist dazu vermerkt: «S. F. Fischer. Spez. Baukästen und Lehrmaterial. Absatz zur Hälfte in Deutschland. 25 Arb. in und 12 außerhalb der Fabrik. (die Hälfte weiblich). Zwei Wasserräder zu vier Pf. Stärk.» (Die gleiche Firma errang in den Jahren bis 1900 noch zahlreiche Anerkennungen auf nationalen und internationalen Ausstellungen.) Überblickt man die formenreiche Vielfalt der Volkskunst in der zweiten Hälfte des 18. und zu Beginn des 19. Jahrhunderts, die offenbar mit bestimmten ökonomischen Faktoren zusammenhängt, zum Beispiel mit günstigen Agrarkonjunkturen, und sich vor allem in der regionalen und ständischen Differenzierung der Volkstrachten und des Hauswesens zeigt, dann kann man im ganzen von einer Blütezeit der Volkskultur sprechen. Anders ist die Situation in der zweiten Hälfte des 19. Jahrhunderts. Neue Produktionsformen bedrängten traditionelle ländliche

Gewerke (z. B. die Produktion billiger Porzellane die Steingutwaren der Töpfer, das Emaillegeschirr die bleiglasierte Irdenware, moderne Möbel die soliden Arbeiten der Dorftischler usw.). Gustav Schmoller wies darauf hin, daß Änderungen in den Produktions- und Konsumgewohnheiten weniger durch Maschine und Fabrik als durch die Entwicklung des Verkehrs verursacht wurden (vgl. dazu die Entwicklung des erzgebirgischen Eisenbahnnetzes auf S. 16). Zur Charakterisierung der Weltausstellungen gilt: «Die vielen Rollen, die das 19. Jahrhundert spielt, die vielen historischen Kostüme, mit denen es sich schmückt, treten in diesen Ausstellungsstädten – Mischgebilde aus Panoramen, Schaubühnen, Museen und Kultstätten – in den Dienst einer effektvollen Massenregie. Hier setzt sich das Jahrhundert in Szene, hier wird ihm die Welt zum Welttheater ... Geographie und Völkerkunde, Kunst und Industrie – veranschaulicht in einer Mustersammlung aller Völker und Kontinente, zusammengewürfelt in einer Retortenwelt, Wirklichkeit aus der profanen Wirklichkeit herausgenommen, von ihren Lebensbedingungen abgezogen und zum Exponat präpariert. Nur ein gebrochenes, eklektisches Wirklichkeitsbewußtsein konnte auf diesen Gedanken kommen.» (Werner Hofmann, S. 151.) Im Umfeld dieser Fragen steht Alois Riegl mit seiner 1894 vorgelegten Schrift «Volkskunst, Hausfleiß und Hausindustrie», in der er – der Kunsthistoriker – das Produktsystem umschreibende Definitionen anbietet, die die Verhältnisse in Österreich–Ungarn reflektieren. «Er benutzt die von dem Nationalökonomen Karl Bücher (1847–1930), dem Verfasser von ‹Arbeit und Rhythmus›, aufgestellte Stufenfolge der Betriebsformen (Hausfleiß, Lohnwerk, Handwerk, Hausindustrie und Fabrikwesen) und schränkt den Bereich der echten Volkskunst (zu eng) auf die Betriebsform des Hausfleißes ein. Aus dieser Begrenzung gewinnt er zwei bestimmende Momente volksbildnerischen Schaffens: die einzelnen Formen müssen allen Angehörigen der Großgruppe, die sich aus Familienverbänden zusammensetzt, bekannt sein; sie müssen sich im Wege stets geübter Tradition fortpflanzen. Volkskunst ist ihm so gewordene Kunst, während er die Hochleistungen künstlerischen Schaffens gewollte Kunst nennt.» (Friedrich Sieber, S. 23 f.) Regionale und lokale Traditionen innerhalb des Systems der geschlossenen Hauswirtschaft galten also als entscheidende Merkmale und führten letztlich zu dem mißverständlichen Begriff «Bauernkunst». (Deneke hat in mehreren Studien diese Problematik beleuchtet.) Die Entwicklung der hausgewerblich betriebenen Holzschnitzerei ist Teil eines differenzierten Prozesses, der zwischen dem 16. und dem 18. Jahrhundert zur Herausbildung von gewerblich verdichteten Zonen auf dem Lande führte, für die das Verlagswesen die entscheidende Wirtschaftsform wurde und die Holzdrechselei die maßgebliche Technologie. Diese Produktion ist auch nicht vollständig als Volkskunst einzuordnen («Die Tradition ist die richtige und unentbehrliche Lebenslust für die Volkskunst», Alois Riegl).

Die künstlerische Qualität sank im ganzen beträchtlich. Der ursprünglich relativ schöpferische Volkskünstler wurde zum industriellen Lohnarbeiter, die Volkskunst zur Ware. Die Zange von Angebot und Nachfrage bestimmte die Gestaltungen. Billig und schnell mußte der Holzhandwerker die vom Verleger gewünschten Erzeugnisse herstellen, oftmals wider sein besseres (naives) künstlerisches Empfinden und nach fremden Mustern. Die völlige Technisierung und die absolute Spezialisierung des Arbeitsprozesses in den Betrieben der größeren Unternehmer töteten jeden persönlichen Gestaltungswillen der Arbeiter. Die erzgebirgische Spielzeugproduktion entfernte sich immer weiter von guter echter Volkskunst. Selbst die Motive der heimischen Volkskunst wurden vielfach zu billigem, geschmacklosem und verkitschtem Kunstersatz («Kunstgewerbe») verfälscht. Mit dieser Pseudovolkskunst machten die Unternehmer auf dem Weltmarkt Riesengeschäfte. Heimatfremdes, wesenloses Spielzeug und Massenkitsch fanden ihren Weg in viele Länder der Welt. Freilich hat es bereits vor dem ersten Weltkrieg und besonders in den zwanziger Jahren viele kritische Stimmen gegen diese Entwicklung gegeben. Alle Bemühungen von Heimatvereinen (Landesverein Sächsischer Heimatschutz), Künstlern, Kunsterziehern usw., das schöpferische Gestalten der Volkskünstler unter den Spielzeugmachern zu retten, erwiesen sich letztlich als wenig fruchtbar, weil die wirtschaftlich-gesellschaftlichen Ursachen des künstlerischen Niederganges nicht klar erkannt wurden. Die meisten Versuche der am Ort ansässigen Fachschulen, mit Hilfe neuer «Muster» die Lage zu bessern, schlugen fehl, obwohl sie von Liebe und Begeisterung zur Volkskunst getragen waren. Freilich erhielten sich trotzdem viele überlieferte Formen und Motive, die die volkskünstlerischen Kräfte dokumentierten. Ein bestimmtes Maß von Traditionsbewußtsein in den Familienwerkstätten sorgte für das Bewahren regional gebundener Figuren und Technologien. Diese Entwicklung des künstlerischen Abgleitens vieler Hersteller – als Ergebnis bedrückender ökonomischer Zwänge und ausgeklügelter Ausbeutung seitens der Verleger und Fabrikanten – klingt bei Rudolf Enke auf, der als Gewerbelehrer in Grünhainichen dem «Arbeiterstand» empfahl, durch «Selbsterziehung zu höherer fachlicher und wirtschaftlicher Leistungsfähigkeit» zu gelangen. Den Zusammenhang zwischen wirtschaftlicher Entwicklung und künstlerischer Qualität sieht er so (1884): «Es mag ja viel Indolenz und kleinliche Knickerei mit unterlaufen, aber auch anerkannt wohlwollende, solide, weiterblickende Verleger werden durch die erdrückende Wucht der sich breit machenden Schmutzkonkurrenz, die wir besonders aus den Groschen- und 50-Pfennig-Bazaren kennengelernt haben, zum ‹Entweder – Oder›, d. h. zum ‹Mitmachen› oder zum Geschäftsrückgang gebracht. Es ist eben eine Schraube, die von oben nach unten drückt und natürlich am meisten den Letzten quetscht – das ist der Verfertiger. Wie schwer es unter solchen Umständen im Drange des Geschäftslebens, des Ringens um die Existenz, auch den eifrigsten Bemühungen Wohldenkender wird, den berechtigten Anforderungen an die Schönheit und guten Geschmack Verständnis und Eingang in den Kreisen der zunächst Beteiligten zu verschaffen, läßt sich denken. Der fortgesetzte Preisdruck hat eine dumpfe Gleichgiltigkeit im Gefolge, der gegenüber alle wohlgemeinten Bestrebungen erfolglos erscheinen.» (S. 114.)

Im Zeitraum zwischen 1895 und 1907 lag die Hausindustrie im Königreich Sachsen an der Spitze, verglichen mit den anderen Gebieten des Reiches (u. a. 51443 Hauptbetriebe, 512 Nebenbetriebe, 23731 männliche und 45281 weibliche Hausindustrielle allein in der Textilindustrie; im Bekleidungsgewerbe 26518 Hauptbetriebe, 6684 Nebenbetriebe, 4863 männliche und 24665 weibliche Hausindustrielle). An zweiter Stelle stand Berlin. In den ersten Jahrzehnten des 20. Jahrhunderts – bis zur sozialen Befreiung der Spielwarenhersteller – orientierten sich gewinnsüchtige Hersteller, Verleger und Fabrikanten allein nach den Tendenzen des Weltmarktes und produzierten alles, was diesen Forderungen entsprach. «Seiffener Volkskunst» wurde zu einem Geschäftsbegriff ohne Aussage echter Volkskunst – zu einem Reklametrick, der auf unterschwellige gefühlsmäßige Intentionen der Käufer abzielte.

Im Bürgertum regten sich um die Jahrhundertwende viele Kräfte, um gleichsam eine Rettungsbewegung für die schwindenden Schätze der Volkskultur populär zu machen. Bedingt durch die Breite der organisierten Heimatbewegung, kam es gerade in Sachsen zu vielfältigen Aktionen, ausgewiesen in Museums- und Vereinsgründungen. Auf die Wirksamkeit der Kunstgewerbebewegung wurde bereits hingewiesen.

Hatten die fürstlichen Kunstkammern und Bildergalerien, die Kunst- und Altertumsmuseen bisher nur die Kunstgüter des Bürgertums und der Aristokratie gesammelt, die Ethnologie die Bildnerei der Naturvölker untersucht, so drängten die fortschrittlichen Kräfte bürgerlicher Bildungsbewegungen nach der Dokumentation des Volkskunsterbes. Bei diesem Bemühen waren jedoch auch gesellschaftliche Kräfte am Werk, die dieses Vorhaben als Waffe gegen die Interessen der jungen Arbeiterbewegung zu nutzen suchten. Die Bemühungen des Bürgertums zur Entfaltung einer volkskundlichen Vereins- und Sammeltätigkeit sollten auch der Vertuschung der sich immer stärker zeigenden tiefen Klassenspaltung dienen. 1922 schrieb Eugen Mogk zur Charakterisierung der Entwicklung jener Jahre in den «Mitteilungen des Vereins für Sächsische Volkskunde und Volkskunst»: «Der politische und wirtschaftliche Aufschwung nach dem Jahre 1871 hatte durch die Anhäufung von Privatvermögen das Gift eines krankhaften Protzentums und Erhebung gewisser Stände über die Volksgenossen mit sich gebracht,

In der Spielwarenschule
Grünhainichen. Dreißiger
Jahre

Räuchermännerherstellung.
Louis und Hulda Haustein.
Um 1930

während unter der ärmeren Bevölkerung der Wurm des Internationalismus alles vaterländische Empfinden aufzehrte. Diese Gegensätze... hoffte man auszugleichen, indem man alle Volksgenossen auf das allen gemeinsame Volkstum zu einen suchte und ihnen durch Wort und Tat dieses vor die Seele führte... Und die Wissenschaft sollte den Nachweis führen, wie sich unsere Vorfahren unter diesen Bräuchen als gemeinsames Ganzes und wohlgefühlt haben.» Das Volkstum sollte zum «versöhnenden Element der sozialen Gegensätze» werden. Es ist ein Gedanke, der später in gleicher Weise durch die nazistische Kulturpolitik verfochten wurde. Auch das Kunstgewerbe, das im 19. Jahrhundert alle klassischen Stile kopiert hatte, mit protzigen Stilkonglomeraten in Gips, Stuck und Guß aufwartete, in seiner geschmacklichen Verlogenheit dem schwindelhaften Aufschwung der Bourgeoisie in den «Gründerjahren» und deren Kulturfassade entsprach, bemächtigte sich der Volkskunst. Neben dem Jugendstil entwickelten sich andere kunstgewerbliche Reformbestrebungen. Sie wollten die Kunst «von unten herauf» erneuern und betrachteten die Volkskunst als künstlerischen Jungbrunnen. Sie waren zugleich ein Protest gegen die Herrschaft des Akademischen in Kunstlehre und -erziehung. Oskar Seyffert charakterisierte treffend diese Erscheinung: «Als ich zu sammeln begann, war mir die Seele eines Museums für Volkskunst noch nicht recht begreiflich, aber ich ahnte ihren Reichtum. Ich hatte andere Beweggründe als die, welche in jener Zeit die kunstgewerblichen Museen entstehen oder aufblühen ließen. Damals galt es, direkte Vorbilder aus alter Zeit zusammenzutragen, welche die Zeichner und Entwerfer benutzen konnten, um ‹neue› Entwürfe zu gestalten. Und man hielt diesen Diebstahl für eine gesunde Tat. Man ernährte sich vom Aufgekochten. Damals platzte die fröhliche Kraft der Volkskunst in diese Musterzeichnerherrlichkeit hinein. Und viele und auch solche, die sich in amtlich hohen Stellungen befanden, hielten sich die Augen zu. Weiterhin erklärten sie mich für eine bedenkliche Erscheinung, behauptete ich doch, daß es auch Kunst gäbe, die nicht auf Akademien und Kunstgewerbeschulen gelehrt oder amtlich diplomiert war. Mir kam es darauf an, das künstlerische

Stammeln des Menschen von seinen Kinderzeichnungen bis zu seinem handwerklichen Schaffen zu würdigen. Ich wollte keine direkten Vorbilder, sondern ‹Dokumente› geben.» (Bericht zur Hauptversammlung des Sächsischen Heimatschutzes 1930.)

Im Versuch einer «geistigen Erneuerung» des Volkes, beim Suchen nach einem «neuen Stil» sollte die Volkskunst (begrifflich in der Regel eingeengt als «Bauernkunst») in ihrer Einfachheit, Naivität und Farbenfreude, in ihrem Erfindungsreichtum ein bedeutsames Wort mitsprechen und als Element einer neuen Heimatkunst gelten. Kunstgewerbevereine und Kunstgewerbeschulen betrachteten sich als Pflanz- und Pflegestätten einer neuen Gebrauchskunst, deren formschöpferische Grundlage die verklingende Volkskunst, die «Kunst der kleinen Leute» sein sollte: Kunst aus dem Volke – Kunst für das Volk! Förderung von Heimatliebe und Kunstsinn! Das war die Losung, zu deren Hauptsprechern der Siedlungsforscher Robert Mielke, Heinrich Sohnrey, Oskar Schwindrazheim und Oskar Seyffert zählten. Seyffert schrieb darüber: «Die Stilnachmacherei in der Zeit meines Studiums war mir innerlich zuwider geworden. Renaissance, Barock, Rokoko, Empire, japanischer Stil wurden in kurzen Zwischenräumen begeistert nachgebildet. Unser damaliges Kunstgewerbe entwickelte sich fürchterlich und fürchterlicher. Nur äußerer Schmuck, nur kitschiger Schein, blöde Nachahmerei. Da erschienen mir die Selbstverständlichkeit, die Kraft und die Gesundheit der Volkskunst als Erlösung. Und deshalb gründete ich aus innerem Drang heraus, aus Notwendigkeit heraus das Museum, nicht aus antiquarischem Triebe oder Sammlerehrgeiz.» (Mitteilungen des Vereins für Sächsische Volkskunde Bd. VIII 1922.)

Obwohl diese Versuche von Begeisterung für das künstlerische Schaffen der einfachen, werktätigen Menschen getragen waren, führten sie nur zu geringen Erfolgen, da die ökonomischen Wurzeln des derzeitigen Standes im Kunstgewerbe und auch die Entwicklungsbedingungen der Volkskunst nicht klar analysiert wurden und vor allem auch nicht geändert werden konnten. Dennoch danken wir gerade jenen Vertretern hervorragende Ergebnisse in der musealen Sammlung der Volkskunst. Der 1902 von Ferdinand Avenarius gegründete «Dürerbund» zur Pflege einer «bürgerlichen Heimatkunst» und in gewissem Sinne auch der «Wandervogel» stehen gedanklich in ihrer Nähe. Der Katalog: «Spielzeug» Gemeinnützige Vertriebsstelle Deutscher Qualitätsarbeit. G.m.b.H. gegründet vom Dürerbund Hellerau bei Dresden, o.J. vermittelt ein eindrucksvolles Bild von den künstlerischen Bemühungen, mit einfachen Spielzeugformen – betont in Holz – die Nähe zur Volkskunst zu wahren. Er enthält unter anderem einen «Sonntagsreiter» als bewegliche Figurengruppe von Richard Riemerschmid (1863–1957) und einen Kaufladen von Alwin Seifert, daneben Archen, Städte, Dörfer als Bauelemente, Miniaturen. Spürbar sind die Bestrebungen der Dresdner Werkstätten für Handwerkskunst, des 1907 von Hermann Muthesius gegründeten Deutschen Werkbundes und ähnlichen Institutionen. (Vgl. dazu Helmut Flade, Holz. S. 172ff.) Riemerschmid gehörte zu den begabtesten Führern der deutschen Kunstgewerbebewegung und fühlte sich den 1898 gegründeten «Dresdner Werkstätten für Handwerkskunst» wegen ihrer Tendenz zur volkstümlichen Billigkeit besonders verwandt. Er griff in den Formenschatz der alten Volkskunst, «der uralten Formmelodien», die hier und dort rein anklangen. (Vgl. dazu: Katalog Richard Riemerschmid ... Hg. W. Nerdinger, München, 1982, S. 34ff.)

Mit Ausbruch des ersten Weltkrieges begann die Umstellung der deutschen Spielzeugindustrie auf die Kriegsproduktion. Verhältnismäßig leicht fiel sie den Nürnberg-Fürther Metallspielwarenfabrikanten. Schlimmer erging es den kleinen Betrieben, denen ihre Kapitalknappheit die Umstellung nicht gestattete, die zum Teil geschlossen werden mußten. In Thüringen und im Erzgebirge erschwerten das Fehlen von Maschinen, die Kapitalarmut und die lokale Zersplitterung der Hausindustrie das Tempo der Umstellung. Die erzgebirgischen Werkstätten und Fabriken lieferten nun Unterstandsbohlen, Drahtverhauwickler, Granatholzringe, Handgranatenstiele, Sohlen für Holzschuhe (!) u.a.m. Der erste Weltkrieg, die Inflation und die Weltwirtschaftskrise (1929–32) wirkten sich im Erzgebirge am stärksten in der Textilindustrie

und im holzverarbeitenden Gewerbe aus. Die ausländische Konkurrenz drückte, die Preise für Holz und im Transportwesen stiegen empfindlich an, der Export stockte und ging zurück. Die Zahl der Arbeitslosen lag in den Jahren um 1930 stets bedeutend höher als im übrigen Deutschen Reich. Das Heimarbeitergesetz von 1923 löste die sozialen Probleme nicht. Die Löhne gingen rapid zurück. Unter dem Einfluß der Novemberrevolution flammten in immer stärkerem Maße auch die Streiks des Deutschen Holzarbeiterverbandes auf:
1920 mit etwa   63 000 Streikenden
1921 mit etwa   87 000 Streikenden
1922 mit etwa 115 000 Streikenden
Der Gendarmerieposten von Olbernhau bemerkte 1933 in einem Bericht über den Stand der Wirtschaft: «In der gesamten Holz- und Spielwarenindustrie ist fast vollständiger Stillstand eingetreten...» Die Kleinbetriebe verschuldeten total und mußten nicht selten Konkurs anmelden. – Seit dem ersten Weltkrieg traten häufig Warenhäuser und Grossisten in direkten Kontakt zu den Spielzeugmachern und drängten damit die einheimischen Verleger auf den Export zurück. Zwei Drittel der Bevölkerung des Spielwarengebietes mußten von Almosen, Erwerbslosen- oder Fürsorgeunterstützung leben. 1931 nahmen von 1971 Einwohnern Heidelbergs 1199 die Fürsorge in Anspruch. Die Weltwirtschaftskrise traf auch im Erzgebirge die Arbeiterklasse am härtesten durch hohe Arbeitslosigkeit und Kurzarbeit, sinkende Real- und Nominallöhne bei gleichzeitiger Steigerung der Arbeitsintensität, durch Steuererhöhungen und Abbau der Sozialleistungen des Staates. Ende 1929 zählte Deutschland 1,4 Millionen Arbeitslose, 1930 bereits 3,08 Millionen, 1931 schon 4,52 Millionen und 1932 – die nicht erfaßten Arbeitslosen überschlagsweise dazugezählt – etwa 7–8 Millionen. Die Zahl der Kurzarbeiter stieg von 5,7% (1928) auf 22,6% im Jahre 1932.

Der Fluch der Arbeitslosigkeit traf die jugendlichen Arbeiter besonders hart. Die Faschisten antworteten schließlich mit der Einrichtung von Organisationen, die diese soziale Erniedrigung im Sinne der herrschenden Ideologie kaschierten («Landhilfe», «Reichsarbeitsdienst», «Landjahr»). *Georg Benjamin* wies durch eine gründliche Analyse der

Alte Malerin. Um 1930

Berichte der Gewerbeaufsichtsbeamten den beträchtlichen Anteil der Kinderarbeit im Jahre 1925 nach. Im Freistaat Sachsen waren von 510 219 Schulkindern 93 936 (= 18,4 %) erwerbstätig, davon in Handel und Industrie 37 192. In der Landwirtschaft nahm die Beschäftigung fremder und eigener Kinder nicht ab. Es wird geschätzt, daß in den Gebieten der Hausindustrie etwa 75 % aller Kinder im Arbeitsprozeß standen. Selbst in den Fabriken, für die Kinderarbeit gänzlich untersagt war, unterlagen Schulkinder einer grausamen Ausbeutung, u. a. in Glashütten, Ziegeleien (auch Mädchen!) und in den Blechwarenfabriken des Erzgebirges (bis zu elf Stunden täglich!). Ungebrochen war in den zwanziger Jahren auch der Einsatz der Kinder in der Heimarbeit. Die für Übertretungen der gesetzlichen Festlegungen vorgesehenen Strafen hielten die Fabrikanten in der Regel nicht ab, weiterhin Kinder einzusetzen. – Für 1930 ermittelte Georg Benjamin in Sachsen bei 15 300 gewerblich tätigen Kindern allein 6000 Verstöße gegen das Kinderschutzgesetz. Für die Amtshauptmannschaft Annaberg (Erzgebirge) erfaßte der Fürsorgearzt: Von fast 8000 Volksschulkindern waren 11,7 % berufstätig. Von den sechs- bis neunjährigen Kindern der ersten drei Schuljahre mußten schon 3,9 % arbeiten; von diesen kleinen Kindern arbeiteten sogar 54 in fremden Betrieben oder Hauswirtschaften. Von den zwölf- oder dreizehnjährigen Kindern des siebenten Schuljahres mußten über ein Drittel und von den Kindern des achten Schuljahres fast die Hälfte arbeiten. Dabei ging die Arbeitszeit bei 163 Kindern (darunter 23 der sechs- bis neunjährigen) über vier Stunden täglich. Und das 1930!

Die «Gewerkschafts-Zeitung» vom 9. Mai 1925 schreibt mit vollem Recht: «Tausende von Heimarbeitern führen auch heute noch einen ähnlichen Kampf um das nackte Leben, wie ihn Gerhart Hauptmann in seinen ‹Webern› geschildert hat. Man kann bei der Aufzählung der einzelnen Fälle sogar vorübergehen an den Spanschachtelmachern der Glatzer Gegend, die Stundenverdienste von 3 und 4 Pfg. erzielen, weil es sich hier um einen absterbenden Erwerbszweig handelt, an dem aber die Arbeiter mit derselben Liebe und Zärtlichkeit hängen, wie an ihren elenden Häuschen, die sie am Ort festhalten ... Elendsbilder liefern besonders die Bürstenindustrie und Puppenmöbelfabrikation des Erzgebirges, die Spielwarenindustrie des Sonneberger Bezirks, die Blechspielwarenbranche in und um Nürnberg und die Korbflechterei in Oberfranken. In der Spielwarenindustrie trifft man fast ausnahmslos auf Fälle grausamster Kinderarbeit. Schon die ganz Kleinen, noch nicht schulpflichtigen, leisten hier tagein, tagaus Erwerbsarbeit, und zwar bei der Herstellung von Gegenständen, die geschaffen werden, um Kindern Freude zu bereiten. Für diejenigen Kinder, die die Gegenstände herstellen, werden sie zum Fluch. Es werden nämlich oft genug, trotz der Mithilfe der Kinder, nur Stundenverdienste von 7–12 Pfg. erzielt, wie zum Beispiel bei der Herstellung von Metallspielzeug primitiver Art in der Nürnberger Gegend. Eine Ausdehnung des Arbeitstages bis in die Nacht hinein ist die Folge.» Die Entwicklung der tariflichen Löhne zwischen 1924 und 1930 stieg an (in Reichspfennig):

|      | Facharbeiter | Facharbeiterinnen | Hilfsarbeiter | Hilfsarbeiterinnen |
|------|------|------|------|------|
| 1924 | 49 | 32 | 42 | 27 |
| 1925 | 66 | 43 | 56 | 36 |
| 1926 | 63 | 41 | 54 | 35 |
| 1927 | 69 | 45 | 59 | 38 |
| 1928 | 77 | 50 | 65 | 42 |
| 1929 | 79 | 51 | 67 | 43 |
| 1930 | 82 | 53 | 70 | 45 |

Das Ansteigen der Löhne wurde jedoch wieder ausgeglichen durch das Steigen der Lebenshaltungskosten, die im gleichen Zeitraum auf 154,2 % kletterten. Durch die Schrumpfung des Exports ab 1930 fielen die Löhne, seit Juli 1932 bestand ein tarifloser Zustand. Als Richtlinie galt: Höchstlohn eines Facharbeiters 55 Pfg., eines Hilfsarbeiters 47 Pfg., einer Facharbeiterin 33 Pfg. und einer Hilfsarbeiterin 28 Pfg. Die arbeitenden Frauen in den Fabriken waren also am schlimmsten betroffen (nach Winkler, S. 38f). In der Hausindustrie zeigten sich die Auswirkungen noch krasser: Bei mindestens 70 Wochenstunden Arbeitszeit verdienten 1929 Frauen 0,12 bis 0,15 Reichsmark in der

Stunde. Für 1925 ermittelte Reible (S. 117) folgenden Lohnvergleich (Spitzenlöhne!) für ledige Arbeiter (Ausgleichs- und Sozialzulagen eingeschlossen):

| | |
|---|---|
| Göppingen | 75 Pfg. |
| Nürnberg (Metall) | 71 Pfg. |
| Nürnberg (Stoff) | 52 Pfg. |
| Brandenburg | 54 Pfg. |
| Giengen | 57 Pfg. |
| Olbernhau | 52 Pfg. |
| Sonneberg | 49 Pfg. |

Der erste Weltkrieg verursachte einen krassen Rückgang des Exports erzgebirgischer Spielwaren. Ungünstige Zollbedingungen vieler Länder und die Entwicklung des Spielwarenabsatzes anderer Länder (u. a. USA, Japan, Tschechoslowakei) verdrängten die deutschen Firmen weitgehend vom Weltmarkt. In verschiedenen Ländern wurden zum Schutze der einheimischen Spielzeugindustrie vor der übermäßigen Konkurrenz der deutschen Industrie Zölle eingeführt, die de facto Einfuhrverboten gleichkamen, oder Antidumpinggesetze erlassen (dazu Walter Schelling, S. 32f).

Die sozialökonomischen Probleme in den benachbarten böhmischen Spielzeugzentren der Tschechoslowakei glichen in vielerlei Hinsicht denen im Seiffener Gebiet. Die ungünstigen Verkehrsverhältnisse behinderten den Absatz. Die deutsche und die böhmische erzgebirgische Holzspielwarenindustrie traten einander als Konkurrenten gegenüber. 1932 waren die Fabriken für Holzspielwaren in den böhmischen Orten nur mit 70% ihrer Kapazität gefordert (vgl. dazu Johannes Winkler, S. 73 ff). Das Meßangebot widerspiegelte diesen Sachverhalt.

1921 – nach der Aufhebung der Blockade – gingen 80% der deutschen Spielwarenproduktion nach dem Ausland (die Einfuhr betrug dagegen 1/88 der Ausfuhrmenge). Nach dem Meßadreßbuch im Frühjahr 1922 stammte die Mehrzahl der Aussteller aus Sachsen. Der Hauptabnehmer waren die USA. In Leipzig stellten 1920 zur Frühjahrsmesse 590 Firmen der Spielwarenbranche aus, währenddessen im gleichen Jahr in Frankfurt/Main – der zweitgrößten deutschen Messe – nur 35 Spielwarenhersteller vertreten waren. 1922 standen die Spielwarenhersteller an fünfter Stelle der ausstellenden Firmen (786 deutsche und 33 ausländische, davon 225 aus 64 Orten Sachsens). Die zur Unterstützung von Handwerk und Industrie im erzgebirgischen Spielzeuggebiet begründeten Fachgewerbeschulen in Seiffen (1853) und Grünhainichen (1874) sowie die Industrieschule in Olbernhau (1885) betrachteten als ihre Hauptaufgabe – neben der technologischen Ausbildung – die Bereitstellung neuer Muster, in der Regel unter dem Aspekt der Wahrung von Traditionen im Formenschatz, und die Beratung der Hersteller im Hinblick auf die Entwicklung des Spielzeugmarktes, um Krisen besser widerstehen zu können. Im Jahre 1884 besuchten die Schule in Grünhainichen 140 Schüler in fünf Klassen (drei für Holzarbeiter, eine für Maler und eine für verschiedene Gewerbe). Die sogenannte Vorschule erfaßte die elf- bis vierzehnjährigen Schüler. Im Hinblick auf die im Gebiet von Grünhainichen produzierten Spielwaren war der Unterrichtsbetrieb auf die sogenannten Architekturspielwaren eingestellt (so u. a. auf Küchen, Stuben, Baukästen). Neben Zeichnen und Entwerfen standen Rechnen, Buchführung und Kalkulation im Lehrplan. – Die Seiffener Schule hatte 1884 drei Klassen. Schwerpunkte im Lehrstoff waren Figuren, Tiere, Kegel und Service – dem örtlichen Produktionsangebot entsprechend.

Professor *Alwin Seifert* (1873–1937), der 1914 – als Lehrer von der Fachschule für Spielzeugindustrie Sonneberg kommend – die Seiffener Schule übernahm und nach dem Tode von Direktor Wendt ab 1921 auch die Schule in Grünhainichen leitete, formulierte 1925 als methodische Zielsetzung seiner Arbeit: «Wahrung der Tradition und innerhalb der Tradition Fortschritte nach neuzeitlichen Begriffen. Beibehalten der gesunden, natürlichen realistischen Form, soweit sie durch die Technik bedingt ist. Bevorzugung der volkskünstlerischen Handarbeit gegenüber der rein maschinellen Fabrikation.» In diesem Sinne führte er die Hersteller auch zu fast verschollenen Techniken, so zum Beispiel zu den gedrechselten und gestochenen Bäumchen (seit 1914). Auch die Wiederbelebung des weihnachtlichen Laternenbrauches mit Mettengang (seit 1915) – Holzlaternen mit ausgesägten und farbig hinterlegten Motiven – ist ihm zu danken. Er kann mit gutem Recht als Wiederentdecker der Seiffener

Volkskunst bezeichnet werden, der den Herstellern die kulturellen Werte der volkskünstlerischen Überlieferungen beharrlich vor Augen führte. Sowohl seine eigenen Entwürfe, zum Beispiel für Figuren wie Seiffener Mettengänger, Hängeleuchter und Schaukelmännel, als auch die unter seiner Betreuung in den Werkstätten entstandenen verraten ein schöpferisches Empfinden für Form, Material und Gebrauch der Spielzeuge und Volkskunstgestaltungen. Das von ihm in der Schule eingerichtete Museum galt als Quelle für Anregungen. Seifert, 1920 zum Professor ernannt, war in den Stuben der Spielzeugmacher zu Hause, kannte ihre Existenzsorgen und vertrat ihre Interessen. Bereits im Jahre 1933 wurde der beliebte Lehrer gemaßregelt und aus seinem Amt vertrieben. Auch Emil Helbig (1883–1972), der als Lehrer Direktor Seifert beispielhaft unterstützte, wurde 1933 ebenfalls von den Nazis aus seinem Lehramt vertrieben. (Später gründete er in Grünhainichen eine Schnitzwerkstatt, aus der 1972 ein volkseigener Betrieb entstand; heute zugehörig zum VEB VERO.)

Im Jahre 1935 übernahm *Max Schanz* (1895–1953) die Leitung der Schule, an der er – als ausgebildeter Zeichenlehrer – bereits seit 1920 unterrichtete. Er widmete sich besonders der Entwicklung des Kunstgewerbes und der industriellen Fertigung in enger Anlehnung an die Vorbilder der Volkskunst. Durch Ausstellungen und wirksame Werbung für die Seiffener Spielwaren half er, den krisenanfälligen Erwerbszweig ökonomisch zu stabilisieren. Die Anerkennung der Spielzeugherstellung als Lehrberuf, der Bau der Naturbühne und die Schaffung der Spielzeugwerbeschau, aus der 1953 das jetzige Museum hervorging, sind eng mit seinem Wirken verbunden. Seine Entwürfe, die von den Herstellern dankbar übernommen wurden, bezeugen ein schöpferisches Weiterführen der traditionellen regionalen Elemente der erzgebirgischen Volkskunst. Dazu zählen die weltberühmten Striezelkinder, die Seiffener Kurrende, Klingkästchen und Räuchermänner. Schanz förderte unter anderem Karl Müller, den naiven Männelmacher, und betreute ab 1950 in enger Zusammenarbeit mit dem Verfasser im Auftrag des Landesamtes für Volkskunde und Denkmalpflege und für das Zentralhaus für Laienkunst (Leipzig) die Volkskünstler Seiffens. Auf seine Anregung hin wurde Professor Dr. h. c. Oskar Seyffert (1862–1940), Leiter des Dresdner Volkskunstmuseums und selbstloser Förderer der sächsischen Volkskunst, zu seinem 75. Geburtstag zum Ehrenbürger Seiffens ernannt. Die Seiffner Fachschule schloß 1952 den Unterrichtsbetrieb. Nach langen Diskussionen über das künftige Ausbildungsprofil des Nachwuchses wurden 1949 beide Schulen zu Lehrwerkstätten profiliert. Strukturelle Veränderungen in der Berufsausbildung machten diese Maßnahme erforderlich. Das Gebäude steht als Lehrwerkstatt der volkseigenen Industrie zur Verfügung.

In demagogischer Weise kaschierten einige Wissenschaftler die tatsächlichen sozialen Verhältnisse des Spielzeuggebietes im Interesse der nazistischen Ideologie. Als Beispiel dafür mag Winkler gelten (S. 46 f.): «Die Verhältnisse haben sich aber zusehends gebessert. Abänderungsbedürftig ist aber heute noch die Ernährungsweise. Selten haben der Hausgewerbetreibende und der Heimarbeiter Hunger gelitten. Leider entsprach aber schon früher der Nahrungsmenge nicht die entsprechende Zusammensetzung des Essens und damit der Gehalt an Nährstoffen, wie sie der Mensch braucht. Rückblickend läßt sich sagen, daß seit der Jahrhundertwende, und zwar vor allem in der Nachkriegszeit, die sozialen Verhältnisse der Spielwarenmacher des Erzgebirges wie die der übrigen mit der Hand arbeitenden Massen eine grundlegende Verbesserung erfahren haben. Man darf nicht nur die jeweils bestehenden sozialen Verhältnisse einer Volksschicht vom rein idealen Standpunkt betrachten. Es wird dann vieles daran auszusetzen geben ... Das unter nationalsozialistischer Führung stehende Deutschland brachte nun die Einleitung eines Umbaues der Wirtschaft auf berufsständische Grundlage. Damit wird sich auch ein Wandel vollziehen in der bisherigen Regelung der Zusammenarbeit zwischen Arbeitgebern und Arbeitnehmern, in der Regelung von Lohn- und Arbeitsbedingungen. In der Deutschen Arbeitsfront werden alle Arbeitgeber und alle Arbeitnehmer zusammengeschlossen, um einen Ausgleich sich häufig widerstreitender Interessen unter Berücksichtigung volkswirtschaftlicher Belange durchzuführen.» Also: Gleichschaltung der Spielzeugproduzenten. 1933 war Sachsen mit 5,2 Millionen Einwohnern das weitaus am dichtesten besiedelte Land Deutschlands. Im Februar 1933 hatte Sachsen mit 721 000 gemeldeten Arbeitslosen aber auch von allen Ländern die höchste Zahl der Arbeitssuchenden im Vergleich zu den 1925 im Produktionsprozeß Befindlichen.

Der Faschismus brachte den Seiffener Spielzeugmachern eine Scheinblüte. Sie mußten die zahlreichen Serien der Winterhilfswerk-Abzeichen produzieren, mit denen Hitler seine Kriegsmaschine finanzierte. Sogar kleine Fliegerbomben wurden angefertigt. In einem Artikel des Erzgebirgischen Generalanzeigers vom 28. 4. 1934 heißt es: «... Der Luftschutzgedanke marschiert – tragt alle die kleine Fliegerbombe ... Aus allen Augen leuchtete Zufriedenheit über diese Art der Arbeitsbeschaffung ... Mit bewundernswürdiger Geschicklichkeit und erstaunlicher Geschwindigkeit werden die schmucken kleinen Bomben gedreht und dann von Mutter und Tochter blitzsauber gelb oder rot lackiert ... Arbeit, Arbeit und nochmals Arbeit, das ist der Gedanke, unter dem diese Sammeltage am 9. und 10. Mai 1934 stehen ...» Das Winterhilfswerk wurde im Winter 1933/34 angeblich zur Linderung sozialer Not eingerichtet, sollte einen «Sozialismus der Tat» vortäuschen und wurde jährlich weitergeführt. Es war eine zusätzliche, getarnte Steuer zur faschistischen Kriegsfinanzierung. Von 1933/34 bis 1938/39 kamen durch Lohnabzüge, Straßensammlungen, Veranstaltungen usw. 2535 Millionen RM zusammen. Während des zweiten imperialistischen Weltkrieges stiegen die Abzüge noch höher (im Winter 1942/43 auf 1595 Millionen RM). Der größte Teil des Geldes wurde für den Krieg und die Rüstung eingesetzt. In demagogischer Weise diente die Einrichtung zugleich der Terrorisierung der Bevölkerung. – Millionen von Holzfigürchen verließen das Spielzeugdorf. Allein das Seiffener Reiterlein in Miniaturausführung (3 cm) erfuhr 1935 in farbiger Fassung eine Auflage von 13,6 Millionen. Die Spielzeugmacher bekamen die einzelnen Teile fertig geliefert und hatten diese zusammenzusetzen und zu bemalen. Für jeweils 1000 Stück wurde die Arbeitszeit mit 72 Stunden festgelegt. Die als Holzspielzeuge gefertigten Figürchen drangen vor allem in die Kinderstuben ein.

Als Organisation trat im Winterhilfswerk die NSV (die «Nationalsozialistische Volkswohlfahrt») in Aktion. «Winterhilfswerke waren keine Erfindungen der Hitlerfaschisten. Politische, religiöse und caritative Organisationen und Kommunen hatten sie schon vor 1933 veranstaltet und dabei miteinander konkurriert. Die NSDAP beanspruchte nun aber das Monopol der Winterhilfe und zeigte, wie virtuos sie materielle Korruption, ideologische Demagogie und physischen und psychischen Terror in einer Kampagne verbinden konnte. Sie schickte die uniformierten Angehörigen der SA, SS und HJ mit Sammelbüchsen auf die Straßen ... und ordnete sogenannte Eintopfsonntage an. Naziführer suppten auf öffentlichen Plätzen in Gulaschkanonen gekochte Gerichte, so demagogisch ihre Anteilnahme am Leben von Millionen von Menschen bekundend, die – vor allem in den Großstädten – Hunger litten: Im Stadtzentrum Berlins forderten höchste Reichsbeamte die Passanten zu Geldspenden auf und präsentierten den faschistischen Staat und seine vorgeblichen Diener als volksverbunden. Auf dem platten Land wurden von den Bauern WHW-Spenden erwartet, die nach Zentnern wogen. Personen, die solche Spenden verweigerten, hatten öffentliche Angriffe in der NSDAP-Presse und die Kennzeichnung als Gegner der ‹Volksgemeinschaft› zu gewärtigen ...» (Kurt Pätzold/Manfred Weißbecker, S. 235.) Zahlreiche Antifaschisten wurden in Seiffen in der ehemaligen «Turnerburg» des Arbeiter-Turn- und Sportbundes (heute Zentrag-Ferienheim «Nußknackerbaude») schlimm mißhandelt. Mit Ausbruch des zweiten Weltkrieges erfolgte die direkte Einbeziehung der Werkstätten und Betriebe in die Rüstungsindustrie. Eine Anordnung des «Produktionsbeauftragten für Metallwaren und verwandte Industriezweige» beim «Reichskommissar für Rüstung und Kriegsproduktion» vom 21. 8. 1944 legte das Verbot der Herstellung von Spielzeug und Christbaumschmuck fest und verfügte weitere Produktionsleistungen für die faschistische Kriegswirtschaft. Bertolt Brecht hatte bereits kommentierend am Beispiel einer «Weihnachtsbotschaft des Stellvertreters des Führers (Heß) im Jahre 1934» («Basler Nationalzeitung» vom 26. Dezember 1934) die soziale Demagogie der Propagierung einer

Lea Grundig: Winterhilfe
(Zyklus «Unterm Hakenkreuz»)

Volksgemeinschaft zu Weihnachten schlagend entlarvt. Darin hieß es unter anderem: «Sie nehmen heute dankbar ihr Weihnachtsgeschenk, ohne daß sie verhungern würden, aus der Hand derjenigen, die ihnen einst als Feinde gezeigt wurden, da sie Feinde sind. In Wirklichkeit opferten allerdings hauptsächlich arme Leute. Hunderttausende, ja Millionen deutscher Arbeiter und Arbeiterinnen, die früher ihre schwer erworbenen Groschen für die Idee einer sich auf alle Länder der Welt erstreckenden Gemeinschaft aller Menschen ohne Vermögens- und Standesunterschiede hingaben...» (Schriften zu Politik und Gesellschaft, Bd. II, S. 30) Vielfältige Methoden setzten die Faschisten ein, um die erzgebirgische Volkskunst für den «Volkstumskampf» zu aktivieren und vor allem gegen das tschechische Nachbarvolk in chauvinistischer Manier zu mißbrauchen. Dazu zählte auch die von der Naziprominenz in höchsten Tönen propagierte Erzgebirgsschau in Olbernhau, die 1935 eröffnet wurde. Der Gauamtsleiter der Deutschen Arbeitsfront, Peitsch, ließ in seiner Eröffnungsrede keinen Zweifel aufkommen über die politische Zielsetzung der Ausstellung als «Volkstums- und Leistungsschau» und Beweis für die «Genesung der Arbeitsverhältnisse» im oberen Erzgebirge. Die Aufträge zur Produktion der WHW-Abzeichen (unter Zugrundelegung des 20-Pfennig-Stundentarifs von 1927 erhielt der Heimarbeiter zum Beispiel für 1000 Stück Weihnachtsmänner mit 50 Stunden 10,– RM), zur Herstellung von «Kraft-durch-Freude»-Abzeichen und solchen für den «Verein für das Deutschtum im Ausland» wurden als Teil des «nationalsozialistischen Gesamtangriffs gegen die Not des deutschen Volkes» propagiert, als Beleg für die «Kraft der deutschen Wirtschaft».

In den zwanziger und dreißiger Jahren wurden die Erzeugnisse der erzgebirgischen Spielzeugproduktion vor allem auch durch die großen Einkaufsgenossenschaften des Facheinzelhandels übernommen und vertrieben. Die «VEDES», Vereinigung Deutscher Spielwarenhändler e.G.m.b.H. (1904 gegründet) mit Sitz in Nürnberg, unterhielt in Sonneberg und Kupferhammer (Erzgebirge) eigene Einkaufshäuser. Ihr Gesamtsortiment umfaßte 1935 etwa 30 000 Artikel. Bis 1929 bestand daneben noch der «Spielwaren-Verband e.G.m.b.H.», Berlin. Als Einkaufsorganisationen fungierten außerdem die «Erwege», Großeinkaufsgenossenschaft e.G.m.b.H., Düsseldorf – Berlin, sowie die «Grohag», Großhandelsgesellschaft m.b.H., Leipzig.

Die Kinderfeindlichkeit der Faschisten und die Methoden ihrer infamen Kaschierung – die gleichzusetzen ist mit einer Spielfeindlichkeit – formulierte bereits 1934 der «Reichsjugendführer» Baldur von Schirach unmißverständlich in seinem Artikel «Kinder sind nicht uniformierte Wesen»: «Das Jungvolk erklärt dem Muttersöhnchen den Krieg. Jungvolkerziehung ist Erziehung zur Selbständigkeit. Noch nie gab es eine so große Zahl selbständiger Jungen. Sie sehen mit einer gewissen Verachtung auf das herab, was man landläufig ‹Kinder› nennt, und ärgern sich maßlos, wenn sie von Erwachsenen selbst so bezeichnet werden. Nach ihrer (und auch meiner) Meinung sind Jungvolkjungen eine Sache für sich. Mit ‹Kinder› bezeichnen wir die nichtuniformierten Wesen niedriger Altersstufen, die noch nie einen Heimabend oder einen Ausmarsch mitgemacht haben. Wir wollen nicht falsch verstanden werden: Jungvolkpimpfe bilden sich nicht etwa ein, Männer zu sein. Sie wollen nichts anderes sein als Jungvolk, als Buben, die die Kinderschuhe ausgetreten haben und schon wissen, wie man Zelte baut und im Kochgeschirr die Erbsensuppe bereitet. Oh, ein Pimpf versteht schon etwas von der Welt! Wenn er unterwegs seine Hosen zerrissen hat, näht er sie selbst wieder zusammen. Geht es nicht anders, dann mit Bindfaden. Kinder pflegen in ähnlichen Situationen zu heulen und nach der Mutter zu schreien. Pimpfe sind auf sich selbst gestellt. Kinder verreisen nur in Begleitung Erwachsener. Pimpfe gehen mit ihrem Führer auf Fahrt. Andere Eltern sprechen von ihrem Kinde, die Pimpfeneltern aber reden von ihrem Sohn. ‹Mein Sohn, der Pimpf!› In diesem Satz liegt diese tiefe Wandlung unserer Jugend...» (Zitiert nach Barbara Bromberger, S. 37.)

Ganz im Gegensatz dazu steht die Tatsache, daß die Kinderarbeit keineswegs abgeschafft wurde. In den «Jahresberichten der Gewerbeaufsichtsbeamten und Bergbehörden für die Jahre 1935 und 1936» heißt es: «Fremde Kinder werden gewöhnlich nur mit Hilfsarbeiten – Botengängen, Aufräumen, Handreichungen – beschäftigt, eigene werden sehr oft in die berufliche Arbeit der Eltern eingeschaltet... Die starke Wiederbelebung der vogtländischen Harmonikaindustrie führte leider dazu, daß die Heimarbeiter, die schon bisher ziemlich zahlreich Kinder beschäftigten, zu leichten Arbeiten jetzt erst recht viel Kinder unter 12 Jahren zur Arbeit heranzogen, weil die etwas älteren Kinder für die schwereren Arbeiten – Nieten und Richten von Stimmfedern – restlos gebraucht werden. In den gewerblichen Kleinbetrieben der Harmonikaindustrie, der Wäscheindustrie und Spielwarenindustrie wurden unerfreulicherweise Kinder wegen des Mangels an sonstigen Arbeiten eingesetzt, ein Zustand, der durch Anlernen von Hilfskräften hoffentlich bald überwunden wird.»

## Die erzgebirgische Volkskunst und Spielzeugproduktion im Gefüge der sozialistischen Wirtschaft

Seit der Befreiung unseres Volkes vom Faschismus vollzogen sich auch im erzgebirgischen Spielzeuggebiet tiefgreifende politische, ökonomische und kulturelle Wandlungen, die wir als antifaschistisch-demokratische Umwälzung begreifen. In der Lebensweise der Werktätigen ist nichts mehr zu spüren vom einstigen Elend, von dem kümmerlichen Dasein in Not und Bedrückung. Vielfältige Sozialeinrichtungen, Wohnungsneubau, ein Landambulatorium, ein voll ausgebautes Schulsystem für die Kinder, Kultureinrichtungen, die Erschließung der reizvollen Landschaft für Urlaub, Sport und Erholung kennzeichnen die stabile, schrittweise Durchsetzung des sozialpolitischen Programms von Partei und Regierung in Seiffen – und in den anderen Zentren der Spielzeugindustrie. Die sozialistischen Produktionsverhältnisse in der Landwirtschaft – begründet durch die demokratische Bodenreform – erfuhren durch die Bildung der LPG einen großen Aufschwung mit guten Erträgen. 120 Einzelwirtschaften fanden sich zur LPG «Schwartenberg» Neuhausen/Seiffen zusammen. (Die unserem Text beigefügte Zeittafel zur Geschichte Seiffens vermittelt alle wesentlichen Angaben für die soziale und kulturelle Entwicklung bis zur Gegenwart. In gleicher Weise könnten die anderen Orte des Spielzeuggebietes erfaßt werden.) Ein reges gesellschaftliches Leben, wozu unter anderem eine hervorragend arbeitende Ortsgruppe des Kulturbundes der DDR gehört, fördert maßgeblich das Zusammenwirken der Einwohner, die Prägung sozialistischer Lebensformen. Von großer Bedeutung für die Formierung des einheitlichen Wirtschaftsgebietes Seiffen war der bereits 1939 vollzogene Zusammenschluß der Gemeinden Seiffen, Heidelberg, Oberseiffenbach sowie Teilen von Niederseiffenbach, Neuhausen und Deutschneudorf zur neuen politischen Gemeinde Seiffen mit etwa 4300 Einwohnern und etwa 900 ha Fläche. Damit wurde auch eine siedlungsgeschichtlich bedingte Flurzersplitterung überwunden.

Die historisch gewachsenen Beziehungen zwischen den Gemeinden des Schwartenberggebietes, ihren Betrieben und gesellschaftlichen Einrichtungen führten gemäß Artikel 41, 43 und 48 der Verfassung der DDR 1972 zur Bildung des Gemeindeverbandes «Schwartenberg», der eine bessere Auslastung der gesellschaftlichen Fonds der Gemeinden bewirkt. Der Gemeindeverband umfaßt Seiffen, Neuhausen, Deutscheinsiedel, Deutschneudorf und Heidersdorf mit insgesamt 10 686 Einwohnern und einer Gesamtfläche von 41,6 km². Die 45 Industriebetriebe mit 2675 Beschäftigten produzieren vorwiegend Sitzmöbel, Holz-, Kultur- und Spielwaren sowie Wohnraumleuchten. – Unbestreitbar sind die großen wirtschaftlichen Erfolge, die kontinuierlich ansteigend seit 1945 von der Seiffener Holz- und Spielwarenindustrie erzielt wurden. Allein der Kreis Marienberg produzierte 1955 für 10 909 000 Mark Spielwaren, 1960 dagegen fast für 20 Millionen Mark. Die sozialen Einrichtungen in den Betrieben konnten allseitig verbessert werden, gleichermaßen ein leistungsgemäßes Lohngefüge. Durch die Bildung der Produktionsgenossenschaften des Handwerks (1951, 1958), die auf freiwilliger Grundlage entstanden, stieg die Produktion beträchtlich, ebenso das Exportvolumen: Betrug es für Seiffen 1949 erst 8000,– Mark, so

Ortsansicht Seiffen. Mit neuer Schule und neuen Wohnblocks. 1983

Seiffen. Streusiedlungen mit neuen landwirtschaftlichen Bauten. 1983

Ortsansicht Seiffen mit
Museum. 1983

wurden 1973 bereits 4000000 Mark realisiert durch den Vertrieb in dreißig Staaten aller Erdteile. Vielfältige Maßnahmen zur Konzentration und Spezialisierung der Produktion sicherten Industrie und Handwerk gute Gewinne. 1951 wurden in Seiffen die durch Volksentscheid vom 30.6.1946 enteigneten vier Betriebe zu einem VEB «Seiffener Spielwaren» zusammengeschlossen, der zugleich auch die fast ausschließliche Berufsausbildung für Holzdrechsler und Spielzeugmacher übernahm (1952 Einrichtung der zentralen Lehrwerkstatt). 1959 nahmen als erste Industriebetriebe Seiffens die Firma Richard Gläßer und die Firma S. F. Fischer staatliche Beteiligung auf. Zahlreiche Gesetze und Verordnungen der DDR bewirken eine günstige Entwicklung von Industrie und Handwerk und fördern damit die Steigerung des kulturellen und materiellen Lebensniveaus der Werktätigen. Dazu gehören unter anderem:

- das Gesetz zur Förderung des Handwerks vom 9.8.1950
- die Anordnung über die Anerkennung der Kunstschaffenden in Handwerk und Gewerbe und der Kunstschaffenden in der Industrie vom 25.8.1954
- die Statuten der Produktionsgenossenschaften des Handwerks
- das Gesetz zur Ergänzung des Gesetzes zur Förderung des Handwerks vom 12.3.1958
- die 1. Durchführungsbestimmung zur Verordnung über die Förderung des Handwerks... – Kunsthandwerk – vom 1.11.1973
- die Anordnung über die Ausbildung der Meister des Handwerks vom 30.12.1974
- der Beschluß des Rates des Bezirkes Karl-Marx-Stadt vom 8.3.1971 «Ordnung über die Begutachtung kunsthandwerklicher Erzeugnisse des Volkskunstschaffens und die Festlegungen von Preisen»
- der Beschluß des Rates des Bezirkes Karl-Marx-Stadt vom 12.5.1980 «Konzeption zur langfristigen Entwicklung des Drechslerhandwerks im Zeitraum bis 1985»
- die verschiedenen Anordnungen und Maßnahmen zur Förderung des künstlerischen Volksschaffens wie zum Beispiel die Verfügung des Ministers für Kultur über die Bildung von Zentren zur Folklorepflege im künstlerischen Volksschaffen der DDR vom 1.9.1978
- die 2. Durchführungsbestimmung zur Verordnung über die Förderung des Handwerks... – Kunsthandwerks – vom 25.1.1980.

Alle diese Gesetze, Maßnahmen und Empfehlungen, die zum Teil auch für andere Erwerbszweige anzuwenden sind (zum Beispiel für die Klöppelei), zielen auf eine Modernisierung der Betriebe, auf eine ökonomische Stabilisierung der traditionellen volkskünstlerischen und kunsthandwerklichen Techniken, auf rationellen Holzeinsatz, gründliche Berufsausbildung des Nachwuchses, auf eine künstlerische Qualitätssteigerung, auf ein leistungsgemäßes Lohngefüge und eine wertadäquate Preisgestaltung. Verstärkt soll über die Berufsberatungszentren der Nachwuchs gesichert werden. Große Beachtung erfahren die Meisterausbildung sowie die Anerkennung künstlerisch befähigter Meister als «anerkannter Kunsthandwerker». Eine ganze Reihe finanzieller Stimulierungsmaßnahmen, vor allem auf steuerlichem Gebiet, und Vergünstigungen durch Prämien für Neuentwicklungen sichern den Handwerkern ein höheres Einkommen. Mehr Gewerbegenehmigungen werden die Altersstruktur der Handwerker günstiger gestalten. Entsprechende Arbeitsgemeinschaften in den Schulen sollen den Schülern die Spezifik der regionalen Holzgestaltung erläutern und sie für die Handwerke gewinnen, vor allem auch für die der Volkskunst verpflichteten Berufe. Die Fachschule für angewandte Kunst in Schneeberg wird Formgestalter für die im Seiffener Gebiet gepflegten Techniken ausbilden. In der Gegenwart produzieren folgende Werkstätten des Handwerks und Industriebetriebe (Stand 1980): Im Bezirk Karl-Marx-Stadt 4 Produktionsgenossenschaften des Drechslerhandwerks (PGH Seiffener Volkskunst; PGH Erzgebirgisches Kunsthandwerk, Annaberg; PGH Schneeberger Volkskunst; PGH Drechslerwerkstätten, Olbernhau) mit etwa 200 Berufstätigen und 218 private Handwerksbetriebe mit etwa 380 Berufstätigen. Von 81 Betrieben ist der Inhaber Alleinmeister. 70% der Betriebe konzentrieren sich im Kreis Marienberg. Dazu kommen noch 53 private Holzspielwarenhersteller mit 136 Berufstätigen (Produktion von Raum- und Tafelschmuck). Davon entfallen auf das Seiffener Gebiet die 1958 gegründete PGH «Seiffener Volkskunst» mit Produktion in gemeinsamer Werkstatt und angegliederter Schauwerkstatt (etwa 60 Mitglieder) und etwa 120 selbständige Betriebe im Holzdrechsler- und Spielzeugmacher-Handwerk (1953 erwarb Waltraud Claus als erste Frau in der Geschichte Seiffens den Meistertitel, 1955 folgte Elfriede Jahreiß, verstorben 1981). In Olbernhau besteht die PGH Drechslerwerkstätten. Unter den Industriebetrieben ist führend der 1966 gegründete VEB «Vereinigte Erzgebirgische Spielzeugwerke VERO», Sitz Olbernhau, als Betrieb des VEB Kombinat Spielzeug, Sonneberg, mit mehr als 1200 Beschäftigten und Betriebsteilen u. a. in Seiffen, Blumenau, Wünschendorf, Grünhainichen, Niedersaida. «VERO» verfügt über eine sehr gute Entwicklungsabteilung. Von großer Bedeutung für die Produktion und Weiterentwicklung traditionsgebundener Formen erweisen sich der 1949 gegründete VEB Kunstgewerbe-Werkstätten Olbernhau (seit 1965 Betrieb der Hochschule für industrielle Formgestaltung Halle, Burg Giebichenstein), der VEB Erzgebirgische Volkskunst, Seiffen, der VEB Spielzeughaus Grünhainichen, der VEB Erzgebirgische Schnitzerei Grünhainichen, der VEB «Werk-Kunst» in Grünhainichen. Weitere Betriebe für künstlerische Holzgestaltung, Raum- und Tafelschmuck und Spielzeug produzieren unter anderem in Börnichen, Deutschneudorf, Gahlenz, Rothenthal, Venusberg, Zöblitz, Annaberg und Schneeberg (alle im Bezirk Karl-Marx-Stadt).

Auf den Handel übt die Einkaufs- und Liefergenossenschaft «Dregeno» (Genossenschaft der Spielzeugmacher, Drechsler und Bildhauer) starken Einfluß aus. Sie ging aus einem 1919 gegründeten Wirtschaftsverband hervor. In vertraglicher Bindung betreut sie etwa 163 Handwerksbetriebe der Kreise Marienberg (153) und Brand-Erbisdorf (10) mit über 600 Beschäftigten. Die Erzeugnisgruppe «Raum- und Tafelschmuck» (Sitz in Olbernhau) koordiniert die Produktion der Werkstätten und Betriebe aller Eigentumsformen, bemüht sich um die Verbesserung der Berufsausbildung und Erwachsenenqualifizierung. Der Warenzeichenverband für Kunsthandwerk und Kunstgewerbe e. V. der DDR («expertic») vertritt seine Mitglieder, die

Reifendreher Bruno Enzmann    Kurt Füchtner
Karl Müller. Fünfziger Jahre    Reifendreher Paul Preißler

PGH, Kleinbetriebe und Industriebetriebe auf Messen, im Außenhandel und leistet künstlerische Beratung. Als Exporteur der Erzeugnisse wirkt der volkseigene Außenhandelsbetrieb der DDR für Musikinstrumente und Spielwaren («Demusa») mit Sitz in Berlin. (Er vertritt auch Werkstätten für künstlerisches Glas, Töpfereien, Holzschnitzerei und Metallgestaltungen.)

Als jüngstes Kombinat – dem Rat des Bezirkes Karl-Marx-Stadt unterstehend – wurde 1982 der VEB Kombinat Erzgebirgische Volkskunst Olbernhau gegründet. Zu dieser Vereinigung gehören 32 Betriebe, davon 14 der Gruppe Raum- und Tafelschmuck. Seine besondere Aufgabe besteht unter anderem in der sinnvollen Weiterführung gestalterischer Traditionen. Die Spielzeugindustrie der DDR zählte 1982 insgesamt 27220 Beschäftigte, die für 1,3 Milliarden Waren produzierten. Das Erzgebirge hat daran einen hohen Anteil. Die Ausbildung der Facharbeiter erfolgt vor allem in den Lehrwerkstätten der volkseigenen Betriebe. Für den Nachwuchs an Spielzeuggestaltern sorgen vorrangig die Hochschule für industrielle Formgestaltung Halle, Burg Giebichenstein; die Fachschule für angewandte Kunst, Schneeberg, und die Ingenieurschule für Maschinenbau und Spielzeuggestaltung in Sonneberg, Thüringen. Außerdem hat seit 1978 ein Institut für Spielwaren in Sonneberg seinen Sitz, das zum wissenschaftlich-technischen Zentrum dieses Industriezweigs ausgebaut wird.

Für das Gebiet des industriell gefertigten Holzspielzeugs sind in der DDR im Hinblick auf ihre Kapazitäten drei volkseigene Betriebe führend, die dem VEB Kombinat Spielwaren Sonneberg angeschlossen sind:

- *VEB VERO Olbernhau* (mit mehr als 1000 aus Holz gefertigten Artikeln für Kinder aller Altersgruppen. Elementarspielzeuge wie Baukästen und Fädelbeutel mit Holzperlen, Puppenhäuser und -stuben, Bauereien, Spielmöbel, Kaufmannsladen, Hobbyartikel, wie Werkbänke, Fahrzeuge, darunter vor allem auch Baufahrzeuge und Feuerwehren)
- *VEB Plaho Steinach/Thüringen* (Fahrspiele, Gespanne, Fahrzeuge, Personen-, Güter- und Bauzüge, Dampfer, Segelkutter)

Werner Füchtner. 1983

Erich und Günter Leichsenring. 1983

Heinz Auerbach. 1983

Gunter Flath. 1983

– *VEB Spielzeugland Mengersgereuth – Hämmern/
Thüringen*
(Steckbaukästen, Ziehspielzeuge, Segelschiffe
und -jachten).

Neben den hier nur kurz umrissenen ökonomischen Entwicklungstendenzen müssen noch die kulturpolitischen Maßnahmen und Einrichtungen genannt werden, die seit 1945 die wirtschaftliche Entwicklung stabilisieren halfen und als weiteres Hauptziel die Pflege volkskultureller Traditionen zum Inhalt hatten. Charakteristisch für den Beginn ist ein Brief der Seiffener Schulleitung vom 8. 8. 1945 an die wichtigsten Handwerker des Ortes. Darin wird die dringliche Bitte ausgesprochen, dem Landesverein Sächsischer Heimatschutz in Dresden durch Lieferungen einen neuen Beginn zu ermöglichen, zumal Archiv und Sammlungen des Landesvereins – darunter das ihm unterstehende Volkskunstmuseum – durch den Luftangriff im Februar 1945 zerstört wurden. Der Landesverein, der sich 1946 auflöste, unterhielt unter anderem eine Verkaufsstelle für Volkskunst, in der neben den Erzeugnissen der Oberlausitzer Töpfer und der erzgebirgischen Schnitzer vor allem auch Seiffener Spielzeug das Angebot bereicherte. (Die «Mitteilungen» des bürgerlich geprägten Landesvereins, die seit 1908 erschienen, brachten im Laufe der Jahrzehnte viele Beiträge zur erzgebirgischen Volkskunst. Sie sind eine Fundgrube für die Heimatgeschichte.)

Die allgemeinen politischen Umwälzungen in Ideologie und Kultur führten im Seiffener Gebiet in dichter Folge zu einer Fülle von Maßnahmen und Anregungen, um verschüttete Traditionen der regionalen Volkskultur freizulegen und zu erneuern. Dabei gingen wesentliche Impulse von der Ersten Kulturtagung der KPD aus, die im Februar 1946 in Berlin die ersten kulturpolitischen Ziele des kommenden Aufbauwerkes absteckte. Die wegweisende Rede Wilhelm Piecks («Um die Erneuerung der deutschen Kultur») präzisierte die marxistische Einstellung zu den überlieferten Schätzen der Kultur und die Ziele der Inbesitznahme durch das befreite, werktätige Volk. Damit waren auch die Richtpunkte für die Entfaltung der erzgebirgischen Volkskunst gesetzt. Über den Beginn des kulturpolitischen Wirkens auf neuer

Walter Werner. 1983

In der Werkstatt des Reifendrehers Heinz Stephani. 1983

gesellschaftlicher Grundlage berichtet Johannes Eichhorn, der sich in unermüdlicher Kleinarbeit hohe Verdienste um die Erhaltung der überlieferten Volkskunstformen erwarb, in einem Arbeitsbericht (Sächsische Heimatblätter, Heft 1, 1980, S. 13–18): «Die Bestrebungen gingen wesentlich vom 1950 gebildeten damaligen ‹Landesamt für Volkskunst und Denkmalpflege Dresden› aus. An ihm wirkte der Volkskundler und heutige Generaldirektor der Staatlichen Kunstsammlungen Dresden, Prof. Dr. Manfred Bachmann. Adolf Spamer, Professor der kulturwissenschaftlichen Abteilung der damaligen Technischen Hochschule Dresden, hatte sein volkskundliches Verständnis für das bildnerische Volksschaffen geweckt. Mit den Volkskundlern widmeten sich Prof. Reinhold Langner (1905–1957), Dozent für Bauplastik an der TH Dresden (daneben seit 1950 Leiter des Staatlichen Museums für Volkskunst Dresden), sowie Lea Grundig (1906–1977), Malerin und Grafikerin, Professor an der Hochschule für bildende Künste Dresden (seit 1964 Präsidentin des Verbandes Bildender Künstler), dem Erzgebirge. In Seiffen nahmen sie Verbindung mit den Volkskunstschaffenden auf. Deren natürlich gewachsene Fertigkeiten lösten helle Begeisterung aus. Man erkannte in den Spielzeughandwerkern Volkskünstler, deren Schaffen die gesunden Quellen bildnerischen Kunstgestaltens offenbarte. So kam es, daß die profiliertesten von ihnen bereits 1951 in den Verband Bildender Künstler aufgenommen wurden, z. B. Karl Müller (1879–1958), Arthur Flath (1887–1961), Richard Langer (1887–1957), Albert Füchtner (1875–1953), Bruno Enzmann (1896–1979) und Max Stiehl (1893–1977). Die Urkunden sind von Reinhold Langner und Lea Grundig mitunterzeichnet. Seit dieser Zeit besaß Lea Grundig typische Erzeugnisse der Seiffener Volkskunst, die sie bis an ihr Lebensende in Ehren hielt und testamentarisch den Staatlichen Kunstsammlungen Dresden übereignete... In Verbindung mit der Staatlichen Kommission für Kunstangelegenheiten machten sich Reinhold Langner und Lea Grundig in den fünfziger Jahren um das erzgebirgische Volkskunstschaffen verdient... Als Ergänzung zu der von ihnen erreichten Anerkennung einzelner Seiffener Handwerker war es mir möglich, 1951

Günther Flath. 1983

Gottfried Hübsch. 1983

Der Spanbaumstecher Heinz Preißler. 1983

eine ganz urtümliche Seiffener Werkstatt, das ‹Preißlersche Wasserkraft-Drehwerk› (heute Kern des Freilichtmuseums Seiffen), unter Schutz zu stellen. – Ergebnis des Besinnens auf das humanistische Volkskunsterbe war die zentrale Ausstellung ‹Deutsche Volkskunst› 1952 in Berlin. Die Seiffener Volkskunst stellte dafür einen wesentlichen Anteil. Weitere Ausstellungen dieser Art waren: 1954 ‹Volkskunst im Erzgebirge›, Karl-Marx-Stadt, und 1955 ‹Neue Schnitzarbeiten aus dem Erzgebirge›, Zwickau.

Auf Betreiben Reinhold Langners kam es 1952 zur Gründung des ‹Hauses der erzgebirgischen Volkskunst› (es bestand bis 1962) in Verbindung mit dem ‹Museum für bergmännische Volkskunst›. Die Arbeit wird jetzt durch das ‹Folklorezentrum Erzgebirge/Vogtland› in Schneeberg fortgesetzt. Das Schneeberger Museum umfaßt anerkannte Werke der Volkskunst des ganzen Erzgebirges. Sein Name weist auf die wesentliche Wurzel der erzgebirgischen Volkskunst hin. An der mit dem Leben des Erzgebirges verbundenen Dokumentations- und Bildungsstätte wurden von Reinhold Langner zwischen 1953 und 1956 Lehrgänge für Schnitzen und Holzgestalten durchgeführt. Als Vorbild für realistische Formgebung knüpfte er auch an die typischen gedrechselten Seiffener Spielzeuge an.»

Landtagspräsident Otto Buchwitz (1879–1964) stiftete Förderpreise. Wesentlichen Anteil an dieser Entwicklung hatte auch das 1952 gegründete «Zentralhaus für Laienkunst» (heute: Zentralhaus für Kulturarbeit) in Leipzig, an dem der Autor von 1952 bis 1956 als Volkskundler wirkte. An dieser Einrichtung war es vor allem auch Paul Nedo, der vom späteren «Institut für Volkskunstforschung» in vielfältiger Weise die kulturpolitischen Vorhaben im Erzgebirge unterstützte. Für die ersten Schritte dieser Jahre des Beginns nach dem zweiten Weltkrieg war Reinhold Langners, in den Kämpfen der Arbeiterklasse geborenes Bekenntnis zur Tradition der schöpferischen Leistungen der erzgebirgischen Volkskünstler eine tragfähige ideelle Grundlage für praktisches Handeln. Die Deutung des künstlerischen Werkes und der künstlerischen Ideen Reinhold Langners wird erst dann abgerundet erscheinen, wenn seine vielfältigen Beziehungen zur Volkskunst berücksichtigt werden. Die Beschäftigung mit der Volkskunst, das Studium ihrer Gestaltungsprinzipien und die schöpferische Übernahme ihrer Formensprache in das eigene künstlerische Werk galt ihm nicht als zufällige Liebhaberei und modische Zeitströmung, sondern er erkannte sie als notwendige Auseinandersetzung des bildenden Künstlers mit den überlieferten Schätzen der Volkskultur. – Reinhold Langner nannte die Volkskunst «ein friedvolles Besingen von all dem, was schön und wert im Leben ist». Die Volkskunst war ihm in ihrer sprudelnden Lebendigkeit, in ihrer eindeutigen, unkomplizierten Formensprache und in ihrem naiven und ursprünglichen Gestaltungsdrang eine unerschöpfliche Fundgrube, die große Anregerin für die freien Künste. In wie starkem Maße der Künstler Reinhold Langner diese Erkenntnis im eigenen Gestalten in die Tat umsetzte, spüren wir beim Betrachten seiner Werke. Seine künstlerische Vitalität, seine Vorliebe und sein feines Empfinden für dekorativ-symbolhaftes Gestalten sind die Mittler zwischen seinem Werk und der Volkskunst, mit der er in ihrer ganzen Breite – vom materiell bildnerischen Gestalten bis hinüber zum Volksbrauch – verbunden war. – Als Volkskundler und Künstler stellte Reinhold Langner der Volkskunstpflege unserer Gegenwart das hohe Ziel, den im Kapitalismus verschütteten Quell künstlerischen Schaffens wieder freizulegen: «Die Volkskunst zeigt uns die Vielgestaltigkeit, aus welcher der Mensch imstande ist, ohne Anleihen auf vergangene Stilepochen, ganz aus seiner schöpferischen Initiative Werke zu gestalten.» Reinhold Langner erkannte und betonte immer wieder die politische Bedeutung der Volkskunst, ihre enge Verflochtenheit mit dem gesellschaftlichen Leben der Zeit. Deshalb sind seine umfangreichen Bemühungen um eine neue Entwicklung der Volkskunst in unseren Tagen zugleich als ein Bekenntnis des Verstorbenen zu den Prinzipien der sozialistischen Kulturpolitik zu werten. Der Neuaufbau und die mustergültige Konzeption des durch Bomben zerstörten Oskar-Seyffert-Museums, des heutigen Museums für Volkskunst der Staatlichen Kunstsammlungen Dresden, sind sein Werk. In vielen Ländern Europas gilt dieses bedeutendste Volkskunstmuseum der Deutschen Demokratischen Republik als eine Perle deutscher Museumskultur. Dank seiner Persönlichkeit blieb diese hervorragende Volksbildungsstätte nicht nur Museum im althergebrachten Sinne, sondern entwickelte sich zu einem lebendigen Zentrum schöpferischer Volkskunstarbeit. Ob zu den Töpfern in der Lausitz oder zu den letzten Blaudruckern unserer Heimat – überallhin strahlten die Anregungen des Museumsdirektors Reinhold Langner. Die engste Bindung jedoch hielt er zu den Schnitzern, Spielzeugmachern und Klöpplerinnen des Erzgebirges. Reinhold Langner analysierte als erster Volkskundler die Entwicklung des erzgebirgischen Volksschnitzens seit dem Einbruch des Industriekapitalismus im 19. Jahrhundert und wies schöpferische, methodisch-künstlerische Wege, um die negativen Erscheinungen zu überwinden. Seine Erkenntnisse zu diesem Thema hat er in dem reich bebilderten Band «Neue Schnitzarbeiten aus dem Erzgebirge» (Leipzig 1957) dargelegt.

Von einem guten Volkskunstwerk verlangte er die Echtheit und Ursprünglichkeit der künstlerischen Aussage. Durch seine Methode der Anleitung schufen die Erzgebirgsschnitzer Werke, die sich mit den besten Traditionen deutscher Volkskunst messen können. Seine innige Verbundenheit mit den einfachen Menschen unseres Volkes, sein gesunder, kerniger Humor und seine Liebe zur Volkskunst brachten ihm im Erzgebirge eine besondere Auszeichnung ein: die Schnitzer nannten ihn im Gespräch nur «unseren Professor», und die Erzgebirger prägten den Namen «Vater der Schnitzer». Reinhold Langner war der Initiator repräsentativer Volkskunstausstellungen unserer Republik. Die große Ausstellung 1952 in Berlin, die er in Verbindung mit E. A. Mühler gestaltete, wird in der Geschichte der deutschen Volkskunstpflege für immer verzeichnet stehen. Die Regierung der DDR ehrte alle diese Verdienste mit der Verleihung des Preises für künstlerisches Volksschaffen (1956). Die Deutsche Akademie der Wissenschaften zu Berlin hatte ihn zum Mitglied der Sektion für Völkerkunde und Deutsche Volkskunde berufen. Das Werk Reinhold Langners bewahren nicht nur seine Freunde, Schüler und Fachkollegen, sondern auch jene vielen Volkskunstschaffenden unseres Landes, die seinen Anregungen wichtige Schritte ihrer künstlerischen Entwicklung verdanken.

Es ist nicht zufällig, daß die junge Volkskunstforschung der DDR – Volkskunst als verkürzter Begriff für gegenständlich-bildnerische Volkskunst gebraucht – sich zu einem wesentlichen Teil den volkskünstlerischen Äußerungen der Erzgebirger annahm, weil in dieser Region die Traditionen unter den neuen gesellschaftlichen Verhältnissen lebendig weiterwirkten. Das belegen die Studien und Bücher der Volkskundler, die Ute Mohrmann in ihrer kritischen Studie «Marginalien zur Volkskunstforschung» (1982) zusammenfassend nennt: «Die Volkskunstforschung in der DDR wird in erster Linie durch die Namen Friedrich Sieber, Paul Nedo, Manfred Bachmann, Karl-Ewald Fritzsch und Oskar Schmolitzky repräsentiert. Jüngst leistete Reinhard Peesch mit seinem Buch ‹Volkskunst› einen zusammenfassenden und auch theoretisch-methodisch weiterführenden Beitrag. Auf dem vor allem von der bürgerlichen Forschung gesammelten reichen Material und eigenen Erhebungen basierend, vermochten es die genannten Volkskundler, Wesen und Erscheinungsformen der historisch bildnerischen Volkskunst, ausgehend von der sozialen Lage und Lebensweise ihrer Trägerschichten, der Produzenten und Konsumenten des werktätigen Volkes, darzustellen... Die Frage, ob Volkskunst bzw. bildnerisches Volksschaffen ein nur auf vergangene Epochen begrenztes Phänomen oder eben ein dem historischen Wandel unterzogene und sich jeweils in neuen künstlerischen Ausdrucksformen manifestierende Erscheinung ist, wird auch von marxistischen Forschern noch unterschiedlich beantwortet. Unseres Erachtens haben vor allem die bereits angeführten Publikationen von Paul Nedo und Manfred Bachmann sowie Untersuchungen zum bildnerischen Volksschaffen in der DDR die gegenwärtige Relevanz und damit die Geschichtlichkeit des Phänomens bestätigt.» (S. 53, 59.) Zu Beginn der fünfziger Jahre förderte vor allem auch die vom Kulturbund der DDR betreute Natur- und Heimatfreunde-Bewegung die Propagierung der überlieferten Volkskunsttraditionen. Die Qualitätsmarke «Sachsenstern» wurde als Ansporn für die Pflege guter Formen vom Landesamt für Volkskunde und Denkmalpflege Dresden vergeben. – Von großer Bedeutung für die Sammlung, Ausstellung und Erforschung des Seiffener Spielzeugs war die Gründung des «Heimat- und Spielzeugmuseums», das unter Mitwirkung kulturell interessierter Einwohner mit einer Rede von Johannes Eichhorn am 5. Juli 1953 seine Pforten öffnete. Es fand seine Heimstatt in einem ehemaligen Fabrikgebäude, das von 1936 bis 1942 als Spielzeug-Werbeschau und von 1945 bis 1952 als Getreidelager gedient hatte. Klägliche Reste von etwa 400 Exponaten und einige alte Vitrinen bildeten den Grundstock. Schrittweise folgte in den nächsten Jahren der solide Ausbau der Sammlung, bevor 1964/65 eine generelle, vom Staat großzügig unterstützte Neugestaltung möglich war. Heute präsentiert das Museum nicht nur Tausende von Exponaten in modernen Gestaltungselementen, sondern macht vor allem die Wechselwirkung zwischen Produktivkraft und Lebensweise sichtbar. Geschichte und Gegenwart der Spielzeugfertigung werden unter anderem auch an technologischen Entwicklungsgängen einprägsam belegt. Nach 25jährigem Bestehen (1978) verfügte die Sammlung bereits über etwa 12000 Exponate. (1983 waren es zusammen mit denen des Freilichtmuseums über 22000.) 1977 konnten schließlich durch große Baumaßnahmen die Erneuerung der gesamten Heizungsanlage und Elektroinstallation sowie die Einrichtung von Magazin- und Archivräumen realisiert werden. Nach mehrjährigen konzeptionellen Erwägungen konnte 1972 schließlich mit dem Aufbau des Freilichtmuseums als ergänzendes Objekt des nunmehrigen «Erzgebirgischen Spielzeugmuseums» begonnen werden. Es wird eine regionale Bildungsstätte für den Raum des mittleren Erzgebirges mit dem Profil, die Entwicklung der Produktivkräfte der für dieses Gebiet typischen Berufsgruppen, ihre Arbeits-, Wohn- und Lebensbedingungen, ihre soziale Lage sowie ihre kulturellen Leistungen unter kapitalistischen Produktionsverhältnissen zu erforschen und durch originale Sachzeugen in typischen historischen Gebäuden, technischen Anlagen und Werkstätten gleichsam dokumentarisch festzuhalten. – In drei Komplexen werden im Aufbauzeitraum bis etwa 1990 insgesamt zwölf bis vierzehn historische Gebäude und technische Anlagen errichtet, in denen dargestellt werden: 1. die Spielwarenherstellung im Seiffener Gebiet, 2. die weiteren, für das mittlere Erzgebirge typischen oder mit der Spielwarenherstellung in Verbindung stehenden holzbearbeitenden Berufe und Berufsgruppen und 3. die damit oft in Verbindung stehende kleinbäuerliche Landwirtschaft. Als Ausgangspunkt und erstes Objekt wurde am 2. Mai 1973 das in Seiffen noch vorhandene, von 1758 bis 1760 erbaute letzte Wasserkraft-Drehwerk des Erzgebirges, das vorher restauriert und wieder funktionstüchtig gemacht worden war, eröffnet und zur Besichtigung freigegeben. In diesem alten Wasserkraft-Drehwerk wird den Besuchern die für das Seiffener Gebiet typische Technik des Reifendrehens (Drechseln von Tierreifen) vorgeführt. – Als weitere Objekte wurden bisher ein Bergmann-Wohnhaus aus Seiffen (der ehemalige Seiffener Bergbau bildete ja die Grundlage für die Entstehung der Spielwarenherstellung), ein Flößer-Wohnhaus aus Rechenberg-Bienenmühle, ein Wasserkraft-Sägewerk aus Pfaffenhain im Kreis Stollberg und ein Waldarbeiter-Wohnhaus aus Deutscheinsiedel in das Gelände des Freilichtmuseums umgesetzt und komplett eingerichtet. – Für die nächsten Jahre ist die Umsetzung und Einrichtung folgender Gebäude vorgesehen: ein Spielzeugmacher-Kleinstwohnhaus, ein Spielzeugmacher-Zweifamilienwohnhaus, eine Wasserkraft-Spanziehmühle, ein kleinbäuerliches Gehöft mit Blockscheune, ein Kohlenmeiler mit Köhlerhütte sowie drei oder vier Gebäude, die die traditionelle ländliche Bauweise und Volksarchitektur im Erzgebirge sichtbar werden lassen und in denen in historischen Werkstätten und anhand originaler Produktionsmittel die Spanschachtel- und Schindelherstellung, die Stellmacherei, die Korbmacherei, die Leitern-, Rechen- und Schippenherstellung, die Röhrenbohrerei und andere für das Erzgebirge typische alte Handwerkstechniken der Holzbearbeitung dargestellt werden.

Unter dem Direktorat von Hellmut Bilz entwickelte sich das Seiffener Museum zu einer geschichtlichen und ästhetischen Bildungsstätte von beispielgebender Bedeutung für die Einwohner, Urlauber und ausländischen Touristen aus mehr als 100 Staaten. Das widerspiegeln auch die Besucherzahlen:

1953   23 000
1963  143 000
1973  189 000
1976  276 000 (mit dem Freilichtmuseum
                zusammen etwa 307 000)

Im Ergebnis der Ausstellung «Erzgebirgische Volkskunst» (Karl-Marx-Stadt) bildete sich 1964 unter Leitung des Volkskundlers Johannes Eichhorn mit maßgeblicher Untertützung des Bezirkskabinetts für Kulturarbeit die «Traditions- und Entwicklungsgruppe Seiffener Volkskunst», in der sich etwa zwanzig Hersteller und Meister aus den Handwerksbetrieben zu schöpferischen Diskussionen über die Pflege und Weiterentwicklung der heimischen Volkskunst zusammenfanden und neue Formen – der Tradition verpflichtet – der Öffentlichkeit vorstellten. 1978 erweiterte sich diese Gruppe unter Einbeziehung von zwölf Heimatforschern, Volkskundlern und Sammlern durch die zusätzliche Aufgabenstellung «Seiffener Volkskunstforschung». Unter dem direkten Einfluß der Mitglieder entstanden in den letzten Jahren ausgezeichnete Arbeiten, die sich mit den schönsten alten Stücken messen können. Zur ideellen Unterstützung dieser Bemühungen stiftete der Rat des Kreises Marienberg 1972 als Ansporn die Urkunde «Seiffener Volkskunst – anerkanntes Erzeugnis» mit dem charakteristischen Symbol des gestochenen Spanbaumes. Außerdem wurde Johannes Eichhorn mit einer systematisch analysierenden Erfassung der gegenwärtigen Produktion beauftragt – als Ergänzung der Museumsbestände.

Die Ergebnisse eines Kreiswettbewerbes zur Gestaltung guter, der Volkskunst verbundener Reiseandenken brachte der Gruppe in erfolgreichem Wettstreit um neue Ideen eine Goldmedaille zu den Arbeiterfestspielen 1974 in Erfurt ein. – Bis 1980 konnten bereits verdiente Meister als «Kunstschaffende im Handwerk» ausgezeichnet werden. Den Kunstpreis des Bezirkes Karl-Marx-Stadt «Kurt Barthel» empfingen bisher für ihr engagiertes künstlerisches und kulturpolitisches Wirken zur Förderung der Seiffener Volkskunst Heinz Auerbach, Hellmut Bilz, Johannes Eichhorn, Günter Leichsenring, Walter Werner und Manfred

Wegweiser. Ortsmitte. 1983

Bachmann. Selbstverständlich bemühen sich auch die Gestalter in den VEB-Kombinaten um eine sinnvolle Einbeziehung traditioneller Elemente in Neugestaltungen auf der Grundlage industrieller Fertigung, so zum Beispiel Helmut Flade (geb. 1928), Hans Reichelt (geb. 1922), Prof. Hans Brockhage (geb. 1925), Gerd Kaden (geb. 1949, seit 1978 freischaffender Hersteller) und Ilka Otto (geb. 1942, seit 1978 freischaffender Hersteller). Seit der Gründung des «Folklorezentrums» in Schneeberg (1978) fördert der wissenschaftliche Beirat unter Leitung des Verfassers – auf der Grundlage von Empfehlungen der SED-Bezirksleitung und der Beschlüsse des Rates des Bezirkes Karl-Marx-Stadt um ein gutes, schöpferisches Zusammenwirken von Handwerk und Industrie – Genossenschaften und Forschungseinrichtungen. Damit sollen zukunftsträchtige Traditionen der Volkskunst gewahrt und industrielle Fertigungsverfahren im Gefüge des sozialistischen Wirschaftssystems unseres Landes entfaltet werden. (Die im Literaturverzeichnis erfaßten Titel geben darüber gründlich Auskunft.) Eine Grunderkenntnis verbindet alle: Ohne lebendige, unverfälschte Beziehungen zur Tradition, ohne Kenntnis landschaftlicher und sozialer Bedingungen und der gesellschaftlichen Verhältnisse ist künstlerische Handwerksarbeit heute nicht zu denken, und es waren schon immer die besten Volkskünstler, die, mit ihren Werken auf alten Traditionen fußend, Neues von bleibendem Wert schufen. Im besonderen Maße aber kann sich der Gestalter in unserer Zeit bei seinem Schaffen als Glied einer Kette fühlen, die, durch ebendiese Tradition verbunden, aus dem Heute in das Morgen führt. Und so erweisen sich auch hier die reichen Traditionen des Erzgebirges und die besonderen Fertigkeiten seiner Menschen als tragende Kraft. Aus dem natürlichen Reichtum dieser Gebirgslandschaft, dem Wald und seinem Holz schöpfend, wird das Erbe alter Handwerkskünste und Folklore in neuer Form aufgenommen und verarbeitet.

Und auf dieser Basis übertragen heute Kunsthandwerker und Gestalter mehr und mehr die Besonderheiten kunsthandwerklicher Einzelstücke in die industrielle Produktion original erzgebirgischer Erzeugnisse, ohne den Spielraum des einzelschaffenden Kunsthandwerkers einzuengen.

Nußknackerherstellung im VEB VERO, Betriebsteil Seiffen. 1983

Werkstatteil im VEB VERO, Betriebsteil Seiffen. 1983

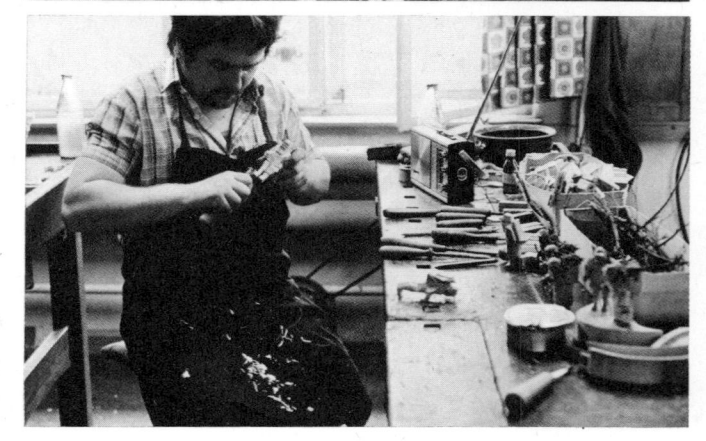

In der Schauwerkstatt der PGH «Seiffener Volkskunst». 1983

## Seiffener Zeittafel

Als Grundlage für die historischen Daten diente die erste Fassung der Zeittafel aus der Festschrift von 1974 aus Anlaß des 650jährigen Bestehens der Gemeinde, herausgegeben vom Rat der Gemeinde

| | |
|---|---|
| 1324 | Erste urkundliche Erwähnung Seiffens als «cynsifen» |
| 14. Jh. | Beginn des Zinnbergbaues im Seiffener Gebiet |
| 1488 | Gründung der Glashütte Heidelbach |
| 1551 | Seiffen hat 146 Einwohner |
| 1560 | Im Seiffener Tal gibt es 8 Wasserkraft-Pochwerke |
| um 1570 | Bau der Bergkapelle |
| 1600 | Errichtung eines Bergamtes in Seiffen Anlegen des Heidengrabens |
| 1633/34 | Plünderungen durch kaiserliche Truppen während des Dreißigjährigen Krieges |
| 1644 | Erste urkundliche Erwähnung eines Holzdrechslers |
| 1660 | Seiffen hat 380 Einwohner (Exulantenzuzug) |
| 1665 | Gründung von Oberseiffenbach |
| 1670 | Gründung von Heidelberg |
| 1699 | Johann Friedrich Hiemann bringt erstmals seine Drechslerwaren zur Messe nach Leipzig |
| 1730 | Im Seiffener Gebiet werden 30000 Holzteller für das Zeithainer Lustlager Augusts II. hergestellt |
| um 1750 | Beginn der Spielwarenherstellung Verstärkte Herausbildung des Verlagswesens Entstehen von Wasserkraft-Drehwerken |
| 1770/72 | Große Hungersnot infolge von Mißernten, durchschnittlicher Tagelohn 4 Groschen, Preis für ein 7-Pfund-Brot im Juni 1772 10 Groschen |
| 1776/79 | Bau der jetzigen Bergkirche |
| 1784 | Beginn des Überseehandels mit Seiffener Spielwaren |
| 1810 | Erste urkundliche Nachweise über die Einführung der Reifendreherei |
| 1837 | Erwähnung von Zeichenunterricht für Spielzeugmacher durch einen «Zeichenmeister» |
| 1843 | Abbruch der Glas-Schmelzhütte Protestaktion Seiffener Drechsler und Spielzeugmacher gegen die uneingeschränkte Gewerbefreiheit |
| 1849 | Endgültiges Erlöschen des Seiffener Zinnbergbaues. Die letzte Grube wird stillgelegt |
| 1851 | Aufhebung der Patrimonialgerichtsbarkeit im Purschensteiner Gebiet |
| 1853 | Gründung einer staatlichen Spielwarenfachschule (bestand bis 1952) |
| 1867 | Einrichtung einer Postexpedition |
| 1868 | Erstes Dampfkraft-Drehwerk mit 150 Drehstellen errichtet |
| 1868 | In Heidelberg sind 77,2%, in Seiffen 65,4% der Einwohner in der Spielwarenindustrie tätig |
| 1870 | Gründung eines Gewerbevereins |
| 1872 | Letztes Bergfest der Gewerkschaft Saxonia mit Morgenröte-Fundgrube |
| 15. 7. 1874 | Errichtung einer ständigen Spielwarenausstellung in der Fachschule |
| 18. 1. 1875 | Gründung des Seiffener Holzkonsumvereins |
| 1875 | Gründung der Freiwilligen Feuerwehr Seiffen Gründung einer Krankenkasse Errichtung einer Personenpost zwischen Seiffen und Olbernhau |
| 16. 7. 1877 | Gründung eines Drechsler-Konsumvereins (Einkaufsgenossenschaft) |
| 1877 | Anfertigung von 30000 Modellen des Coloradokäfers (Kartoffelkäfers) zur Aufklärung an den Schulen |
| 1878 | Mit 86,3% erreicht die Kindersterblichkeit in Seiffen den Höhepunkt Eröffnung der Telegrafenlinie Sayda – Seiffen |
| 1879 | Einweihung der Schule Oberseiffenbach |
| 1880 | Am Schwartenberg versinkt ein unbewohntes Haus in einem Stollen |
| 1882 | Einführung des praktischen Unterrichts im Drechseln |

1884 Prämien des Gewerbevereins für Einführung neuer Muster

19. 7.–16. 8. 1891 Industrieausstellung in Seiffen

1892 Einweihung des Schulgebäudes in Heidelberg

1895 Einweihung des Schulhauses in Steinhübel

1899 Emil Rosenow spricht auf dem Reicheltberg zu den Spielzeugmachern

1900 Seiffen hat etwa 1500 Einwohner

1903 Erlaß des Kinderschutzgesetzes

1904 Einweihung des neuen Gebäudes der Fachschule
Inbetriebnahme des neu errichteten Postgebäudes
Armenhausbrand in Heidelberg, wobei ein Bewohner mit verbrennt

1905 Ungewöhnlich schneereicher Winter, Schneeverwehungen bis zu 7 m Höhe übersteigen die Telefonleitungen, einzelne Häuser sind nur noch durch die Dachfenster erreichbar

1. 5. 1906 Gründung der Reifendreher-Zwangsinnung

1909 Weihe des neuen Schulhauses in Seiffen

1910 Erzgebirgische Spielwarenausstellung in Chemnitz

1912 Ausstellung für Gewerbe, Industrie, Forst- und Landwirtschaft in Freiberg
Der Tierschnitzer Paul Hermann Ulbricht erhält eine silberne Medaille

1912/13 Anschluß Seiffens an die elektrische Stromversorgung
Erstes Flugzeug (Rumpler-Taube) überfliegt den Schwartenberg

1914 Ausbruch des 1. imperialistischen Weltkrieges
Spielwarenausstellung im Albert-Salon

1919 Einrichtung des Erbgerichts als «Buntes Haus»

1921 Saalgebäude des Albert-Salons mit Spielwarenlager brennt ab

1923 Gründung der KPD-Ortsgruppe Heidelberg

1924 Gründung einer Innung der Spielwarenverfertiger

12. 2. 1926 Gründung einer Drechslerinnung

1927 Einweihung des neuen Rathauses
Einweihung des Schwartenberghauses

1928 Eröffnung der Postkraftwagenlinie Olbernhau – Seiffen – Deutschneudorf

1929 Letzte Fahrt der Seiffener Postkutsche vom Bahnhof zur Post

1930 Blutige Niederschlagung des Grenztreffens der KPD durch die Polizei
Ausstellung heimischer Volkskunst aus Anlaß des sechzigjährigen Bestehens des Gewerbevereins

1931 Höchste Arbeitslosenziffer (zwei Drittel der erwerbsfähigen Einwohner sind erwerbslos)

1933 Beginn der faschistischen Diktatur, zahlreiche Antifaschisten werden verhaftet und auf der Turnerburg mißhandelt

1935 Eröffnung der Spielzeug-Werbeschau
Eröffnung der Naturbühne

1937 Drei Seiffener erhalten auf der Weltausstellung Paris Goldmedaillen für ihre Erzeugnisse

1939 Beginn des 2. imperialistischen Weltkrieges
Vereinigung der Gemeinden Seiffen, Heidelberg und Oberseiffenbach (zusammen etwa 4300 Einwohner)

1945 Ende des faschistischen 2. Weltkrieges
Einmarsch der sowjetischen Truppen in Seiffen
Bildung einer KPD- und SPD-Ortsgruppe
Errichtung der antifaschistisch-demokratischen Ordnung
Verwaltungs- und Bodenreform
In Seiffen erhalten 144 Bauern, Arbeiter und Angestellte insgesamt 337,74 ha Wald und Ackerland
Einrichtung einer Apotheke

1946 Vereinigung von KPD und SPD zur SED
Volksentscheid – erste volkseigene Betriebe in der Seiffener Spielwarenindustrie
Schulreform
Ausbruch einer Fleckfieberepidemie fordert drei Tote

|  |  |
|---|---|
| 1947 | Gründung der Nationalen Front |
| 1948 | Erste Wiederbespielung der Naturbühne nach dem Kriege |
| | Errichtung eines Mahnmals an der Nußknackerbaude |
| | Erste Meisterprüfungen im Drechsler- und Spielzeugmacher-Handwerk nach dem Kriege |
| 1949 | Gründung der DDR |
| | Erster Export Seiffener Spielwaren nach dem Kriege in Höhe von 8000,– M |
| 1950 | Eröffnung des Landambulatoriums |
| | Der erste sogenannte «freie Laden» (HO) wird eröffnet |
| | Beginn des Wismut-Bergbaues auf der Friedenshöhe |
| | Verstärktes Auftreten des Kartoffelkäfers |
| | Bemühungen des Landesamtes für Volkskunde und Denkmalpflege um Förderungsmaßnahmen für die Volkskünstler |
| 1951 | Zusammenschluß der vier durch Volksentscheid enteigneten Spielwarenbetriebe zu einem VEB «Seiffener Spielwaren» |
| | Erste Urlauber in den Ferienheimen «Berghof» und «Nußknackerbaude» |
| | Der Bahnhof Dittersbach wird in «Seiffen» umbenannt |
| | Das Preißlersche Wasserkraftdrehwerk wird unter Denkmalsschutz gestellt |
| 1952 | Errichtung einer zentralen Lehrwerkstatt des VEB «Seiffener Spielwaren» in der ehemaligen Fachschule |
| | Bau des Sportlerheimes |
| | Der Wismut-Bergbau auf der Friedenshöhe wird eingestellt |
| | Im Zuge der Verwaltungsreform kommt Seiffen vom Kreis Freiberg zum Kreis Marienberg |
| | Eingemeindung Bad Einsiedel von Neuhausen nach Seiffen |
| | Die große Ausstellung «Deutsche Volkskunst» in Berlin offenbart den Reichtum der Seiffener Volkskunst |
| 1953 | Errichtung des Gebäudes der VdgB (BHG) |
| | Eröffnung des Erzgebirgischen Spielzeugmuseums |
| | Erstmals erlangt eine Frau den Titel «Meister im Spielzeugmacher-Handwerk» |
| | Gründung des Hauses der erzgebirgischen Volkskunst in Schneeberg |
| 1955 | Bau einer Sprungschanze am Reicheltberg |
| | Errichtung einer Ski-Ausleihstation |
| 1955 | Die ersten Fernsehgeräte halten Einzug in Seiffen |
| 1956 | Seiffen wird zum Kurort erklärt |
| | Eröffnung der Museums-Gaststätte |
| | Abschluß des Um- und Ausbaues im Ferienheim «Berghof» |
| | Ausbau und Betonierung des Schwimmbades |
| 1957 | Bau einer Wartehalle mit Bücherei im Ortszentrum |
| | Gründung der LPG «Schwartenberg» |
| 1958 | Gründung der PGH «V. Parteitag» |
| | Gründung der PGH «Seiffener Volkskunst» |
| | Erste Urlauber nach Um- und Ausbau in den Ferienheimen «Bad Einsiedel» und «Friedenshöhe» |
| 1959 | Erste private Spielwarenbetriebe Seiffens mit staatlicher Beteiligung |
| | Eröffnung einer Schauwerkstatt durch die PGH «Seiffener Volkskunst» |
| | Bau der Sperrmauer im Schwimmbad |
| 1960 | Abschluß der sozialistischen Umgestaltung der Landwirtschaft |
| | 76 Einzelbauern gründen die LPG Typ I «Glück auf» |
| 1961 | Die Seiffener Schule wird Polytechnische Oberschule (POS) |
| | Einrichtung einer Kinderkrippe in Oberseiffenbach |
| | Eröffnung des Kulturhauses nach dreijähriger Bauzeit |
| 1962 | Wohnungsneubauten an der Jahnstraße fertiggestellt (36 Wohnungen) |
| | «Berghof» und «Bad Einsiedel» werden Ferienkombinat des FDGB |
| 1964 | Gründung der Traditions- und Entwicklungsgruppe Seiffener Volkskunst |

|  |  |
|---|---|
| 1964/65 | Neugestaltung des Spielzeugmuseums |
| 1966 | Zusammenlegung der drei Schulen der einzelnen Ortsteile. Bildung einer Zentral-Oberschule (ZOS) Bildung des VEB «Vereinigte Erzgebirgische Spielwarenwerke VERO, dem auch der VEB «Seiffener Spielwaren» als Produktionsbereich angeschlossen wurde. Später erfuhr der Betrieb seine Umbildung zu einem VEB Kombinat Holzspielwaren VERO und erweiterte seine Betriebsteile |
| 1968 | Vereinigung der LPG «Schwartenberg» (Typ III) mit «Glück auf» (Typ I) |
| 1969 | Grundsteinlegung für den Bau einer Turnhalle Grundsteinlegung für den Bau eines Jungviehkombinates für die LPG «Schwartenberg» |
| 1971 | Einweihung der Turnhalle Fertigstellung eines Wohnblocks mit 18 Wohnungen an der Jahnstraße |
| 1972 | Umwandlung der halbstaatlichen in volkseigene Betriebe Gründung des Gemeindeverbandes «Schwartenberg». Er umfaßt fünf Gemeinden mit insgesamt 10 686 Einwohnern und einer Gesamtfläche von 41,6 km². 45 Industriebetriebe und 253 Handwerksbetriebe produzieren Sitzmöbel, Holz-, Kultur- und Spielwaren sowie Wohnraumleuchten Beginn des Aufbaues eines Freilichtmuseums Bau eines Skilifts |
| 1973 | Inbetriebnahme des Jungviehkombinates mit Hochsilos durch die LPG «Schwartenberg» und Bau eines Sozialgebäudes Wiedereröffnung des Schwartenberghauses als öffentliche Gaststätte Für etwa 4 Millionen Mark werden Seiffener Spiel- und Kulturwaren in über 30 Länder der Erde exportiert |
| 1974 | Fertigstellung eines Trinkwasser-Hochbehälters mit Pumpstation. Anschluß von 317 Haushalten an die zentrale Trinkwasserversorgung Auszeichnung der Entwicklungsgruppe «Seiffener Volkskunst» mit einer Goldmedaille bei den Arbeiterfestspielen |
| 1975 | Schaffung einer zweiten Arztpraxis im Landambulatorium – Haus II – |
| 1976 | Neubau einer Kegelbahn am Sportlerheim Neugestaltung des Spielzeugmuseums, Schaffung von Magazin- und Bibliotheksräumen |
| 1977 | Fertigstellung eines 450 m langen Touristen-Schleppliftes am Reicheltberg Bau eines Parkplatzes am Freilichtmuseum |
| 1978 | Umbau des ehemaligen Schulgebäudes Oberseiffenbach zu einem Kindergarten Eröffnung der neuen Gaststätte «Hutzenstuben» im Ortsteil Oberseiffenbach Erweiterung der Traditions- und Entwicklungsgruppe Seiffener Volkskunst auf das Gebiet der Forschung |
| 1979 | Einweihung der neuen Polytechnischen Oberschule Seiffen – Namensverleihung als «Karl-Marx-Oberschule» |
| 1980 | Baubeginn für einen weiteren Wohnblock mit 48 Wohnungseinheiten Schaffung einer Kinderkrippe mit 30 Plätzen durch Ausbau eines alten Gebäudes der ehemaligen Goethe-Schule Fertigstellung eines dritten Stallgebäudes für weitere 550 Jungrinder der LPG «Schwartenberg» |
| 1981 | Um- und Ausbau des ehemaligen Schulgebäudes Heidelberg zu einem modernen Kindergarten mit 140 Plätzen «Bergmännisches Glückauf» in der Freilichtbühne zur Pflege von bergmännischen Berufsbräuchen Fertigstellung des Neubaues mit 48 Wohnungseinheiten |
| 1983 | Festveranstaltung am 30. Juni aus Anlaß des 30jährigen Bestehens des Spielzeugmuseums und des 10jährigen Bestehens des Freilichtmuseums |

# 2. Seiffener Volkskunst im Bild

## Wesen und Merkmale der Holzgestaltungen

Die Handwerkserzeugnisse, die wir unter dem Verständigungsbegriff «Seiffener Volkskunst» zusammenfassen, dokumentieren die in Jahrhunderten gereiften Erfahrungen ihrer schöpferischen Produzenten, strahlen Lebensverbundenheit und Heimatliebe aus. Für sie sind Volksverbundenheit, oft humorvoller Ausdruck, charakteristisches Erfassen der regionalen Besonderheiten des Erzgebirges und seiner Menschen, das Eingeflochtensein in Bräuche, Feste und Lebensweise und die Verbindung zu anderen Gebieten der tradierten Volkskultur (Mundartdichtung, Volksmusik, Holzschnitzerei, Klöppelei) unübersehbare Wesensmerkmale. Die historisch überlieferten Werke, gleichgültig ob naiv oder technisch-differenziert gestaltet, drücken oft den elementaren Lebenswillen der Hersteller, ihren Kampf gegen Not und Ausbeutung sinnfällig aus, speichern sozusagen die sozialkritischen Elemente im Denken der Gebirger, widerspiegeln Geschichte. Die in der Regel einfache Formensprache der Werke ist von hoher pädagogischer Wirksamkeit, fördert das ästhetische Empfinden der Betrachter, verdichtet den Spielwert der Dinge. Auch die Ausstrahlung der Spielzeuge und anderen Holzgestaltungen auf Menschen anderer Landschaften, Länder und ethnischen Gruppen drückt die Wirkungskraft wahrhafter Volkskunst aus. Hans Reichelt, der durch seine jahrzehntelangen Studien zur Seiffener Volkskunst deren Eigentümlichkeiten als bekannter Holzgestalter in neue Formen umsetzte, formulierte 1977 in einem Manuskript einige Sätze, die unser Verständnis für die Eigenarten und Merkmale volkskünstlerischer Holzgestaltung verdeutlichen:

«Die überaus fleißige Durcharbeitung und naive Beschaulichkeit – diese Eigenschaften verlangen, daß man sich länger und ernsthaft mit den Dingen beschäftigt.

Strenge Klarheit der Linien und reine Geschlossenheit der Formen – die Konturlinie unterstreicht das Typische.

Die Liebe zum Detail!

In der Einfachheit ist meist ein stiller Reiz verborgen.

Klarheit der Formen.

Jede prägnante Erscheinung ist ein Vermittler von Wahrnehmungsprinzipien, und Wahrnehmungsformen legen die Grundsteine des Denkens.

Wiederkehrende Motive werden variiert und erzeugen stets neue, ästhetisch reizvolle Erlebnisse.

Die oft genaue Detailangabe trägt zur Orientierung des Betrachters wesentlich bei, dessen Blick auf Ursachen und Zusammenhänge gelenkt wird.

Das ästhetisch Schöne schafft den strukturellen Gleichklang von Darstellung und Bedeutung.»

Es ist das bezeichnende Merkmal der Seiffener Volkskunst, daß ihre Erzeugnisse an der Drehbank entstehen und – wenn notwendig – nachträglich lediglich beschnitzt werden. Die Technik des Drechselns zwingt zur Stilisierung, zur Vereinfachung der Formen, zur Beschränkung auf die Darstellung typischer Merkmale, sie ermöglicht eine Massenproduktion. Damit unterscheidet sich die Seiffener Volkskunst grundsätzlich von der westerzgebirgischen Schnitzerei. Die Drechsler des Seiffener Gebietes verbesserten ständig ihre Technik und erhöhten damit gleichzeitig ihre Produktion. Wurden ursprünglich die Drechselbänke mit dem Fuß angetrieben, so liefen um 1750 bereits die ersten Drehwerke mit Wasserkraft. Seit 1868 arbeitete ein Dampfdrehwerk mit 150 Drehstellen, und 1912 erfolgte der elektrische Kraftanschluß. In Seiffen entwickelte sich das Drechseln zum Volkskunsthandwerk. In der Gegenwart strahlt diese Technik weit in die Freizeitbeschäftigung vieler Bürger aus und wird vor allem auch in der Ausbildung der westerzgebirgischen Schnitzer (Spezialschule für Leiter des bildnerischen Volksschaffens; Lehrgänge und Werkstattage usw.) eingesetzt.

Die Grundform der menschlichen Figur leiteten die Seiffener von der «Docke» ab. Man versteht darunter eine Rundsäule mit gedrehter Kugel obendran. Ist am anderen Ende auch eine Kugel angedreht, so haben wir mit dieser Form die Mangeldocke für das Wäscherollen vor uns. Mit der Docke verband sich in kindertümlicher Phantasie die Vorstellung von den Hauptmerkmalen des menschlichen Körpers.

Auf diese Weise entstanden die beliebten Seiffener Spielzeugmännl. Auch die weihnachtlichen Volkskunstfiguren gehen aus der Dockengrundform hervor. Die Dockenfigur mit durchgehender ungebrochener senkrechter Achse wurde abgewandelt und weiterentwickelt. Man zerschnitt sie in entsprechendem Winkel an der Stelle, wo am Körper das Hüftgelenk sitzt. Das Oberteil wurde dann in der Achse um 180 Grad gedreht und auf diese Weise abgewinkelt wieder angesetzt. So entstand der Eindruck einer gebückten Figur.

Schließlich ging man daran, die einzelnen Körperteile von vornherein für sich zu drehen, um beim Zusammensetzen die Bewegungsstellungen noch besser nachahmen zu können. Auf diese Weise wird ein Ausdruck von Lebendigkeit erzeugt.

Die Holzdrechselei im sächsischen Erzgebirge hat schließlich noch andere historische Quellen als die in der Geschichte der Volkskunst dieser Landschaft nachzuweisenden. Sie liegen im Bereich des Kunsthandwerks der herrschenden Klassen. Unter diesem Aspekt sei nur kurz auf die Pflege dieser Technik in den Residenzen verwiesen.

Im Zeitalter der Renaissance spielte die Drechselei an Fürstenhöfen eine große Rolle, wie die überlieferten Werke in den Schatzkammern ausweisen. Drechselkunststücke aus Elfenbein gelten als fürstliche Spielereien. Dieser Aspekt ist jedoch eine ungenügende Erkenntnis. Die unter anderem in der sächsischen Schatzkammer, dem Grünen Gewölbe in Dresden, aufbewahrten Stücke vom Ende des 16. Jahrhunderts verraten präzise Kenntnisse der Mathematik, der modernsten Mechanik und künstlerische Phantasie. Elfenbein war elastisch und zugleich fest genug, um diffizile Formen zu realisieren. Sicher war die Beherrschung des Drehvorgangs ein faszinierendes Erlebnis. Fast unausdenkbare Formen, an deren Herstellung begabte Handwerker lange Zeit gefeilt, gesägt, geschliffen und poliert hatten, konnten nun vermittels Wissenschaft und Technik in viel kürzerer Zeit und zugleich in feinster Sauberkeit und Vollendung des Schnittes hergestellt werden. Es gab zunächst nur wenige Spezialisten, die in künstlerischer Weise solche Werke schufen und signierten. Die sächsischen Kurfürsten gingen bei ihren Hofdrechslern in die Lehre und versandten ihre Werke stolz an befreundete Herrscher. – Diese gedrechselten Kunststücke aus Elfenbein stehen ebenbürtig neben den Werken der Elfenbeinschnitzer. – Das Vorbild des Fürstenhauses wirkte sich aus, Vertreter des Landadels und des Bürgertums eiferten ihm nach. Auch Peter I. von Rußland drechselte. Eine frühe Kunde kommt bereits aus der zweiten Hälfte des 16. Jahrhunderts, wo am Hofe des sächsischen Kurfürsten August I. (1526–1586) in Dresden die «Kunstdrechselei» gepflegt wurde. (Seine Drechselwerkzeuge und verschiedene seiner Werkstücke bewahrt das Historische Museum in Dresden auf.) Helmut Flade (S. 222) vermerkt dazu: «Besonders die ‹mechanischen Künste› des ‹Passigdrehens›, bei denen das Werkstück sich nicht allein um seine Achse dreht, sondern sich zusätzlich axial hin und her bewegt oder quer zu seiner Achse pendelt, erregte die Aufmerksamkeit fürstlicher Dilettanten. Für die Mathematiker war die Theorie dieses Drehens mit anderen überlagerten Bewegungen eine Fundgrube, die sie im achtzehnten Jahrhundert bis in die letzten Probleme mathematischer Kurvendiskussionen vordringen ließ.» Fragen wir uns zusammenfassend: Weshalb wurde gerade die Seiffener Volkskunst in all ihrer technologischen Differenzierung zu einem Weltbegriff, eingebunden oft auch in den Festbrauch anderer Landschaften?

Unsere geschichtliche Einleitung verdeutlichte: Die Konkurrenz- und Exportfähigkeit der Seiffener Spielwaren auf dem Weltmarkt hatte ihre Ursachen in der Breite des Sortiments als Ergebnis der Vielzahl hausindustrieller Familienbetriebe. Dazu kam die Billigkeit der Erzeugnisse als Folge weitgehender Arbeitsteilung innerhalb der Familie, der Spezialisierung der einzelnen Familien zwischen den Spielzeugmachern eines Ortes (und Orten des Spielwarengebietes) auf die Herstellung bestimmter Spielzeuggruppen und der Preisdrückerei durch die Verleger. Die hohe Produktivität sicherte eine mas-

1
*Katalogblatt*
Auch im Seiffener Gebiet waren Musterbücher, später Kataloge wichtige Hilfsmittel der Verleger für die Markterkundung, so bei Heinrich Emil Langer, Max Hetze (später Kirsche) und Max Glöckner. Die angebotenen Erzeugnisse stammten von vielen Herstellern.

101

senhafte Fertigung. Der nicht zu übersehende Qualitätsverlust – eine Folgeerscheinung ökonomischen Drucks auf die Produzenten – wurde durch die Verleger den Spielzeugmachern angelastet und führte zu Lohndrückerei und zu der Bezeichnung «ordinäre» Spielwaren. Das trifft für die zweite Hälfte des 19. Jahrhunderts und für das 20. Jahrhundert zu.

Schließlich haben die durch die Drechseltechnik erzwungenen gestalterischen Eigenarten der Figuren, deren Vereinfachung und Stilisierung zu den besonderen Merkmalen der Volkskunst zählen, sowie die Miniaturen und Reifentiere als Füll- und Schachtelware für Archengehäuse, Span- oder Streichholzschachteln den Weltruhm Seiffens gefördert. Die Seiffener Figuren haben außerdem einen hohen Spielwert, der dem Kind sehr entgegenkommt und die Phantasie anregt. Von dort aus ist sicher auch die enge Bindung der Seiffener Volkskunst – ausgewiesen in einer Vielfalt spezifischer Figuren als Werk der Drechsler, wie Engel, Bergmann, Nußknacker und Räuchermann – an das Weihnachtsfest zu verstehen, das in Sitte, Brauch und Festgestaltung gerade im Erzgebirge auch heute noch ganz eigene Prägungen und Traditionsbezüge – oft als Nachklang bergmännischer Kultur – aufweist, wie unter anderem auch die Holzschnitzerei im westlichen Teil des Erzgebirges belegt mit ihren lichtertragenden Figuren, Weihnachtskrippen (Heimatkrippen und sogenannte «orientalische»), Modellen, Krippen- und Heimatbergen, Pyramiden und Leuchtern. «Auch die volkskünstlerische Bewältigung des Weihnachtserlebens meidet nicht diesen Umkreis der Arbeitswelt. Krippe, Weihnachtsberg und figurale Bestückung der Pyramide reißen mit kühnem Griff Ferne und Nähe, Welt und Umwelt an sich; sie verheimaten das Heilsgeschehen, und dazu gehört auch die Darstellung der heimischen Arbeitswelt in Wald und Flur und Bergwerk» (Friedrich Sieber, 1963, S. 41). Die frühen Chronisten wie Karl August Engelhardt und Christian Gottlob Wild berichten davon, wie die fleißigen und «spekulativen» Bergleute während der Adventszeit an hölzernen Kronleuchtern mit Darstellungen aus den Bergwerken arbeiten, die sie entweder verkaufen, um sich Feiertagsgeld zu beschaffen, oder zur eigenen Freude für die Familie herrichten. Denn «wie illuminiert wird der heilige Abend bei ihnen gefeiert». Als bewegende Motive für dieses Gestalten kann man die Sehnsucht nach dem Licht erkennen, das bei der gefahrvollen Arbeit unter Tage entbehrt wird, – das Verlangen nach einem Ausgleich für die Schwere der Arbeit im täglichen Existenzkampf, den Wunsch des Bergmanns, auch bei ärmlichem Leben den Kindern bescheidene Freude zu bereiten. Die in den Spielzeugdörfern gedrechselten Hängeleuchter – «Spinnen» genannt – verraten deutlich ihre Vorbilder im Kunsthandwerk der Begüterten, den Leuchtern aus Metall und Glas. Ein treffendes Beispiel für die Lichterfülle erzgebirgischer Weihnacht bietet die Bergkirche zu Seiffen. In der Festzeit erstrahlt sie im Schein der über einhundert Kerzen der vier von der Kuppel herabhängenden Glasleuchter, der zwanzig dreiarmigen Holzleuchter an den Säulen und der zwei großen buntgemalten Spinnen in den Fenstern. Dazu kommen die ortstypischen Mettenlaternen an den Emporen und ein großes Lichterpaar Engel und Bergmann aus der Werkstatt Füchtner. Die Seiffener Bergkirche wurde als Rundkirche 1776–1779 von Zimmermeister Christian Gotthelf Reuther aus Kreischa und von Maurermeister Johann Georg Weißbach aus Friedebach bei Sayda unter Wahrung des geistigen Erbes von George Baehr, dem Erbauer der Dresdner Frauenkirche, am Standort einer früheren Berg- und Friedhofskapelle errichtet. Das unter Denkmalschutz stehende Bauwerk ist auch ein beliebtes Motiv der Volkskunst.

Die in den Musterbüchern um die Mitte des 19. Jahrhunderts überlieferten Spieldinge widerspiegeln die bürgerliche Kultur zwischen dem Wiener Kongreß und den revolutionären Erhebungen 1848/49. Der deutsche Kleinbürger wandte sich nach den fatalen Folgen der Befreiungskriege zwar von der politischen Wirklichkeit ab und flüchtete sich in eine scheinbar behagliche, eine harmoni-

2
*Klapperpuppen (Docken)*
Alte Formen aus Musterbüchern und Museumsbeständen. In Anlehnung an überlieferte Muster produzieren in der Gegenwart ähnliche Stücke: Rudolf Ender (geb. 1898), Borstendorf; Kurt Schalling (geb. 1920), Seiffen

103

sierte «stille» Welt, aber in dem Jahrzehnt, das als Hoch-Zeit des Biedermeiers gilt, das die «gute Stube» zum Maß aller Dinge machte, in diesem Jahrzehnt wurde – 1836 – mit dem «Bund der Gerechten» die erste Klassenorganisation des deutschen Proletariats gegründet.

In dieser Zeit prägte sich die bürgerliche, patriarchalisch-autoritäre Kleinfamilie, in welcher der Vater die gesellschaftliche Stellung bestimmte, die Mutter die Häuslichkeit gestaltete, immer stärker aus. Mit dem Interesse an der Erziehung wohlgeratener und wohlerzogener Kinder wächst im bürgerlichen Haushalt auch deren Eigenbereich, die «Kinderstube». Friedrich Fröbel (1782–1852) erkannte, an Johann Heinrich Pestalozzi (1746–1827) anknüpfend, den Wert des Spiels für die Persönlichkeitsformung und forderte eine Reform der Kleinkinderpädagogik. Im Jahre 1837 begann er in Bad Blankenburg (Thüringen) mit der Herstellung seiner «Spielgaben», und hier richtete er drei Jahre später den ersten deutschen Kindergarten ein.

Auf verschiedene Weise also wurde die kulturelle Ausgestaltung dieser familiären Binnenwelt, in der das Kind eine wichtige Rolle spielte, in Angriff genommen. Das Weihnachtsfest wurde im 19. Jahrhundert immer stärker zu einem bürgerlichen Kindergeschenkfest unter dem Lichterbaum, ein Fest des schönen Scheins in einer angeblich heilen Welt. Diese gesellschaftlichen Prozesse bewirkten letztlich den sprunghaft wachsenden Bedarf an Spielzeug und die starke Ausbreitung der Spielzeugindustrie im 19. Jahrhundert. «Die Zielgruppe des Spielzeugs», schreibt Ingeborg Weber-Kellermann, «waren also die Bürgerkinder in ihrem behüteten Heim, das Sozialisationsziel die Bewahrung der bürgerlichen Welt in ihren Normen und Anschauungen. Das war zum Beispiel für das Bürgertum eine strukturelle Lösung sozialer Probleme durch das Mittel Spielzeug.» (In: Spielzeugbefragung ... S. 203.)

Das Spielzeug fixierte die sozialen Rollen, in die die Kinder hineinwachsen sollten. Aber: der in Literatur und bildender Kunst so vielfältig überlieferte Spielzeugzauber unter dem Weihnachtsbaum betraf nur die herrschende Klasse des Bürgertums. Die Kinder der hausindustriellen Spielzeugmacher, der Fabrik- und Heimarbeiter kannten diesen Festglanz nicht, ihnen blieb dieser Zauber verborgen. Der Kauf von Spielsachen kam kaum in Frage. Ihre «Kinderstube» war Arbeits- und meist auch Wohn- und Schlafstube zugleich. Auf der Grundlage einer sozial- und wirtschaftsgeschichtlichen Statistik für das Jahr 1882 errechnete Ingeborg Weber-Kellermann, daß nach vorsichtiger Schätzung nicht viel mehr als 20% der Beschäftigten Deutschlands mit ihren Familien als Abnehmer für industriell gefertigtes, ausdrucksvolles Spielzeug anzusetzen sind. Ihr ist zuzustimmen, wenn sie «Spielzeug als Indikator eines sozialen Systems» bezeichnet. (In: Spielzeugbefragung ... S. 209.) Für 4 ½ Gulden bot Bestelmeier seine «Ganz große Gegend» an, mit Dorf, Burg, Kapelle, Lustschloß, Park und bäuerlichen Figuren. Dieser Preis entsprach um 1800 dem Monatslohn eines erzgebirgischen Bergmannes. Wer dachte schon im Lichterglanz der Weihnachtsstube an die Kinder der Thüringer Glasbläser, die vor Weihnachten oft nächtelang die schillernden Glaskugeln einzupacken hatten? Es ist nicht zufällig, daß die erzgebirgischen Spielzeugmacher Vertretern der «Obrigkeit» das Nüsseknacken zuweisen, indem sie König, Oberförster, Soldaten mit Pickelhelm und grimmig guckende Gendarmen als figurale Motive für die gedrechselten Nußknacker einsetzten (in Thüringen kam Napoleon dazu und in Süddeutschland der Mönch). Die liebenswerten Räuchermänner dagegen repräsentierten vorwiegend Volkstypen wie Essenkehrer, Postboten, Hausierer (Rastelbinder) und Waldarbeiter. Im 19. Jahrhundert nannte man Seiffen «Deutschlands Spielzeugschachtel», später die «Werkstatt des Weihnachtsmannes».

Unter dem Aspekt der technisch-wissenschaftlichen Umwälzung der industriellen Fertigung entstanden auch im erzgebirgischen «Spielzeugland» neue Probleme, die für die Zukunft schrittweise gelöst werden müssen. Eine einseitige Rückbesin-

3
*Hampelmänner*
Ältere Formen roh und bemalt aus Musterbüchern und Museumsbeständen. Hersteller von Hampelmännern in der Gegenwart: Johannes Günther (geb. 1933), Seiffen; Gunter Enzmann (geb. 1938), Seiffen; Rudolf Ender (geb. 1898), Borstendorf

105

nung auf die historischen Formen der überlieferten Volkskunst reicht nicht aus. Den der Volkskunst verpflichteten Handwerkern muß genügend Spielraum gegeben werden, um gültige, ästhetisch ausgereifte, oft in langer Familientradition gefertigte Werke weiterzuführen – und durch neue Entwicklungen in der «Sprache» der Volkskunst thematisch zu ergänzen. Bewahrung alter Formen muß nicht Erstarrung bedeuten! Andererseits kann das in manchen Betrieben aus Produktivitätsgründen anzutreffende «Allerwelts-Kunstgewerbe» nicht den Anspruch auf Pflege des kulturellen Erbes bestätigt bekommen. Schöpferische Kunstfertigkeit und industrielle Fertigung, das kostbare Einzelstück und die massenhafte Serienfertigung müssen keine Gegensätze im Bereich der ästhetischen Bewertung des Angebotes sein. Im Hinblick auf die gestalterischen und produktionstechnischen Probleme der in Kombinaten vereinigten Betriebe formulierte Helmut Flade in einem Vortrag am 30. 5. 1980 in Seiffen: «... eine industriell aus dem Werkstoff Holz hergestellte Form ist wohl ‹seriengleich› nach ihrer Größe und ihrer Umrißlinie, nicht aber nach ihrer Textur der Flächen. Ungleiche Flächen verdrängen aber optisch die Gleichheit der Massen. Solcherart ‹Ungleichheiten› sind aber Eigenheiten des Handwerklichen ... Befragen wir besser die Geschichte der Produktivkräfte nach den Merkmalen handwerklicher und industrieller Fertigung: Die vermutlich älteste Spielwarenfabrik des Erzgebirges befindet sich in Oberseiffenbach (bekanntlich auch zu Seiffen gehörend); sie produziert noch heute und gehört als Produktionsbereich zum Stammbetrieb des VEB VERO. Verschiedene Firmenschriften belegen, daß bereits wenige Jahre nach der 1850 erfolgten Betriebsgründung Spielformen nach den Gedanken Fröbels in großen Mengen hergestellt wurden. Mit hoher Wahrscheinlichkeit ist anzunehmen, daß für die gesägten oder gedrehten Teile das ‹Entgraten› in Scheuertrommeln vorgenommen wurde, einem wichtigen Rationalisierungsmittel für Schleif-, Färbe- und Poliertechniken. Für die Jahre um 1900 ist das Vorhandensein verbürgt. Nun gibt es seit einigen Jahren von einem talentierten Seiffener Handwerker, Gunter Flath, zwei sehr liebevolle Souvenirs: eine Drehstube und eine Spielzeugmacherstube. Zur Ausstattung der ersten gehört als unentbehrliches Requisit eine sechseckige Trommel, mit gekreuzter Schnur zum Vorgelege weisend. Aus der Geschichte wissen wir, daß die Produktivkräfte wandern. Manchmal kann der Historiker die geographischen ‹Wanderwege› markieren. Von woher nach wohin ist die Trommel gewandert und auf welchen Wegen? Ist sie von der hausindustriellen Drehstube in die Fabrik gewandert, oder war es umgekehrt? Nachdenkenswert ist ferner, daß die Schleiftrommel nur gebraucht wird, wenn größere Mengen formgleicher bzw. formähnlicher Teile mechanisch zu glätten sind. Ist dieser Vorgang handwerks- oder industrietypisch? ...

Das wichtigste Unterscheidungsmerkmal zwischen handwerklicher und industrieller Fertigung ist vor allem die größere Differenziertheit in der Arbeitsteilung und der damit verbundenen Differenziertheit in der Mengenleistung. Während der künstlerisch-schöpferisch tätige Handwerker in seinen eigenen Schöpfungen die Komplexität des historisch Gewordenen dieser Landschaft ausdeutet, muß die Industrie ihre verantwortungsbewußte geistige Haltung durch wirtschaftliche Leistungskraft auf den Märkten dieser Welt beweisen. Möglichkeiten und Grenzen sind in beiden Fällen vom Werkstoff vorgegeben ...

Der historisch gewachsene Formenschatz unserer Landschaft trägt viele Bildäußerungen in sich. Von der auf äußerste Knappheit bedachten Ausdrucksweise konstruktiver Elementarformen bis zur sensiblen Verspieltheit reicht die Spannweite. Sie schließt die Unverwechselbarkeit des Unikats ebenso ein wie das Produkt einer großen Serie und

4
*Bewegliches Spielzeug*
Alte Formen aus Museumsbeständen. Hersteller von Schaukeljungen, Pendelreitern in der Gegenwart: Rudolf Ender (geb. 1898), Borstendorf; Kaspertheater: Manfred Müller (geb. 1923), Seiffen; Reckturner, Stöckelaffen, Barrenturner: Johannes Günther (geb. 1933), Seiffen; Pickhühner, Pendeltiere: Werner Schönherr (geb. 1921), Seiffen.

5/6 Folgende Seiten
*Klimperkästel*
Alte Formen aus Musterbüchern und Museumsbeständen. Hersteller von ein- und zweistöckigen Reitschulen, an alte Formen angelehnt, ist in der Gegenwart: Gottfried Hübsch (geb. 1930), Seiffen; Taubenschlag und Karussell als Miniaturklimperkästel stellt Rudolf Ender (geb. 1898), Borstendorf, her.

107

108

109

erlaubt keine Bevorzugung des einen oder des anderen... Das ‹Künstlerisch-Schöpferische› ist nicht abtrennbar vom ‹Schöpferischen› in der Entwicklung der Produktivkräfte. Diese Position ist so neu nicht, denn das Volksspielzeug des Seiffener Spielwarengebietes konnte sich nur in dieser Einheit entwickeln und Märkte erschließen. Die Dimensionen sind heute um vieles größer. Für uns, und das sage ich namens der Industrie, sind Begriffe wie Volkskunst, Kunsthandwerk, industrielle Formengestaltung oder wie immer man die bildnerischen und wirtschaftlich verwertbaren Äußerungen benennen mag, an ihren ‹biologischen Wert› gebunden, wie es Richard Neutra als erstrebenswertes Ziel nannte. Diese Tätigkeit ist für uns Synthese aus bildnerischem Wollen und technologischem Können, gebunden an das stoffliche Gefüge des Werkstoffes Holz...

Die Gestaltung von Spielzeug trägt heute zum Teil völlig neue Züge: Im Sinne einer Langlebigkeit muß es kommunikationsfreudige Bestandteile haben, die von einer niedrigeren Spielaltergruppe in die nächst höhere unaufdringlich hineingreifen, ganz zu schweigen von den hohen Sicherheitsanforderungen, die heute an Spielmittel international gestellt werden. In diesem Falle kann Tradition, bezogen auf alte Denkgewohnheiten, Bewegungsunfähigkeit zeugen und in sich selbst erstarren.»

Die Bewertungsrichtlinien von «expertic» führen die Begriffe Kunstgewerbe und Kunsthandwerk (S. 26), auf Volkskunst wird verzichtet. «Unter Kunstgewerbe wird die (oft serienmäßige) Herstellung und der erwerbsmäßige Vertrieb von Raum-, Tafel- und Körperschmuck, von Andenkenartikeln u. a. verstanden. Die im Kunstgewerbe verwendeten Materialien sind die gleichen wie im Kunsthandwerk. Im Kunstgewerbe liefert der Entwerfer gewöhnlich nur den Entwurf, der dann in einer Werkstatt oder einem Maschinenbetrieb ausgeführt wird. Da die Grenzen zwischen Kunstgewerbe und Kunsthandwerk nicht scharf gezogen werden können, sind beide Begriffe oft Verwechslungen unterworfen. Die Bedeutung des Kunstgewerbes liegt im wesentlichen in der Befriedigung der ästhetischen Bedürfnisse der Menschen nach schmückenden und zweckgemäßen Gegenständen in ihrer räumlichen Umgebung.

Kunsthandwerk – Herstellung von Zweck- und sinnengemäßen Gegenständen für Gebrauch, Schmuck, Raumausstattung und Repräsentation in zugleich künstlerisch und handwerklich meisterlich durchgebildeter Gestaltung. Grundlage kunsthandwerklichen Schaffens ist das einschlägige Handwerk (Töpferei, Gold- und Silberschmiede, Gürtlerei und Metallplastik, Kunstschmiede, Handweberei und Bildwirkerei, Drechslerei, Glasgestaltung, Buchbinderei, Emailgestaltung u. a.). Charakteristisch für das Schaffen des Kunsthandwerks ist, daß jeder Gegenstand von ihm selbst entworfen und in der Werkstatt bis zur höchstmöglichen Vollendung ausgeführt wird; im Gegensatz zum Kunstgewerbe, bei dem der Entwerfer gewöhnlich nur den Entwurf für die Ausführung liefert.»

In den Bewertungsrichtlinien des «expertic»-Warenzeichenverbandes von 1978 wird für die Einschätzung der «Traditionsformen» festgelegt (S. 6): «Bei traditionellen Gegenständen ist zu überprüfen, ob die inhaltliche Seite den progressiven Elementen der Tradition entspricht und dem gegenwärtigen Anliegen unserer Gesellschaft gerecht wird. Dabei sind Untersuchungen über den Wert des Gegenstandes und seine Technologie als echte Bereicherung für unsere Zeit unerläßlich (Reifendrehen, Spanarbeiten etc.).

Traditionsgebundene Gegenstände oder Erzeugnisse, die in Anlehnung an Traditionsformen entwickelt werden, sind im Hinblick auf die modernsten Fertigungsverfahren so zu gestalten, daß keine Vortäuschung überalterter, heute aus ökonomischen Gründen nicht mehr vertretbarer Technologien erfolgt, sondern eine den modernen Möglichkeiten entsprechende neue Qualität erreicht, zumindest aber angestrebt wird. (In diesem Sinne entsprechen wir zugleich den besten Formen tradi-

7
*Gestaltungen von Herstellern, die zum Teil der «Traditions- und Entwicklungsgruppe Seiffener Volkskunst» angehören*
Reifendreher: Günter Heidenreich (geb. 1934), Seiffen
Leiterwagengespann: Reifendreher Heinz Stephani (geb. 1935), Seiffen
Großes Klimperkästel, Zweiradgespann: Gottfried Hübsch (geb. 1930), Seiffen
Musikkarussell, kleine Wackelente: Walter Enzmann (geb. 1923), Seiffen
Speiseservice: Kurt Schalling (geb. 1920), Seiffen
Teeservice: Fa. Roland Weber (1896–1964) & Söhne, Seiffen

III

112

tioneller Entwicklungen.)» Mit diesen Festlegungen ist es jedoch kaum möglich, ausgereifte volkskünstlerische Formen, die sich über längere Zeiträume halten, weil ihre inhaltliche Aussage verständlich bleibt, unter volkskundlichem Aspekt zu bewerten. Sie werden sozusagen in gegenwärtiger Nachfertigung aus dem Bereich des kulturellen Erbes verwiesen. – Der Warenzeichenverband für Kunsthandwerk und Kunstgewerbe der DDR vergab zur Leipziger Herbstmesse 1982 für verschiedene neue Formen dem VEB VERO, Olbernhau, die Auszeichnung «expertic-Traditionspflege» (Gestalter Hans Reichelt).

## Zur Technologie der Reifendreherei

Zu den typischsten Erzeugnissen des Seiffener Spielzeuggebietes gehören die seit etwa 1800 in immer stärkerer Differenzierung und größeren Mengen gedrehten Reifentiere. Sie dienten vor allem zum Füllen der Archen. – In jahrzehntelangen Studien hat Hellmut Bilz die Geschichte der Reifendreher untersucht. Seine Arbeiten belegen mit einem riesigen Tatsachenmaterial die Bedeutung der Reifendreherei für die ökonomische Entwicklung der regionalen Spielzeugproduktion. Wir übernehmen deshalb die Zusammenfassung von Bilz im Katalog des Museums (= Schriftenreihe Heft 1, 6. A. 1981, S. 26–32, mit freundlicher Genehmigung des Autors):

«1. Entstehung und Entwicklung
Die Reifendreherei stellt eine besondere Kunstform der Drechseltechnik dar. Ihre Anwendung ist nur im Spielzeugdorf Seiffen und seinen Nachbarorten Deutscheinsiedel und Deutschneudorf beheimatet. Sie ist einmalig in der Welt. Trotz des Einmaligen und Besonderen der Reifendreherei sowie der Tatsache, daß sie in ihrer Blütezeit Ende des 19. und Anfang des 20. Jahrhunderts eine enorme Bedeutung für die Seiffener Spielwarenindustrie hatte, ist ihre Entstehung und Entwicklung bisher noch nicht einwandfrei nachgewiesen.

Im überwiegenden Teil der hierzu veröffentlichten Literatur heißt es zwar, daß die Reifendreherei um 1800 erfunden worden sei, wobei man den Ort der Erfindung einmal nach Seiffen, ein anderes Mal wieder nach Heidelberg (seit 1939 Ortsteil von Seiffen) oder nach Deutscheinsiedel verlegt. Leider werden aber zu diesen Angaben keine Quellen genannt, so daß man sich des Eindrucks nicht erwehren kann, daß hier lediglich eine einmal ausgesprochene Vermutung immer aufs neue und ohne Nachprüfung übernommen worden ist. Dabei geht man immer von einer Erfindung aus und vertritt damit die Meinung, daß der erste gedrechselte Reifen ein Tierreifen gewesen sein müßte. Viel wahrscheinlicher erscheint es dagegen, daß es sich bei der Entstehung der Reifendreherei nicht um eine reine Erfindung, sondern um einen allmählichen Entwicklungsprozeß handelt, der sich zunächst unmerklich vollzog und über einen längeren Zeitraum erstreckte. Man wird dabei nicht von einem so komplizierten Reifen, der schon eine Tierform enthält, ausgehen dürfen, sondern die Anfänge der Reifendreherei in der Herstellung einfacher Einzelteile, die in Reifenform gedreht wurden, suchen müssen. Diese Einzelteile könnten Arme, Beine oder Nasen für kleine Figuren, Ohren, Schwänze oder Hörner für Tiere oder andere profilierte Einzelteile, wie sie noch heute von den Reifendrehern als Ergänzungs- oder Zubehörteile für zahlreiche Spielzeuge gedreht werden, gewesen sein. Von diesen einfachen in Ringform gedrehten Einzelteilen ausgehend, erscheint es bei der Meisterung der Drechseltechnik durch die Seiffener Spielzeugmacher durchaus nicht verwunderlich, wenn sie die Reifendreherei weiterentwickelten von den einfachen Einzelteilen über einfache Spielzeuggrund-

---

8
*Miniaturspielzeuge von Rudolf Ender, Borstendorf*
Nachbildung alter größerer Formen von Volksspielzeugen mit Souvenircharakter. An der Entwicklung hatte Alwin Seifert (1873–1937), Fachschuldirektor, großen Anteil.

9/10 Folgende Seiten
*Fahrspielzeuge*
Alte Formen; aus Museumsbeständen. Letzte Hersteller waren Ewald (1889–1980) und Rudolf Ulbricht (1884–1949). Seiffen. Danach griff der Verlag Joh. Dav. Oehme, Grünhainichen, die Herstellung auf Anregung der Staatlichen Verkaufsstelle für Volkskunst Dresden noch einmal für kurze Zeit auf. Lustig aussehende Wackelenten, rund gedreht bzw. flach aus Pfosten geschnitten, fertigten Emil Fischer (1885–1968), Seiffen (Oberseiffenbach) und Georg Bernhard (1890–1960), Seiffen (Heidelberg).

114

115

formen bis zu den komplizierten in Reifen gedrehten Tierformen. Demnach könnte aber die in einen Reifen gedrehte Tierform nicht der Ausgangspunkt für die Erfindung der Reifendreherei, sondern nur das Ende eines längeren Entwicklungsprozesses und dessen vorläufiger Höhepunkt sein ...

2. Die Technik der Reifendreherei
a) Produktionsmittel
Die Ausgangsbasis für die Reifendreherei bildet der Rohstoff Holz. Es muß sich dabei um ein weiches und gut spaltbares Holz handeln, weshalb der Fichte, die diese Eigenschaften unter den einheimischen Hölzern am besten besitzt, fast 100prozentig der Vorzug gegeben wird.

Hauptproduktionsmittel des Reifendrehers ist die Reifendrehbank, die sich von der Drehbank der übrigen Holzdrechsler durch ihren schwereren und wuchtigeren Aufbau unterscheidet. Als Antriebskraft für die Reifendrehbank diente bis 1868 ausschließlich die Wasserkraft. 1868 wurde dann in Seiffen ein Dampfkraftdrehwerk mit 150 Drehstellen errichtet, so daß ab diesem Zeitpunkt neben der Wasserkraft auch die Dampfkraft zum Antrieb der Reifendrehbänke genutzt wurde. Während dieser Zeit waren die Reifendreher ohne Ausnahme darauf angewiesen, sich in einem Wasser- oder Dampfkraftdrehwerk eine Drehbank für Stunden, Tage oder Wochen zu mieten, da die Muskelkraft des Menschen, wie sie zum Antrieb der Fußdrehbank diente, für die Reifendreherei nicht ausreicht.

Erst mit Einführung der Elektroenergie, die im

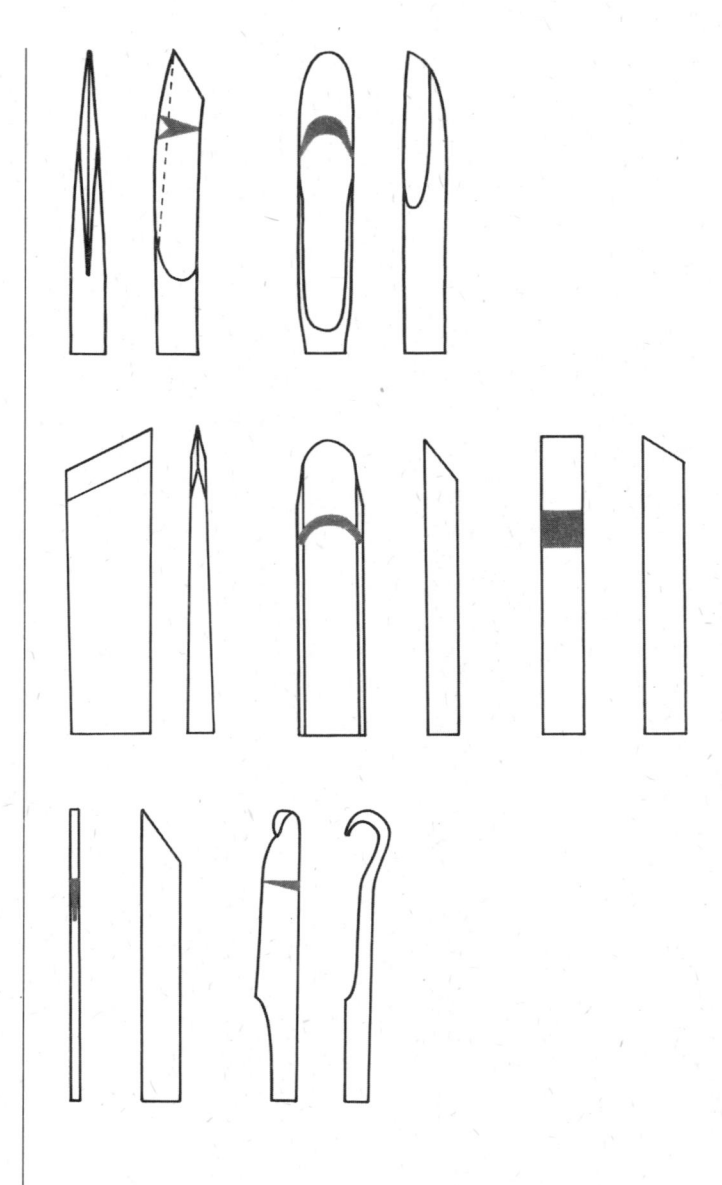

Zum Reifendrehen gehören zwei Sonderformen (erste Reihe): der Pfannenstecher und der Bohrer

Grundformen der Drehstähle des Holzdrechslers (zweite und dritte Reihe): Drehmeißel (Flachstahl), Röhre, Schaber, Stecheisen, Ausziehhaken (Maßstab etwa 1:4)

11
*Fahrspielzeuge*
Entwicklungen von Th. Artur Winde (1886–1965), mit denen er täuschend ähnlich die alten Seiffener Fahrspielzeuge thematisch ergänzte und zugleich in den ausgehenden zwanziger Jahren die Produktion belebte.

12/13 Folgende Seiten
*Storchenreiter und Vögel auf Blasebalg*
Storchenreiter in größeren Formen stellen in der Gegenwart unter direktem Seiffener Einfluß Helmut Kempe (geb. 1914), Cossebaude, und Gotthard Steglich (geb. 1945), Steina, her. In Miniaturausführung produziert sie Rudolf Ender (geb. 1898), Borstendorf.

*Spielzeugscheren*
Dieses Spielzeug ist historisch geworden, Museumsbestände.
Lediglich Günter Leichsenring (geb. 1931), Seiffen, fertigt seit 1980 eine neue Form mit großen Soldaten.

117

118

119

Seiffener Gebiet ab 1912 erfolgte, wurden die Reifendreher von der im Wasser- oder Dampfkraftdrehwerk gemieteten Drehbank unabhängig, weil sie sich nun mit Hilfe des Elektromotors im eigenen Hause eine Antriebskraft für ihre Reifendrehbank schaffen konnten.

Neben dem Rohstoff Holz und der Drehbank gehören noch die Drehstähle zu den wichtigsten Produktionsmitteln der Reifendreher. Diese Drehstähle, die ortsüblich als ‹Dreheisen› bezeichnet werden, unterscheiden sich in Größe und Form von den Drehstählen der übrigen Drechsler. Der Reifendreher benötigt etwa 20–30 verschiedene Formen und Größen. Die hauptsächlichsten Grundformen werden als Schroteisen, Pfannenstecher, Bohrer, Schruppeisen, Rundeisen oder Röhre und Ausziehhaken bezeichnet. Für die Herstellung eines Pferdereifens werden beispielsweise 13, für einen Kuhreifen 10 verschiedene Drehstähle benötigt.

Als letztes ist unter die Produktionsmittel des Reifendrehers noch eine aus einem einfachen Brettchen mit 3 Einschnitten bestehende Lehre zu rechnen, mit der der Reifendreher bei der Herstellung einer größeren Anzahl gleicher Reifen die Rückenhöhe, den Abstand von den Vorder- zu den Hinterbeinen und die Vorderbeinlänge mißt. Dies geschieht jedoch nur, um bei einer größeren Anzahl gleichartiger Reifen auch gleiche Maße zu erreichen.

Mit dem Rohstoff Holz, der Drehbank, den Drehstählen und der einfachen Lehre sind die Produktionsmittel des Reifendrehers schon erschöpft. Alles andere, was die Reifendreherei zu einer einmaligen Handwerkskunst werden ließ, ist Ausdruck des großen handwerklichen Könnens der Reifendreher.

b) Arbeitstechnik

Das Holz für die Reifendreherei wird in nassem Zustand verarbeitet. Das Austrocknen des Holzes muß auf jeden Fall verhindert werden, da es dadurch nicht nur härter und schwerer bearbeitbar, sondern auch, wenn es vom Kern her aufreißt, für die Reifendreherei unbrauchbar wird. Die Stämme, die in der Regel 3–4 m lang sind, werden in Längen zwischen 15–40 cm zersägt. Die Längen ergeben sich aus dem Durchmesser des Stammes, der Größe der zu drehenden Tierform und dem Abstand der Astquirle im Stamm. Die Nutzlängen werden aber auf jeden Fall so geschnitten, daß die Astquirle dabei herausgeschnitten werden. Diese Stammabschnitte werden nun in der Mitte ihres Durchmessers mit einem größeren Hammer (Anschlaghammer) an den Anschlag, der sich am Ende der Drehbankspindel befindet, fest angeschlagen. Nachdem die Drehbankspindel und mit ihr der Stammabschnitt in eine rotierende Drehbewegung versetzt worden sind, drückt der Reifendreher den ersten Drehstahl, ein Schruppeisen, gegen die Drehrichtung an das Holz. Damit wird der Stammabschnitt so weit gedreht, daß er kreisrund wird und keine Rinde mehr an ihm haftet. Dann erst beginnt die eigentliche Formung des Reifens.

Der Reifendreher dreht nun mit seinen verschiedenen Drehstählen, am äußeren Ende des Stammabschnittes beginnend, schmale und breite Vertiefungen oder Rillen so in das Holz ein, daß zwischen ihnen wieder schmale und breite, kantige, runde oder wulstähnliche Erhöhungen stehenbleiben. Dabei gleiten seine Finger immer wieder prüfend über die Vertiefungen oder Erhöhungen, um damit die Umrißlinie der zu drehenden Tierform zu prüfen. Mit einem Stecheisen wird der Reifen dann mit einem geraden Schnitt von dem an der Drehbank rotierenden Stammabschnitt gelöst.

Mit diesen Arbeitsgängen ist der Tierreifen zunächst nur zur Hälfte fertiggestellt. Es wurden damit Hinterteil, Beine und Bauch und die Unterseite des Halses und Kopfes des Tieres geformt. Die Rückenpartie konnte dabei noch nicht mit herausgearbeitet werden, weil das jener Teil des Reifens ist, der bis zuletzt mit dem Stammabschnitt verbunden bleiben muß, um dem Reifen während der ersten Bearbeitungsphase Halt zu verleihen. Bei der Trennung des Reifens vom übrigen Stammabschnitt kann die Formung der Rückenpartie nicht zugleich mit erfolgen.

14
*Sandspielzeug*
Alte Formen aus Museumsbeständen, die noch bis etwa 1940 gefertigt wurden. Farbig ausgelegte Brandmalerei. Die Mühle mit Hämmerchen wurde durch Sand bewegt, der in den Holztrichter eingefüllt wurde.

121

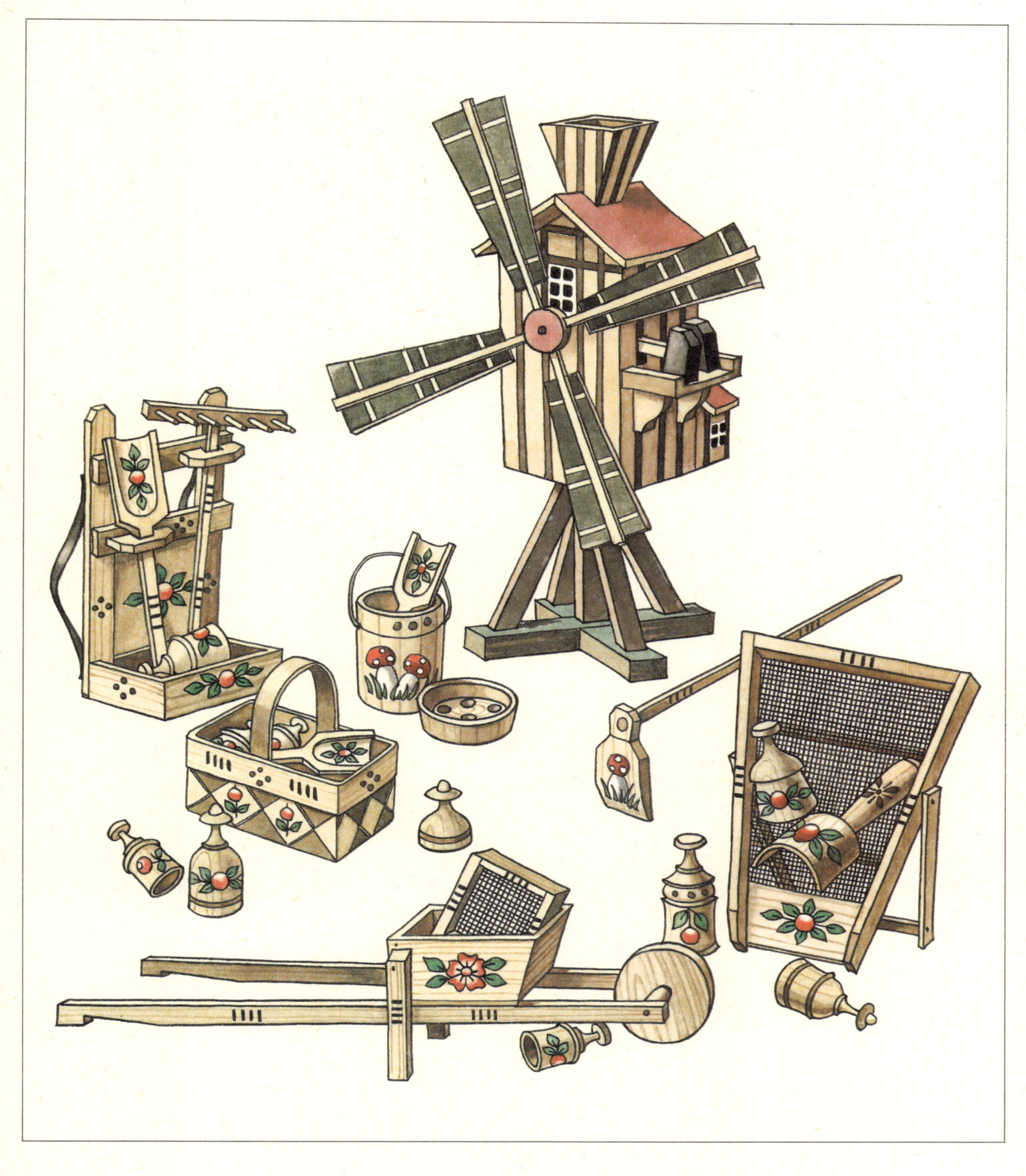

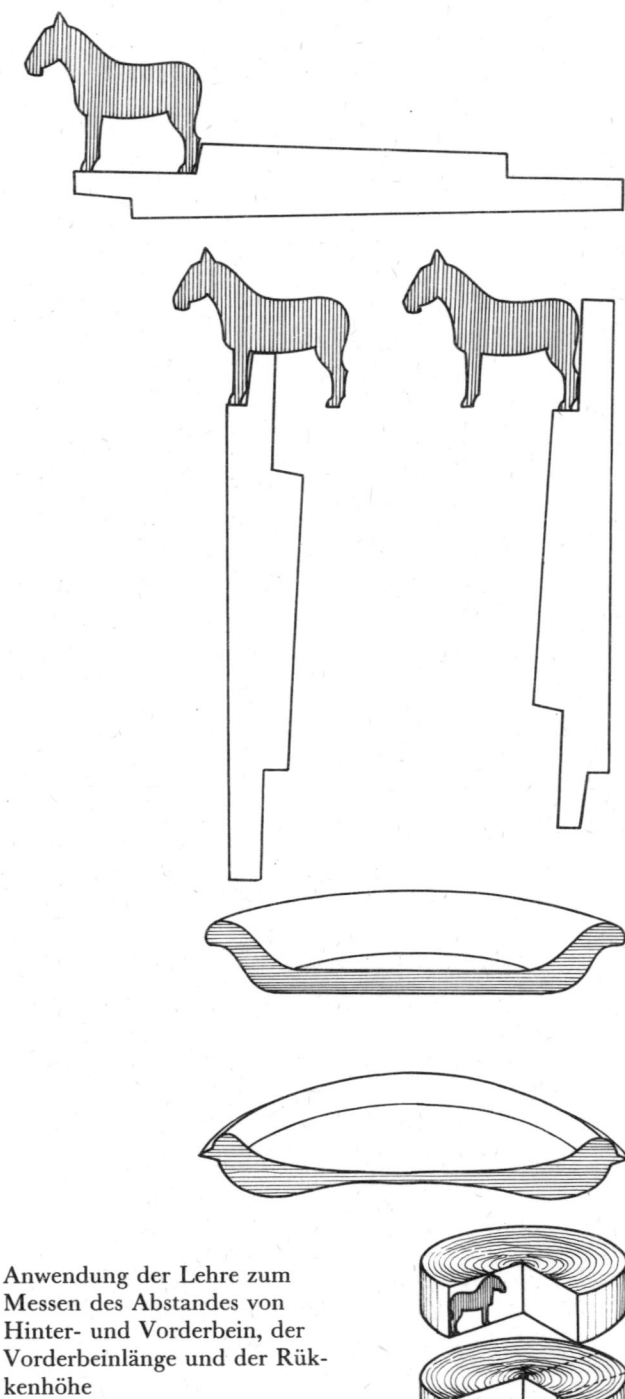

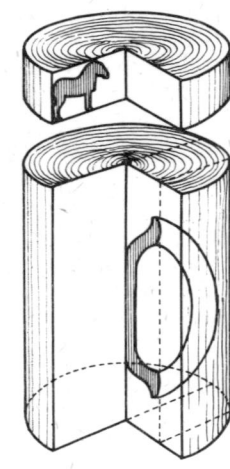

Auf diese Weise dreht der Reifendreher erst eine größere Anzahl Reifen, bevor er mit der Bearbeitung der Rückenpartie beginnt. Da die Reifen nach dieser ersten Bearbeitungsphase bereits eine Ringform besitzen und demzufolge nicht mehr am Anschlag der Drehbank befestigt werden können, wird an den Anschlag ein schmales, nach der Drehseite hin konisches und dem Reifendurchmesser entsprechendes Stück eines Stammabschnittes, in der Fachsprache ‹Futter› genannt, angeschlagen. Auf dieses Futter wird der Reifen, jetzt mit der Rückenpartie zur Drehseite hin, fest aufgedrückt. Wieder nimmt der Reifendreher verschiedene Drehstähle zur Hand, um damit die Oberseite des Halses und Kopfes sowie den Rücken des Tieres zu formen. Noch einmal gleiten seine Finger prüfend über die in den Reifen eingedrehten Vertiefungen, Rillen, Wülste und Erhöhungen, bevor er den Reifen mit der Hand vom Futter abdrückt.

Der nun fertige Reifen besitzt eine Ringform, die mit ihren Erhöhungen und Vertiefungen dem Laien zunächst völlig unverständlich erscheint. Erst wenn der Reifendreher den Reifen mit einem kleinen Messer an einer Stelle durchschneidet und die beiden Enden auseinanderdrückt, ist zu erkennen, daß sich im Querschnitt des Reifens das Profil einer Tierform verbirgt. Das Tierprofil ist also nur im Querschnitt des Reifens zu erkennen, und darin besteht auch zugleich die große Kunst der Reifendreherei, denn auch für den Reifendreher wird das Tierprofil erst dann sichtbar, wenn der Reifen aufgeschnitten ist – aber dann ist eine Korrektur nicht mehr möglich.

Der Reifendreher muß also das Tierprofil schon in den Umrißlinien des Reifens erkennen und während der Bearbeitung genau den Moment erfassen, an dem eine Erhöhung oder Vertiefung das richtige Ausmaß erhalten und er den Drehstahl demzufolge abzusetzen hat.

Was einen Reifendreher auszeichnet, ist also nicht nur die Beherrschung der Drechseltechnik

Anwendung der Lehre zum Messen des Abstandes von Hinter- und Vorderbein, der Vorderbeinlänge und der Rückenhöhe

Profil eines Vogels in einem gedrechselten Teller

oben: Reifen werden auf Rundholz quer aus dem Stamm gedrechselt, Teller dagegen aus Pfosten, die längs aus dem Stamm geschnitten wurden

15
*Auguste Müller – Figuren aus dem Volksleben*
Verleger Julius Glöckner mit Hund
Holzsammler mit Schlitten
Gespräch auf der Straße
Holzarbeiter mit Reff
Tiroler Jäger (Text auf Brett unleserlich)

123

124

schlechthin, sondern vor allem eine gute Vorstellungsgabe und feines Fingerspitzengefühl, gepaart mit Geschicklichkeit, Aufmerksamkeit und einem ausgeprägten Formenempfinden.

3. Die Weiterverarbeitung der Reifen zu Reifentieren

Die Weiterverarbeitung der Reifen zu Reifentieren erfolgt entweder durch die Familie des Reifendrehers selbst, oder er verkauft die Reifen als Halbfabrikate zur Weiterverarbeitung an selbständige Reifentierhersteller («Viehmacher»). Bei der Weiterverarbeitung werden mit Hilfe eines Messers und eines kleinen Hammers der jeweiligen Breite des Tieres entsprechende Abschnitte abgespalten. Dabei entstehen, je nach Größe des Reifens, etwa 40–60 Abschnitte, die nun schon nicht mehr nur die Umrißlinie des Tieres, sondern die gesamte Tierform erkennen lassen.

Um das Holz geschmeidiger zu machen, werden die Abschnitte, besonders für größere Tierformen, in Wasser eingeweicht, bevor sie mit einem kleinen Schnitzmesser beschnitzt werden. Beim Beschnitzen werden die Kanten der Bauch- und Rückenpartie abgerundet, die Beine herausgearbeitet und der Kopf geformt. Einzelteile, wie Ohren, Hörner, Schwänze usw., werden nur in wenigen Fällen gleich im Reifen mit angedreht. Größtenteils werden diese Teile, ebenfalls in der Reifendrehtechnik, gesondert gedreht, in die erforderliche Stärke gespalten und dann an die beschnitzten Reifentiere an- oder in vorgebohrte Löcher eingeleimt. Das anschließende Bemalen der Reifentiere erfolgt mit Leimfarbe und einem farblosen Lacküberzug. Das ‹Schnitzeln› und Bemalen der Reifentiere wird fast ausschließlich von Frauen, wurde in früheren Jahren aber auch von Kindern ausgeführt.»

Die Studien des Dresdner Volkskundlers Karl-Ewald Fritzsch (1894–1974) haben bewirkt, daß seit zwei Jahrzehnten die in verschiedenen Museen und Privatsammlungen erhaltenen Spielzeugmusterbücher in das Blickfeld der ethnographischen Forschung gerückt sind. Die in der ersten Hälfte des 19. Jahrhunderts aufkommenden Musterbücher – für Thüringen und das Erzgebirge reich belegt – dienten der Markterkundung durch die Verleger und förderten die Entfaltung der kapitalistischen Spielwarenindustrie. Mit dem Aufkommen bildlicher Darstellungen des Spielzeugs zum Zwecke der Handelswerbungen ergab sich bald ein bequemer und leicht zu transportierender Ersatz für die schweren Musterkoffer. Sie konnten beliebig erweitert werden, und ihre sachgerechten und detailgetreuen zeichnerischen Darstellungen vermittelten dem Betrachter eine Vorstellung von der Vielfalt der handwerklichen Güte der Spielzeuge. Die frühen Musterbogen dienten nicht nur als werbende Angebote für potentielle Kunden, sondern auch als Vorlagen für die Hersteller. Die Verleger nahmen direkten Einfluß auf die Spielzeuggestaltung, indem sie Wünsche von Kunden gesprächsweise weitergaben oder Skizzen übermittelten. – Über die Zeichner der Musterbücher ist bisher wenig bekannt. Aus welchem sozialen Milieu stammten sie? Arbeiteten sie in der Regel für mehrere Verleger gleichzeitig? Welches Ansehen genossen sie bei den Spielzeugmachern? Lediglich einzelne Namen sind durch Signaturen überliefert, so für Nürnberg die Stecher Fr. Scharrer und A. Kolb. Eintragungen in Thüringer Spielzeugmusterbüchern belegen, daß wohl auch Inhaber von Verlagshäusern als Zeichner tätig waren. Offenbar haben im Erzgebirge wie in anderen Spielzeugzen-

16
*Auguste Müller – Figuren aus dem Volksleben*
Arbeitsvorgang, Schnitzmesser
Frau mit Tragkorb (Text auf Unterbrett: Frau Bellmann, ich habe meim Mann viel auf Arbeit beigestd.)
Feine Dame mit Herr, Ausflügler aus der Stadt
Tourist (auf Unterbrett: Wandervögel)
Beim Holzhacken (Text auf Unterbrett: Kurtel, hacke das Holz racht klar, die Mutter schimpft, wen tus nich racht machst)

17/18 Folgende Seiten
*Auguste Müller – Figuren aus dem Volksleben*
Briefträgerin im I. Weltkrieg
Stadtdame, Ausflügler aus der Stadt (Text auf Unterbrett: Verfertigt von Auguste Müller geb. 22. 8. 47 in Seiffen. 1919)

Professor Oskar Seyffert (Text auf Unterbrett:
Fr. Hofr. S. Dresd. verfgt. von A. Müller, Seiffen)
Fußballjunge
Auto (Text auf Unterbrett:
Im Auto fahren ist keine Kunst,
sie ist voller Kraft und Tunst;
So saust die Kraft, man hatt es kaum gedacht;
im Nu; da ist der Baum gleich zerkracht!
verfgt. v. A. Müller i. Seiffen 1927)

*Karl Müllers «geschnitzelte» Welt*
Gruppe Waldleute mit Holzfäller, Jäger, Holzlesern, Pilz- und Beerensammlern (die Spanbäume sind historische Stücke). Herstellung meistens achtteilig, alle Größen.

126

127

tren auch die Zeichenmeister der in der zweiten Hälfte des 19. Jahrhunderts zur «Hebung» der Industrie gegründeten Fachschulen manche Entwürfe beigesteuert. Dafür spricht z. B., daß in den Olbernhauer Musterbüchern mehrere Handschriften nachweisbar sind. – Bemerkenswert ist der Wandel der Drucktechnik. Neben den gezeichneten und ausgemalten, den im Tiefdruck von gestochenen Kupferplatten abgezogenen und handkolorierten Blättern gewann in der ersten Hälfte des 19. Jahrhunderts die Lithografie als Vervielfältigungsverfahren an Bedeutung. Doch erwies sich schließlich wegen des häufigen, fast alljährlichen Wechsels der Muster und der vom Käufer erwünschten Darstellung in Naturgröße die Einzelzeichnung als zweckmäßigste Methode. Diese sachlich korrekten «Werkzeichnungen» werden erst durch die Hand begabter Volkskünstler auch künstlerisch bedeutungsvoll. An der Schwelle unseres Jahrhunderts wurden die Musterbücher vollständig durch gedruckte Warenlisten und -kataloge abgelöst, die jedoch bereits früher nachweisbar sind. Die Fotografie trat an die Stelle der Zeichnung. – Die Musterbücher des Waldkirchener Verlagshauses von C. H. Oehme – herausgegeben zwischen 1840 bis 1850 – sind die ältesten, die ausschließlich Spielzeugmotive enthalten, und darüber hinaus offenbar die ältesten Musterbücher des Erzgebirges überhaupt (1977 brachte der Verlag Edition Leipzig einen Neudruck der Ausgabe von 1850 heraus). Doch auch bei den Firmen Heinrich Emil Langer, Max Hetze (später Kirsche) und Max Glöckner waren solche Bildverzeichnisse üblich. Die Analyse erzgebirgischer Spielzeugmusterbücher bestätigt, daß ihr beachtlicher Formenschatz nicht nur eine regional begrenzte landschaftliche Eigenleistung ist, sondern zugleich die ideelle Grundsubstanz der Produktion aller deutschen Spielzeuggebiete darstellt. Von den erzgebirgischen Spielzeugmachern wurden oft spezifische Motive – vermittelt durch Verleger und Fabrikanten – übernommen, modifiziert, wohl auch verbessert und durch eigene Erfindungen ergänzt. Und andererseits haben besondere Eigenarten der erzgebirgischen Produktion in den Formenschatz anderer Landschaften Eingang gefunden. Einzelne Techniken und Typen, wie die Reifendreherei, die Miniaturfiguren und der «echte» Nußknacker, sind bis heute nur im Erzgebirge anzutreffen. Sie bestätigen seinen Ruf als «Weihnachtsland» und «Spielzeugschachtel». Die erzgebirgischen Musterbücher sind heute ein Spiegel lebendiger Tradition dieser Landschaft, ein Kleinod von hohem kulturgeschichtlichem Wert.

### Farbe, Klang und Bewegung: Spielzeug für die Jüngsten
*Tafeln 1–14*

Untersuchungen bestätigen, daß der Säugling schon im zweiten Lebensmonat beginnt, die eigenen Körperbewegungen zu beachten. Auge und Ohr erwachen zur Tätigkeit, Sinnesreize werden aufgenommen und immer aufs neue erwartet. Aufmerksam lauscht das Kleinstkind auf alle Geräusche, betrachtet farbige Flächen und reagiert lustbetont auf Bewegungen von Gegenständen.

Aus der Verbindung von Klapper und Docke entstand die Klapperpuppe, in deren holzgedrechselten Körper eingelegte Kieselsteine das Geräusch ergaben. Sie wurde in fast allen Spielzeugzentren gefertigt. Mit beweglichen Armen wandelte sie sich zu den anmutigen Kindlschwingerinnen und im Erzgebirge schließlich zu den beliebten Lichterengeln. Für die deutschen Spielzeuggebiete sind dafür die gedrechselten Wickeldocken Oberammergaus, die «Scheppe-Dokinnen» und Fatschenkinder der Berchtesgadener Drechsler, die Klapperpuppen Thüringens (um 1700 nachweisbar) und die vielfältigen Formen des Erzgebirges charakteristisch. Die rationelle technologische Herstellung bildete die Grundlage für große Verbreitung und preisgünstigen Absatz. Durch Verwendung zusätzlicher Materialien (Stoff, Papier, Fell, Federn) und durch kräftige Bemalung bekamen die stark stilisierten Formen einen lebendigen Ausdruck. Die weite Verbreitung der gedrechselten Docken beweist, daß es

19
*Karl Müllers «geschnitzelte» Welt*
Es spielt die Dorfmusik. Herstellung 6–12teilig, alle Größen.
Brautzug. Angeregt durch diese Gruppe gestaltete Elfriede Jahreiß ihren «Seiffener Brautzug» bzw. das Brautpaar als einzelne Figuren. Herstellung 9–27teilig, alle Größen.

129

130

sich hierbei um eine wirkliche Grundform des Spielzeugs handelt und nicht nur um eine nationale Besonderheit in der Volkskultur, abgesehen von bestimmten national und regional differenzierten Traditionen, etwa in der gestalterischen Auszier. Die Volkskunstmuseen und die ethnographischen Sammlungen vieler Länder belegen diese Meinung mit reichen Beständen. «Die erzgebirgischen Docken besitzen eine ‹bildhauerisch gediegene Form› bei aller Sorglosigkeit im Abwägen der Massen. Selbst das malerische Element wird von der Form gebunden, kann nicht über sie hinwegbuschen. Das Weibliche hat einen Anflug von Koketterie, wenn es am Hut die Feder spielen läßt. Erst zuletzt, in der Mitte des achtzehnten Jahrhunderts, trat das Erzgebirge in den Reigen der mitteleuropäischen Spielzeugzentren ein, und es scheint, als ob die erzgebirgische Docke in ihrer Gediegenheit alles vorhergehende summiert habe.» (Helmut Flade, Holz – Form und Gestalt, S. 221; vgl. dazu Manfred Bachmann, Das große Puppenbuch, S. 43–56.)

Das Bewegungsprinzip findet – noch heute – Anwendung beim beliebten Hampelmann. Die erzgebirgischen Spielzeugmacher bevorzugten uniformglänzende Wachtmeister und Soldaten, deren lebendige Vorbilder man beim Exerzieren beobachten konnte. Sicher verbarg sich dahinter humorvolle, naive Sozialkritik – die man zu Recht auch für den Nußknacker anwenden kann. Drollige Kunststücke vollführten durch das Hochdrücken der Schiebestange die lustigen Steckengaukler oder der «Quetschturner». Possierlich wirken die buntgekleideten Affen mit ihren schnellen Bewegungen an der «Kletterstange». Im Volksmund wurde der Modegeck zum «Stöckelaffen». Der «Chinesische Springer» erfreute durch seine kühnen Bewegungen. Auch die Hampelmänner gibt es in den anderen Spielzeuggebieten in vielen Formen: als fesche bayerische Dirndl, die ihre Wickelkinder hoch in die Luft heben, oder als trachtenbekleidete Burschen in Berchtesgaden. Bereits für 1572 sind für eine Weihnachtssendung an das Torgauer Schloß «Docken von Pappenzeug» belegt, «so man am Schnürchen zeucht». Verschiedene Zeugnisse der sprachlichen Volksüberlieferung weisen ebenfalls, sehr oft in scherzhafter Form, auf die bedrückenden sozialen Verhältnisse hin. Ein traditionelles, feststehendes Mundartgespräch aus Hartmannsdorf/Erzgebirge lautet:

> Nu, gutn Tag Lies!
> N'Tag Anna!
> Nu, wu gehst'n hie?
> Noch Schneeberg, weil mei Hannele heit Hochzig hot!
> Waenn hot se dä!
> Ne Zappelschnitzersfritze vun Geheng.
> Wieviel schnitzt daer n Tog?
> Elfe
> Wieviel kriescht mr n do vorn Pfeng?
> Zwelfe
> Is dei Hannele ober gut akumme!
> Ei wuhl, ei wuhl, ei wuhl!

(1953 aufgezeichnet)

Das einfache Prinzip der schwingenden Pendelkugel läßt Hühner ihr Futter picken, einen Vogel auf dem Baum flattern, einen Pfau sein Rad schlagen, einen Artisten auf dem Seil tanzen, einen Bauern Holz sägen und einen Reiter springen. Dabei wird gelegentlich das Fadenpendel ersetzt durch einen starren Stab. – Windmühlen, vom Luftstrom bewegt oder durch Kurbelwerk und Zugpendel angetrieben, lockten zum Spiel im Freien wie die Sandformen, die als Spielsatz mit Schachtel angeboten werden, und die Sandmühle. Das bemalte Wetterhäusel ließ bei Regen auf Sonnenschein hoffen, der zum Spiel ins Freie trieb.

Unter den «klingenden Sachen» stehen sowohl im Erzgebirge als auch in Thüringen die nach dem Prinzip der Altdorfer Leiern gefertigten Kurbelwerke oder Klingkästchen («Klimperkästel») an erster Stelle, obgleich ihr tatsächlicher Spielwert recht bescheiden anmutet. Ihre Mechanik war ganz einfach angelegt: Ein Kürbelchen brachte die Welle im Kästchen zum Drehen und die Figürchen

20
*Karl Müllers «geschnitzelte» Welt*
Bergaufzug. Um 1950 (Prospektblätter der Freiberger Bergparade dienten als Anregung). Dieter Groh, Burkersdorf, gestaltete das gleiche Thema zu Beginn seiner Tätigkeit im «Stil» des Müllerkarl nach. Herstellung 16–55teilig, alle Größen.

zum Kreisen oder Tanzen, angesetzte Nocken an den Kurbelwellen verstärkten teilweise den «naturalistischen» Ausdruck einer bestimmten Bewegung. Dazu rissen kleine Späne von elastischen Federkielen die straffgespannten Späne zum hellen Ping-Ping an. Der erzgebirgische Spielzeugmacher verband die Leier gern mit szenischen Darstellungen aus dem Volksleben: Zum Harfenklang tanzen die Paare im Freien und die Tanzbären, reiten ein froher Zecher auf dem Faß und ein Schneider auf dem Bock, treiben Türken exotische Tiere zur Schau, dreht sich das vollbesetzte Karussell, bewegt die Bäuerin den Stampfer im Butterfaß, werden die schwebenden Täubchen am Taubenschlag neben dem Gänsestall vorgeführt. Eine erzgebirgische Besonderheit im gegenwärtigen Angebot sind die Miniaturausführungen der Bewegungsspielzeuge und Klingkästchen aus der Werkstatt von Fritz Ender, Borstendorf. Vielfältig sind die Fahrspiele im Angebot der Verleger. Die Kraft des rollenden Rades nutzte der Spielzeugmacher für einfache mechanische Vorrichtungen zu mancher drolligen Gestaltung. So wandelte sich mit dem Auflegen einer waagerechten Scheibe auf die Radfelge die vertikale in eine horizontale Bewegung. Damit ließen sich Menschen- und Tierfiguren zum Laufen im Kreise und zum Tanzen bringen. Butterfrauen, Gänseliesel, der Schäfer, ein Jäger auf Pirsch und die Bäuerin im Kuhstall bewegen sich auf den Räderbrettchen. Ein Reckturner vollführt kühne Schwünge. Als seltene Formen für das Erzgebirge (Sonneberger Einflüsse) erweisen sich die fahrbaren Harlekine. Auch Karussell und Riesenrad, Kutsche und lustige Figuren gehören dazu. Unter den Räderschiffen sind – neben den herkömmlichen mit Soldaten besetzten Segelschiffen – um 1850 auch bereits die Nachbildungen der ersten Dampfschiffe, mit qualmender Esse und staunenden Passagieren im Angebot der findigen Verleger. (1816 wurden in Deutschland die ersten beiden Dampfer – mit englischen Maschineneinrichtungen – gebaut, jedoch erst in den dreißiger Jahren setzte – zumindest auf dem Rhein – ein Aufschwung des Wassertransports zunächst als Personenschiffahrt ein.) Unter dem Einfluß von Artur Winde (1886–1965), dem maßgeblichen Initiator der Dresdner Schule der Holzbildhauerei (Reinhold Langner, Lüder Baier, Brigitte Lauterbach-Großmann, Erich Müller, Hans Brockhage), kam es in den zwanziger und dreißiger Jahren unseres Jahrhunderts zu prächtigen Um- und Neugestaltungen erzgebirgischer Fahrspiele. «Die Freude an der grotesken Form, an der mechanischen Beweglichkeit und an der lustigen Zutat von Federn, Fasern und Fähnchen ist sächsische Eigenart im besten Sinne. Wer die Schar der Wilden im Kriegsschmuck betrachtet, denkt unwillkürlich an Karl Mays Romane und an Sarrasanis Wanderzirkus. Und den sonntäglich aufgeputzten Bürgern, von denen sich einer den Schweiß der Anstrengung von der Stirne wischt, begegnet man jedes Jahr vor den Schaubuden der Dresdener Vogelwiese.» (Stephan Hirzel)

Und Th. A. Winde gibt dem Spielzeuggestalter die notwendige Lehre auf den Weg: «Taktgefühl und gutes Handwerk, eine fühlende Hand, ein mitschwingendes Herz und Phantasie, viel oder wenig, aber wahr. Es kann doch auch heute nicht so schwer sein!»

Um 1800 berichtet Engelhardt, daß auch im Erzgebirge allerlei an «knarrendem, quieckendem, bellendem Spielzeug» geschaffen wurde. Er meinte damit jene Fahrspiele, die durch rhythmisches Zusammendrücken eines kleinen Blasebalges Tierstimmen ertönen lassen. Mit Vorliebe wurden Vögel gewählt, aber auch Hunde, Enten, Gänse. Diese Tiere gab es auch ohne Rädergestell. Im

21
*Karl Müllers «geschnitzelte» Welt*
Die «Flucht» als Krippengruppe, mit Engel, «Heiliger Familie» und als Verfolger Herodes mit den Landsknechten. Diese Gruppe war als Pyramidenbestückung beliebt. Herstellung 8–12teilig, alle Größen. Krippenfiguren gestaltete auch Dieter Groh, Burkersdorf, im «Stil» des Müllerkarl nach.

22/23 Folgende Seiten
*Karl Müllers «geschnitzelte» Welt*
Die «Geburt» als Krippengruppe, mit Hirten und den «Heiligen Drei Königen». Herstellung 8–13teilig, alle Größen. Figuren in «Pyramidenstellung».

*Adam und Eva – das erste Menschenpaar*
Herstellerin der Paradiesbäumchen war unter anderen Emma Liesche (verstorben etwa 1944), genannt «Lieschen Emmel». Die Schlangen bestanden aus Einzelgliedern, auf durchgehende Bindfäden geleimt. – Paradiesbäumchen stellen noch her Helmut Kempe (geb. 1914), Cossebaude, und als Miniatur Rudolf Ender (geb. 1898), Borstendorf.

133

134

135

Gegensatz zu Sonneberg und Nürnberg hat sich im Erzgebirge das Lärmspielzeug verhältnismäßig gering entfaltet (Ratschen, Windtrommel). Die Blasebälge für die Vögel auf Stimme kamen meistens aus Thüringen.

Zu den Lärm- und Musikinstrumenten, für die gedrehte Körper notwendig waren, gehörten Knallbüchsen, Pfeifen und Flöten. Bereits 1723 kann Grünhainichen in Conrad Oehme seinen ersten Pfeifendreher aufweisen. Vor allem die Pobershauer Drechsler spezialisierten sich auf diese Geräte. Auch in Waldkirchen, Borstendorf und Börnichen entstanden in unübersehbarer Menge Trommeln, Geigen, verwandte Streich- und Zupfinstrumente, Gitarren, Zithern, Lauten und Harfen. Das Anblasen am Mundstück setzt das Windrädchen in Bewegung; das Mini-Kaspertheater ist durch Hebeldruck zu betätigen.

In verschiedenen deutschen Landschaften galt der Storchenreiter als Element brauchtümlicher Handlungen: Mit zahlreichen Wickelkindern im Tragkorb und an den Flügeln, mit notwendigem Babygerät an einer Schnur aufgereiht im aufschraubbaren Körper des Tieres, war er ein beliebtes Hochzeits-Scherzgeschenk, der «Kinderbringer», für die Braut. Der Storch als Kinderbringer – ein beliebtes Motiv im Volksbrauch – und der Storchenreiter sind vor allem durch die Ausschneidebilderbogen im 19. Jahrhundert, durch Glückwunschkarten und allgemeine Bildpostkarten unseres Jahrhunderts populär geworden. – Die altüberlieferten Holzscheren, aus Leisten beweglich zusammengesetzt, ermöglichen einfache Bewegungen für Tiere («Herdenscheren»), Volkstypen und Soldaten. (Vgl. zu diesem Abschnitt Karl-Ewald Fritzsch/Manfred Bachmann, Deutsches Spielzeug 1977, S. 38–45.)

## Auguste Müller (1847–1930), eine naive Künstlerin aus dem Volke
*Tafeln 15–17*

Das Museum für Volkskunst in Dresden und das Seiffener Spielzeugmuseum zählen zu ihren kostbarsten Schätzen erzgebirgischer Volkskunst eine stattliche Anzahl kleiner geschnitzter und bemalter Figuren, naiv in der Gestaltung, die mit ihrem lebendigen Ausdruck alle Besucher in ihren Bann zwingen. Der Betrachter dieser häufig zu Gruppen geordneten Figuren spürt aus ihnen die Erlebniskraft des Volkskünstlers, der sie geschaffen hat. Durch die Klarheit ihrer Formen, die Betonung des Wesentlichen, die Echtheit und Wahrhaftigkeit ihres künstlerischen Anliegens und die Schlichtheit ihrer Thematik sind sie hervorragende Beispiele echter Volkskunst. Sie erweisen deren Gestaltungsprinzip.

Die Schöpferin dieser kleinen Kunstwerke war Auguste Müller. Über ihr Leben sind heute nur noch wenige Tatsachen zu ermitteln, aber ihre geschnitzten (richtiger: geschnitzelten) Figuren lassen manchen Rückschluß auf ihren Lebensweg zu. Sie wurde am 22. August 1847 in Seiffen geboren. Ihr Geburtshaus (1835 erbaut) steht in der Nähe der Kirche. Als Kind armer Seiffener Spielzeugmacher lernte sie frühzeitig die unsägliche Not dieses Berufes kennen. Ihr Vater, Gottlieb Friedrich Müller, arbeitete als Drechsler und betrieb nebenher eine kleine Häuslerwirtschaft. Kindheit und Jugend waren entbehrungsreich, ihr Leben ärmlich bis in die letzten Tage. Auguste hatte drei Brüder: Einer brachte es durch die Unterstützung des ortsansässigen Kantors Lippmann sogar bis zum Lehrer. Er wies große Fähigkeiten auf, besonders im Orgelspiel. Bereits mit 27 Jahren starb er. Ein zweiter Bruder arbeitete im Büro eines Betriebes. Er wurde 47 Jahre alt. Am längsten aber lebte ihr Bruder Ferdinand Friedrich. Er wurde

24
*Trachtenfiguren von Elfriede Jahreiß (1907–1981)*
Der Brautzug wurde in Anlehnung an Karl Müller gestaltet. Die sorbischen Trachtenpaare sind nach Originalkleidungen gefertigt. Manfred Glöckner (geb. 1933), Seiffen, führt die Herstellung des Brautpaares auf einem Brettchen weiter. Auch Heinz Kolbe (geb. 1926), Deutscheinsiedel, widmet sich der Miniaturanfertigung in einfachster Form.

137

138

1835 geboren und sollte auf Vorschlag seines Lehrers an der Gewerbeschule ebenfalls als Lehrer ausgebildet werden. Weil er gut zeichnen konnte, wollte man einen Zeichenlehrer aus ihm machen. Die Armut der Familie aber vereitelte diese hoffnungsvolle Möglichkeit; Ferdinand Friedrich wurde ein Drechsler. Allen drei Brüdern der Auguste blieb aus gesundheitlichen Gründen der Militärdienst und damit auch die Teilnahme am Krieg erspart. – Die Begabung für einen geistigen Beruf war offensichtlich auch bei Auguste Müller vorhanden. Ihre soziale Lage aber hielt sie in der Enge eines ärmlichen Lebens fest, in dem aber trotzdem die reichen Gemütswerte dieser einfachen Frau nicht verkümmerten. Man sagt ihr nach, sie sei in steter Hilfsbereitschaft den Ärmsten des Ortes beigestanden und habe mit Vorliebe für sie alle anfallenden Gesuche geschrieben. Das Leben bot ihr wenig Freude, sie aber spendete Freude ihren armen Leidensgenossen mit vollen Händen. Verlobt war sie, aber der Sohn reicher Eltern, den sie liebte, mußte auf eine dauernde Bindung verzichten. Sie blieb ihr ganzes langes Leben einsam. Krankheit peinigte sie, zehrte an ihrer ohnedies schon schwachen Gesundheit. Ein besonderes Ereignis im Lebensgang der «Müllergustel» war ihre einzige Reise: Zu Fuß wanderte sie mit Seiffener Jahrmarktsleuten in das prunkvolle Dresden. Mit vielen Erinnerungen kehrte sie in ihr Dorf zurück, und noch im hohen Alter erzählte sie gern davon.

25
*Blumenkinder; Sonne, Mond und Sterne*
Figuren nach Entwürfen von Grete Wendt (1887–1979), die in Grünhainichen die Firma Wendt und Kühn gründete; jetzt VEB Werkkunst, Grünhainichen. Im Angebot sind auch Engelmusikanten, Margaritenengel, Engelberge mit Madonnen, Weihnachtsmänner, Kopenhagener Wachsoldaten und der Rattenfänger. Die 5–10 cm großen Figuren werden auch zur Bestückung von Spieldosen eingesetzt.

26/27 Folgende Seiten
*Wilhelm Buschs Erben*
Figuren von Diplom-Formgestalter Helmut Flade (geb. 1928), Direktor für Forschung und Entwürfe im VEB VERO, Olbernhau, und Autor bedeutender Veröffentlichungen zur Holzgestaltung. Hersteller: VEB Kunstgewerbe-Werkstätten Olbernhau. Ahornholz, lasierend bemalt, 5–10 cm.

*Der Burkersdorfer Männelmacher*
Bausatz, Reiter, Kurbelwerk, Steckenpferdreiter und Figuren von Dieter Groh (geb. 1930), Burkersdorf.

Bereits als Kind schnitzte und bastelte sie voll Eifer. Freilich, bald mußte sie mit ihren Fähigkeiten zum Erwerb der Familie beitragen und das tägliche Brot erobern helfen. Später arbeitete sie selten für Verleger und Geschäfte. Hin und wieder verkaufte sie einige Figuren an Sommergäste und sonstige Besucher Seiffens. Ihr Leben war so anspruchslos, daß sie mit wenig Geld auskam. Manche Figur oder Gruppe schuf sie nur für sich, zur eigenen Freude, gleichsam als künstlerische Selbstverständigung. Ihre Figurengruppen sind realistische Abbilder ihres Lebens und ihrer Umwelt. Mit ihren Werken versuchte Auguste Müller ihr armes Leben zu bereichern.

Sie bewohnte nur ein Stübchen. Darin kochte und wohnte, schlief und arbeitete sie. Besucher berichten von der malerischen Unordnung ihres Arbeitstisches, die sie jedem gern mit «philosophischer Ruhe» erläuterte. Neben den gekochten Kartoffeln, neben Kaffeetopf und Nähzeug lagen die Arbeitsgeräte und ihre begonnenen Arbeiten. Die angefangenen Schnitzereien durften «der Ordnung halber» nicht eher weggeräumt werden, bis sie vollendet waren.

Auguste Müller schnitzelte mit einem stark abgeschliffenen Schnitzmesser ihre Figuren aus «Ästeln», die sie aus dem Feuerholz herauslas. In Leimfarbentechnik gab sie ihnen dann eine farbige Tönung. Da sie ohne Farbschutzmittel arbeitete und auf einen Lacküberzug verzichtete, blieb der Grundton der Farben stets stumpf. Gelegentlich lackierte sie auch einzelne Figuren und Gruppen, aber nur dann, wenn ein Verleger es ausdrücklich wünschte. Sie verwandte für ihre Werke auch Stoffreste und Papier zum Kaschieren der Figuren, Federn und Moose und verstärkte damit die Wirkung ihrer kleinen, schlichten Gestaltungen, die im Durchschnitt 6 bis 7 cm groß waren (Figuren), niemals aber über 15 cm hinausreichten. Die Pinsel zum Malen verfertigte sie sich selbst aus den Haaren ihrer Verwandten, besonders aus den geopferten Haarbüscheln ihres Neffen Karl Müller. Vom ersten Schnitt ins rohe Holz bis zum letzten Pinselstrich bearbeitete die Müllergustel ihre Einzelfiguren und Gruppen selbst. Ihre Werke dokumentieren uns die älteste und echteste Schicht der Seiffener Volkskunst, sie strahlen die ganze Liebe

140

141

und Freude dieser einfachen Frau aus. Jedes Stück ist ein Originalwerk. Die überlieferten Stücke aus der Hand der alten Volkskünstlerin zeugen von ihrer reichen Phantasie, ihrem unerschöpflichen Vorstellungsvermögen und einem gesunden Menschenverstand. Ihr bot der Dorfalltag die interessantesten Motive, weil sie Freude am Kleinen hatte und mit den einfachen Menschen mitzufühlen, ihre Sorgen und Freuden aufzuspüren vermochte. Die einfache Holzschnitzerin hielt ihrem Dorf einen Spiegel vor, wurde zur bildhaft berichtenden Chronistin ihrer Zeit. Gern «porträtierte» die Müllergustel Menschen ihres Lebenskreises: den Holzfäller, den Waldarbeiter Kurt Bellmann mit seiner Frau und den alten Handelsmann aus Gottesgab (Bozy Dar), ihren Neffen Karl und den Dorfbriefträger, den Jäger und den Schäfer. Aber auch einzelne Vertreter der «besseren Gesellschaft» hielt sie im Schnitzwerk fest: den Hofrat Professor Oskar Seyffert aus Dresden, der sie oft besuchte und auch über sie schrieb, den Seiffener Spielwarenverleger Julius Glöckner mit seinem Hund, die «feinen Leute» aus der Stadt, die geputzt und geschmückt als Reisende Seiffen besuchten, und «Fräulein Erika des Bahnsekretär Hiltebrand aus Freiberg». Ihr setzte sie sogar einen Porzellankopf auf den geschnitzten Holzkörper. Auguste Müller bewies auch, daß sie das «moderne Leben» verstand, welches vor allem durch den regen Fremdenverkehr an sie herantrat: Die ersten Autos beschäftigten sie stark, ebenfalls Menschen in anderen Volkstrachten. Für das Fußballspiel interessierte sie sich auch. Auguste Müller besaß ein reiches Gemüt und einen gesunden Humor. Beides half ihr über manche schwere Stunde hinweg und klingt besonders in ihren Figurengruppen an, die Adolf Spamer treffend als «dramatisch belebte Anekdoten» bezeichnete. Es sind äußerst lebendige Gruppendarstellungen, die kleine Dorfbegebenheiten, belauschte Gespräche auf der Straße usw. zum Inhalt haben. Diese Form der Gestaltung nimmt innerhalb ihres Gesamtwerkes den größten Raum ein. Da ist das Gänseliesel mit seiner Herde, die auf das fremde Stoppelfeld läuft, Vater und Sohn beim Musizieren und ein Ehepaar in einer lustigen Situation am Waschfaß. Die Liebe des Erzgebirgers gehört «seinem» Wald, der in der Volkskunst immer wieder als Thema auftaucht. Ihre Pilz- und Beerensucher erzählen davon. Auguste Müller wollte mit ihren plastischen Bildern aus dem Volksleben aber auch erziehend wirken, besonders auf die Kinder. Sie brandmarkt den unehrlichen Finder und mahnt die Kinder zur Tierliebe. Selbst die Begrüßung auf der Straße, der kleine Spaziergang zur Tante und die Hühner auf dem Hof regten sie zum Schnitzen an. Besonders ausdrucksvoll ist die Gruppe der Holzhacker. Die fleißige Volkskünstlerin gestaltete auch biblische Themen. Das schönste Fest im Jahreslauf, Weihnachten, war dazu reichlicher Anlaß. Im Weihnachtsstempel baute sie die «Geburt» auf, und Johannes der Täufer erinnerte an den späteren Lebensgang Christi. Zur Belebung ihrer geschnitzelten Gruppenszenen klebte sie auf die Brettunterlagen jeweils erläuternde Texte. In einem Gemisch von Hochdeutsch und heimischer Mundart verfaßte sie in individueller Rechtschreibung die dazu gehörige «Geschichte». (Oskar Seyffert nannte diese schriftlichen Ergänzungen ihrer Werke «kleine Märchen, die ganz kleine Kinder gerne hören, Märchen, denen sie viele, viele Male lauschen können».) Sie ließ darin ihre kleinen Personen reden und machte sie sich selbst lebendig und lebte mit ihnen. Die Texte sind ein kindlicher Ausdruck der Stimmung ihrer Schreiberin, rührende Dokumente ihrer tiefen Menschlichkeit und ergreifende Zeugnisse eines lauteren Charakters und mitfühlenden Herzens. Auguste Müller war stolz auf ihre Werke, das klingt aus der Unterschrift, die sie häufig am Ende der «Geschichten» (und auch auf den Brettunterlagen einzelner Figuren) anführte: «Verfertigt von Auguste Müller, Schnitz- und Malerin in Seiffen». Vereinzelt vermerkte sie auch das Jahr der «Verfertigung».

Die Volkskünstlerin Auguste Müller wurde über 80 Jahre alt. Bis ans Ende ihres schöpferischen Lebens schnitzelte sie mit gebeugtem Rücken. Am 18. Januar 1930 schloß sie ihre Augen für immer und wurde in die froststarre Erde ihres Heimat-

28
*Tiere aus Holzreifen*
Unbearbeitete Stücke von Reifenprofilen, ältere Formen. Verschiedene Werkstätten.

143

144

dorfes zur letzten Ruhe gebettet. Um ihr das Armenbegräbnis zu ersparen, übernahmen der Landesverein Sächsischer Heimatschutz und andere treue Freunde die Kosten für die Bestattung. Ihr reiches Lebenswerk ist für uns eine Fundgrube echten Volksschaffens. Es trug dazu bei, den Glauben des einfachen Volkes an seine Kraft zu erhalten.

## Karl Müller (1879–1958), der Männelmacher
*Tafeln 18–22*

Als Karl Müller am 18. Juni 1879 als jüngster unter fünf Geschwistern in Seiffen zur Welt kam, erschütterte eine schwere Krise das kärgliche Leben der Arbeiterfamilien. Die Familie des Drechslers Ferdinand Friedrich Müller (1835 bis 1892), der selbst aus einer armen Seiffener Spielzeugmacherfamilie stammte und dessen Schwester Auguste später zu Seiffens besten Volkskünstlern zählte, war von der Not besonders schwer betroffen. Das Darben, die ständigen Entbehrungen, die mangelhafte Ernährung, all das ließ seine Geschwister im zarten Kindesalter an Hungerkrankheiten und Krämpfen sterben. Selma, die Älteste, war sehr begabt und in der Schule stets die Erste. Sie konnte 12 Jahre leben und überlebte die anderen. Auch der Vater litt oft unter Krankheiten. Dann wußte die fleißige Mutter (Wilhelmine Karoline Müller, geb. Trenkner) oft nicht, womit sie ihre Kinder erhalten sollte. Die kinderreiche Familie erhielt in solchen Zeiten des Verdienstausfalles lediglich jede Woche 1,50 Mark aus der Armenkasse der Gemeinde und 1 Brot als Spende des örtlichen Frauenvereins. Holzsammeln, Beeren- und Pilzesuchen sparte manchen Pfennig. Bitter war für die Kinder das Weihnachtsfest. Die Familie bereitete sich bescheidene Freuden. Der Vater drehte den Kindern ein paar besonders schöne Figuren und tauschte weitere mit der Pfefferkuchenhändlerin aus Zöblitz.

Seine Figuren, die bis 15 cm groß waren, auf der Drehbank mit Fußantrieb entstanden und nachträglich «beschnitzelt» und bemalt, lieferte er an Verleger des Ortes (Hetze, Langer) und nach Zöblitz. Für eine 13teilige Krippe zahlten sie ihm bestenfalls 2,00 Mark. Mutter und Kinder mußten fleißig mitschaffen, damit es recht schnell ging. Der Vater ließ sie meistens die Figuren bemalen. Er gestaltete vornehmlich Dorftypen und verschiedene Gruppen aus der christlichen Legende (Geburt, Verkündigung, Beschneidung, Flucht). Eine besonders schöne Arbeit des Vaters soll eine «Kreuztragung» in zwölf Stationen gewesen sein. Nach 1871 verlangten die Verleger in großen Mengen Soldaten, Reiter und ganze Schlachten. Die Spielzeugmacher waren auf die Aufträge angewiesen und mußten sich fügen. Nach Vorlagen (Bilderbogen usw.) stellten sie Soldaten aller europäischen Länder und Waffengattungen her. Karls Vater konnte sehr gut zeichnen (er sollte ja deshalb Zeichenlehrer werden). Er brachte es darin zu erstaunlichen Fertigkeiten. Mit Schmunzeln erinnerte sich Karl Müller später an Vaters Leistungen: Er konnte Papiergeld so täuschend ähnlich nachzeichnen, daß man es im Dorfladen als richtiges Geld ansah. Aus Scherz gab er es gelegentlich mit auf den Ladentisch, forderte es aber stets zurück, wenn sein Spaß einmal gelang. Ehrlichkeit war Vaters Prinzip.

Karl Müller besuchte schließlich 8 Jahre die Volksschule (1885–1893) und anschließend 2 Jahre die Gewerbeschule des Ortes (1893–1895). Dort wurde er besonders im Schnitzen, Zeichnen und Modellieren unterrichtet und bestand die Gewerbeschulprüfung. Das Drechseln lernte er frühzeitig beim Vater. Als sein Vater am 27. März 1892 starb, wurde das Leben noch schwerer. Ein weiterer Schulbesuch war dem Jungen aber doch möglich, weil die Mutter erneut geheiratet hatte. Karls Stiefvater war ein armer Spielzeugmöbelmacher, der später seine Arbeit aufgab und in eine Federkastenfabrik nach Hirschberg wechselte. Er kam von dort aus nur am Wochenende nach Hause.

Bereits mit 16 Jahren arbeitete Karl Müller als selbständiger Drechsler. Eine besondere Prüfung war dafür nicht notwendig. Die jungen Spielzeugmacher versuchten in der Regel sehr früh wirt-

29
*Der Tierpark in Miniaturausgabe Haustiere und Exoten – friedlich vereint. Ältere Formen aus verschiedenen Werkstätten.*

schaftlich auf eigenen Füßen zu stehen; die Not trieb sie aus den elterlichen Stuben. Außerdem hofften sie damit, sich das Los des Fabrikarbeiters zu ersparen und sich eine größere «Freiheit» zu bewahren. Karl Müller übernahm die «Fußdrehlade» seines Vaters und auch viele seiner Typen. Karl lieferte seine Figürchen an Verleger in Olbernhau (Müller), Grünhainichen (Wagner und Wächtler), Waldkirchen (Oehme, Schmidt und Bayer) und Seiffen (Langer und Hetze). Gelegentlich gab er sie auch an verschiedene Kaufhäuser im ehemaligen Chemnitz ab. Mit Vorliebe nahm er Aufträge von Privatleuten an, weil er dabei einige Pfennige mehr verdiente. Nachdem er einige Jahre hindurch fleißig gearbeitet und auch ein wenig gespart hatte, heiratete er am 7. Mai 1905 die Landarbeiterin Hedwig Helena Gläßer (geb. 14. März 1881) aus Deutscheinsiedel. Sie war die Tochter eines armen Waldarbeiters und Gemeindeboten. Freudig begann sie bei ihm zu lernen und arbeitete fleißig mit. Sie hatte geschickte Hände. Neun harte Jahre lang arbeitete sie obendrein in der Landwirtschaft und erhielt vom Bauern monatlich 10 Mark Lohn. Mutter Müller war ihrem Mann immer eine fleißige Gehilfin, beschnitzelte, leimte und bemalte seine Figuren bis zu ihrem Tode 1956. In der elterlichen Wohnung wurde es nach der Hochzeit zu eng. Das junge Ehepaar suchte sich eine eigene Behausung (1912 übernahm dann Karl Müller die Wohnung, die bis zu seinem Tode sein Heim blieb).

An dieser Stelle muß noch eine andere volkskünstlerische Technik erwähnt werden, die Karl Müller in den ersten Jahren seiner selbständigen Arbeit, besonders um die Jahrhundertwende herum, ebenfalls ausübte: die Hinterglasmalerei. Er wurde dazu durch einige Bücher und verschiedene Zeichnungen des Vaters angeregt. Die Aufträge verschaffte ihm meistens der Briefträger Otto Flade. Karl Müller fertigte besonders christliche Sinnsprüche mit christlicher Symbolik (als Geschenke zur Konfirmation, Hochzeit usw.) und Militärbilder mit dem sächsischen Wappen, Eicheln, Eichenlaub und Fahnen. Als Erinnerungen an die Militärzeit blieb darin jeweils Platz ausgespart, damit eine Fotografie eingesetzt werden konnte. Die Rahmen der Bilder stellte er in den meisten Fällen selbst her. Diese Bilder fertigte Karl Müller je nach Auftrag in verschiedenen Größen. Die Not brachte den armen Spielzeugmacher und den sozialdemokratischen Redakteur zusammen: Noch bis ins Alter erinnerte sich Karl Müller an Emil Rosenow, der mehrmals in Seiffen sprach. Voll Stolz hat er eine Fotografie aufbewahrt, die ihm Rosenow 1898 zugeeignet hatte. Vor dem ersten Weltkrieg verdiente Karl Müller wöchentlich etwa 10 bis 12 Mark. Er mußte dafür täglich 10 bis 12 Stunden arbeiten und außerdem auch seine Frau teilweise mit beschäftigen. Ein Dutzend «schwedischer Soldaten», 8 cm groß und mit geschnitzten Beinen, wurde ihm vom Verleger mit 35 Pfennig vergütet. Für eine «Christgeburt», 8 cm große Figuren, 13teilig, zahlte der Verleger Lange 2,20 Mark. Für ein Dutzend Reiter, 10 cm groß, erhielt er 80 Pfennig. Davon mußte er noch den Reifendreher bezahlen, der ihm die Grundformen drehte.

Im ersten Jahrzehnt unseres Jahrhunderts gehörte Karl Müller einigen Vereinen an, so zum Beispiel dem Pfeifenklub «Blaue Wolke», dem Jugendverein und einem Gesangsverein, in dem er im ersten Tenor sang. Von diesen bescheidenen Freuden mußte er jedoch bald absehen, weil die Zusammenkünfte in den Gasthäusern für ihn zu kostspielig wurden. Die Inflation brachte ihm schwere Wochen, die Nachfrage nach seinen Figuren war damals ganz gering. Bessere Zeiten brachen für ihn an, als in den zwanziger Jahren der Landesverein Sächsischer Heimatschutz unter Oskar Seyffert nach bestem Vermögen die echten Volkskünstler unterstützte. Karl Müllers durchschnittlicher Wochenverdienst betrug dadurch etwa 15 Mark. Er wurde zum ständigen Lieferanten der Verkaufsstelle dieses Vereins in Dresden.

30
*Bunte Vielfalt der Reifentiere*
Ältere Formen, zusätzlich beschnitzt – Fell andeutend – oder als Fahrtiere ausgerüstet. Stehendes, schreitendes, fressendes und kopfumwendendes Vieh. Die Tiere sind zum Teil beflockt, mit Wolle belegt und mit Federn ergänzt. Museumsbestände.

31 Folgende Seite
*Die wilde Jagd*
Wie die Arbeit im Walde ist die Jagd ein beliebtes Thema der Seiffener Volkskunst. Sie wurde auch gern als Pyramidenbestückung eingesetzt. Ältere Formen. Gegenwärtig gestaltet Walter Werner (geb. 1931) neu eine kursächsische Jagd, ergänzt mit Jägern zu Fuß.

147

148

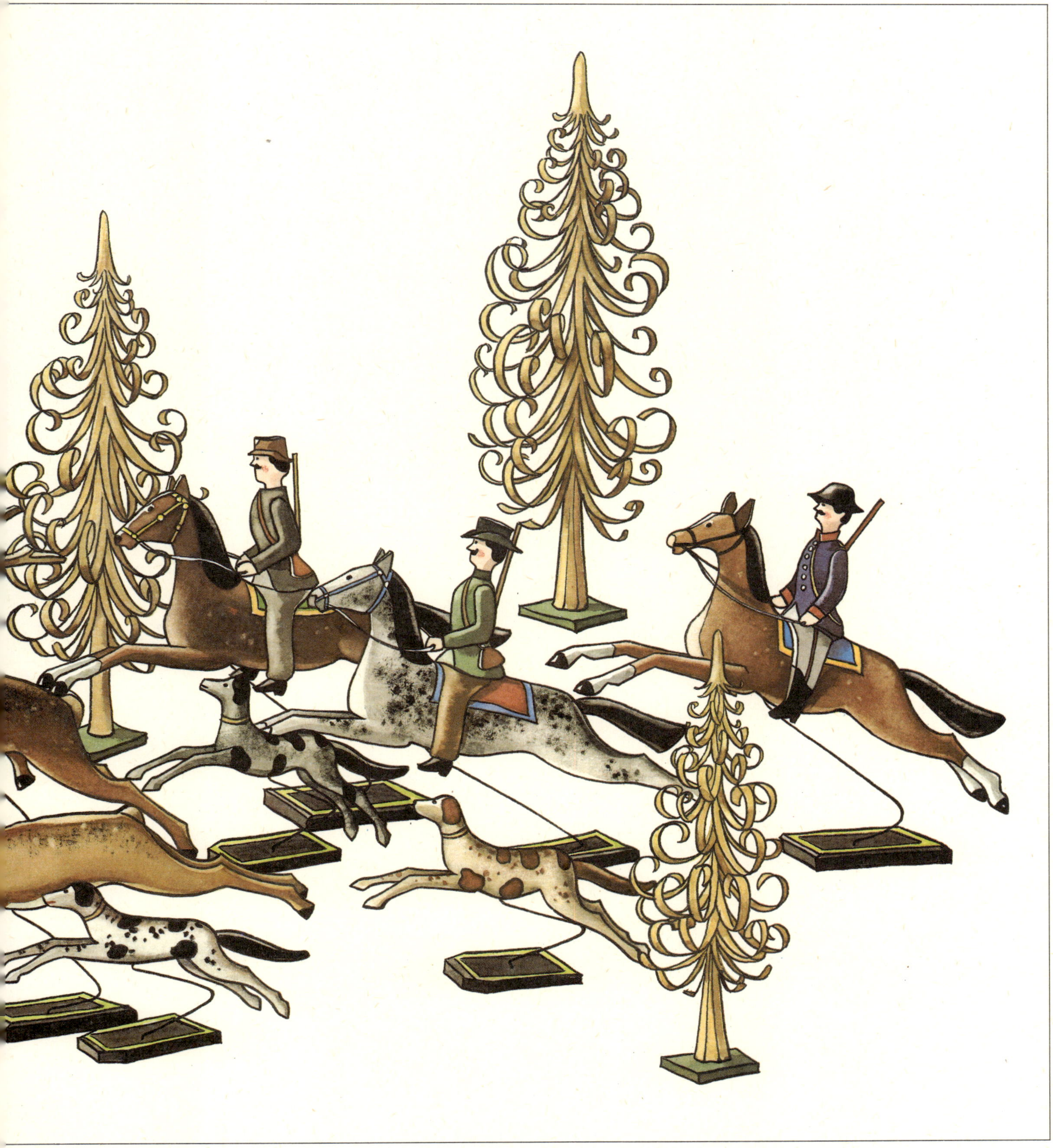

Karl Müller war einer der ersten Volkskünstler, die die tatkräftige Hilfe unseres Staates spürten und seine Bemühungen zur Pflege der Volkskultur dankbar anerkannten. 1951 erfuhr er eine bedeutende Ehrung: Für sein treues Bewahren der überlieferten heimatlichen Volkskunsttraditionen nahm ihn der Verband Bildender Künstler in seine Reihen auf. In den folgenden Jahren erhielt er auf Antrag des Kulturfonds der DDR einen ansehnlichen monatlichen Förderungszuschuß, der ihm ein auskömmliches Leben sicherte. Außerdem kaufte die Staatliche Verkaufsstelle für Volkskunst seine gesamte Produktion auf. Eine vernünftige Preisregelung sicherte ihm gesetzlich den wohlverdienten Lohn. 1952 beschickte Karl Müller zum ersten Mal in seinem Leben eine auswärtige Ausstellung: Seine Figuren erfreuten fast hunderttausend Besucher der Deutschen Volkskunstausstellung in Berlin. Damit war für ihn auch die erste große Reise seines Lebens verbunden: Er erlebte die Hauptstadt der DDR. Das Jahr 1955 brachte ihm hohe Festtage: Am 7. Mai feierten Karl Müller und seine Frau im Kreise vieler Freunde die Goldene Hochzeit. Seine zierlichen Figuren waren zugleich das Werk seiner Lebensgefährtin.

Im kleinen Keller stand eine alte, von seinem Vater übernommene «Fußdrehlade», mit der er die Rohlinge seiner Figuren drehte. Obwohl in allen anderen Werkstätten längst der alte Fußantrieb durch Wasserkraft, Dampfantrieb und schließlich elektrischen Kraftantrieb verdrängt worden war, ist «Müllerkarl» der ältesten Form treu geblieben. Sie starb mit ihm aus. Die weitere Bearbeitung der Figuren erfolgte dann in der gemütlichen Wohnstube auf dem Arbeitstisch am Fenster. Für die Drehkörper seiner Figuren verwendete Karl Müller Fichtenholz, für die Unterbrettchen («Pritscheln») Buche. Wenn er für eine bestimmte Figurengruppe Tiere benötigte, so ließ er die Grundformen beim Reifendreher aus Lindenholz herstellen. Nachdem Karl Müller die Rohlinge seiner Figuren gedreht hatte, beschnitzelte er sie, d. h., sie erhielten mit wenigen Schnitten die charakteristischsten Merkmale, die ihren Typ festlegen. Anschließend wurden die Glieder bearbeitet, aufgesetzt (z. B. Arme) oder eingesetzt (z. B. Beine) und verleimt. «Krumme» Figuren (z. B. eine sich bückende Waldfrau) oder auch kniende Figuren (z. B. Hirten der Christgeburtsgruppe) wurden als Rohlinge zerschnitten, abgeschrägt oder verkürzt. Karl Müller arbeitete seine Figuren in verschiedenen Größen, je nach Wunsch des Auftraggebers und eigener Lust. Die kleinsten Miniaturen sind 1,5 cm groß und erforderten besonders große Geschicklichkeit. Er nannte sie «Wanzen». Seine größten Figuren erreichten eine Länge von 14 cm. Am liebsten arbeitete er aber in mittleren Größen von 4 bis 8 cm. Die Bemalung seiner Figuren geschah in folgender Weise: Zunächst wurden sie mit Leimwasser getränkt, dann erhielten sie einen doppelten Leimfarbenanstrich (Bindemittel: Knochenleim), und schließlich überzog er sie mit Spirituslack. Außerdem verwendete Karl Müller auch Bronze (z. B. für den Anstrich der Kronen der Heiligen Drei Könige seiner Krippenfiguren). Als die Verleger ständig die Preise drückten, konnte er keine Bronze kaufen. Er bemalte damals die Kronen z. B. nur mit gelber Farbe und ergänzte durch Glasstaub. Früher grundierte Karl Müller seine Figuren auch gelegentlich mit leimgebundenem Kreidewasser, bevor er sie einmal bemalte und schließlich mit Spirituslack überzog. – Zum Kaschieren seiner Figuren nahm er Stoffreste aller Art und Papier. Für verschiedene Typen und Gruppen brauchte er auch Drahtreste, Steinchen und Moose.

Karl Müller übernahm als sechzehnjähriger in Technik und künstlerischer Gestaltung das Erbe seines verstorbenen Vaters, von dem leider nur noch wenige Figuren vorliegen. Die frühen Figuren aus Karl Müllers erster Schaffensperiode um die Jahrhundertwende zeigen deshalb deutliche Anklänge an die Gestaltungen des Vaters und

32
*Reifentiere – kunstfertig beschnitzt*
Paul Hermann Ulbricht (1873–1925) war selbst kein Reifendreher, sondern ließ sich die Tierkörper zur Weiterverarbeitung drehen. Sein schnitztechnisches Können war hervorragend. Mit seinen meisterhaft geschnitzten Reifentieren schuf er – eng mit der Natur verbunden – kleine Tierplastiken, die über den Rahmen des Spielzeugs hinausgehen. – Sein Sohn Paul Edmund Ulbricht (1904–1971), Tierschnitzermeister, zunächst selbständig, dann seit 1958 der PGH Seiffener Volkskunst zugehörig, verwendete keine Reifen mehr, sondern sägte die Profile zum Schnitzen seiner Tiere aus. 1937 empfing er für eine geschnitzte Pferdegruppe eine Goldmedaille auf der Weltausstellung in Paris.

151

152

wirken im Gesamtausdruck durch ihre schärfere Profilierung plastischer als seine späteren Figuren. Man kann Karl Müllers gedrehte Holzfiguren ebensowenig als Spielzeug bezeichnen wie die kleinen Schnitzwerke seiner Tante Auguste Müller. Beides sind einfache, schlichte künstlerische Holzgestaltungen als Widerspiegelungen wirklichen Lebens. Wenn sich auch die Werke beider Volkskünstler in ihrer Technik grundsätzlich unterscheiden, so ist die technologische Primitivität beiden Produktionsarten gemeinsam. Die Werke der zwei Müllers, der Tante und ihres Neffen, sind naiv gestaltete künstlerische Äußerungen und spontaner Ausdruck ihres Weltbildes. Unter diesem Gesichtspunkt sind sie nicht als Kinderspielzeug zu werten.

Karl Müller war in der Thematik seiner Figuren außerordentlich vielseitig. Er fing in ihnen aus großer Liebe zur Heimat das gesamte Dorfleben ein, seine Umwelt, den dörflichen Alltag. Seine schmucken Bergaufzüge erinnern an bewegte Zeiten des erzgebirgischen Bergbaues. Die verschiedenen Berufe der Einwohner, die Dorfkapelle, die Waldleute und die weihnachtlichen Kurrendesänger regten ihn an. Sehr gern arbeitete er an Brautzügen, in deren Mitte er oft alte Seiffener Dorforiginale marschieren ließ. (Auf den Standbrettchen verzeichnete er die Namen.) Am Bahnhof beobachtete er die Eisenbahner. Im Herzen eines jeden Erzgebirgers lebt der Volksheld Carl Stülpner. Als Rebell aus sozialer Not begehrte er auf gegen eine schlecht geordnete Welt, half den Armen, beschützte die Schwachen. Ihm und seiner treuen Frau setzte Karl Müller mit seinen beiden Figuren ein Denkmal. Die wandernden Händler kamen früher aus Böhmen herüber ins Gebirge. Auch die reiche Verlegerfamilie gehörte zum Dorfbild. Eine besondere Vorliebe hegte er für die kleinen Tanzpaare, die er in vielen Variationen als Träger verschiedener deutscher Volkstrachten herstellte. Als Sonderauftrag des Seiffener Heimat- und Spielzeugmuseums schuf er die Figuren für das Modell des Seiffener Mettenganges. Es ist eines der schönsten Schaustücke der Sammlung. Karl Müller liebte die Kinder, die seine kleinen Figuren gern bewundern. Das Weihnachtsfest bereicherte er mit Figuren. Er baute seinen selbsthergerichteten Weihnachtsberg auf. Einen Teil davon bildet der Tempelbau mit einer Szene aus dem Leben Christi. Die prächtigen Kamele mit den Heiligen Drei Königen waren sein besonderer Stolz. Karl Müller produzierte mit großer Liebe Krippenfiguren. Er benötigte zur Gestaltung der Kostüme keine Vorlagen, kannte allerdings die Bibel gut. Er war ein sehr gläubiger Mensch. Seine religiösen Darstellungen sind in der Tat phantasiebedingte Abbilder des wirklichen Lebens: Die Figur seiner Maria gleicht dem Bild einer erzgebirgischen Mutter, und auch der Joseph und die Hirten sind echte erzgebirgische Typen. So gestaltete der Volkskünstler die christliche Legende in heimatlichem Gewand. (Treffende Beispiele dafür bieten die zahlreichen weihnachtlichen Heimatberge der westerzgebirgischen Schnitzerei!) Karl Müller gestaltete die christliche Weihnachtsgeschichte in verschiedenen festumrissenen Gruppen: Die «Geburt» lieferte er mit «knienden» Figuren (sogenannte Krippenstellung) oder auch in sogenannter Pyramidenstellung mit «laufenden» Figuren. In diesen Themenkreis gehören ferner die «Verkündigung», die «Beschneidung» und die «Flucht nach Ägypten». Der Weihnachtsengel gehört zur alten Seiffener Tradition, Karl Müller entwickelte einen eigenen Typ. Leider ist von der Gruppe «Christus und die Jünger» kein vollständiger Satz mehr erhalten. Karl Müller gestaltete sie in den ersten zwei Jahrzehnten seines Schaffens.

Karl Müllers kleine, schlichte Werke gehören zu dem Schönsten, was uns die erzgebirgische Volkskunst bietet. Er weitete mit seinem Schaffen

33
*Arche Noah*
Ältere Tierformen in bemalter Arche. Zu den letzten Spielzeugmachern, die Archentiersätze mit 120 Tieren zusammenstellten, zählte Oswald Biermann (1856–1944), Heidelberg.

34/35 Folgende Seiten
*Pferd und Ochs als Arbeitstiere*
Geschnitzte Tiere von Max Walther (1900–1976) und seinem Bruder Otto Walther (1902–1979). Verschiedene Größen, bemalt.

*Kräftige Gespanne*
Die einfachen Last- und Kastenwagen wurden von Albert Müller (1898–1964), Seiffengrund, hergestellt, gezogen von großen Reifentieren. Zur größeren Postkutsche gehörte ein gut geschnitztes Pferdegespann. Museumsbestände. In der Gegenwart schnitzt Günter Heidenreich (geb. 1934), Seiffen, solide Fahrtiere.

154

155

unseren Blick für das Echte der Volkskunst und die Wahrhaftigkeit ihrer Sprache. Seine Figuren lassen uns in der gleichen Offenheit in das reiche Gemüt eines einfachen Menschen blicken wie die Schnitzereien seiner Tante Auguste. Er verschied am 26. 3. 1958 und wurde unter Anteilnahme einer großen Trauergemeinde neben seiner am 17. 12. 1956 verstorbenen Frau auf dem Seiffener Friedhof beerdigt. (Über Leben und Werk von Auguste und Karl Müller vgl. Manfred Bachmann, Seiffener Spielzeugschnitzer, 1956.)

*Der Spielwarenhändler.*
Liebe Kindlein,
Kauft ein!
Hier ein Hündlein,
Hier ein Schwein;
Trommel und Schlegel,
Ein Reitpferd, ein Wägel,
Kugel und Kegel,
Kistchen und Pfeifer,
Kutschen und Läufer,
Husar und Schweizer,
Nur um ein paar Kreuzer
Ist alles dein;
Kindlein, kauf ein!
GOETHE

## Menschen Tiere Häuser Bäume: Das Kind erbaut sich seine Welt
*Tafeln 23–44*

Mit der weiteren Entfaltung seiner geistigen Fähigkeiten entsteht beim Kind das Bedürfnis, die Umwelt in ihren Beziehungen handelnd zu erfassen. Dem Schau- und Greifalter der ersten Lebensperiode folgt nun das «Baualter», in dem das phantasievolle Ordnen erhöhte Bedeutung gewinnt. Seit Jahrhunderten haben die Spielzeugmacher dafür die Elemente geliefert: menschliche Figuren, Tiere, Häuser und Bäume. Im späten Mittelalter boten vermögende Eltern ihren Kindern kostbare, von Handwerkern in zierlicher Arbeit gefertigte Jagden, Meierhöfe und Puppenhäuser. Erst als die für dieses Spielgut notwendigen Einzelteile in einfacher Weise aus Holz (Reifentiere) oder auch in anderen Materialien (Zinnfiguren) gefertigt werden konnten, hatten auch die Kinder der ärmeren Klassen die Möglichkeit, solche Spieleinheiten zu erhalten. Als «Füll- und Schachtelware» wurden auch die Bauereien zu einer erzgebirgischen Besonderheit, zu einem Exportschlager des 19. Jahrhunderts. Das auffällige Kennzeichen dieser Kollektionen, die in den Verlagsgeschäften zusammengestellt wurden, war das Verpackungsmaterial. Hierzu gehören in erster Linie die in den charakteristischen Holzspanschachteln verpackten Spielzeugdörfer und -städte, die Miniaturen in der Streichholzschachtel (nach 1900) sowie die «Archen» in ihrer Doppelfunktion als Spielzeug und Verpackung. Im Hinblick auf die Spielwelt des proletarischen Kindes schrieb Lu Märten (1879–1970), die streitbare Verfechterin einer der Arbeiterklasse verbundenen Kunsttheorie: «... Aber schon auf der ersten Stufe und im ersten Begriff summiert sich dem Kinde unbewußt alles Spätere. Die materiallose, spielzeuglose Phantasie des ganz jungen Kindes ist in sich so vollkommen als die letzte Stufe, auf der das Kind produziert und somit Arbeiter und Beherrscher seiner Welt wird, es werden sollte... Wichtig auf der ganzen Linie des Spielzeugs wären Dinge in verschiedenen Größenstufen, rein als Materialspielzeug nebeneinander. Die sollten dann der kindlichen Spielkraft überlassen bleiben, die sie verdichtet und zu einem Besonderen werden läßt. Danach wäre es auch leichter, den Kunsteinfluß auf das Spielzeug auszuüben, die wirklichen Dinge in der einfachen Sprache des jeweiligen Materials auszudrücken... Das tätige, produzierende Kind ist ähnlich glücklich wie das ganz junge. Es sieht in jedem Material ein Spiel. Es sucht für jedes Spiel schon Material; nur anders, wie auf der höchsten Stufe des Spieles der Kindlichkeit, und die

36
*Das «Familienleben» der Tiere*
Der Hersteller war Richard Bilz (1902–1943), der im Volksmund «Tierfamilien-Bilz» genannt wurde. In der Gegenwart führt sein Sohn Helmut Bilz (geb. 1923) die Produktion fort. Museumsbestände. Osterhasenminiaturen fertigten Arthur Kempe (1875–1948) und Bruno Wolf (1889–1971). Georg Heidenreich (1903–1976), Seiffen (Heidelberg), drehte ebenfalls Tierfamilien. Im gegenwärtigen Angebot des VEB Holzwaren Galenz sind eine Fülle von Osterhasenfiguren, paarweise oder als Familien geordnet, als Hasenschule, als Musikanten, Eiermaler und beim Spiel. Bemalt oder naturfarben. Größe 8–16 cm. Aus dem gleichen Betrieb stammen farbige gedrechselte Ostereier, 3,5 cm–4 cm hoch.

157

158

zwei Pole seines Lebens Arbeit und Spiel in kindlicher Freiheit umfassend» (Spiel und Spielzeug, 1909, S. 28-31).

In den letzten Jahren ist die Spanschachtel (die Bezeichnung tritt als Oberbegriff erst zu Beginn unseres Jahrhunderts auf) in verstärktem Maße zum Gegenstand der volkskundlichen Sachforschung geworden, wie die Publikationen und Ausstellungen beweisen. Das Schachtelmachen ist ein altes, in allen waldreichen Gegenden verbreitetes Holzhandwerk gewesen, ein ärmliches hausindustrielles Gewerbe. Die Zentren lagen in Bayern, Böhmen und in Thüringen. Aber auch für andere Regionen ist die Herstellung von Spanschachteln überliefert und belegt, so für Schlesien, den Spessart, den Odenwald, die Schweiz, das Salzkammergut und das Grödener Tal. Für Berchtesgaden ist bereits 1596 die Zunft der «Gadelmacher» mit 150 Meistern, 62 Gesellen und 17 Lehrlingen organisiert. Spanschachteln gab es in allen Größen (von 1 cm bis über 1 m Länge), in sich ergänzenden Sätzen, reich bemalt und roh, für den Arbeitsalltag und für festliche Gelegenheiten. Der Nutzungszweck war nahezu unbegrenzt: für Kleidung und Textilien, besonders Hauben, Schmuck, Akten, Briefe, Nahrungsmittel, Apothekerschachteln, spezielle «Puderschachteln» und «Blumenschachteln», Schachteln für Zichorienkaffee, Bonbons, Nachereien und Nachtlichter etc. Schachteln müssen in riesigen Mengen gefertigt worden sein. (Wir danken Kurt Dröge eine neue, umfassende Studie zum Thema. Vgl. Spanschachteln-Bestandskatalog, 1979.)

Selbstverständlich war das praktische Verpackungsmittel auch für den Transport von Spielzeug sehr geeignet. Auch im Erzgebirge festigten sich Produktionszentren für den notwendigen Artikel. Für Olbernhau deutet der Bericht der Kirchenvisitation von 1585 darauf hin, daß die Schachtelmacherei ein heimisches Gewerbe war. (Der erste Schulmeister Georgius Fleischmann wird als Schachtelmacher genannt.) Das Gewerbe entfaltete sich an der mittleren und oberen Flöha wie auch an ihren Nebenflüssen. Auch für das Lautersteiner Gebiet bestätigt Merkel zu Beginn des 19. Jahrhunderts, es seien «Klöppeln und Schachtelmachen die Hauptmanufakturen der Dörfer» – nächst der Leineweberei. Kinderarbeit war dafür weit verbreitet, kärgliche Löhne die Regel. Olbernhaus Aufstieg zum Verlegerort provozierte großen Bedarf an Schachteln. Wie alle Zweige der Hausindustrie unterlag die Schachtelmacherei konjunkturellen Schwankungen, deren Folgen jeweils die Heimarbeiter hart trafen. Die größeren Schachteln zur Verpackung des Spielzeugs waren schmucklos weiß, die bunten Bauereien in ihnen machten sie kostbar. Im ausgehenden 19. Jahrhundert setzten sich jedoch Kistchen und Kartons als raumsparende und billigere Behältnisse durch. Dazu fand die Masse der Reifentiere ihr Unterkommen in den Archenhäusern.

Bis 1950 wurde die handwerkliche Herstellung von Spanschachteln mit Spänen, die man mittels eines speziellen Spanhobels mit der Hand zog, durch Schachtelmacher Karl Helzel in Rübenau ausgeübt. Gegenwärtig bemüht sich der VEB VERO, Olbernhau, die alte Spänziehermühle in Grünhainichen – die bereits zu Beginn des 18. Jahrhunderts in der Chronik genannt wird – als technisches Kulturdenkmal zu schützen und zu nutzen (vorrangiger Besitzer Wilhelm Enger). In der Gegenwart werden nur kleine Spanschachteln

37
«Hoppe, hoppe Reiter...»
Als sehr beliebtes Spielzeug wird der Wiegereiter – in Anlehnung an das große Schaukelpferd für Kinder – bis heute in verschiedenen Größen gefertigt. Als Hersteller gelten Rudolf Ender (geb. 1898), Borstendorf, Otto Helbig (geb. 1918), Seiffen, Gotthard Steglich (geb. 1945), Steina. Aus der Werkstatt von Günter Leichsenring (geb. 1931) und Vater Erich Leichsenring (geb. 1904), Seiffen, stammt der beliebte «Wiegereiter Soldat». Um 1880 soll August Hermann Ulbricht die ersten Reiterlein hergestellt haben. Sein Sohn Ewald Ulbricht (1889–1980), Seiffen, stellte nach dem ersten Weltkrieg gekreidete und bemalte «Walzenreiter» her.

38/39/40 Folgende Seiten
*Schachtelware für den Markt*
Die Karton- und Spanschachtelfüllungen sprachen schon durch ihre dekorative Aufmachung den Käufer an. Erzgebirgische Spielzeughändler wurden deshalb auch «Schachtelleute» genannt. Als Unterlage für die Figuren diente oft gefärbte Holz- oder Papierwolle. Gelegentlich waren die Stücke angeheftet oder «eingenäht». Schäferei, Gänseliesel, der kleine Bauernhof und die aus Brettchen zusammengeleimten Häuser der kleinen Stadt lockten zum Spiel. Kartons: ältere Füllungen. Die Schachteln, gefüllt mit Häusern, Bäumen, Tieren, Bauern und Fahrzeugen, waren oft marktgängig geordnet und etikettiert als Norddeutsches, Fränkisches, Schwarzwälder oder Schweizer Bauernhaus.

160

161

162

zur Aufnahme von Miniaturfiguren mit «Souvenircharakter» eingesetzt (mit ornamentaler Bemalung und Beschriftung; 7,5 cm Durchmesser). Vertrieb: VEB Erzgebirgische Volkskunst Kurort Seiffen.

Im Gegensatz zu den Thüringer Figuren aus Teig, später aus Papiermasse, entwickelten die Seiffener Spielzeugmacher – nach frühem Nürnberger Beispiel – einen vereinfachten gedrechselten Figurentyp, der den «ordinären» (einfachen) Bauereien beigegeben wurde. Die «feinen Bauereien» erforderten individuell in modischen Formen gestaltete Figuren, die dem zeitgenössischen Modestil entsprachen. Die Erzeugnisse der alten Seiffener «Männelmacher» gelangten auf dem Weltmarkt zu besonderer Berühmtheit. Ihre Figuren wurden in verschiedenen Größen aus der walzenförmigen Dockengrundform geschaffen und durch technologische Verfeinerungen in vielen Varianten gestaltet. Die Drechsler gliederten sie beim Drehen der organischen Körperteilung entsprechend, erreichten durch «gebrochene» Figurenkörper, die die starre Dockenform auflösten, durch den Einsatz zusätzlicher Materialien (Stoff, Papier, Federn, Fell) und durch eine ansprechende Bemalung einen unerhört lebendigen Ausdruck der Holzfiguren. In ihren Miniaturgrößen gehörten sie einst zum billigsten Spielzeug. Auch die Nußknacker, Räuchermänner, Lichterbergleute und -engel sind technologisch aus der Dockengrundform heraus entwickelt.

Es gibt wohl nur wenige Stoffe in der Menschheitsgeschichte, die so alt und so beharrlich überliefert worden sind wie die Geschichte vom ersten Menschenpaar: Adam und Eva, Urbild und Paarbeziehung. Viele Gründe wären dafür anzuführen: Sicherlich hat die Sehnsucht des Menschen nach einem «paradiesischen Zustand» der Welt dabei ebenso eine Rolle gespielt wie die Frage nach dem Bösen. Die Legende um die Erschaffung des Menschen war auch Anlaß für unzählige Darstellungen bildlicher Art, in allen Materialien, wie die Verwendung des Stoffs in Erzählungen, die Einfügung in die Symbolik von Zunftbräuchen, Hochzeitsbräuchen und die Aufnahme in das Weihnachtsbrauchtum (24. Dezember als Kalendertag «Adam und Eva»). In der erzgebirgischen Volkskunst finden wir beide in der Krippe, im sogenannten Paradiesgarten der Pyramide und im Weihnachtsspiel (vgl. Lutz Röhrich, 1968).

Zu den maßgeblichen Erneuerinnen der Seiffener Figurenmacherei zählte Elfriede Jahreiß (1907–1981). 1948 erhielt sie die Anerkennung als freischaffende Schriftgrafikerin. Im Kreise der Freiberger Künstler begegnet sie im gleichen Jahr dem früheren Lehrer (seit 1920) und Direktor der Fachschule Seiffen, dem Gestalter Max Schanz (1895–1953). Er interessierte sie für die Seiffener Spielzeuggestaltung – es folgten Jahre fruchtbarer Zusammenarbeit bis zum Tode des begabten Förderers der Seiffener Traditionen. 1955 erwarb Elfriede Jahreiß als zweite Frau in der Geschichte des Spielzeugdorfes den Meistertitel und gründete eine «Werkstatt für erzgebirgische Volkskunst». Zunächst führte sie die Figuren und Gruppengestaltungen von Max Schanz weiter (u. a. die reizvollen Stabpyramiden), bevor sie gedrechselte Figuren nach eigenen Entwürfen zum Angebot brachte. Sie zogen in alle bedeutenden Volkskunstausstellungen ein. 1967 erhielt sie die ehrenvolle Anerkennung «Kunstschaffender im Handwerk». Ihre aktive Mitarbeit in der «Traditions- und Entwicklungsgruppe Seiffener Volkskunst» war für Elfriede Jahreiß ein Bekenntnis zu den kostbaren Traditionen der heimatlichen Volkskunst. Alter und Gesundheitszustand zwangen sie, 1976 die Werkstatt aufzugeben und in ein kirchliches Altersheim nach Dresden zu ziehen. Auch dort half sie unermüdlich bei der sozialen Betreuung der Mitbewohner.

Die in der Regel als Miniaturen angelegten Figürchen von Elfriede Jahreiß gehören zum reizvollsten Bestand der jüngeren Seiffener Volkskunst. In vielen Museen und in den Vitrinen unzähliger Sammler künden sie vom Wirken einer sensiblen Frau, die ihre tiefe Heimatliebe in den winzigen Figürchen ergreifend ausklingen ließ. Die als Einzelstücke gefertigten Waldleute, Bauerngruppen und sorbischen Trachtenfiguren – Ergebnis einer Anregung des sorbischen Volkskundlers Paul Nedo – verraten in gültiger Weise das nahtlose Einfügen in die «Handschrift» der tradierten Fertigungstechniken. – Der dreizehnteilige historische Seiffener Brautzug wurde zeitweilig auch als reizvolle Bestückung für Spieldosen eingesetzt, kombiniert mit dem Modell der Seiffener Bergkirche. Die kleine Weihnachtskrippe und der lustige Hühnerhof in der Spanschachtel – die Hühner mit Naturfedern – verrieten ebenso die gekonnte Beherrschung der Formen der Serienfertigung wie die zwei Spreewälderinnen oder das Brautpaar.

Mit den Figuren von Grete Wendt (1887–1979) wurde zum ersten Mal der Werkstättengedanke – als Absolventin der Kunstgewerbeschule Dresden hatte sie Kontakt zu Karl Schmidt und den Deutschen Werkstätten für Handwerkskunst, zu Richard Riemerschmid und Th. Artur Winde – auf Erzeugnisse der erzgebirgischen Hausindustrie übertragen. Märchen, Sagen, Ludwig Richters Kinderidylle, Engel und heitere Volksfiguren sind ihre Stoffe. «Mit aus Holz gedrechselten, gesägten, gefrästen und feinfühlig geschliffenen Formen vollzog sie eine Verfremdung, die sich erst beim Zusammenfügen aller Elemente zu einer figürlichen Komposition wieder wandelte und eingehüllt wurde in eine feinsinnige malerische Auszier. Die gebrochene Form aus der axialen Symmetrie des Dachvorgangs, überfangen von der lyrischen Verspieltheit des Malerischen, ist das Bestimmende und Bleibende.» (Flade, In Memoriam ... S. 3.)

Helmut Flade (geb. 1928), Diplom-Formgestalter im VEB VERO, Olbernhau, entwickelte in den letzten Jahren zierliche, heitergestimmte Figuren, vornehmlich aus dem Schatz der deutschen Volksmärchen und der verschmitzten Welt des Wilhelm Busch.

Dieter Groh (geb. 1930), Burkersdorf, begann erst 1965 als Holzgestalter. Zunächst fand er seine Vorliebe in den Figuren von Karl Müller und überlieferten Lichtenträgern, bevor er Baukästen und eigene Figurengruppen entwickelte. Für die sensible Strohpüppchen-Gestalterin Lieselotte Lange, Kirchberg, stellt er die notwendigen Spielzeugwägelchen her (vgl. Werner Markgraf).

Im Gegensatz zum westerzgebirgischen Schnitzgebiet hat sich im Seiffener Spielzeugland keine starke Tradition der Tierschnitzerei entwickelt, denn seit etwa 1810 bot die Reifendreherei als lokale Besonderheit die Grundlage für eine massenhafte Herstellung der für die Bauereien notwendigen Spieltiere. Sie dienten vor allem zum Füllen der Archen. Es sind Sätze mit mehr als 200 verschiedenen Tierformen überliefert, die vom Drechsler – in verschiedenen Größen – frei im Ring gedreht wurden. Astfreie Fichtenstämme werden frisch aus dem Wald kommend verarbeitet oder liegen wochenlang im Wasser, bis sie von der Stahlröhre und dem Meißel zu Ringen geformt werden, die im Querschnitt das Profil eines Tieres zeigen. Eine geschickte Hand spaltet dann vom Ring mit dem Messer etwa 50 bis 60 gleichbreite Scheiben ab, andere beschnitzen die Tierkörper, leimen Schwanz und Hörner ein und bemalen sie. Das Tier ist in seinen wesentlichen Merkmalen erfaßt. Früher wurden die Reifentiere auf Grund der schlechten Verdienstmöglichkeiten als «Pfengvieh» (= «Pfennigvieh») oder «Elendsware» bezeichnet. Diese einmalige Handwerkstechnik, die man als Krönung der Seiffener Drechselkunst bezeichnen kann, wird heute noch von etwa zehn Drechslern beherrscht.

Die jüngsten gründlichen und durch handwerkliche Experimente bestätigten Forschungen von Hellmut Bilz haben – gestützt auf einen Aktenfund von Karl-Ewald Fritzsch im Stadtarchiv Dresden – überzeugend bewiesen, daß es sich bei der Entstehung der Reifendreherei nicht um eine zufällige Erfindung, wie früher oft angenommen wurde, sondern um einen allmählichen Entwicklungsprozeß der handwerklichen Fertigkeit und des Formenreichtums handelt, der sich zunächst unmerklich vollzog und über einen längeren Zeitraum erstreckte. Als bisher frühester urkundlicher Beleg ist ein Bericht des Rates der Stadt Dresden über eine mit dem Weihnachtsmarkt verbundene Streitsache vom 14. November 1810 zu betrachten, in dem es über die Seiffener Spielwaren heißt: «Das Principale dieser einzelnen Waarenartikel ist

41
*Neue Ideen mit Spielwert*
Das Sortiment (Teil) der Dregeno verdeutlicht die Bemühungen der in ihr organisierten Spielzeugmacher und Holzbildhauer um geschmackvolles Holzspielzeug, das kindlichen Entdeckungsdrang anspricht.

Zootiere: Werner Schönherr (geb. 1921); Riesenrad: Emil Kempe (geb. 1906) nicht mehr in Produktion; Wiegepferdchen: Otto Helbig (geb. 1917); Fahrzeuge und Reiterlein: Gottfried Hübsch (geb. 1930). Alle Hersteller wohnen in Seiffen.

165

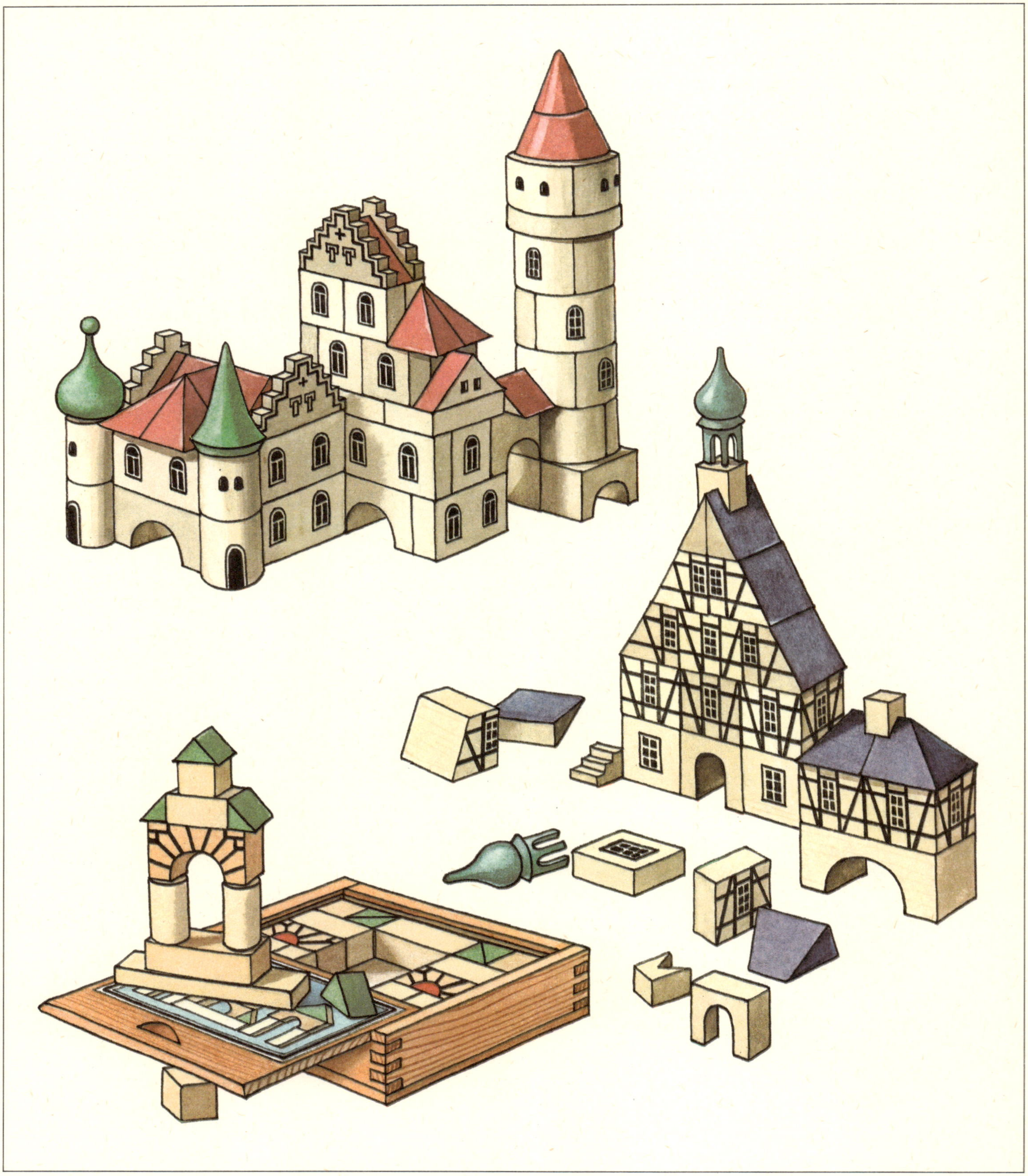

folglich immer ein auf der Drehbank oder mittels der Drehmaschine gefertigter Körper und nur einzelne Accessoria sind als aus freyer Hand gearbeitete Teile anzusehen. Selbst die zu den sogenannten Städten gehörigen Häußer werden auf der Drehmaschine in großen Reifen ausgedreht und dann blos zerschnitten.» Das im Schweizerischen Museum für Volkskunde, Basel, aufbewahrte Spielzeugstädtchen belegt diesen Aktenfund!

Welche Kunstfertigkeiten sich die Seiffener Reifendreher aneigneten – und damit die Tiere «lebendig» machten –, beweist Hellmut Bilz in seiner Schriftenreihe (besonders in Heft 3, 1976; Manuskript 1983). Besonderen Ruf erwarb sich die Familie Biermann, in der die Reifendreherei seit Heinrich Biermann (1800–etwa 1890) über Emil Biermann (1877–1933) bis in die Gegenwart in ungebrochener «Erbfolge» betrieben wird (Peter Enzmann, geb. 1950), Seiffen.

In seiner neuesten Studie bietet Hellmut Bilz völlig neue Forschungsergebnisse zur Lebenslage, Technologie und Produktivität der Reifendreher und Reifentierhersteller (vgl. Manuskript 1983). Bisher wurde der schöpferische Anteil der Reifentierhersteller am Gesamtprodukt in der Regel ungenügend beachtet. Verglichen mit den Reifendrehern war ihre Lebenslage ärmlicher. Sie waren nicht nur vom Verleger, sondern auch vom Reifendrechsler abhängig (durch die Belieferung mit Reifen und die damit verbundene Preisbildung). Das führte unter beiden Berufsgruppen zu zusätzlichen sozialen Spannungen. Oft erfolgte die Weiterverarbeitung der Tiere durch die Familien der Reifendreher selbst. Die Reifentierhersteller mußten die gedrechselten Tiere nachträglich beschnitzen («Schnitzler», nicht «Schnitzer» hieß es im Sprachgebrauch), die Einzel- und Zubehörteile an- und einleimen, die Tierkörper weiß grundieren und bemalen. Zur Herstellung eines Reifentieres waren bis zu 30 einzelne Arbeitsgänge notwendig. Nachgewiesen sind bisher etwa 200 verschiedene Tierarten in neun verschiedenen Größen zwischen 20 und 70 mm. Sie wurden in bestimmten Sortimenten vertrieben ½ Dtzd.; 1 Dtzd.). Nach der Typologie von Bilz kann man unterscheiden: Haustiere, Jagdtiere, Miniaturvieh (begriffen als kleines «feines» Vieh), Menagerietiere, Sortiervieh (Mischungen), Schweizer- oder Weidevieh, Archenvieh, Vögel und Hausgeflügel. Jede Gruppe wies gestalterische und technologisch bedingte Besonderheiten auf und richtete sich nach den Erfordernissen des Marktes. Im Hinblick auf gestalterische Qualitätsabstufungen gliedert Bilz vom «Schock- oder Pfennigvieh» («ordinäres Vieh») über das «einfache oder Einsiedler-Vieh» bis zum «besseren Vieh». Die Geschichte der Reifentiere und ihrer Herstellung bietet uns nicht nur exakte Erkenntnisse über die soziale Lage der Spielzeughersteller, sondern belegt auch die pädagogische Nützlichkeit der einfachen Tierformen für das bildnerische Vermögen des Kindes, für seine Beziehungen zu Natur und Heimat. Deshalb wäre zu wünschen, daß dieser liebenswürdige Zweig der Volkskunst nicht untergeht, sondern – vielleicht mit neuen technologischen Möglichkeiten – wieder vielfältiger und massenhafter in das Angebot käme. Die Bastelbeutel – gefüllt mit Tierrohlingen zum Fertig-

---

**42**
*Der kleine Baumeister*
Das geistige Erbe Friedrich Fröbels (1782–1852) wird in den Baukästen sichtbar. Von den neun Spielzeugfabriken Blumenaus fertigten um 1911 allein fünf nur Baukästen. Baukästen für Burgen und Fachwerkhäuser: Fa. S. F. Fischer, Oberseiffenbach, gegründet 1850. Würfelbaukasten: Fa. E. Reuter, Blumenau, gegründet 1860. Museumsbestände. Auch die nach Altersgruppen gegliederten Baukästensortimente des VEB VERO Olbernhau entsprechen hohen pädagogischen Anforderungen.

**43/44** Folgende Seiten
*Bäume beleben das Spiel*
Die Vielfalt der technischen Möglichkeiten für das Herstellen der Bäume ist beachtlich: von unten oder oben, zufällig oder symmetrisch gestochene Spanbäume, Bäume mit drechslerisch gerollter Aufspantechnik oder mit eingesetzten, einzeln gezogenen profilierten Spänen, geschnitzte Bäume. Johannes Eichhorn führt das Spanbaumstechen auf eine bereits zu Agricolas Zeiten um 1550 von Bergleuten geübte Holzbearbeitung für das Feuersetzen zurück. Der kinderlose Leichenträger Gustav Liesche (1869–1944) machte sich einen guten Namen als Stecher von Spanbäumen, die er grün zu beizen verstand, ohne seine Technik zu verraten. Luffabäumchen stellte Elsa Gläser (1886–1972) her, genannt Zinn-Fritz-Elsa. – Die Technik Liesches beherrschen heute die Leichsenrings meisterhaft.

*«Leute, kauft Blumen»*
Blumenstand und Blumenkugel, farbig, aus der Werkstatt von Erich Leichsenring (geb. 1904) und Günter Leichsenring (geb. 1931), Seiffen. – Holzspanblumen werden seit der Mitte der fünfziger Jahre auch von Frauen in Kozieglowy/VR Polen hergestellt. Dort hat sich die Technik seit dem 19. Jahrhundert aus der Hut- und Körbeflechterei entwickelt. Neue Formen.

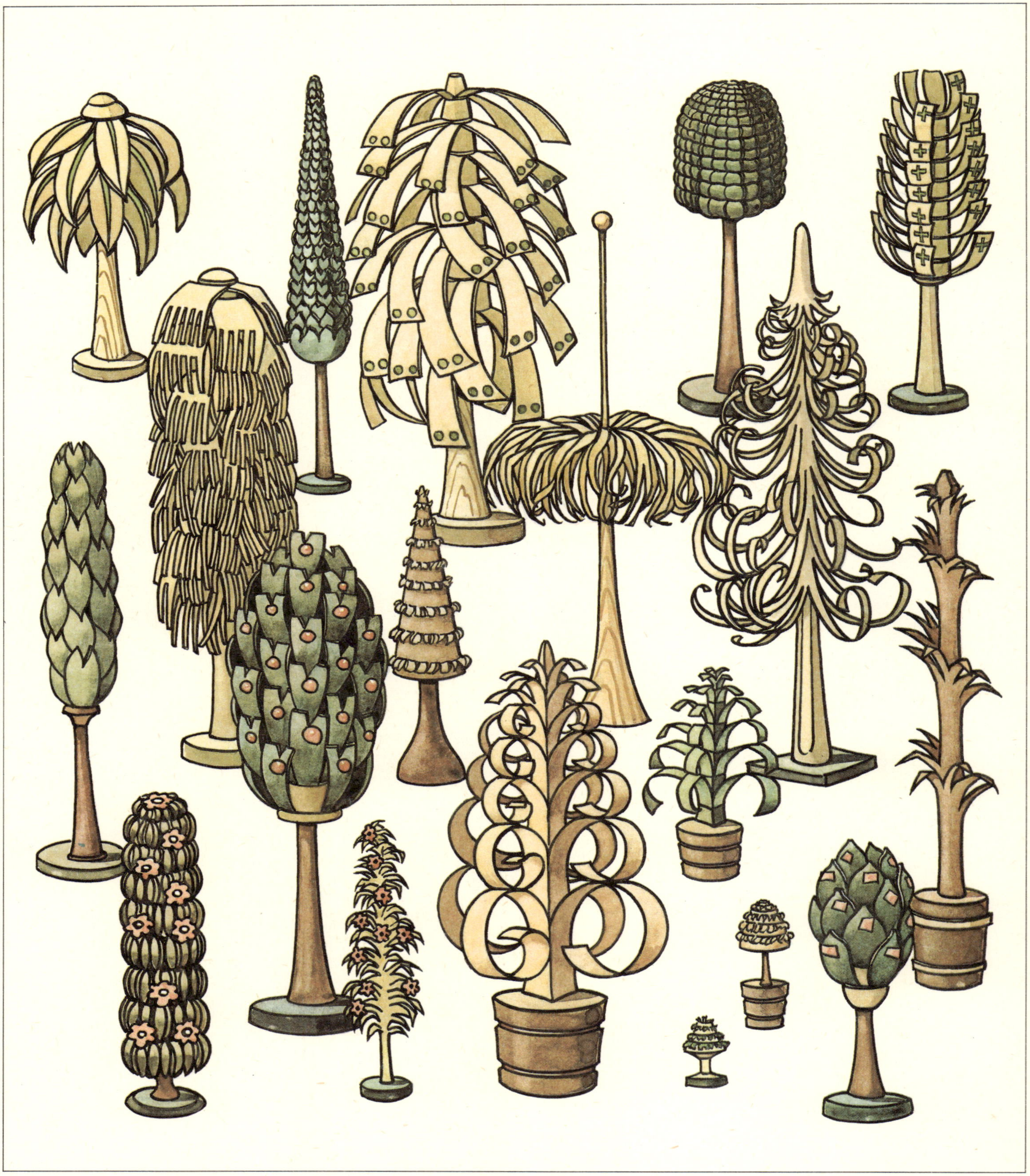

169

machen – der PGH «Seiffener Volkskunst» und der Werkstatt des Freilichtmuseums sind ein bescheidener und begrüßenswerter Anfang, der an ähnliche Versuche in den zwanziger Jahren anknüpft.

Eine der Reifendreherei ähnliche Technologie ist die Herstellung von *Einzelteilen* aus einer gedrechselten Profilform, die bereits 1756 für das Drechseln von Elfenbein beschrieben wurde. Emanuel Hercik wies sie für die Slowakei nach. Für Südwestböhmen ist sie wahrscheinlich. Neuerdings wies Helmut Anthes auf die ähnliche Technik der «Gailchesmacher» im Odenwald hin. (In: Puppen und Spielzeug 4/1982.)

Als Sonderform der Reifendreherei galten die mit wippenden Stahlfedern gehaltenen Tiere zum Aufbau von Jagden. – Die von H. Wagner 1865 beschriebene Reifentierherstellung im Grödener Tal ist ein Produkt der Phantasie. – Zu den namhaften Reifendrehern, die sich nach 1945 in besonderem Maße für die Erhaltung des einmaligen Handwerkszweiges einsetzten, gehörten die verstorbenen Paul Preißler (1886–1978), Bruno Enzmann (1896–1979), Max Stiehl (1893–1977), Willy Lorenz (1889–1966), Arno Weber (1892–1963) und Georg Wenzel (1906–1982). In der Gegenwart beherrschen etwa noch zehn Drechsler im Seiffener Gebiet die Reifendreherei und erbringen 1% an der gegenwärtigen Gesamtproduktion der handwerklichen Fertigung. Die PGH «Seiffener Volkskunst» und das Freilichtmuseum unterhalten Schauwerkstätten für die Besucher des Spielzeugdorfes. Als namhafte Reifendreher der Gegenwart arbeiten Max Schlosser (geb. 1922) und Berndt Lorenz (geb. 1951) in der Schauwerkstatt der PGH Seiffener Volkskunst, Helmut Beyer (geb. 1934) und Christian Werner (geb. 1958), beide betreuen die Schauwerkstatt des Freilichtmuseums, Johann Neuber (geb. 1902), Seiffen (Heidelberg), Heinz Stephani (geb. 1936), Seiffen, Peter Enzmann (geb. 1950), Seiffen (Heidelberg), Siegfried Lorenz (geb. 1929) und Harald Lorenz (geb. 1951) Deutscheinsiedel, Volker Flath (geb. 1956), Seiffen.

Exotische Tiere und zahme Haustiere fanden sich in der Arche Noah friedlich zusammen. Kaum ein anderes Spielzeug hat im 19. Jahrhundert international so allgemeine Geltung gehabt wie die Arche, so daß schließlich der Kulturhistoriker Hildebrandt vor der einseitigen Überschätzung ihres Spielwertes warnen mußte, sie könne ja nicht Hauptspielzeug der Kinder vom ersten bis zum vierzehnten Lebensjahr sein, da sich ihr Inhalt nur für die kleinen eigene. Für ihre Beliebtheit spricht auch um 1850 die Aufnahme des paarweise geordneten Tierzuges in Dr. Heinrich Hoffmanns zweites Bilderbuch «König Nußknacker und der arme Reinhold». Die erzgebirgischen Reifendreher konnten nun das «Archenvieh» in großen Mengen herstellen, und das war die wichtigste Grundlage für die Verbreitung als wirklich populäres Spielzeug. In Bestelmeiers Magazin werden erst zwei Formen von Archen angeboten, wovon eine – nach dem hohen Preis von 5 bis 8 Gulden zu schließen – offenbar eine Kombination von Schiff, Puppenhaus und Stall gewesen ist, 100 Tiere barg sowie schwimmfähig schien. Gleichzeitig mit den Archen werden in den Waldkirchener Musterbüchern auch Menagerien – Vorläufer der zoologischen Gärten –, Artistengruppen und fahrende Schausteller mit Tieren geführt. Die mit Tieren gefüllten Archen haben viel geholfen, das Verhältnis des Kindes zum Tier vernünftig zu gestalten. Unübersehbar ist die Vielfalt der Gestaltungen dieses Spielzeugs, das vor allem nach 1860 in der Umgebung des Produktions- und Verlegerzentrums Olbernhau gefertigt wurde. Zum Hauptort entwickelte sich das alte Bauern-, Leineweber- und Schachtelmacherdorf Hallbach. Karl-Ewald Fritzsch schilderte aus eigenem Erleben als Sohn eines Archenbauers die Umstellung des Ortes auf die Produktion der Archen (Sächsische Heimatblätter 6/1976). Nach den Abbildungen der Musterbücher von 1840 bis 1880 fertigte man im Erzge-

45
*Die Arbeit der Gebirgsbauern*
Landwirtschaftliche Arbeitsszenen in allen Größen gehörten zu den beliebtesten Gruppen. Die Figuren stammen aus dem Museum. Miniaturen.

46/47 Folgende Seiten
*Der Wald als Existenzgrundlage*
Alle Arbeitsvorgänge der Waldarbeiter werden in den Spielgruppen den Kindern fast modellhaft vorgeführt. Die Äste der Bäume Abb. 46 sind mit gefärbten Luffaschwammresten beklebt. Abb. 47 belegt die Verwendung von Bärlapp (jetzt geschützte Pflanze) zum Einsetzen von Ästen und Zweigen. Ältere Figuren aus dem Museum. Miniaturen.

171

172

173

birge die Arche durchgehend als einfaches mitteldeutsches Haus, entweder mit einem sechseckigen Sockelbrett, mit einem Schiffskörper in Längen zwischen 10 bis 50 cm oder gar auf Rädern. Die Arche übernahm die Rolle der Spanschachtel als Behälter der Spieltiere, ohne immer selbst in das Spiel einbezogen zu werden. Die «Weißbauer» lieferten ihre Erzeugnisse an einen Maler, der sie mit Hilfe von Schablonen farbig ausstattete. Absatzkrisen zwangen die Verleger, eine saubere farbige Behandlung zu garantieren: Sorgfältig wurde ein Fachwerk oder Umgebinde aufgemalt – das Erzgebirge bot ja dafür die Vorbilder. Andere Archen wurden an den Hauswänden mit farbigem Papier überklebt, die Fenster der Seitenwände mit grünen Girlanden festlich geschmückt. Eine farbenprächtige Wirkung erreichte der Grünhainicher Verleger Oehme durch die Übernahme des im nahen östlichen Erzgebirge heimischen Strohklebens. Seltene mit Strohintarsia geschmückte Stücke besitzen das Museum für Volkskunst in Dresden und das Spielzeugmuseum Seiffen. In Seiffen galt Ernestine Hermann (verstorben 1923 oder 1924 im Alter von 69 Jahren) als begabte Strohintarsienarbeiterin. Das Stroh wurde zuerst mit Anilinfarben gefärbt, das weiße wurde geschwefelt. Danach wurde das Stroh aufgerissen und mit dem Schnitzerheftchen glattgebügelt. Die zu belegende Fläche wurde mit dem Untergrund entsprechend gefärbtem Leim bestrichen. Der etwas angetrocknete Leim wurde dann mit einem Schwamm wieder aufgeweicht, und das Stroh wurde aufgelegt und in entsprechende Längen geschnitten. Das alles geschah völlig frei mit der Hand, ohne jede Schablone. Eine Ausnahme bildeten ganz kleine Muster, die erst auf Papier geklebt und dann aufgeleimt wurden.

Um 1850/60 setzte auch im Archenbau – wie in anderen Spielzeugformen – die Methode der farbfreien Gestaltung ein, die den Malern Abbruch tat. Anstelle der Farbe traten jetzt häufig gedrechselte, gebeizte halbe Säulen, die sich vom weißen Holze wirksam abhoben. Damit der beigegebene Tierpark gut und bequem im Archenhause untergebracht werden konnte, richtete man das Dach nicht nur zum Aufklappen, sondern auch zum Abheben ein, die Stockwerke zum Auseinanderziehen, die Seitenwände von Haus und Schiffskörper zum Verschieben. Besonders ausgeklügelt scheint ein Typ zu sein, bei dem das gesamte Erdgeschoß richtig als Stall eingerichtet ist, der durch das Hochheben des übergesteckten Hausmantels von allen Seiten her zugänglich wird.

Im Katalog eines einzigen Geschäftshauses wurden fast dreißig ganz verschiedene Typen angeboten, die bereits im Namen ihre Besonderheit anklingen lassen: Stallarche, Schiffsarche, Wohnarche, Räderarche, Schweizerarche (sogar mit einer eingebauten Spieldose zum «klingenden» Haus gemacht!). – Die Zahl der Tiere war unterschiedlich, sie richtete sich auch nach dem angesetzten Preis, nach den Wünschen des Marktes. Kleine Archen beherbergten nur wenige Tierpaare, die Grünhainicher Stroharche dagegen neunzig (sie werden auf einer beiliegenden Liste verzeichnet). Die Reifendreher beherrschten früher etwa zwanzig bis dreißig Formen. Für größere Archen war es also notwendig, einzelne Tierarten, zum Beispiel verschiedene Hunde, mehrfach beizugeben und deren unterscheidende Merkmale mit Pinsel und

48
*Arbeiten in Haus und Hof*
Die Vielfalt des werktätigen Alltags belegen auch die Figuren dieser Abbildung, die nur vordergründig betrachtet als «Idylle» zu bewerten sind. Ältere Formen, Museumsbesitz.

49/50 Folgende Seiten
*Die Zeit im Spiegel der Volkskunst*
Die Miniaturen von etwa 35 mm Größe des Louis Hiemann (1857–1939), Seiffen, gelten heute als Kostbarkeiten echter Volkskunst. Trotz der geringen Größe ist jede Figur mit charakteristischen Attributen versehen. Die Zugaben an Bäumen aus gefärbtem Luffaschwamm und an Häusern entsprechen der Herstellungszeit. – Dem großen marktwirtschaftlichen Bedarf entsprechend, gab es im Seiffener Gebiet viele Miniaturendrechsler. Zu den namhaftesten gehörten Max Ramm (1871–1946), Paul Flade (1875 bis 1947), der «das kleinste Dorf der Welt» anbot, Gerhard Frohs (1894–1959), Paul Arthur Gläßer (1880–1971), Richard Ehnert (1888–1958), Bruno Hennig (1886–1930), Hilma Hennig (1886–1958), Richard Flath (1886–1959).

*Jahrmarkt – das Vergnügen der «kleinen» Leute*
Die Vielfalt der Miniaturen bot unendliche Spielmöglichkeiten für das Kind durch das Zusammenstellen bestimmter Gruppen. Ältere Formen. Bis vor kurzem fertigten Emil Kempe (geb. 1906) mit seinem Sohn Egon (geb. 1937), Seiffen, noch Riesenrad und Luftschaukel in verschiedenen Größen. Die überlieferten «Musterblätter über Miniatur-Spielwaren» der Fa. Max Hetze, Seiffen, belegen noch für den Beginn der zweiten Hälfte unseres Jahrhunderts die zauberhafte Welt der Miniaturen.

175

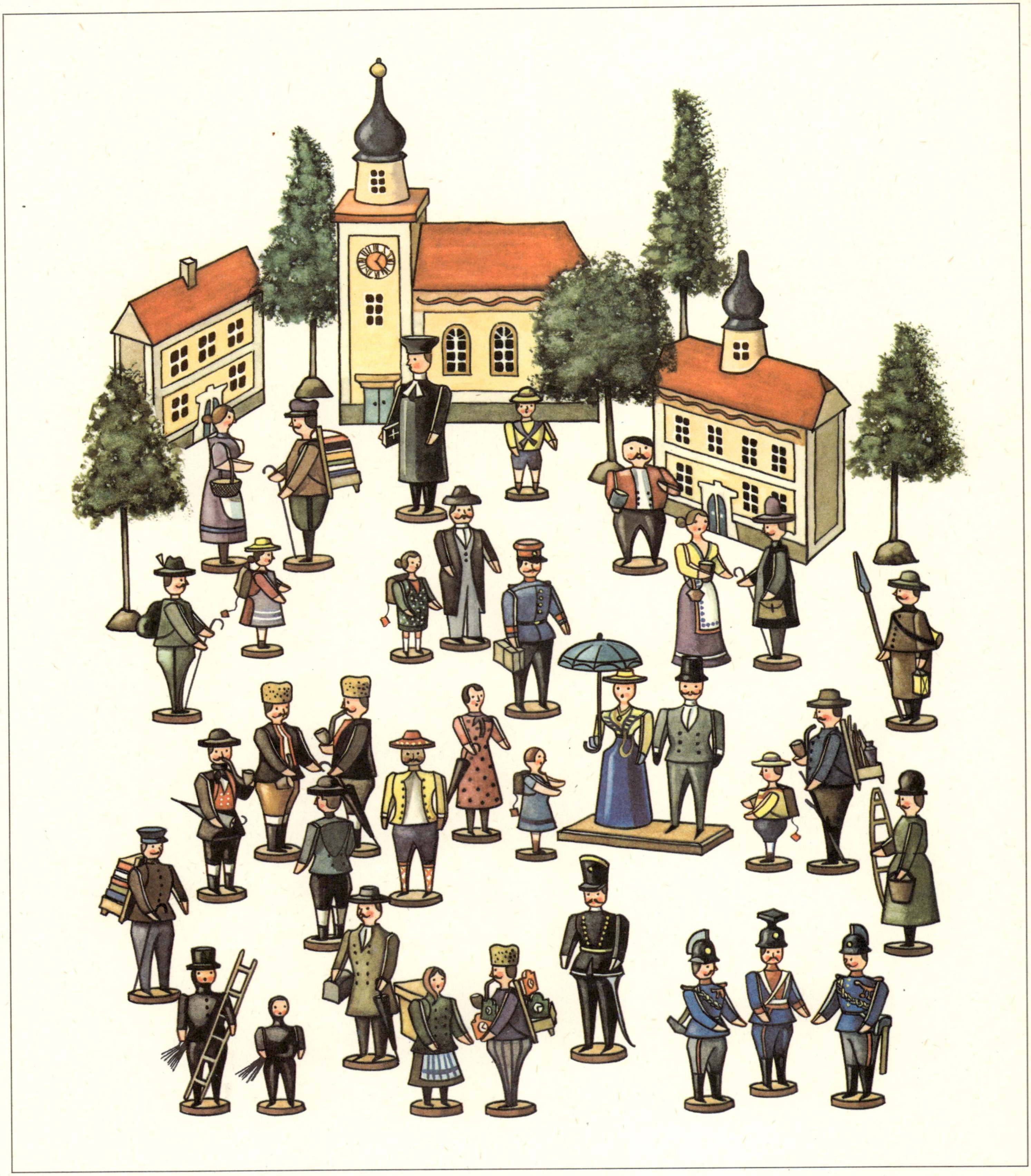

177

178

Farbe, Leim und Schnitzmesser zu verdeutlichen. Ein überlieferter Beleg deutet auf ein besonderes Glanzstück unter den Archen hin, das 192 Paare friedlich vereinte. Jeder Arche waren acht Figuren zugesellt: Noah mit seinen drei Söhnen Sem, Ham, Japhet und den vier Frauen, der biblischen Legende entsprechend. Und die Taube auf dem Dach mit dem Ölzweig durfte nicht fehlen.

Die Archenproduktion des Erzgebirges gehört der Vergangenheit an. (Im Bestand der Berchtesgadener Handwerkskunst war die Arche noch vor wenigen Jahren auf einem 50 cm langen Schiffskörper mit Rädern in Form eines bayerischen Bauernhauses vorhanden, gestaltet nach einem Entwurf von Georg Zimmermann, der damit überlieferte Traditionsformen aufgriff.) Als mit dem Ausbruch des ersten Weltkrieges der Export jäh abbrach, war auch die große Zeit der Arche vorbei. «Wiederbelebungsversuche» einzelner Werkstätten, die hin und wieder probiert wurden, blieben ohne nachhaltige Wirkung. Die Entwicklung der modernen Technik ließ die Arche ebenso historisch werden wie Steckenpferd und Holzdocke. Allerdings: damit schrumpfte auch die Vielfalt der Reifentiere auf wenige Formen zusammen. Die erzgebirgischen Musterbücher unterscheiden zwischen Reifentieren als Bestandteilen der Bauereien und geschnitzten Spielpferden, die meist mit Zaumzeug auf einem Räderbrett rollten und vor Wagen gespannt werden konnten. Ihre Widerristhöhe ist 10 bis 40 cm. Oft waren die Pferde recht naturalistisch gefertigt, und die Verleger bezogen vielfach die notwendigen Mengen aus Döbeln oder dem thüringischen Eisfeld. Im Hinblick auf den Bau von Wagen zeichnete sich die erzgebirgische Industrie durch besonderen Erfindungsreichtum aus: Allein ein Katalog von 1900 vermag über hundert Formen im Bild vorzuführen, die gesamte Verkehrstechnik der Zeit spiegelt sich darin wider. Zu den beliebtesten Typen, die wegen ihres höheren Spielwertes bevorzugt wurden, gehörten die Lastwagen, zum Beispiel als mächtige Frachtwagen, mit Fässern und Stückgut beladen und planenbespannt, oder als Brauereifahrzeuge. Aber auch ein bescheidenes Hundegespann ist für den Spielzeugmacher gestaltungswürdig.

Der Pferdestall war ursprünglich ein Bestandteil der großen Puppenhäuser, wie die Nürnberger Exemplare belegen. Sie wiesen auch dem Pferdeknecht seine Schlafstelle im Stall zu. Die erzgebirgischen Musterbücher, Bestelmeiers Magazin und auch die Sonneberger Kataloge beschreiben den Pferdestall in vielen Variationen. Im gegenwärtigen Spielzeug ersetzt ihn die Autogarage.

Max (1900–1976) und Otto Walther (1902–1979) schnitzten mit schwielig harten Händen Pferde und Ochsen als Fahrtiere in derben, unverwüstlichen Formen aus einem Stück Fichtenholz. Sie betrieben ihre Tierschnitzerei noch in gleicher Weise wie Vater, Großvater und wahrscheinlich auch der Urgroßvater. Sie schafften materialgerecht in ihrer dörflichen Werkstatt. Unter ihren wuchtigen Schnitten, von denen jeder gut saß, wurden nach einem sicheren Vorstellungsbild realistische Tiergestalten «lebendig». Eine Frau half ihnen als Heimarbeiterin beim Malen. Die beiden Brüder waren als Junggesellen zugleich Landwirte. Mit einer Kuh betrieben sie eine kleine Feldwirtschaft.

Zu den bekanntesten Herstellern von Ziehtieren zählten unter anderen Gustav Auerbach (1865–1958), Emil Fischer (1885–1968) und Georg Bernhardt (1890–1960). Ewald Ulbricht (1889–1980), Seiffen, der bis 1952 als selbständiger Spielzeughersteller arbeitete, hat gekreidete Nickpferde mit Sprossenwagen hergestellt (um 1910). Das Seiffener Reiterlein – in vielen Variationen hergestellt – trug den Ruf des Spielzeugdorfes in alle Welt und fand im Sonneberger Reiterlein und im Berchtesgadener «Pfeifrößl» lustige Konkurrenten.

Eine sinnvolle, der technischen Entwicklung unserer Zeit entsprechende Ergänzung der alten Ziehtiere sind im gegenwärtigen Angebot unter anderen die robust gebauten, formschönen und mit hohen Spieleigenschaften ausgestatteten Vollholzfahrzeuge – als Schiebefahrzeuge aus veredeltem Buchenholz konstruiert – des VEB VERO, Olbernhau. Das Messeangebot 1983 führte dar-

51
*Die Dorfmusik spielt auf*
Die schwungvollen Tanzpaare, zum Teil in Volkstrachten gekleidet, stammen von Karl Müller (1879–1958), die anderen Figuren, einschließlich der Dorfkapelle, von verschiedenen Herstellern. Museumsstücke.

unter: Kranauto, Kastenauto, Auto mit Rungen, Langholzfahrzeug, Löffelbagger und Schrapper.

In den Abbildungen Bestelmeiers erscheinen Häuser und Gebäude wie von Handwerkern gefertigte Einzelmodelle. Nur wenige Bilder zeigen serienmäßig hergestellte Häuser, Schlösser und Paläste, die zwischen zehn und fünfzig Bauteile aufweisen. Im Seiffener Gebiet scheint es erst um 1800 – einer Bemerkung Engelhardts von 1804 folgend – zur mengenmäßig beachtlichen Fabrikation dieser Anlagen gekommen zu sein, für die der Einsatz von Säge und Hobel notwendig war. Künftighin verlagerte sich diese Produktion in die Randorte des Industriegebietes, in denen übrigens auch die Schachtelmacher seßhaft waren (zum Beispiel Pobershau, Hallbach) und die ideale Verpackung für kleine Spieldinge herstellten.

Aus Bausteinen und Bauteilen will das Kind selbst ein Haus bauen. Die beobachtete Arbeit der Maurer und Zimmerleute gibt die Anregung. Deshalb boten Bestelmeier und auch erzgebirgische Verlage Baukästen an, mit denen man aus zurechtgeschnittenen Hölzern Fachwerk- und andere Bauten zusammensetzen konnte. Allerdings konnte man damit nur immer wieder das gleiche Gebäude errichten. Erst später setzten sich die Baukästen durch, die mit den Grundelementen Ziegel, Würfel, Klötzer und Säulen einen großen Gestaltungsraum eröffneten. In den Musterbüchern werden sie auch umschrieben als «Architectonische Bau-Unterhaltung» oder «Composition im Bauen, Unterhaltung für die Jugend».

Zum Gestalten einer Landschaft braucht das Kind auch Bäume, die möglichst naturgetreu Wuchs und Holzart verdeutlichen. Bei Bestelmeier fand eine Moosart Verwendung, aus der er alle für seine Parkanlagen und Schloßgärten notwendigen Baumgruppen herstellen ließ. Offenbar stieß er damit jedoch bei seiner Kundschaft auf kein volles Verständnis – Stengel und Blätter mußten ja gelegentlich mit Farbe aufgefrischt werden –, denn in späteren Auflagen seiner Hefte bot er Baumformen an, deren Blätter – allerdings sehr arbeitsaufwendig – aus Papier geschnitten waren. An die Stelle des Mooses trat schließlich der lockere, gut zu färbende Luffaschwamm, der vor allem in der erzgebirgischen Produktion für die einfachen Bauereien eingesetzt wurde, im Ensemble der Spielelemente jedoch fremdartig blieb. Ein tschechischer Arbeiter der Schuhfabrik Bata erzählte, sie hätten die Abfälle der Loofah-Schuhsohlen über den Berg (nach Seiffen) gebracht für billige Spielzeugbäumchen. Die Waldkirchener Musterbücher zeigen auch noch ältere Formen von flächenhaft aus Pappen herausgeschnittenen oder mit einem Eisen ausgeschlagenen Bäumen (vor allem Pappeln und Palmen). Die material- und stilgerechte Fertigung der Bäumchen ausschließlich aus Holz, wie sie schließlich ihre Krönung fand im Stechen der Spanbäume, ist ebenfalls in den Musterbüchern von C. H. Oehme in der Jahrhundertmitte belegt. Später allerdings vermissen wir diese Formen im

52
*Gespanne für jede Arbeit*
Die mit Reifentieren versehenen Wagen stammen von Arthur Flath (1887–1961). Diese Produktion wurde besonders durch den Verlag H. E. Langer (1880–1962) gefördert. Die Vielfalt der Fahrzeuge, auch der Schlitten, ist hier nur angedeutet. – In der Gegenwart führen vor allem Günther Flath (geb. 1932), Gottfried Hübsch (geb. 1930), Heinz Stephani (geb. 1936), Roland Webers (1896–1964) Söhne (Ehrenfried geb. 1926; Klaus geb. 1935) die Tradition weiter, zu deren älteren Meistern auch Franz Weber (1889–1973) und Bruno Kempe (1875–1948) zählten. Der VEB VERO Olbernhau bietet unter anderem Haustiere, Gespanne, Planwagen und Schlitten in Spanschachteln an.

53/54 Folgende Seiten
*Schiff, Auto, Motorrad und Flugzeug: Der Verkehr belebt sich*
Nach den Pferdegespannen folgten in der Entwicklung die Motorfahrzeuge, deren Produktion ebenfalls sehr wesentlich durch den Verlag H. E. Langer (1880–1962) gefördert wurde. Der Inhaber des Verlages ließ selbst Muster entwickeln, vom Amtshauptmannschaftlichen Zweigamt Sayda urheberrechtlich schützen und von verschiedenen Spielzeugmachern herstellen. Die Fahrzeuge widerspiegeln den Stand der Technik. – Zu den alten Meistern zählen unter anderem: Curt Hegewald (1888–1965), Camillo Müller (1882–1942), Ernst Bilz (1888–1971), Paula Bilz (1893–1979), Martin Gläßer (1887–1961), Ewald Kaden (1879–1970), Emil Trinks (1861–1934), Alfred Harzer (1884–1967), Rudolf Schönherr (1891–1948) und Emil Leichsenring (1880–1951). Heute lebt die Tradition fort in den Miniaturfahrzeugen des VEB VERO, Olbernhau (Bauwagen), von Wolfgang Glöckner (geb. 1931) und Arthur Glöckner (geb. 1907).

*«Sammelbilder» in Holz*
Die Fahrzeuge wurden vielfach als Reklame-Miniaturen gefertigt und haben damit im Grunde die gleiche Funktion wie die den Produkten beigelegten Sammelbilder, die den potentiellen Käufer der Waren anregen sollten. Hersteller waren unter anderen Rudolf Glöckner (1882–1941) und sein Sohn Arthur Glöckner (geb. 1907).

181

182

183

184

Angebot. Lag es an der verhältnismäßig komplizierten Herstellung und deren höheren Kosten? Gab es Transportprobleme für dieses empfindliche Spielgut? Erst in den zwanziger Jahren unseres Jahrhunderts belebten Angehörige der Seiffener Fachschule unter Leitung von Alwin Seifert erneut die alte Technik, die sich bis in die Gegenwart erhielt (Heinz Preißler [geb. 1932], Seiffen). (Vgl. dazu die Studie von Johannes Eichhorn, Der Baum in der Volkskunst des Erzgebirges.)

Höchste Kunstfertigkeit erreichte die Spantechnik in den zarten, diffizilen, gestochenen Blumen und Blumenkugeln von Meister Erich Leichsenring (geb. 1904), Seiffen. Die geschmackvolle Farbigkeit der Blüten erinnert an das Blühen des Sommers. Günter Leichsenring (geb. 1931) übernahm die Technik seines Vaters. Erich Leichsenring muß für eine der freundlichen Blumenfrauen, die mit Schürze und Kopftuch an ihrem Markttisch inmitten der gefüllten Vasen steht, 63 Blüten, kleiner als ein Gänseblümchen, in 15 verschiedenen Sorten drehen. Für einen gängigen Kundenauftrag von 500 Marktständen muß er also über 30 000 Blüten aus dünnen Lindenholzstäben drehen.

Vor Jahren galt Oskar Hiemann (1880–1948) als Meister der Blumenherstellung («Blümelhiemann»). Die Kunstfertigkeit der Blumen-Herstellung besteht darin, die Späne der Blütenblätter so zu drechseln, daß sie sich aufkräuseln. Schwierigkeiten bereitete anfangs das Färben der Blüten. Beim nassen Farbauftrag nach dem Drechseln bildete sich das aufgedrehte Holz zurück. Hiemann verhinderte dies, indem er das Holz vorher anfärbte. Die Blätter wurden in Reifen gedreht und einzeln gespalten.

## Arbeit Verkehr Technik Lebensweise: Die Welt in Miniaturen
*Tafeln 45–66*

Kulturhistorisch betrachtet, ist das Spielzeug stets eine Widerspiegelung der gesellschaftlichen Wirklichkeit gewesen. Deshalb haben auch heute noch alle Spielmittel die Bedeutung, das Kind in die Welt der Arbeit einzuführen und deren Notwendigkeit für die Menschen bereits im Spiel anschaulich erlebbar zu machen. Aus diesem Grunde muß gutes Spielzeug die Wirklichkeit so wiedergeben, wie sie vom Kind erlebt wird, wie sie vom Kind geistig erfaßt werden kann. Das Kind muß sie im Spiel als «seine» Welt begreifen können.

Es ist nicht verwunderlich, daß – nicht nur unter den erzgebirgischen Bauereien – landwirtschaftliche Einrichtungen und bäuerliche Arbeit seit jeher im Spielwerk einen breiten Raum einnehmen. Schon 1572 lieferten Nürnberger Kaufleute die Nachbildung eines Meierhofes in die Kinderstube des kurfürstlichen Schlosses zu Torgau; um 1800 ließ Bestelmeier in vielfältigen Modellen von Bauernhöfen, verbunden mit Szenen aus dem Volksleben, aber auch in Form von Miniaturgeräten («Landoeconomie im Kleinen») das Thema aufklingen: Mit über vierzig Gegenständen zum Preis von 25 Florenen (Gulden) – dem Lohn eines Bergmannes für 25 Wochen! – bot er dem interessierten Kind reicher Eltern alle Geräte für die Feldbestellung, für die Ernte von Heu, Getreide und Flachs und für die Arbeit im Garten sowie für handwerkliche Tätigkeiten im Hause: «Alles ist sehr sauber von Holz, Eisen, Stahl, Stein etc. verfertigt, so daß sie als wirkliche Modelle dienen können», vermerkte er im Magazin. In den Waldkirchener Musterbüchern, ein halbes Jahrhundert später, vermissen wir solche Gerätekollektionen. Der Fortschritt in den bäuerlichen Arbeitsmethoden durch den Einsatz von Maschinen und

---

**55**
*«Tatü, tata, die Feuerwehr ist da»*
Als technikgeschichtliche Entwicklungsstufen erkennen wir die Dampfspritze, pferdegezogen oder auf dem Auto montiert. Die Feuerwehrleute stammen zum Teil von Louis Hiemann (1857–1939), das abgebrannte Haus von Reinhard Neuber (1873–1960), der im Hauptberuf als Zimmermann arbeitete. Seine Ähnlichkeit mit dem berühmten Grafen trug ihm im Volksmund den Namen «Zeppelin» ein.

**56/57** Folgende Seiten
*Die Eisenbahn – Verbindung zur «Welt»*
Vom Anfang des 20. Jahrhunderts stammt die Bahnhofsszene als Kartonfüllung, an der verschiedene Hersteller von Miniatursortimenten mitgearbeitet haben. – Die schmucken Bodenläufer stammen aus dem Museum. Ältere Formen. Gegenwärtig werden hin und wieder Holzeisenbahnen im «Souvenirformat» angeboten. Miniatureisenbahnen fertigte Rudolf Pflugbeil (1889–1971).

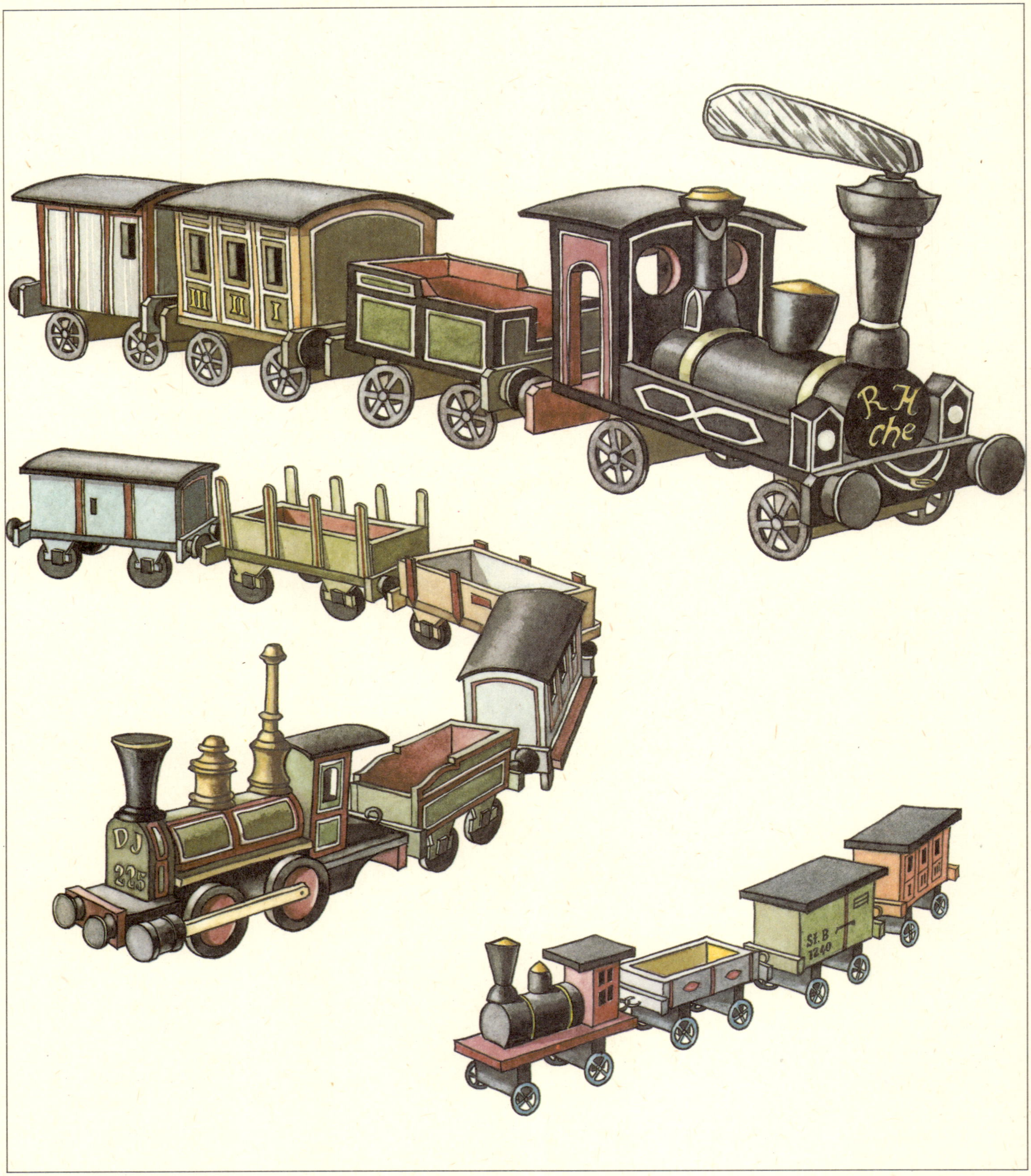
R H
che
DJ
225
St. B
1240

187

Chemikalien bewirkte auch den Wandel im kindlichen Spielwerk.

Die frühe Einführung des Dorfkindes in die bäuerliche Arbeit geschah als zwingende ökonomische Notwendigkeit. Kinder, vor allem männliche Nachkommenschaft, bedeuteten dem Bauern Erben und Arbeitskraft. Mit Kindern ließ es sich billiger wirtschaften als mit fremden Arbeitskräften. Bereits im frühen Alter wurden sie zur bäuerlichen Arbeit mit herangezogen. Oft litt der Schulbesuch darunter und fiel – besonders in den Sommermonaten – ganz aus. Durch die frühe Beteiligung am Arbeitsleben wurden dem Kind stufenweise die agrarischen Arbeitserfahrungen vermittelt: die Kenntnisse der dörflichen Umwelt in ihrer ökonomischen Funktion und Bedeutung, der Umgang mit den Haustieren, die Handhabung der Produktionsinstrumente. Das Spielzeug widerspiegelte diesen Lebensbereich zum Beispiel in Form funktionstüchtiger Produktionsmittel mit kleinen Abmessungen. Auf diese Weise erlangte das Kind auf dem Lande den Grad der Naturbeherrschung, wie er in dieser Zeit in den engen Grenzen seiner Bildungsmöglichkeiten erreichbar war.

Die Musterbücher bieten prächtige Bauernhöfe an, mit Wohn- und Nebengebäuden, Arbeitsgeräten und Haustieren. Zum bäuerlichen Betrieb gehören auch Schäferei, Viehweide und Geflügelhof mit Taubenschlag und stolzem Pfau. Die verschiedenen Arbeitsvorgänge werden gezeigt: Wir sehen den Bauern mit den Knechten beim Pflügen, beim Eggen, beim Mähen und Düngerfahren, die Bäuerin beim Rechen und die Magd am Butterfaß. Im Hinblick auf die Bauernhäuser müssen wir als eigentümlich vermerken, daß nur vereinzelt Modelle reizvoller Fachwerkhäuser des Erzgebirges, Westsachsens, Thüringens und Lausitzer Umgebindehäuser verwendet wurden, sondern fast ausschließlich Häuser der Alpenlandschaften. Um 1840 tauchen in den Musterbüchern aus Waldkirchen die ersten «Schweizerhäuser» mit ihren vorkragenden Dächern, geschnitzten Giebeln und Galerien auf, auch für die Gestaltung von Archen. Das Schwärmen für die Schweiz mit ihren Almen und pittoresken Gebirgslandschaften, die «exotischen» Schilderungen in Reiseberichten, der beginnende Fremdenverkehr mit seiner Erschließung des Hochgebirges mögen dazu beigetragen haben. Man kann zu Recht für die Zeit um 1850/60 von einer ausgesprochenen «Schweizer-Haus-Romantik» sprechen, die im Grunde die Schäferspiel-Mode und die «Wirtschaften» der herrschenden Klassen des 18. Jahrhunderts ideologisch fortsetzte. Das Schweizerhaus galt als «Statussymbol der Wohlhabenheit». Auch die romantische Burgruine, mit bürgerlich gekleideten Figuren besetzt, gehört im Grunde dem gleichen Themenkreis an.

Reiner Groß vermerkt, «daß bis weit in das 19. Jahrhundert hinein im sächsischen Territorium zumindest für den agraren Bereich die feudalen Produktionsverhältnisse dominierend waren ... Von den verschiedenen grundherrschaftlichen Agrarverfassungstypen unterschied sich die mitteldeutsche Grundherrschaft durch das völlige Fehlen von Elementen persönlicher Unfreiheit, durch eine rein reale Bezogenheit aller bäuerlichen Verpflichtungen, durch das unter feudalen Produktionsverhältnissen wohl günstigste bäuerliche Besitzrecht in Form freier Vererblichkeit und einem quantitativen Übergewicht des Bauernlandes gegenüber dem Rittergutsland» (Sächsische Heimatblätter, 1/1983 S. 23).

Als beliebte Schachtelsätze stand im Angebot die Jagd mit elegant springendem Wild, den reitenden Jagdherren, herrschaftlichen Jägern und bäuerlichen Treibern. Mit Speeren und zu Pferde jagen Türken (!) schnelle Strauße in Afrika, ein Hauch von fernen Landen für die Spielstube. Mit großer Liebe gestalten die erzgebirgischen Spielzeugmacher und Schnitzer – auch heute noch – die Arbeit im Walde. Die Musterbücher boten komplette kleine Arbeitsgruppen, auf Brettchen verleimt, in geradezu didaktischer Anordnung vom

**58**
*Der Wachaufzug*
Gustav Ehnerts (1847–1929) Soldaten waren auch im Ausland stark gefragt. «Soldaten-Ehnert» legte seinen Figuren Musterzeichnungen zugrunde. Museumsstück.

**59/60 Folgende Seiten**
*Soldaten: auch im Spielzeug das Leitbild der Erziehung*

Der Miniatur-Wachaufzug ist älterer Herkunft. Die größeren Figuren der Militärkapelle sind als Motive einem Musterbuch entnommen. Die Soldatenreiter wurden in allen Größen gefertigt. Eine Sonderform ist der Türkenreiter. Alte Formen. Museumsstücke bzw. als Motiv verschiedenen Musterbüchern entnommen.

189

190

191

Fällen des Baumes bis zur Abfuhr des zersägten Holzes.

Das Holz war nicht nur die Grundlage für die hausindustrielle und fabrikmäßige Produktion des Spielzeugs, sondern vor allem auch von elementarer Bedeutung für das tägliche, kärgliche Leben der Familie. Die überlieferten Regulative für die Waldnutzung und andere Archivalien belegen in großer Fülle, wie die Erlaubnis oder das Verbot, Leseholz zu suchen, bei den ärmeren Schichten der Bevölkerung sich mitunter zu Existenzfragen ausweiteten. Die Leseholzzettelverteilung wurde durch die Forstbeamten oft willkürlich gehandhabt. Bereits Karl Marx hat in leidenschaftlicher Form in seinen Artikeln in der «Rheinischen Zeitung» aus den Jahren 1842/43 in die «Debatten über das Holzdiebstahlgesetz» eingegriffen und das «Raffholzsammeln» (Sammeln von Reisig und dünnen Ästen) als Gewohnheitsrecht der Armen verteidigt (vgl. dazu Bernd Wiefel, Erzgebirgische Heimatblätter 5/1982). Auch die Arbeit der Handwerker und die Tätigkeiten im Hause – vor allem die der Hausfrauen und Mütter – bilden reizvolle Spielgruppen.

Anfang des 20. Jahrhunderts entstand das Seiffener Miniaturspielzeug als billige Massenware auch in großem Sortiment. Ursache dafür war, daß verschiedene Länder statt des sonst üblichen Warenwertzolles Gewichtszoll erhoben. Ferner hatte man sich für das Herstellen von Zinnfiguren auf das Maß von 33 mm geeinigt. Der Handel verlangte nun auch von den Seiffener Spielzeugmachern Figuren in dieser Größe zu möglichst niedrigen Pfennigpreisen. Das Miniaturspielzeug wurde zu einer besonderen Warengruppe. Trotz der Kleinheit ist jede Figur in ihrer peinlichen Ausführung eine Kostbarkeit. Das individuelle Kunstschaffen der Hand beim Drechseln der Grundform, bei ihrem Beschnitzen und beim Bemalen kann von keiner industriellen Produktion nachgeahmt werden. – Zu den Miniaturfiguren kamen die Miniaturgespanne – mit zinngegossenen Rädern ausgestattet – aller in der Landwirtschaft üblichen Arten, sogar technisch funktionsfähiger Feldgeräte. Auch alle anderen Fahrzeuge, von der Pferdebahn bis zur «Elektrischen» oder von der Dampfspritze bis zur Motorspritze, fanden in dieser Gruppe ihre Wiedergabe. Sie belegen die Geschichte der Technik. Zusammenstellungen davon sind zugleich kulturgeschichtliche Dokumente. – Bei allen Besuchern des Seiffener Museums löst die Vielfalt des alten Spielzeugs in Miniaturformen Begeisterung aus. Arthur Flath (1887–1961) verarbeitete für seine 10 cm große Hochzeitskutsche vierzehn verschiedene Holzteile.

Heinrich Emil Langer brachte als Verleger 1905 die Miniaturen erstmalig in großen Mengen auf den Markt. Hohe Gewichtszölle für die Ausfuhr nach Übersee und andere Erscheinungen der Wirtschaftskrise mögen Anlaß zur Umstellung auf dieses Kleinspielzeug gewesen sein. Die Spielzeugfertigung bekam in jener Zeit durch die besondere Entwicklungsrichtung einen neuen Auftrieb. In wenigen Jahren entstand eine große Vielfalt all der kleinen, entzückenden Spielzeuge. Seiffener Miniaturen wurden auf dem Weltmarkt zu einem Begriff. Sie eroberten nicht nur die Herzen der Kinder, auch Erwachsene hatten ihre Freude daran. Heute sind Seiffener Miniaturen gesuchte Kostbarkeiten. Zum unübertroffenen Meister der Miniaturenfiguren entwickelte sich Louis Heinrich Hiemann (1857–1939). Als viertes Kind des Spielzeugmachers Wilhelm Friedrich Hiemann widmete er sich bei kümmerlicher Bezahlung – unterstützt von seiner Frau Anna und seiner Pflegetochter – in rationeller Arbeitsteilung den Figürchen, von denen jedes 20 bis 25 Arbeitsvorgänge erforderte. Er stellte auch 64teilige Bergaufzüge und als erster Spielzeugmacher Brautzüge her. Für die Lieferung von 104 Schock Miniaturfiguren erhielt er pro Schock 3 Mark. Mit 81 Jahren drehte er noch an der Fußdrehbank. Als aktiver Sozialdemokrat und Anhänger Emil Rosenows galt er als entschiedener Kriegsgegner. Ab September 1914 gestaltete er erstmals die Opfer des Krieges – Verwundete. Als hilfsbereiter Klassengenosse kümmerte er sich um

61
*Puppenmöbel: Belege für den Wandel der Wohnkultur*
Die Möbel entsprechen dem Zeitstil um 1900. Die bekanntesten Seiffener Puppenmöbelfabriken waren Paul Hübsch, Seiffengrund, und Ullrich & Hoffmann. Um 1911 fertigten die vierzehn Eppendorfer Fabriken vorwiegend Puppenstuben und -möbel, Kaufmannsläden und sogar kleine Luxusmöbel.

193

194

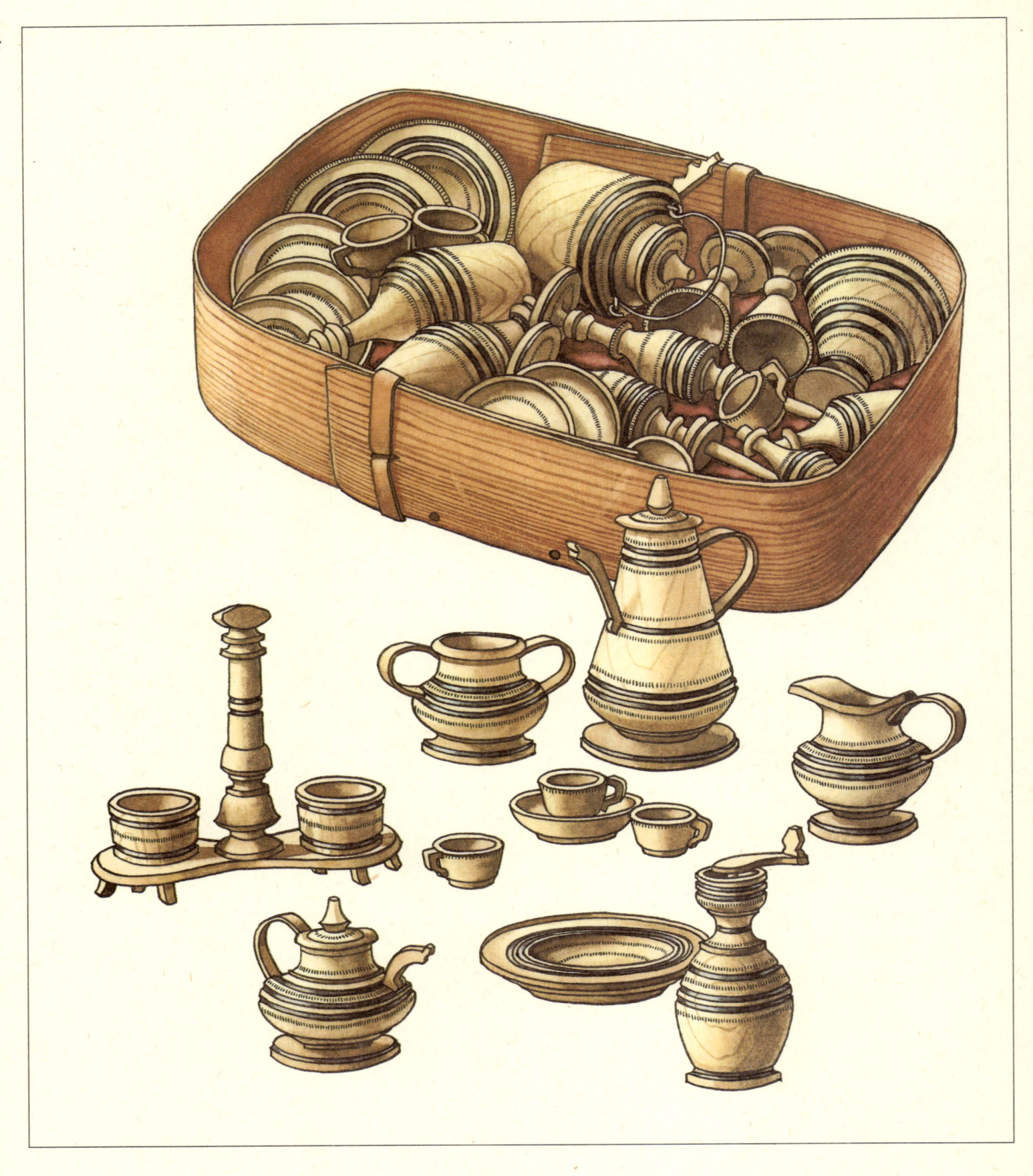

die Nöte der Spielzeugmacher, verfaßte Hilfsgesuche und Eingaben an die Behörden. Im Volksmund nannten ihn die Seiffener «Ministerchen». Unübersehbar ist die Vielfalt seiner Figuren, vermutlich war er der Schöpfer von mehreren Hundert Typen. – Seine Figuren fanden Nachahmer und Verfälscher – die volkskünstlerische Qualität seiner phantasievollen, realistischen Gestaltungen erreichten sie nie. Der Erschließung seines Lebenswerkes widmeten sich Gisela Arndt, Hellmut Bilz, Johannes Eichhorn und Walter Neumann (vgl. Literaturverzeichnis). Zu den bekanntesten Miniaturdrechslern der Vergangenheit zählten auch Gerhard Frohs (1894–1959), Max Ramm (1871–1946), Paul Arthur Gläßer (1880–1971), Richard Ehnert (1888–1958), Bruno Hennig (1886–1930), Hilma Hennig (1886–1958) und Richard Flath (1886–1959).

Die erzgebirgischen Bauereien haben ihren Reiz lange behalten. Noch in den zwanziger Jahren unseres Jahrhunderts konnte Dresdens berühmtes Spielwarenhaus Richard Zeumer das von ihm zusammengestellte und vertriebene «Erzgebirgische Dörfchen» als das schönste Spielzeug der Welt anpreisen! Es handelte sich dabei um eine jährlich erweiterte Kollektion von Häusern, Figuren, Arbeitsgeräten, Fahrzeugen und anderen Bauteilen, die jeweils auch technische und gesellschaftliche Neuheiten einbeziehen konnte (zum Beispiel Elektrizitätswerk, Badeort, Volksfeste). Ihren ideologischen Ausgangspunkt hatte dieses Spielgut vor allem in der starken Heimatbewegung, die 1908 mit dem Landesverein Sächsischer Heimatschutz eine breite Basis erhielt. Das kommt auch in den Werbeschriften des Hauses Zeumer zum Ausdruck: «Sie suchen schon lange nach einem Spielzeug, das ihre Kinder, ohne zu ermüden, dauernd beschäftigen soll. Sie wünschen, daß es stets anregend und schöpferisch wirkend sein möge, ohne aber den belehrenden Charakter der Schule zu haben. Sie hätten gern, daß sich die Phantasie der Kleinen entfaltete, daß die Liebe zur Natur geweckt wird, daß Verständnis für die nähere und weitere Umgebung in ihren Herzen erwache. Ein Spielen (Bauen) ohne strenge Vorlagen und doch unendlich vielseitig, ganz gleich, ob sich ein Bub oder ein Mädel oder beide zugleich damit beschäftigen. Kein Zimmer braucht ausgeräumt zu werden, ein Tisch genügt zum Spielen, es braucht nichts erst gemalt, gesägt oder ausgeschnitten zu werden. Die wenige Zeit, die Schulkindern noch zum Spielen bleibt, wird voll ausgenützt; alles, was sie an schönen Tagen in der Natur gesehen haben, ersteht ganz im Kleinen nachgebildet auf dem Spieltisch. Und wer hat dieses Ideal-Spielzeug erfunden? Zwei wohlbekannte sächsische Künstler: Herr Hofrat Prof. Seyffert und Herr Geheimrat Schmidt. Sie schufen die ersten Holzhäuschen zu dem weitverbreiteten ‹Sächsischen Dörfchen›, erzgebirgische Heimarbeit lieferte die allerliebsten Holzfigürchen in bedeutender Auswahl und niedliche Wagen; für Wiesen, Bäche und Wege sorgen die Geländeplatten. Blumen und Bäume, Hügel und Berge und hunderterlei Zubehör ergänzen die Miniaturlandschaften.» Die Preislisten des Spielwarenhauses Zeumer für die Jahre des ersten Weltkrieges verraten jedoch auch, wie sehr die Spielzeugindustrie nationalistisch gleichgeschaltet wurde, wenn die herrschende Klasse ihre ideologischen Ziele auch in der Kinderstube propagierte: Wir finden nun als Ergänzungsspielzeug für das «Erzgebirgische Dörfchen» Figuren- und Technikgruppen wie Einquartierung, Sanitätswesen im Felde, Schmugglerwesen an der Grenze, Gefangenenlager (Franzosen, Zuaven, Russen), große Schützengräben, Hindenburg-Säulen und Kriegsspiele. In den Waldkirchener Musterbüchern finden wir bereits die Modelle der ersten Eisenbahnen, also nur kurze Zeit später, als diese revo-

62
*Küchengeschirr*
Das Angebot der Musterbücher und Kataloge an Puppengeschirr ist sehr reichhaltig. Besonders schön sind die zinngereiften Drechselformen. Das Zinnreifen erfolgte durch Anhalten einer zierlichen Zinnstange, die durch die Reibung beim Rotieren des Holzkörpers schmolz. – In der Gegenwart bemühen sich Kurt Schalling (geb. 1920), Kurt Uhlig (geb. 1912) und Gerhard Wagner (geb. 1919), alle in Seiffen tätig, um formschönes Inventar für die Puppenküche: Speiseservices, Kaffee- und Teeservices und Küchen-Kindergarnituren von Geräten. Auch Roland Weber (1896–1964), Seiffen, stattete Puppenstuben mit zierlichen Services aus.

63 Folgende Seite
*Das Reich der Puppenmuttis*
Die noch mit Petroleumbeleuchtung ausgestattete Puppenküche aus der Zeit um 1900 zeigt in reizvollen Details (Gefäße) Werke der verklingenden Volkskunst. Museumsstück.

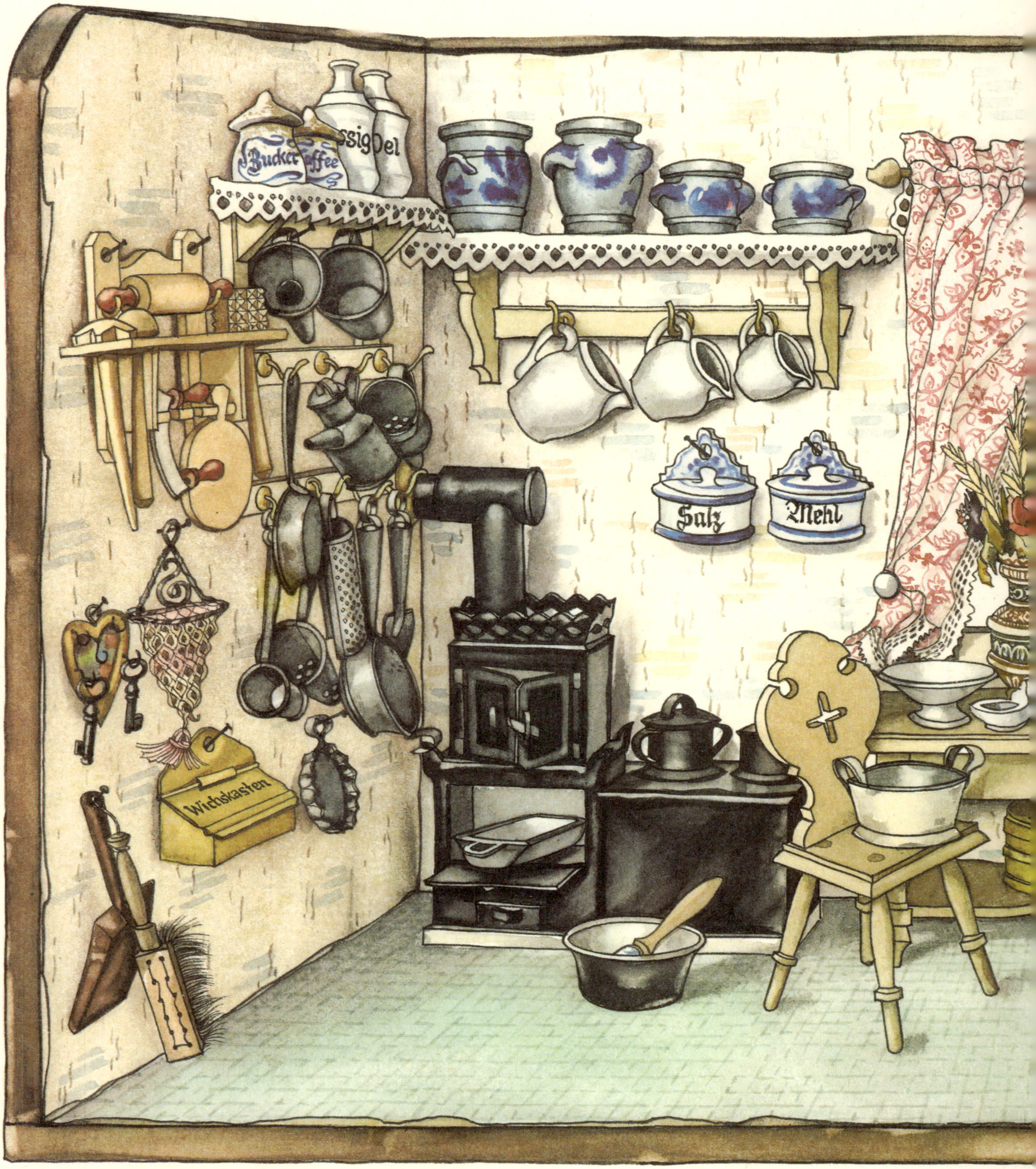
Zucker
Kaffee
Essig
Oel
Salz
Mehl
Wichskasten

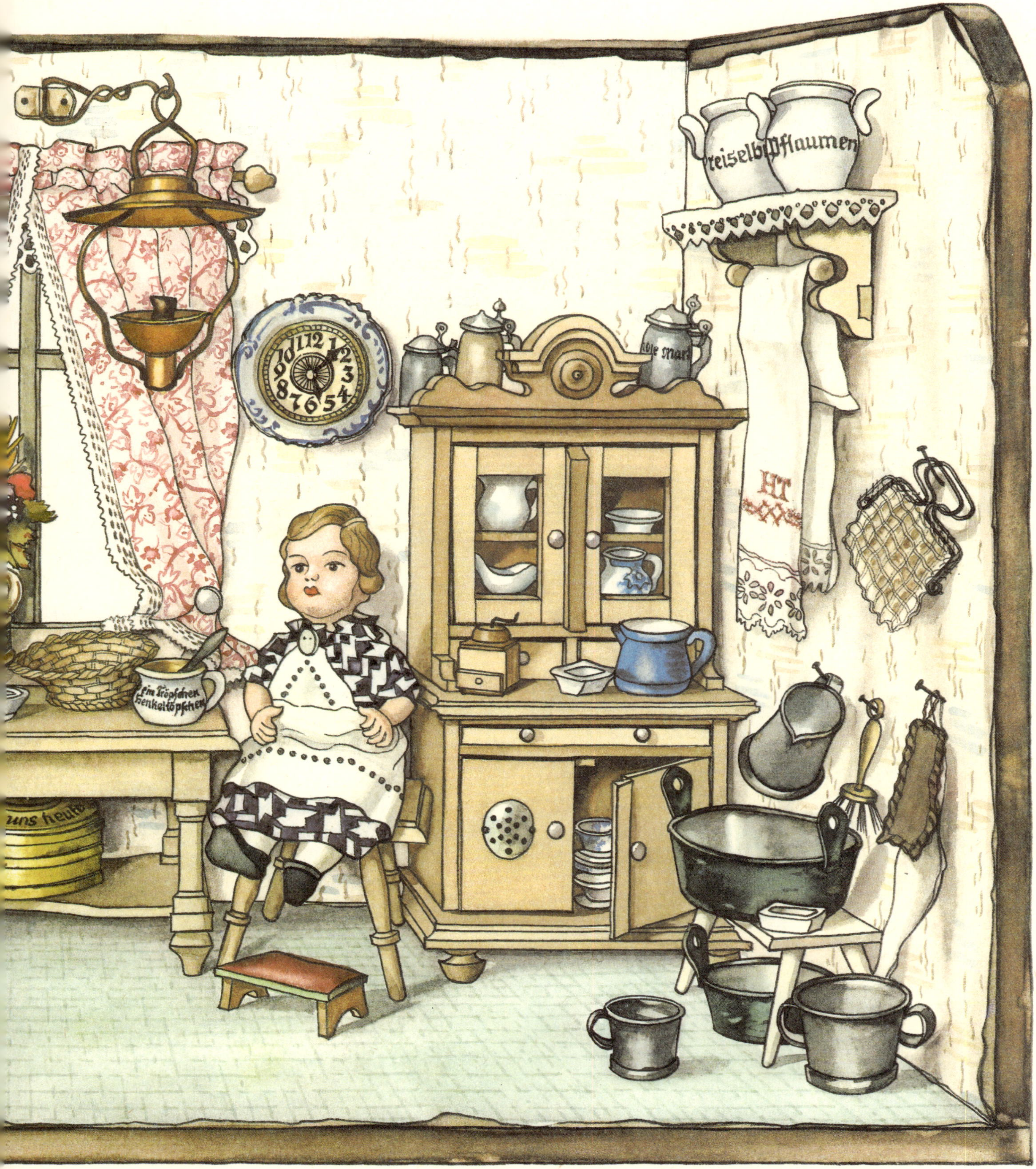
Pflaumen
Ein Tröpfchen
Henkeltöpfchen
HT

lutionierende Neuerung des Verkehrswesens in der Landschaft sichtbar wurde. Von all den Projekten, die in der ersten Hälfte der dreißiger Jahre erwogen wurden, kam zuerst 1835 die Verbindung von Nürnberg nach Fürth zustande. Bedeutungsvoller als diese Bahn war jedoch die Verbindung zwischen Leipzig und Dresden, die man als eigentlichen Anfang des deutschen Eisenbahnbaues bezeichnen kann. Hier hatte Friedrich List dazu beigetragen, eine solche Unterstützung für diese Bahn zu gewinnen, daß allein am 14. Mai 1835 das gesamte erforderliche Aktienkapital in Höhe von 2 Millionen Talern gezeichnet wurde. Die erste Strecke war am 24. April 1837, die ganze Strecke am 7. April 1839 fertiggestellt. Sowohl die Nürnberger Zinngießer und Metalldrücker wie auch die Spielzeugmacher des Erzgebirges widmeten sich in vielfältiger Form in verschiedenen Materialien dem neuen faszinierenden Thema. Die erzgebirgischen Holzbahnen nutzen als Antriebskraft nur die Schwerkraft auf schiefer Ebene. Wagen und Lokomotiven sind reizvoll bemalt, Lokomotivführer und Zugführer, bekleidet mit farbigem Frack und hohem Hut, lassen elegant die hausartig gebauten Wagen den Berg hinabrollen und mit Schwung auf dem glatten Fußboden auslaufen. Sogar Tiere und eine Privatkutsche werden mit befördert! Die Lokomotive trägt kraftverkündend den stolzen Namen «Löwe». In humorvoller, ironisierender Weise wird damit die Vertrautheit im Umgang mit dieser technischen Erfindung ausgedrückt, die zunächst viele Menschen als «Teufelswerk» entsetzte. Die Eisenbahnen wurden in Spanschachteln mit Bäumen, Figuren und Häusern angeboten oder auch in kleineren Größen als Klingkästchen. – Gegenwärtig werden keine Holzeisenbahnen mehr hergestellt (lediglich als Miniaturbaumbehang).

Das 19. Jahrhundert war die hohe Zeit des Soldatenspielens und damit ein untrügliches Spiegelbild der politischen Ereignisse. Die Zentren des deutschen Holzspielzeugs schickten Festungen, Holzsoldaten in Uniformen der verschiedenen Heere und Formationen – nach den Vorbildern der Zinnsoldaten – und Kriegsgerät en miniature als geschätztes Exportgut zu Tausenden in alle Welt. Die unkolorierten Waldkirchener Bände führen die Holzsoldaten noch im Tschako und hohen Federsturz mit gekreuztem weißem Bandelier über dem bis zur Taille reichenden kurzen Waffenrock vor, ob sie nun als Fußvolk oder als Reiterei auf den altüberlieferten Holzscheren zum Angriff vorstoßen, auf dem Klingkästchen paradieren oder auf stolzen Gäulen sitzend die Holzkanonen ziehen. Auf einem Einzelbild taucht bereits die 1842 geschaffene und 1867 in Sachsen eingeführte preußische Pickelhaube auf.

Gustav Ehnert (1847–1929) stellte Musik- und Bergmannskapellen, hauptsächlich jedoch Soldaten vieler Länder her, die er als Infantrie zu Fuß oder als Reiter hoch zu Roß aufmarschieren ließ. Im Volksmund erhielt er deshalb den Beinamen «Soldaten-Ehnert». Seine Figuren drechselte er an der Fußdrehbank. Bilder aus Büchern dienten ihm als Vorlage zur richtigen Darstellung der Uniformen des jeweiligen Landes, wobei er sich auf die Wiedergabe der wichtigsten Merkmale und Besonderheiten beschränkte. Als Hersteller von Soldaten blieb er seinem Namen als «Soldaten-Ehnert» bis zu seinem Tode treu.

Puppenhaus und -stube, die blitzende Puppenküche, die Vielfalt des kleinstädtischen Marktes und der Kaufmannsladen gehörten zu den hauptsächlichen Spielmitteln, die – den zeitgemäßen bürgerlichen Erziehungsidealen des 19. Jahrhunderts entsprechend – vor allem die künftige Hausfrau mit der hauswirtschaftlich-mütterlichen Welt vertraut machen sollte. Auf die im Erzgebirge wie in allen anderen traditionellen Produktionszentren des Holzspielzeuges unter verschiedenen Namen hergestellten einfachen gedrechselten oder geschnitzten Docken wurde bereits hingewiesen. Nennenswert ist dagegen für das Erzgebirge die Weiterführung der alten Puppenhaustraditionen, im Nachklang zu dem verhältnismäßig vielfältigen

64
*Miniaturstuben*
In Verbindung mit den Stuben in der Zündholzschachtel entstanden um 1905 auch die reizvollen Miniaturstuben. Die älteste («Bauernstube mit der Ofenbank») wird Heinrich Emil Langer (1871–1949) zugeschrieben. Ältere Formen brachte auch Bruno Kempe (1875–1948) auf den Markt. In der Gegenwart knüpft seit 1973 Gunter Flath (geb. 1942), Seiffen, an diese liebenswürdige Tradition an und entwickelte bisher vier Formen: «Seiffener Drehstube», «Spielzeugmacherstube», «Bauernstube», «Schulstube». Von ihm stammen die beiden unteren Stücke der Abbildung.

199

Angebot von «Dockenhäusern» bei Bestelmeier. Nicht zufällig haben sich die Dörfer in Nähe der Verlegerorte Grünhainichen und Olbernhau zu Zentren der Puppenstubenfertigung entwickelt. Diese Nachbarschaft erleichterte den Transport der Rohstoffe und der «sperrigen» Endprodukte. Die Darstellungen der Puppenstuben in den Musterbüchern sind oft recht unbefriedigend, es mangelte den Zeichnern an perspektivischen Kenntnissen; häufig sind die Zeichnungen auch mit billigem Druckpapier überklebt. Die Waldkirchener Bände bieten allerdings nur Einzelmöbel, nach Zimmereinrichtungen geordnet, die Wohnzimmer ganz im Stil des Biedermeier – eine schlichte Behaglichkeit ausstrahlend. Die zierliche Wiege mit dem Wickelkind gehörte selbstverständlich dazu. Reichhaltig war das Angebot der Drechsler an Gefäßen und Geräten für die Puppenküche, bevor eigene Betriebe nach dem Vorbild der Nürnberger Handwerker Gefäße aus Ton, Porzellan, Blech und Eisen zum «richtigen» Kochen auf dem Puppenherd herstellten. (Um 1870 entstanden in Zöblitz mehrere leistungsfähige Betriebe, die Küchenherde, auf denen man mit Spiritus kochen konnte, in mehreren Größen bis 30 cm Länge mit dem dazugehörigen feuerfesten Metallgeschirr auf den Markt brachten.) Das Puppengeschirr hat im kleinen den stilistischen und technologischen Wandel der Gefäßkultur mitgemacht. Der Drechsler schuf es aus glattem Linden- oder Ahornholz, ohne Bemalung oder mit sparsamem Dekor. Komplette Services mit zierlichen Bestecken, einzelne Geschirrsätze mit winzigen Kaffeemühlen (!) lagen sorgfältig verpackt in den Spanschachteln. Geräte für die Küche, wie Besen, Gießkanne, Quirle, Butterfaß und Nudelholz, und für andere hausfrauliche Betätigungen Spinnrad und Rockenstock ließen die Herzen der künftigen Hausmütter höher schlagen. Als Kuriosität und erzgebirgische Besonderheit sind in der Mitte des 19. Jahrhunderts die mit allen möglichen geschnitzten Speisen belegten Holztellerchen zugleich auch als belehrendes Spielmittel für die künftige Köchin zu werten.

Der Kaufmannsladen als einzelnes Spielobjekt mit hohem Spielwert wurde erst im 19. Jahrhundert üblich. Auch im Erzgebirge werden die «schön gemalten und lackierten» Kaufläden Bestelmeiers das Muster für zahlreiche «Handlungen mit Kolonialwaren» und anderen Erzeugnissen.

Phantasieanregende Spielmöglichkeiten bot gleichermaßen der Markt, den man aus der Schachtel aufbaute und mit beliebig vielen Figuren bevölkern konnte. Die erzgebirgischen Musterbücher zeigen eine Vielzahl von Gemüse-, Wochen- und Jahrmärkten, die in allen Details dargestellt werden. Auf dem großen Jahrmarkt erkennt man unter anderem in den Buden und Ständen in zierlichen Größen die Produkte der Handwerker. Aber auch Wochenmärkte und der Gemüsemarkt locken mit gutem Angebot kauflustige Besucher an die Stände. Im Messeangebot 1983 führte der VEB VERO, Olbernhau, sechs neue Garnituren solid gebauter Puppenmöbel aus Eichen- und Fichtenholz, zum Teil stilistisch den alten bemalten Bauernmöbeln nachempfunden.

Zusammen mit den unzähligen Typen der Miniaturfiguren kamen zu Beginn unseres Jahrhunderts die sogenannten Bauernstuben oder auch ähnliche Figurenzusammenstellungen, zum Beispiel eine «Konzertmuschel» mit der Aufschrift «Bernecker Kurmusik» auf den Markt, die auch im Zuge des ansteigenden Fremdenverkehrs als beliebte Reiseandenken begehrt waren. Die

65/66
*Szenen in der Zündholzschachtel*
Im Zuge der Miniaturspielzeuggestaltung erfolgte nach 1905 die Herstellung der mit Figuren und Gerät gefüllten Streichholzschachteln. Von maßgeblichem Einfluß auf diesen neuen, zunächst mit Skepsis durch den Handel aufgenommenen Spielzeugtyp war die Idee des Verlegers Heinrich Emil Langer (1871–1949). (Das wies sich auch im Etikett aus, siehe Abbildung.) Das Sortiment war äußerst umfangreich (eine Ausstellung 1981 dokumentierte fast 100 verschiedene Formen!). Seit kurzem ist aus der Werkstatt von Erich Reichelt (geb. 1921), Seiffen, wieder eine Gruppe von vier «Szenen» zu haben. Zu den bekanntesten Herstellern, die Neuheiten selbst entwickelten oder nach Vorlagen des Verlegers produzierten, gehörten Camillo Müller (1882–1942), Otto Müller (1903–1964), Max Matthes (1875–1942), Paul Flade (1875–1947), Rudolf Schönherr (1891–1948), Arno Pflugbeil (1894–1978), Rudolf Glöckner (1882–1941), Carl Heinrich Frohs (1851–1927) und Söhne. Der Minibaukasten in Streichholzschachtel «Der kleine Schwede» wurde als Gebrauchsmuster Nr. 327278 am 10. Januar 1908 in die Warenzeichenrolle vom 3. März 1908 unter Nr. 105525 (Schwedenholzschachtel, enthaltend weiße, bedruckte und rotgefärbte Steinchen sowie Vorlage) eingetragen.

201

Erzgebirgische Volkskunst in der Zündholz-Schachtel.
Gesetzl. gesch. H. E. L.
mit der Ofenbank

202

Stuben, in der Regel Widerspiegelungen der kärglichen hausindustriellen und kleinbäuerlichen Lebensweise, waren etwa 8 bis 12 cm lang. Obgleich sie bereits äußerst kleine szenische Gruppierungen darstellten, wurden sie durch den «Schlager» der mit Miniaturen gefüllten Zündholzschachteln noch übertroffen. Ihre weltweite Verbreitung, ihr Siegeszug als Spielzeug ist dem tüftelnden Verleger Heinrich Emil Langer (1871–1949) zu danken, der sie – in Ergänzung der spangezogenen Schachteln – um 1905 als massenhaft bestellbares Verpackungsmittel in die Spielwarenbranche einführte. Seit der Mitte des 19. Jahrhunderts wurden Sicherheitszündhölzer in Schachteln in Schweden produziert (1892 erfolgte in den USA die Erfindung der Zündholzhefte) und mit Beginn der siebziger Jahre als «Schwedenhölzer» auch in Deutschland bekannt. Als erstes Muster, das offenbar in größerer Anzahl aufgelegt wurde, erschien die «Erzgebirgische Bauernstube mit der Ofenbank» – köstlich naiv gebaut, die Armut der Erzgebirger sinnfällig offenbarend. 1908 brachte die Fabrik S. F. Fischer den ersten Baukasten in der Zündholzschachtel («Der kleine Schwede») heraus. Die Wareneingangsbücher der Firma H. E. Langer verdeutlichen die Massenproduktion: Allein 1923 kaufte die Firma 500 000 «Schwedenschachteln» ohne Reibefläche und Etikett bei der AG. Fehr u. Wolff aus Halberstadt in Schlesien ein, die offenbar niedrigere Preise hatte als die in der Umgebung, zum Beispiel in Olbernhau benachbarte Betriebe. (1866 wurden in zehn schlesischen Ortschaften etwa 30 Millionen Zündholzschachteln hergestellt, im Böhmerwald sogar 35 Millionen.) Als Hauptabsatzgebiete in den zwanziger und dreißiger Jahren treten die englischsprachigen Länder in Erscheinung (in den USA sind die Schachteln schon bald eine Sammelbeigabe der Warenhäuser für ihre Kunden), die Etiketten sind entsprechend in Englisch gedruckt. In den letzten Jahren haben die Mitglieder der «Forschungsgruppe Seiffener Volkskunst» unter maßgeblicher Initiative von Johannes Eichhorn und Walter Neumann die Breite des Sortiments erfaßt, ihre Hersteller dokumentiert und 1981 in einer bemerkenswerten Ausstellung des Seiffener Spielzeugmuseums die Sammlungsergebnisse vorgeführt. Fast 100 verschiedene Schachtelfüllungen verdeutlichen den kulturellen Reichtum dieser in sozialer Not geborenen Volkskunst. Vier Gruppen der Schachtelinhalte sind zu unterscheiden:

- Szenen aus dem Alltagsleben (zum Beispiel Wohnbereiche, Handwerkerwerkstätten, «Susanna im Bade», Bauernhof, Kaninchenstall, Bergleute vor Ort, Feuerwehrleute, Fußballspiele [!], Wintersportler).
- Bewegungsminiaturen heiterer Art (zum Beispiel «Die kleinsten Boxer der Welt», «Sautreiber», «Der Junggeselle», «Max und Moritz»).
- zusammensetzbares Miniaturspielzeug – die zahlenmäßig größte Gruppe (zum Beispiel Architekturbauereien, Fahrzeuge, «Der kleine Wagenbauer» mit variablen Teilen zum Bau verschiedener Wagen, Volksfest).
- Miniatur-Spiele für Spaß und Unterhaltung (zum Beispiel Domino, Dame und Mühle, Roulett, Zahlen- und Bilderlotto, Geduldspiele, Kegel, Baukästchen).

Bis 1957 waren noch etwa acht Schachteln im Angebot der Dregeno, dann verschwanden sie vom Markt. Erst seit 1981 fertigt Erich Reichelt (geb. 1921) vier neue Formen. (Die «Bauernstube» nach altem Muster von Heinrich Emil Langer, Schäferei, Krippe und Eisenbahn nach eigenen Ideen.) Wir danken Walter Neumann eine erste gründliche Studie (vgl. Sächsische Heimatblätter, 6/1981).

## Seiffen Werkstatt des Weihnachtsmannes
*Tafeln 67–88*

Die Fülle der Figuren, die in direktem Bezug zum Weihnachtsfest stehen, brachte dem «Spielzeugwinkel» viele volkstümliche Bezeichnungen ein: Weihnachtsland Erzgebirge, Weihnachtsland Sachsens, Heimat des Weihnachtsmannes usw. Die Lichterfreudigkeit der Erzgebirger, die letztlich ihre Ursachen in der Geschichte und in der Lebensweise («Lichthunger» der Bergleute) der arbeitenden Klassen hatte, findet bis heute in den Weihnachtsgestaltungen ihren Ausdruck. Die Kataloge der volkseigenen Betriebe und Genossenschaften widerspiegeln diesen Sachverhalt. Bergmann und Engel als Lichterträger (auch in der geschnitzten Form des Westerzgebirges), Nußknacker und Räuchermänner sind geradezu Symbole des Erzgebirges geworden – obgleich sie erst seit der Jahrhundertwende in wirklich *großen* Mengen auf den Markt gelangten. (Die Musterbücher aus der Mitte des 19. Jahrhunderts führen sie noch nicht, ja sogar der vermutlich um 1900 gedruckte Katalog der bedeutenden Spielwarenfabrik D. H. Wagner & Sohn, 1742 in Grünhainichen gegründet, mit ständigen Musterlagern in Leipzig, Berlin, Hamburg, Bremen, Paris, Amsterdam verzichtet auf sie im Angebot.) Der große Bedarf auf dem Weltmarkt brachte es mit sich, daß sehr oft die schlichten Formen der Volksgestaltungen durch das «Kunstgewerbe» und die Fabrikindustrie nicht nur inhaltlich verzerrt, sondern auch in ihren Formen versüßlicht und verkitscht wurden. Davon ist auch das gegenwärtige Angebot nicht verschont. Und schließlich werden in verschiedenen Ländern der kapitalistischen Welt erzgebirgische Figuren nachgemacht und verfälscht.

Dem jetzigen Stand der Forschung entsprechend, dürfte die gedrechselte Form des Lichterengels nicht vor 1830 für das Seiffener Gebiet nachweisbar sein, und damals keinesfalls als marktgängiger «Artikel», sondern als Zutat für das familiäre Weihnachtsfest. Neben die geschnitzte Form des Engels – die in Seiffen als «Schwebeengel» überliefert ist und nach zuverlässigen Forschungen von Johannes Eichhorn seit den sechziger Jahren des 19. Jahrhunderts üblich war – ist die stilisierte gedrechselte Figur getreten, deren steife Symmetrie und fröhliche Buntheit feierliche Würde und Sinnbildcharakter viel besser zum Ausdruck bringen. Als Schnitzer von Schwebeengeln konnte Eichhorn unter anderem ermitteln: Karl Friedrich Lorenz (geb. um 1820–1908), genannt «Pimper», Louis Biermann (1850–1915), Arthur Gläßer (1880–1971), Carl Heinrich Frohs (1851–1927) und Ferdinand Louis Frohs (1862–1947). Zunächst wurden die Frisuren geschnitzt, später folgten Perücken aus echtem Haar.

Schon viel früher hatten zum weihnachtlichen Zimmerschmuck die symmetrischen Nürnberger Faltschnittengel gehört. Sie hingen goldglitzernd an den grünen Zweigen oder standen auf dem weihnachtlichen Gabentisch. Ein Wagnis mußte es freilich sein, ihnen zum Halten brennende Kerzen anzuvertrauen, wie es uns Joseph Kellners Stich von 1790 vorführt. Dafür waren Figuren aus feuer- und standsicherem Material viel besser geeignet, wie sie von süddeutschen Meistern der religiösen Kleinkunst geschaffen worden waren. Diesen Anforderungen entsprachen auch die Puppendocken, denen der Drechsler die Arme, die bisher zum Wiegen des Kindes beweglich waren, fest mit dem Körper verband, damit sie die Kerzentüllen halten konnten. Holzgeschnitzte, goldüberzogene Flügel vervollständigen das Bild eines «Engels». Aber diese konnten auch wegbleiben, wenn ihre Befestigung technische Schwierigkeiten bereitete. Leopold Schmidt weist darauf hin, daß Flügel ursprünglich in Berichten der Bibel, im frühen Mittelalter kein notwendiges Attribut des Engels waren. Sie wurden es erst später, als eine vom Himmel herabschwebende Gestalt ohne Tragflächen von Federn nicht vorstellbar erschien. Das Krönchen der alten Nürnberger Docke wurde zur Zackenkrone erhöht. Pinsel und Farbe des Malers prägten die Merkmale der zur Zeit gültigen Frauenmode auf. Mit ihrer Ausdeutung ist uns heute ein sicheres Mittel zur Datierung der älteren Stücke gegeben.

Fast an allen Figuren erkennen wir ein Profil

67
*Engel und Bergmann – Weihnachtssymbole des Erzgebirges*
Der Engel mit dem Lichterkranz stammt aus der kinderreichen Familie eines Waldarbeiters aus Oberwiesenthal, etwa 70 cm, Ende des 19. Jahrhunderts (Volkskunstmuseum Dresden). Das Leuchterpaar im Vordergrund – noch mit Teigarmen bestückt – fertigte Albert Füchtner (1875–1953).

68/69 Folgende Seiten
*Leuchterpaare*
Unverkennbar ist die gedrechselte Grundform. Die Flügel der Engel sind zusätzlich zur Bemalung mit Blattgoldstückchen beklebt, um das Kerzenlicht zu reflektieren. Der größere Bergmann stammt aus der Werkstatt von Richard Langer (1887–1957), Seiffen, die anderen aus verschiedenen Werkstätten, unter anderem Werkstatt Füchtner. Auch Rudolf Auerbach (1896–1958) fertigte neue Formen.

*Glockenengel und Glockenbergmann*
Zur alten Füchtnerschen Familientradition gehören seit etwa 1885 die reizvollen Weihnachtsfiguren. Die mit ihnen kombinierten Pyramidenflügelräder – mit Bergleuten und Engeln in Miniaturgröße besetzt – betätigen das Hämmerchen für den Glockenanschlag. Stücke aus der Werkstatt von Kurt Füchtner (1903–1970), der die Formen erneuerte.

205

206

207

von dünner Taille, mit starker Brust und einem von Achsel zu Achsel reichenden breiten Halsausschnitt. Fast immer ist das Kleid weiß, oft sind Blumenornamente oder Streublümchen aufgesetzt – alles typische Merkmale der Biedermeiermode im zweiten Viertel des 19. Jahrhunderts. Die frauliche Erscheinung dieser Periode war durch eine starke Einschnürung der Taille über den Hüften und durch einen weitabschwingenden Glockenrock geprägt. Vom meist hellen Kleid hob sich eine kleine, in kräftigen Farben gehaltene Schmuckschürze ab. In der zweiten Hälfte dieser modischen Periode, etwa seit 1835, war der weite Halsausschnitt gewöhnlich von einer aufwendigen Falbel umrahmt. Der Gestalter der Kerzenengel übernahm diese typischen Merkmale in stilistisch vereinfachter Manier, wie sie noch heute als kennzeichnend für das volkskünstlerische Gestalten dieser Zeit gelten. Nur die typische Ringellöckchenfrisur konnte wegen der hohen Krone nicht immer wiedergegeben werden.

Zu den besonders interessanten Figuren gehören die der Schneeberger Drechsler, von denen sich einzelne Stücke noch in Museen oder auch im Privatbesitz befinden. Sie lassen erkennen, daß nach der Formung durch die Drehbank noch viel Handarbeit – sicher meist von Frauen und Kindern – nötig war. Die obere Partie des Bordürenkleides war meist hell, die untere dunkelrot gehalten. Die enge Taille wurde von einem Gürtel umschlungen, dessen plastisch geformte Schleife dem Leib aufliegt. An die Biedermeiermode erinnert die aus gleichem Material gedrückte Falbel am Halsausschnitt. Der Hut ist durch Bügel zur Krone erhöht. Besonderes Kennzeichen der Schneeberger Figuren ist der mandorlaähnliche Lichterbügel, der meist drei Kerzen zu tragen hat und deshalb fest im Holz der Docke sitzen muß. Vorbild für den nach oben gehaltenen Girlandenbogen war offenbar der gleiche Bogen des Nürnberger Rauschgoldengels. Wegen seiner dekorativen Wirkung hatten ihn vorher bereits zinngegossene Lichterbergleute erhalten. Dunkle Bordüren verhalfen auch älteren Seiffner Engeln zu dekorativer Wirkung.

Eine noch größere Helligkeit erstrebte ein kinderreicher Oberwiesenthaler Waldarbeiter, der seiner etwas plump geratenen Engelsfigur im weißen Streublümchenkleide einen Ring mit zwölf eng aneinandergereihten Kerzen, die für seine 12 Kinder gelten sollten, aufs Haupt richtete. – Der Drechsler hielt im Dekor an der Grundform fest. Durch einen Schmuck von Girlanden und Borten in Tupfmanier und kräftigen Farben hob sich das weiße Kleid immer gut heraus. Doch war die Schürze in ihrem kräftigen Dunkelgrün oder Rot nie Arbeitsschürze für den Haushalt, sondern galt als modischer Schmuck, der wirkungsvoll die große weiße Fläche aufgliederte.

Die Engelsflügel arbeitete der Seiffner Drechsler immer dekorativ und werkgerecht aus Holz, der Schneeberger hatte sie nach Bastlermethode aus Pappe geschnitten. Als Krone beließ er die gedrehte Walze, die unter Weglassung der Zacken zu einem bergmännischen Schachthut wurde. Eine senkrechte Einbohrung von oben vermochte eine dritte Kerze oder auch einen holzgeschnitzten Bogen mit drei oder fünf Kerzen aufzunehmen. Die Massenherstellung veranlaßte die Entwicklung rationellerer Arbeitsverfahren beim Drechseln wie beim Malen, eine Beschränkung auf die notwendigsten Arbeitsgänge und die Materialeinsparung zur Erzielung eines niedrigen Preises. Die Docke wurde nicht aus Viertelholz, sondern aus schwachstämmigem Kernholz gedreht, das jedoch beim Trocknen oft in ganzer Länge aufreißt. Die Arme wurden wegen ihrer rechtwinkligen Beugung nach der Methode der Schneeberger Drechsler aus einer Masse von Gips, Mehl und Leim geformt. Den Leimfarbenanstrich festigte man nur selten durch einen Lacküberzug. Das Dekorieren mit Pinsel und Tupfer aber wurde zur Routinearbeit helfender

70
«Ich hab' schon manche Nuß gepackt...»
Die alten Formen der Nußknacker mit den langgezogenen gedrehten Beinen stammen aus der Familie Füchtner (nach 1870). Der als Polizist kenntliche wird im Germanischen Nationalmuseum Nürnberg aufbewahrt. Die zwei mittleren Typen mit den gedrehten Nasen stellte Richard Langer (1887–1957) her, gegenwärtig produziert sie die PGH Seiffener Volkskunst. Der rechte Nußknacker entspricht seinem Vorbild in dem Bilderbuch «König Nußknacker und der arme Reinhold» (1851, Frankfurt/Main) von Dr. Heinrich Hoffmann (1809–1894). Es wurde gleich nach seinem Erscheinen in der ersten Auflage von der staatlichen Zensur wegen angeblicher Majestätsbeleidigung beschlagnahmt. Deshalb blieben nur wenige Exemplare der ersten Auflage erhalten.

209

Frauen- und Kinderhände. Dem kindlichen Wunsch nach Klang und Bewegung kam die Verbindung der Figuren mit Flügelrad und Glockenspiel entgegen.

Dem Engel verband sich der Bergmann in gleicher Funktion zum unzertrennlichen Paar. Das beiden eigene innige Verhältnis zum Licht war freilich beim Bergmann in anderen Bezirken begründet als beim Engel. War es für diesen ein religiöses Attribut, so war es für den Bergmann Lebenselement, das ihm die Arbeit in der Tiefe der Erde erst ermöglichte. Im Dunkel des frühen Morgens eilt er zur Schicht, in der Hand die mit kleinem Flämmchen brennende Grubenlampe. Sie leuchtet ihm zur Einfahrt, auf der Strecke und vor Ort, wo er bei ihrem trüben Schimmer mit Schlägel und Eisen das kostbare Erz aus dem Berge löst; sie weist ihm nach vollbrachter Schicht den Weg wieder zurück zur Sonne, einen Weg, den er oft unter Lebensgefahr auf den glitschigen Sprossen der Fahrtenleiter erklimmen muß. Beide Hände sind ihm dabei nötig zum festen Halt. So muß er das «prynnende Licht» im Scherben auf der Gugelkapuze befestigen, wie es bei den haltenden Knappen des Annaberger Wappens erkennbar ist, das 1501 von Kaiser Maximilian der jungen Bergstadt verliehen worden war. Knappen mit brennenden Lichterscherben auf den Häuptern fahren auch ein und aus auf Hans Hesses Mittelbild des Annaberger Bergaltars, wie auch auf Zeichnungen, die Georgius Agricola für sein Werk «De re metallica» anfertigen ließ. Meist trägt aber der Knappe auf Gemälden wie in plastischen Darstellungen sein Geleucht in der Hand. Kerzen brannten auch bei offener Knappschaftslade und leuchteten dem Ankommenden beim «Quartal». Waren sie verlöscht, so hatte der Zuspätkommende einen Tadel zu erwarten. Der Knappe als Träger des Lichtes war ein gewohntes Bild. So war es durchaus nicht außergewöhnlich, als er im späteren 17. Jahrhundert zum Träger der Altarkerzen wurde, vor allem in Zinnerz bauenden Bergstädten, und daß er in vielfältiger Weise – bis heute – das Bild der westerzgebirgischen Schnitzerei prägt.

Obwohl sich der Bergmann immer erneut in seiner Selbstdarstellung versuchte, hätte die Knappenfigur doch nie die weite Verbreitung und die außerordentliche Beliebtheit erlangt, wenn sie nicht der Drechsler in die Drehform umgesetzt und sie nach seiner rationellen Herstellungsmethode in großen Mengen hergestellt hätte. Ausgang dafür war die gleiche Docke, aus der der Lichterengel geschaffen wurde, nur daß hier das Schnitzmesser stärker beansprucht wurde, denn Brust, Rücken und Beine waren nachzuformen. Fast die gesamte übrige Ausgestaltung besorgten jedoch Pinsel und Farbe. Der Drechsler entschied sich fast ausschließlich für den einfachen Häuer im schwarzen Grubenkittel, dessen spitzer Halsausschnitt den roten Brustlatz des Freiberger Reviers sehen läßt, auf dem zwei schräggestellte Knopfreihen zu beiden Seiten die Brusttaschen markieren. Am hohen grünen Schachthut erscheint das bergmännische Symbol Schlägel und Eisen oder die 1827 eingeführte grünweiße Landesrosette. Das kurze, runde Leder aus schwarzem Wachstuch vervollständigt das Bild eines rechten Bergmannes. Nur die silberne Paradebarte des Häuers fehlt meist, denn jede Hand hat eine Kerze zu halten. Damit bleibt auch das Gleichgewicht der leichten Fichtenholzfigur gesichert. Der niedrig berechnete Preis läßt nur eine sparsame farbliche Kennzeichnung von Augen, Mund und Bart, der Kniebügel, Halbschuhe und der Tscherpertasche zu. Seine Steiger stattete der Drechsler reicher aus mit weißer Halskrause – einem Relikt der einstigen Spanischen Tracht –, einem grünen Schachthut mit siebenteiliger Mauerkrone, einem Häckchen in der Rechten. Nur die freie Linke ließ er das helle Licht halten. Auf seinen schmucken Steiger war nun der Junge besonders stolz. Es waren Seiffner und Heidelberger Werkstätten, die diese typischen

71
«*Der Spielzeugmacher – der mich schuf – gab mir das Knacken – zum Beruf...*»
Der König mit der Zackenkrone (links) wird gegenwärtig in der Werkstatt Werner Füchtner (geb. 1930) produziert und war schon bei Kurt Füchtner (1903–1970) im Angebot. Er verkörpert am schönsten und in ausgewogenen Formen das Wesen der weltweit beliebten Weihnachtsfiguren. Aus der gleichen Werkstatt kommt der Soldat mit Pickelhaube. Die mittleren Figuren mit kräftigem Fellbart sind nach Entwürfen der ehemaligen Fachschule unter maßgeblichem Einfluß von Max Schanz (1895–1953) entstanden.

211

212

Figuren eines Bergmannes oder eines Steigers als Träger der weihnachtlichen Kerzen schufen.

Nur dieser schlichte Bergmannstyp konnte sich dem im gleichen Stil geschaffenen Lichterengel zum Paare zugesellen, in dem eine volkläufige, vom kostümkundlichen Befund unterstützte Auffassung die Frau des Bergmannes sieht. Wie ein rechtes Paar haben sich beide einander angeglichen. So behandeln auch neue Entwürfe beide Figuren als zusammengehörig und stimmen sie in Größe, Form und Farbe aufeinander ab. In der schnittigen Linienführung und mit dem Verzicht auf Ornament und frohe Buntheit gibt man dabei freilich viel vom Charakter der älteren Volkskunst preis.

Zum Schmuck des Weihnachtsbaumes gehörten neben Äpfeln, Pfefferkuchen und Zuckerkringeln von jeher vergoldete Nüsse, die dauerhaften Früchte des «welschen» Nußbaumes. Wer aber ihren wohlschmeckenden Kern will, muß sich erst mühen, die harte Schale zu knacken. Auf einfache Weise besorgt das die Hebelwirkung zweier gelenkverbundener Hölzer. Solche Geräte waren mit figürlichem Schmuck versehen als Erzeugnisse des städtischen Kunsthandwerks bereits im 16. Jahrhundert geschätzte Geschenke. 1650 nennt eine Berchtesgadener Quelle «Nußbeißer». Aber schon der Druck kräftiger Hände oder gesunder Zähne konnte zum gleichen Erfolg führen. Bei solchen Kraftanstrengungen mag es zuweilen zu greulichen Grimassen gekommen sein, die das Kind fröhlich auflachen ließen. So haben Holzhandwerker schon früh das Nüsseknacken von Figuren besorgen lassen, denn bereits 1735 ist in Sonneberg von «Nußbeißern» die Rede, die nach dem Prinzip arbeiteten, daß in einer kräftigen Gestalt mit großem Kopf der am Rücken bewegte zweiarmige Hebel die Nuß gegen den Oberkiefer drücken mußte. (Die Musterblattsammlung der Fa. Adolf Fleischmann, Sonneberg, zeigt sie bereits als Abbildungen zwischen 1840 und 1870.) Während eines Karnevalsaufzuges der Freisinger Studenten 1783, der auf dreißig Schlitten in überdimensionalen Modellen den Zuschauern «Berchtoldsgadner Waare» vorführte, zeigten sie auch «Nußbeißer in Gestalt eines Männchens, dessen Maul und Bauch eins ist». 1791 werden für Berchtesgaden «feine Nußbeisser» erwähnt. – Der Nußknacker gilt als das klassische Beispiel für die angewandte, funktionstüchtige volkskünstlerische Kleinplastik.

Als erzgebirgische Produkte werden «Nußknacker aller Art mit Schrauben» bereits 1745 für den Dresdener Markt bezeugt (auch Karl August Engelhardt nennt sie 1804 unter den nutzbaren Geräten), es handelt sich dabei aber noch nicht um figürliche Darstellungen – sie fehlen sogar noch im Angebot der Musterbücher um 1840/50. Offenbar bestehen gestalterische Beziehungen zu den Rhöner Wackelfiguren des 19. Jahrhunderts, Oberammergauer Hampelmännern und zu den Grödener Groteskfiguren, die alle mit beweglichem Unterkiefer ausgestattet sind. Vom Aussehen her sind die figürlichen Nußknacker auch verwandt mit den Schwarzwälder Uhrenmännlein, mit dem «Großmaul» beim volkstümlichen Ballzielwerfen, mit den in Mühlen maskenhaft gestalteten «Kleiekotzern» und mit den Sonneberger «Fressern», bei denen dem «großen Maul» die Hauptfunktion des Aufnehmens zugewiesen ist.

Schließlich sei noch auf die Beziehungen zu den Automatenfiguren vorwiegend des 18. Jahrhunderts verwiesen. Sie klingen in der Erzählung «Die Automate» von E. T. A. Hoffmann an, der darin seinen Helden berichten läßt: «Ich muß gestehen, ... daß die Figur ... mich lebhaft an einen überaus zierlichen künstlichen Nußknacker erinnerte, den mir einst ... ein Vetter zum Weihnachten verehrte. Der kleine Mann hatte ein überaus ernsthaft komisches Gesicht und verdrehte jedes Mal mittelst einer inneren Vorrichtung die großen aus dem Kopf herausstehenden Augen, wenn er eine harte Nuß knackte, was dann so etwas possierlich Lebendiges in die ganze Figur brachte, daß ich stundenlang damit spielen konnte.» Aus dem 18. Jahrhundert

**72**
*Weihnachtsfiguren aus der PGH Seiffener Volkskunst*
Die Mitglieder der 1958 gegründeten Produktionsgenossenschaft führen in schöpferischer Weise sowohl die traditionellen Figuren als auch die überlieferten Techniken (Schauwerkstatt) fort. Interessante Neuentwicklungen (Nußknacker, Engel, Bergmann) stehen neben Überliefertem (Reifentiere). Die geschnitzten Rehe gehen auf Paul Edmund Ulbricht (1904 bis 1971) zurück.

sind grimmig dreinschauende Soldaten, Landsknechte, satirisch geschnitzte Mönche (Gröden), Domestiken und hexenähnliche Weiber überliefert; das 19. Jahrhundert kennt daneben bös blickende Gendarmen, Groteskfiguren mit langen Nasen (zum Anfassen) und den König als Motive. Zeitgenössische Karikaturen – zum Beispiel auf satirischen Bilderbogen – stellen Napoleon 1813 als «Pariser Nußknacker» dar. Später bediente sich die sozialistische Arbeiterbewegung der Symbolfigur «Nußknacker» als satirischer Bezeichnung in der Presse. So erschienen unter der Leitung von Max Kegel (1850–1903), Schöpfer des Sozialistenmarsches (1891 geschrieben, bis 1910 verboten), zwischen 1872 und 1878 Herausgeber politisch-satirischer Beiträge der «Chemnitzer Freien Presse», diese zeitweilig unter dem Namen «Nußknacker» (zwischen 1871 und 1873 unter Mithilfe von Johann Joseph Most [1846–1906]). Aus ihr entwickelte sich 1873 die Beilage unter dem Namen «Chemnitzer Rakete», bevor sie ab 1876 wieder «Nußknacker» genannt wurde und bis 1878 erschien.

Nußknacker finden wir auf zahlreichen Abbildungen für Bilderbücher im 19. Jahrhundert und auf Bilderbogen (z. B. Münchner Bilderbogen Nr. 226 von 1858), als Hauptfiguren in Geschichten für Kinder. Auch in Kinderbüchern der Gegenwart wird das Motiv gern aufgegriffen. Im Bilderbuch hat u. a. R. Grube-Heinecke den prahlerischen «Nußknacker Siebenzahn» (1966) dem Lachen der Leser preisgegeben. In einer märchenhaften Erzählung berichtet Wolfgang Buschmann «Die Geschichte vom Nußknacker Kunka» (1974). Sie spielt zur Weihnachtszeit im Erzgebirge und überträgt gesellschaftliche Vorgänge der jüngsten Geschichte in die Handlungsweisen der Holzfiguren: der Nußknacker Kunka entpuppt sich als ehemaliger Sägewerksbesitzer, der hart und unerbittlich gegen seine Arbeiter war. Er wird verurteilt, für immer als Nußknacker zu arbeiten.

Nußknacker im Erzgebirge – aber auch in Thüringen – die Vertreter der «Obrigkeit» (Soldaten, Gendarmen, Förster, König) dominieren. Die armen Spielzeugmacher tauschten gleichsam die Rollen und ließen sich von jenen die Nüsse knacken, denen sie im drangvollen Alltag oft rechtlos ausgeliefert waren. So mußte zum Beispiel in Thüringen der Gendarm als «Knurks» für die armen Leute «arbeiten». Dagegen übertrug der erzgebirgische Spielzeugmacher die «gemütliche» Funktion des Rauchens in den frühen Formen der Räuchermänner nur «einfachen» Menschen aus dem dörflichen Alltag. In dieser Differenzierung sind Züge einer naiven Sozialkritik erkennbar, die noch gründlich erforscht werden muß. Neben die ältere Auffassung der Figur als Verkörperung des Grimmigen, Gefürchteten tritt die freundlichere eines guten Märchenkönigs, nachdem sie E. T. A. Hoffmann in seinem Kindermärchen «Nußknacker und Mausekönig» 1816 literarisch erhöht und ihr Peter Tschaikowski (1840–1893) etwa acht Jahrzehnte später in der «Nußknackersuite» die Rolle eines verwunschenen Prinzen zugewiesen hat. Der Wandel in der Auffassung prägte sich in der Gestaltung aus. Die preußische Pickelhaube wurde zur Königskrone, das Gewehr zum Zepter. Auch Wilhelm Friedrich Füchtner (1844–1923) gab seinem weltberühmten gedrechselten Seiffener Nußknackerkönig um 1870 eine sehr ansprechende Ausstattung. Das Gold der königlichen Zackenkrone malte er auf einen mächtigen, vom Bergmann entliehenen schwarzen Schachthut. Unsterblich wurde der Nußknacker in

73
*Weihnachtliche Erzeugnisse aus dem volkseigenen Betrieb VERO, Olbernhau*
In großen Serien bereichert der Betrieb das Angebot für das Weihnachtsfest. Die mit Bergleuten, Krippenfiguren und Volkstypen bestückten Pyramiden, der prachtvolle Nußknacker «Musketier», der Räuchertürke mit Licht und die kleinen Figuren aus dem Dorfalltag – verpackt in der Spanschachtel – entwarf Hans Reichelt (geb. 1922), Sohn eines Holzdrechslers aus Oberseiffenbach und seit 1952 als Gestalter von Holzspielwaren tätig.

74/75 Folgende Seiten
*«Wenn es Raachermannel nabelt...»*
Die heitere Schar der Räuchermänner gehört zu den gesuchtesten Typen der Seiffener Volkskunst. In den älteren Formen, die zum Teil auch heute noch überliefert sind (Werkstatt Werner Füchtner: Förster, Türke, Rastelbinder, Postbote, Bergmann, Essenkehrer), tummeln sich ausschließlich die Vertreter des werktätigen Volkes (Ausnahme: Türke). Die auf den Blättern abgebildeten Räuchermänner stammen aus verschiedenen Werkstätten, vorwiegend aus dem Familienbetrieb Füchtner und aus der Werkstatt von Louis Haustein (1858–1929) und Hulda Haustein (1861–1956). Der Bärtige ist eine Entwicklung der ehemaligen Seiffener Fachschule. Museumsstücke.

215

216

217

218

76
*Der Stülpner-Carl und seine Gesellen*
Carl Stülpner (1762–1841), Rebell aus sozialer Not und selbstloser Helfer der Armen, lebt festgefügt in der erzgebirgischen Folklore weiter. Heinz Auerbach (geb. 1920), Seiffen, schuf ihn in eigenwilliger Form mit angewinkeltem Bein. Die anderen pfeifeschmauchenden Jäger verkörpern ältere Formen. Museumsstücke.

77 Folgende Seite
*Walter Werners Bergparade*
Walter Werner begann zunächst mit kleineren Gruppen, gestaltete als Ausnahme eine 180teilige Bergparade, bevor er seit etwa 1980 die «Berg- und Hüttenleute aus dem Freiberger und anderen sächsischen Bergrevieren in Paradeuniform aus der Zeit 1831» als Überraschung auf den Markt brachte.
«Figürliche Gestaltung in Holz und deren farbige Fassung nach den Zeichnungen von G. E. Rost, Freiberg, Anfang 19. Jahrhundert. Die Grundkörper sind aus gedrehten Teilen zusammengesetzt. Diese passen sich dem Formenausdruck jeder einzelnen Tracht an. Auch die Verschiedenartigkeit der Bemalung und dekorativen Ausstattung entspricht getreu den historischen Uniformen.
Die Zugehörigkeit zu verschiedenen Bergrevieren und Arbeitsgruppen sowie der Rang des Uniformträgers sind nach den Farben der Westen, Koppel, Aufschläge, Tressen, Kragen, Knöpfe und nach Werkzeugen zu erkennen.
In ihrer Originalität und kulturhistorischen Gestaltung sind diese Figuren von Berg- und Hüttenleuten gedacht für: Bergbaufachleute und Volkskundler, für Museen und Kunstsammlungen, für Liebhaber und Sammler berufskundlicher Darstellung. 32 unterschiedliche Figuren und Reiter werden in Zusammenstellung von viermal 8 Figuren und die Reiter einzeln herausgegeben.
*1. Satz*
1 Dirigent, 2 Pauke, 3 Trommel, 4 Klarinette, 5 Trompete, 6 Waldhorn, 7 Posaune, 8 Tuba
*2. Satz*
9 Schichtmeister, 10 Bergfahne, 11 Knappschaftsältester, 12 Häuer, 13 Bergzimmerer, 14 Bergmaurer, 15 Bergschmied, 16 Fackelträger
*3. Satz*
17 Prof. der Bergakademie, 18 Markscheider, 19 Akademiefahne, 20 Bergakademist, 21 Bergschülerfahne, 22 Bergschüler, 23 Steiger, 24 Altvater
*4. Satz*
25 Oberhüttenverwalter, 26 Hüttenältester, 27 Hüttenfahne, 28 Hüttenmann, 29 Amalgamierer, 30 Saigerhüttenarbeiter, 31 Schwefelhüttenarbeiter, 32 Blaufarbenarbeiter, 33 Oberberghauptmann zu Pferd, 34 Geschworene zu Pferd, verschiedene Ausführungen.»
(Text des Faltblattes)
Seit 1983 gibt Walter Werner eine neue, zunächst sechsteilige Gruppe von Bergleuten mit Arbeitsgeräten heraus, die die Tracht von 1719 tragen. Helmut Wilsdorf wies darauf hin, daß der theaterhafte, im Manierismus beliebte, im Barock gesteigerte «Auftritt» der Bergleute bei höfischen Festen – dem fürstlichen Unterhaltungsbedürfnis entsprechend – ein charakteristisches, von Bergherren dirigiertes Zeitelement war, eine «Imitation», aber letztlich keine Aussage über den «wirklichen» Bergmann zustande kam. Er stellte erstmalig tabellarisch eine Übersicht über die Bergbauberufe, deren Nebentätigkeit und damit über den hierarchisch geordneten «Bergstaat» zusammen. (Vgl. Elemente..., 1978, S. 55–56; 64–67.) In der Gegenwart bewahren die im Kulturbund der DDR organisierten «Bergbrüderschaften» des Erzgebirges das bergmännische Erbe.

seiner Rolle als gütiger Märchenkönig durch das Bilderbuch, das der Dichter des Struwwelpeters, Dr. Heinrich Hoffmann, 1851 für die Kinder schuf. König Nußknacker geleitet den armen, kranken Reinhold, den menschlichen Helden des Buches, durch die Wunderwelt des Spielzeuges, führt ihm all die bunten Figuren vor und macht sie ihm schließlich unter dem Weihnachtsbaum zusammen mit neuer Gesundheit großmütig zum Geschenk.

Heinrich Hoffmann (1809–1894), der schriftstellernde Arzt aus Frankfurt am Main, weltbekannt durch seinen «Struwwelpeter», hat noch viele andere Kinderbücher verfaßt, die sich im 19. Jahrhundert großer Beliebtheit erfreuten. Unter ihnen war dem Verfasser «eigentlich das liebste» die Versgeschichte vom König Nußknacker, die 1851 erschien und bis 1893 immerhin zwanzig Auflagen erreichte. Hoffmann führt den kindlichen Zuhörer mit dieser Geschichte in das Spielzeugland, eine Idee, die seitdem unzählige Male kopiert worden ist. Über seinen Einfall schreibt er: «Die Freude der Kinder an Märchenwundern ist bekannt; nun meinte ich, es wäre doch noch geeigneter, wenn man, statt die jungen Gemüter in ein fremdes unbegreifliches Land der Feen, der Zauberer und der Ungeheuer zu führen, die Märchenwelt herunter in die Kinderstube zu bringen versuchte.» Weniger bekannt ist, daß Hoffmann in diesem Kinderbuch die Hymne der preußischen Monarchisten «Heil dir im Siegerkranz» auf ergötzliche Weise parodierte:

«Heil Dir, Du Knupperhans!
Hölzern in Pracht und Glanz!
Heil, Knacker, Dir!
Beißen, wie Du, wer kann's?
Nüsse des Vaterlands
Läßt Du gewiß nicht ganz.
Heil, Knacker, Dir!»

Und die schönste Beschreibung eines Nußknackers stammt von E. T. A. Hoffmann: Unter dem Weihnachtsbaum war «ein sehr vortrefflicher kleiner Mann sichtbar geworden, der still und bescheiden dastand, als erwarte er ruhig, wenn die Reihe an ihn kommen werde. Gegen seinen Wuchs wäre freilich vieles einzuwenden gewesen, denn abge-

220

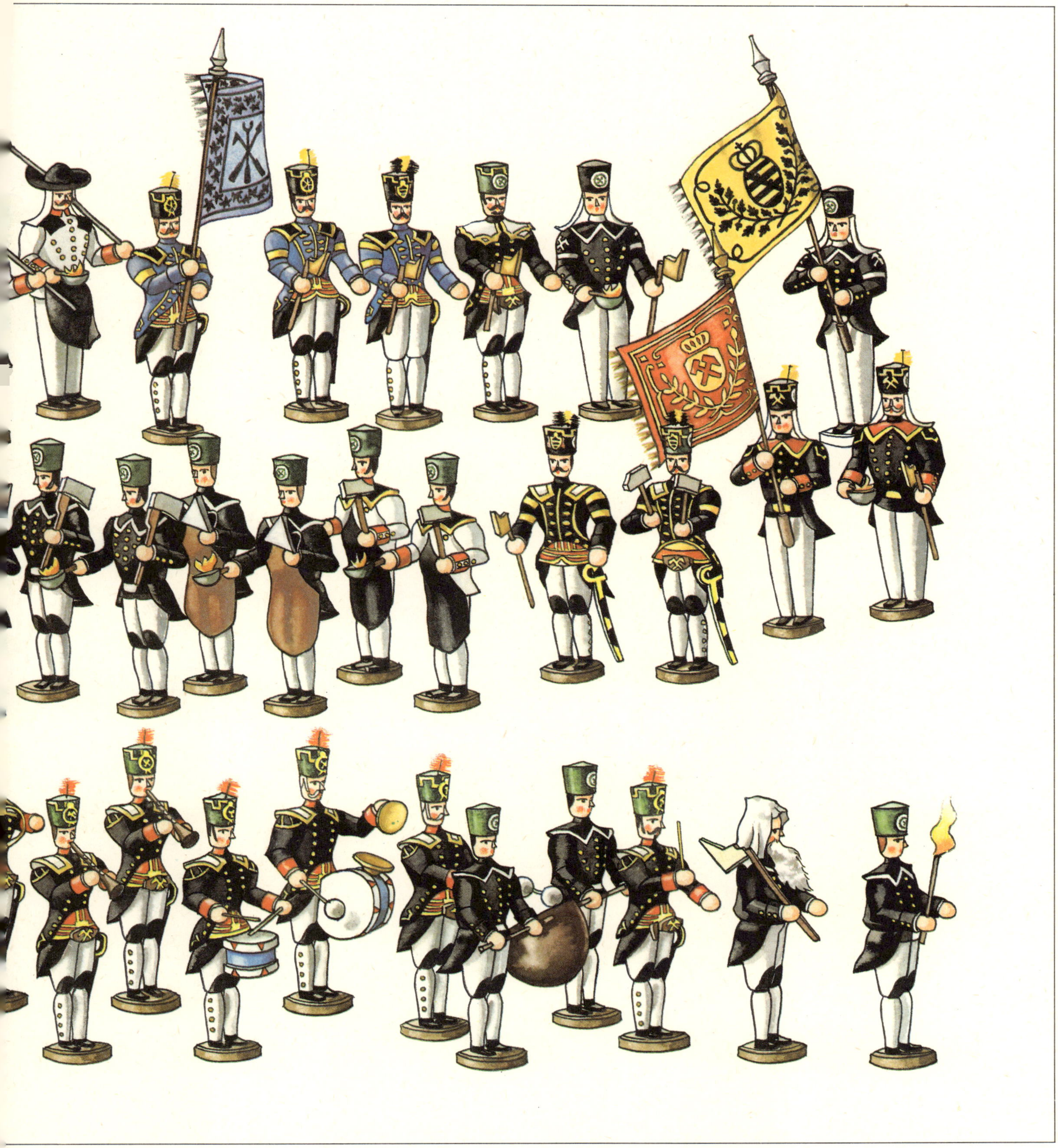

sehen davon, daß der etwas lange, starke Oberleib nicht recht zu den kleinen dünnen Beinchen passen wollte, so schien auch der Kopf bei weitem zu groß. Vieles machte die propre Kleidung gut, welche auf einen Mann von Geschmack und Bildung schließen ließ. Er trug nämlich ein sehr schönes violettglänzendes Husarenjäckchen mit vielen weißen Schnüren und Knöpfchen, ebensolche Beinkleider und die schönsten Stiefelchen, die jemals an die Füße eines Studenten, ja wohl gar eines Offiziers gekommen sind. Sie saßen an den zierlichen Beinchen so knapp angegossen, als wären sie darauf gemalt. Komisch war es zwar, daß er zu dieser Kleidung sich hinten einen schmalen unbeholfenen Mantel, der recht aussah wie von Holz, angehängt und ein Bergmannsmützchen aufgesetzt hatte... Aus den hellgrünen, etwas zu großen hervorstehenden Augen sprach nichts als Freundschaft und Wohlwollen. Es stand dem Manne gut, daß sich um sein Kinn ein wohlfrisierter Bart von weißer Baumwolle legte, denn um so mehr konnte man das süße Lächeln des hochroten Mundes bemerken. ‹Ach!› rief Marie endlich aus, ‹ach, lieber Vater, wem gehört denn der allerliebste kleine Mann dort am Baum?› ‹Der›, antwortete der Vater, ‹der, liebes Kind, soll für euch alle tüchtig arbeiten, er soll euch fein die harten Nüsse aufbeißen, und er gehört Luisen ebensogut, als dir und dem Fritz.› »

Ludwig Richter (1803–1884) schuf für den Sammelband «Die schwarze Tante» von Clara Fechner (Leipzig 1848) die Holzschnittillustrationen (44), darunter 17 für die heitere Bildgeschichte «Nußknacker und Zuckerpüppchen». (Er benutzte das Motiv auch für Vignetten, darunter der Soldat mit offenem Maul.) Unter den vielen literarischen Zeugnissen sei noch auf Kurt Arnold Findeisens (1883–1963) «Goldenes Weihnachtsbuch» verwiesen, dessen Verse sehr populär wurden, zum Beispiel bei Weihnachtsspielen in Schulen:

*Der Nußknacker*
(in bärbeißigem Ton)
Ich hab – schon manche Nuß – gepackt,
Krick – krack – und mitten durch – geknackt.
Der Spielzeugmacher – der mich schuf –
gab mir das Knacken – zum Beruf.

Ich knacke große – ich knacke kleine,
und was nicht aufgeht – das sind Steine.
Ich knacke hart – ich knacke weich,
nur immer her – mir ist das gleich.
Doch sag ich eins euch ins Gesicht:
Verknacken – ha! – laß ich mich nicht!

Kurt Arnold Findeisen danken wir auch die heitere Geschichte «Der Nußknacker und die Pfefferkuchenfrau».

Der Nußknacker zählt in der gegenwärtigen Seiffener Produktion zu den gefragtesten Stücken. Die zuständigen Werkstätten können den Bedarf für den Export und für den Handel im Lande kaum decken. Führende Produktionsstätten sind die PGH «Seiffener Volkskunst» (als Nußknackertypen «König» und «Dänischer Wachsoldat»), der VEB VERO, Olbernhau («Musketier») und der Handwerksbetrieb Werner Füchtner, dessen Nußknacker fast ausschließlich für den Export bestimmt sind. In dieser Werkstatt haben sich in strenger Familienüberlieferung die alten Figurentypen bis heute erhalten. Der Urgroßvater des jetzigen Inhabers, Wilhelm Friedrich Füchtner (1844–1923), schuf den bereits genannten farbenprächtigen Nußknackerkönig, Gotthelf Friedrich Füchtner (1766–1844) besuchte bereits mit seinen Erzeugnissen den Dresdner Striezelmarkt. Die Werkstatt schickt jährlich etwa 5000 Nußknacker auf den Weltmarkt. Auch die Werkstätten von Rudolf Ender, Borstendorf, und Walter Tränkner, Neuwernsdorf, bemühen sich um gute Gestaltungen, die in der Volkskunsttradition stehen. Das gleiche gilt von den Formen, die Richard Gläßer entwickeln ließ. Gutes Empfinden für das Wesen der Volkskunst beweisen die neuen Nußknackerformen, mit denen in den letzten Jahren Hans Reichelt hervortrat. Und auch die PGH «Seiffener Volkskunst» (Jahresproduktion etwa 50000 Stück), der VEB Erzgebirgische Volkskunst, Seiffen (früher

78
«Es gaukeln süße Düfte in Schwaden um ihn her...» Als neue Formen schuf Heinz Auerbach (geb. 1920), Seiffen, Türken als Räuchermänner – gleichzeitig auch als Lichtträger – und fellbemützte Grusinier. Die gedrehten Körper zeigen eine ausgesuchte Holzmaserung, die durch dezente ornamentale Bemalung noch betont wird.

223

Richard Gläßer) sowie der VEB Holz- und Drechslerwaren Rothenthal – beides Betriebe des VEB Kombinates «Erzgebirgische Volkskunst» Olbernhau – bemühen sich um künstlerisch ausgereifte Formen, die in der Tradition stehen. – In den letzten Jahren haben die sich entfaltende Hobby-Drechselei und die Ausplünderung des Typs auf dem kapitalistischen Markt üppige Auswüchse gestalterischer Art beschert, die jedoch mit dem Erzgebirge und seinen geschichtlich gewachsenen Figuren nur noch eines gemeinsam haben: den Werkstoff Holz und die technologische Fertigung. Dabei werden die überlieferten Motive völlig verschoben (Indianer als Nußknacker!), die geschichtlichen Bezüge verblassen.

Über die Herstellung der Seiffener Nußknacker sei vermerkt: Der gedrechselte Seiffener Nußknacker, dessen mittleres Maß 35 cm beträgt, entsteht in etwa 130 Arbeitsgängen (je nach dem Grad der Arbeitsteilung in den Werkstätten). Er gilt als ausgesprochener «Holzfresser». Für die gedrechselten Körperteile verwendet man Fichte, Buche, Erle, Linde, Ahorn und Tanne. Als zusätzliche Materialien zur Auszier der Figur werden Wolle, Fell, Borsten, Draht, Blech, Papier, Leder, Stoff und Schnuren benötigt. Neuerdings gesellte sich Kunststoff dazu. Wie entsteht der Nußknacker? Zunächst dreht der Hersteller aus einem Vierkantholz, dessen Ecken gebrochen werden, mit «Schruppröhre» und Meißel eine Walze. Hat diese die richtige Stärke, so erfolgt das Anreißen der Einkerbungen von Kopf, Hals und dem Rockende. Der Oberkörper erstreckt sich bis zum Rockende. Dann werden Arme, Beine und Sockel gedreht, Füße und Nase aus vorgesägten Holzklötzchen geschnitzt (früher diente eine besondere Masse zur Herstellung von Nasen und Füßen). Bevor der Nußknacker zusammengesetzt wird, muß in den Oberkörper das «Maul» eingefräst werden. Früher stemmte man es mit einem flachen Schnitzeisen aus. Der für die Funktion des Knackens notwendige Hebel wird mit der Bandsäge ausgeschnitten und mit einem kräftigen Stift im Innern des «Maules» befestigt. Nun folgt das Zusammenleimen der gedrehten Einzelteile. Bevor der Rohkörper grundiert und anschließend geschliffen wird, beschnitzt man ihn, wie der Entwurf es angibt. Zur farbigen Fassung, die vornehmlich leuchtende Farben (Rot, Blau, Grün, Gelb und Schwarz) und eine ausgewogene Ornamentik aufweist, dienen Leim- und Plakatfarben, Spiritus- oder Nitrolack. Schließlich werden Bart- und Kopfhaare aufgeklebt (vgl. Hartmut Ulbricht, Die Entwicklung und Gestaltung des Nußknackers als dekorativer und praktisch-nützlicher Gegenstand. Abschlußarbeit 1965, Fachschule für angewandte Kunst Schneeberg).

Zu einem rechten Weihnachten gehört noch immer im Haus der Duft der Räucherkerzen. Schon früh ließ man sie in einem Gefäß glühen und rauchen. Nürnberger Spielzeugmusterbücher bieten um 1800 eine Figurengruppe an, bei der Rauch eines rotglühenden Lagerfeuers vor dem sinnenden Feldherrn – wahrscheinlich ist Napoleon damit gemeint – aufsteigt. Die gleiche Quelle zeigt auch einen Husaren am Kaffeetisch, der sein Pfeifchen schmaucht. Erst das 19. Jahrhundert ließ mit der aufkommenden Sitte des öffentlichen Rauchens die Figur des Mannes mit der Pfeife im Mund volkstümlich werden. Das reizte besonders erzgebirgische und Thüringer Spielzeugmacher zur Nachgestaltung. So wurde die hohle Docke zum Rauchkessel für die glimmenden Weihrauchkerzen, der Rauch kringelte aus der runden Mundöffnung. Als technisch besonders günstig bot sich zur Gestaltung die Figur des Türken im langen rotgoldenen Mantel mit einem weißen Turban an. Daß man mit der Figur des Orientalen um 1800 allgemein vertraut war, bestätigt das Magazin von Bestelmeier, der sie mehr als ein dutzendmal in

79
*Die Figuren des Walter Werner: Tradition und Neuerertum*
Der ehemalige Zimmermann Walter Werner (geb. 1931), Seiffen, dessen beide Söhne Christian (geb. 1958) und Wolfgang (geb. 1960) ebenfalls als Spielzeughandwerksmeister tätig sind und dessen Sohn Siegfried (geb. 1965) auch bereits drechselt, knüpfte mit seinen neuen Formen an die traditionellen Seiffener Figuren (8 cm groß) an und schuf eigenständig Typen in dieser Größe. Nußknacker in verschiedenen Farben, Bergmann und Engel in variierter Form die Lichter tragend, Rastelbinder, Vogelhändler und Spielzeughändler bestechen in ihrer handwerklich-farbigen Gestaltung. Zu seinem Angebot gehört auch eine kursächsische Jagd. Die seit 1980 in vier Sätzen (eine Beschreibung ist beigelegt) nach bildlichen Unterlagen gefertigte Bergparade und seine Göpelpyramide (seit 1970) widerspiegeln die große Zeit des erzgebirgischen Silberbergbaues.

225

226

seinen Spielzeuggruppen erscheinen läßt. Das Erzgebirge kennt Türkenschiffe aus der Biedermeierzeit. Gegenwärtig werden in Ehrenfriedersdorf, Annaberg und Königswalde (Erzgebirge) traditionsgebunden noch «Lichtertürken» geschnitzt, die zugleich als Kerzenträger verwendbar sind. Räuchertürken mit einem Licht in der Hand fanden auch Eingang in die neuere Volkskunst Berchtesgadens, offenbar als Typentlehnung aus dem Erzgebirge. Die Figur des Türken ist auch in anderen Sachgebieten der Volkskunst heimisch geworden, in Deutschland und in den angrenzenden Ländern. Das Türkenmotiv hat vor allem in der österreichischen Volkskunst eine große Rolle gespielt. Die geschichtlichen Berührungen beider Völker sind dafür der reale Grund. Leopold Schmidt hat eine Fülle von Beispielen beigebracht: Andachtsbilder mit Türkendarstellungen, Türkenwahrzeichen, anthropomorphe Brunnenaufsätze, Bienenstöcke, Schlittenköpfe, Zielfiguren, Ladenschilder, Türken als Erzträger (Steiermark um 1680), die sogenannten Brunnentürken – geschnitzt und farbig gefaßt –, Motive für Porzellangefäße, Volkskeramik, Krippenfiguren und anderes mehr. Auch in die Volksschauspiele und in die Adventsspiele ist der Türke eingezogen; hier gelegentlich in Verbindung mit dem Mohrenkönig als Diener des Nikolaus (17. Jahrhundert). Die Verdichtung des Türkenmotivs in der Volkskunst ist selbstverständlich auch durch seine Wiedergabe in der Druckgraphik und Wallfahrtspropaganda, in neuen Zeitungen, Holzschnittflugblättchen und ähnlichen frühen Druckerzeugnissen bewirkt worden. 1531 werden auf dem Markt zu Nürnberg gemalte Türken feilgehalten.

Im Erzgebirge bildete sich im Laufe der letzten 120 Jahre eine endlose Kette rauchender Volkstypen heraus. Der Spielzeugmacher wählte als Motiv für die Räucherleute nur Figuren aus seinem dörflichen Alltag, Menschen seiner Lebenswelt: Hausierer mit Spielzeug, den Vogelhändler, den Volkshelden Carl Stülpner, Waldarbeiter und Jäger, denen das Rauchen im Walde nur mit verdeckter Pfeife erlaubt war, Bergmann, Eisenbahner, Postbote, Feuerwehrmann, Bäcker, Fleischer und Student. Von der Form her bietet sich auch der Schneemann günstig an, der erst am Ende des 18. Jahrhunderts in seiner typischen Form bildhaft belegt ist und im 19. Jahrhundert zur Lieblingsfigur im Kinderbuch wird. Vielfach wird dem Schornsteinfeger (Essenkehrer, Feuerrüpel) die Funktion des Qualmens übertragen. Er ist auch in zahlreichen erzgebirgischen und böhmischen Weihnachtsbergen, teilweise bereits im 18. Jahrhundert, vertreten, wo er meistens – mechanisch «lebendig» gemacht – als Überraschungseffekt aus der Esse eines Hauses herausschaut. Als «Dresdner Pflaumentoffel» gehört er noch heute zum vorweihnachtlichen «Striezelmarkt» der Elbestadt. In neuerer Zeit zogen auch Zeitfiguren, wie der Hauptmann von Köpenick mit den ergaunerten Talern in der Hand, Max und Moritz – die beliebten Kindergestalten nach den Versen von Wilhelm Busch –, Kapitän Brise – Freund der Kinder aus Sendungen des Rundfunks – und andere Typen in die Schar der Räuchermänner ein. Ihre Zahl ist unübersehbar. Neben den im Seiffener Gebiet gedrechselten Form werden vor allem im westlichen Teil des Erzgebirges auch Räuchermänner geschnitzt. Als Beispiel sei auf die naiven Gestalten des ehemaligen Bergmanns Heinrich Pommer (geb. 1902), Stollberg, verwiesen, der erst nach 1973 mit dem Schnitzen begann. Der Neuhausener Sammler Max Eberlein erfaßte innerhalb von vier Jahrzehnten etwa 150 verschiedene Figuren.

Zweifellos zählt der «Rastelbinder» (Drahtbinder) – neben dem Türken – zu den im Volke beliebtesten Figuren. Die Rastelbinder kamen als wandernde Händler aus der Slowakei, aus Rußland, Polen, Ungarn und anderen Ländern. Auf dem Rücken trugen sie Küchenbleche, Mausefallen, Hausgeräte und Ziergegenstände aus Draht. Sie «verdrahteten» den Hausfrauen zersprungene Töpfe und Teller, klopften zerbeultes Blechgeschirr

80
*Volkskunst und moderne Formengestaltung*
Als freischaffender Diplom-Formgestalter, bekannter Holzgestalter und Dozent an der Fachschule Schneeberg versucht Hans Brockhage (geb. 1925) – der Th.-A.-Winde-Schule verbunden – in einfachen Formen, deren Material Holz schöpferisch verpflichtet, traditionelle Figurentypen aufzugreifen. Die Spieldose ist mit der stilisierten Basilius-Kathedrale Moskau bestückt, die Krippenfiguren führen auf die einfachen Dokkenformen zurück. Seine Entwürfe setzt der VEB Kunstgewerbe-Werkstätten Olbernhau in der Produktion um.

zurecht, besorgten gern auch andere «Flickarbeiten». In gewissem Sinne waren sie Konkurrenten der Zigeuner, obgleich sie als grundehrlich galten. Die Armut ihrer Heimat trieb die Rastelbinder in die Welt. Sie wanderten nach Deutschland, Ungarn, Österreich, man begegnete ihnen in Serbien, Polen und in den russischen Ebenen bis hinter Moskau. Oft kehrten sie erst nach mehreren Jahren in ihre Heimat zurück, wo ihre Familien warteten. Die Rastelbinder wurden zu Helden vieler Lieder, Erzählungen und Gedichte, zu einem beliebten Motiv der Folklore. Der Bänkelsänger verkündete die schaurige Moritat vom «Tod der drei ungarischen Drahtbinder» (1862), Victor Leon und Franz Lehar widmeten ihnen ihr 1902 in Wien uraufgeführtes Singspiel «Der Rastelbinder». Das Motiv des Rastelbinders ist für österreichische Krippen des ausgehenden 18. Jahrhunderts belegt. Auf zahlreichen Kaufrufen sind sie abgebildet («Ausrufer»). Ludwig Richters Holzschnitt «Der Drahtflechter vor der Haustür» verdeutlicht die soziale Situation. Als eine der frühesten Darstellungen im Bereich der volkskünstlerischen Kleinplastik kann man die Figur des mit Flachshecheln und Rattenfallen handelnden «Slowaken» auf dem Marktplatz der Puppenstadt «Mon Plaisir» im Schloßmuseum Arnstadt betrachten (erste Hälfte 18. Jahrhundert). Eine ähnliche Gestalt war der «Bosniak» (aus Bosnien oder Dalmatien), der vor allem in Niederösterreich mit allerlei Kramzeug für den täglichen Gebrauch hausierend durch die Dörfer zog. Durch das Eindringen modernen, fabrikmäßig gefertigten Geschirrs und Hausgerätes in den Haushalt – auch auf dem Dorfe – verlor das Gewerbe der Rastelbinder mehr und mehr seine Existenzgrundlage, sank immer stärker auf die Ebene zwielichtigen Straßenhandels, endete vielfach in Bettelei, bevor es nach dem ersten Weltkrieg endgültig verlosch.

Für das Sonneberger Spielzeuggebiet werden von 1820 bis 1830 die aus Papiermasse gefertigten Räucherfiguren charakteristisch. – Der Schöpfer der gedrehten Figuren soll vorwiegend gemeinsam mit Gotthelf Friedrich Haustein (geb. um 1830, verstorben 1900) der um 1850 in Heidelberg bei Seiffen lebende Ferdinand Frohs gewesen sein. Er übersetzte vom Motiv her auch Spielzeugfiguren, wie wir nach Vergleichen mit Darstellungen von Essenkehrer und «Slawonier» (= Slowake) aus einem Olbernhauer Musterbuch von 1877 feststellen konnten. Später übernahm sein Neffe Gotthelf Friedrich Haustein, der bei ihm Geselle war und sich um 1860 selbständig machte, die Räuchermännerproduktion. Dessen Figuren sind typenmäßig im Seiffener Spielzeugmuseum vorhanden. Als Haustein im Jahre 1900 starb, übernahmen sein Sohn Louis (1858–1929) und dessen Frau Hulda (1861–1956) das Gewerbe. Nach 1929 führte Frau Minna Neubert, eine Enkelin von Gotthelf Friedrich Haustein, mit ihrem Sohn Willy (geb. 1904) die Arbeit fort. Jedoch wurde anstelle der Teiggesichter und Teigarme Holz eingesetzt. 1948 erlosch die Familientradition durch die einzwängende Preisbildung (1 Räuchermann = Herstellungspreis 1,80 Mark).

Bis 1919 drehte Louis Haustein die Körper und «Pritscheln» für seine Räuchermänner etwa alle 14 Tage an einer gemieteten Drehbank im Wasserkraft-Drehwerk von Paul Preißler (jetzt Freilichtmuseum). Das Holz dazu (gespaltete «Asteln») wurde im Scheunenkorb selbst mitgenommen. Die «Asteln» wurden entweder von Haustein selbst gespalten oder auch säckeweise von dem Waldarbeiter Wildner in Böhmisch-Einsiedel gekauft. Die gespalteten «Asteln» wurden, bevor sie gedrechselt wurden, erst noch mit einem zweigriffigen Schnitzmesser an der Schnitzbank gedrechselt. Ab 1919 wurde dann alles zu Hause an der Drehbank mit Elektromotor in der eigenen Werkstatt gedrechselt.

Das «Fertigmachen» der Räuchermänner erfolgte dann gemeinsam mit der Ehefrau Hulda

81
*Weihnachtsfiguren aus dem Dresdner Raum*
Der Drechsler Helmut Kempe (geb. 1914), Cossebaude, langjähriger Obermeister des Drechslerhandwerks im Bezirk Dresden, anerkannter Kunsthandwerker und Holzgestalter, stammt aus einer Seiffener Spielzeugmacherfamilie. Sein Vater fertigte vor allem Spielzeugeisenbahnen in Miniaturformat für einen Verleger in Grünhainichen. Er war mit Karl Müller befreundet. Seine Gestaltungen – Nußknacker, Räuchertürken mit Lichtern, Rastelbinder, Bergmänner und Engel als Lichterträger, Kurrendesänger, Storchenreiter, Adam und Eva, Pfeifvögel und Hähne – sind streng der Tradition verpflichtet. Gern fertigt er die Räucherleute in Größen bis etwa 50 cm.

229

Haustein. Hulda Haustein erledigte dabei meist nur die gröbere Malerei; die Teiggesichter, Teigarme, Pfeifen, und die sogenannte bessere Malerei, wie Gesichter, Striche usw., machte Louis Haustein selbst. Louis Haustein war sehr ruhig und gemütlich. Wenn es abends dunkel wurde, setzte er sich erst eine Weile auf die Ofenbank und hielt «Dämmerei», bevor die Petroleumlampe angebrannt wurde. Hulda Haustein galt als sehr volkstümlich. Sie war eine kleine, zierliche Frau, überall sehr beliebt und bis ins hohe Alter sehr rüstig. Sie ging viel in den Wald und sammelte Holz, Reisig, Pilze und Beeren. Vor allem aber hat sie viele Kräuter gesammelt. Selbst im hohen Alter, als keinerlei Notwendigkeit zum Holzsammeln mehr bestand, ging sie noch mit Tragkorb oder Handwagen in den Wald, um Holz zu sammeln. Wenn sich ihre Angehörigen um sie sorgten, wenn sie oft stundenlang allein im Wald war, ob Sommer oder Winter, und manchmal auch erst bei Dunkelheit zurückkehrte, oder wenn andere Gründe vorlagen, sich auf Grund ihres hohen Alters um sie zu sorgen, war ihre Redensart immer: «Ihr seid bissl olbern.»

Im Erzgebirge scheinen die figürlichen Räuchermänner sich nicht vor der Mitte des 19. Jahrhunderts verbreitet zu haben, denn im berühmten «Heiligabendlied» der Johanne Amalie von Elterlein, das um 1830 entstand und die erzgebirgischen Weihnachtsbräuche bildhaft beschreibt, ist nur vom «Weihrichkerzel» die Rede, das auf einen «Scherbel» (Scherben, Untertasse) gesetzt wird. Sie fehlen auch in den frühen Musterbüchern. Die erzgebirgischen Räuchermänner wurden sehr beliebt im Volke und auch in der Volksdichtung viel besungen. Der sächsische Dichter Kurt Arnold Findeisen (1883–1963) ließ auch sie im Reigen der Spielzeugfiguren in seinem berühmten «Goldenen Weihnachtsbuch» aufmarschieren. Diese Texte verarbeitete Kreuzkantor Rudolf Mauersberger (1889 bis 1971) für den schönen Weihnachtszyklus der Dresdner Kruzianer. Professor Mauersberger, Sohn eines Lehrers und Kantors aus dem erzgebirgischen Dorf Mauersberg, leitete seit 1930 den Dresdner Kreuzchor, schuf 1950/51 einen feinsinnigen Chorzyklus «Das Erzgebirge» und sammelte eifrig die Zeugnisse der Schnitzer und Spielzeugmacher des Gebirges. Sein heimatlich gestalteter Weihnachtsberg und die übrigen Stücke seiner Sammlung werden in einem kleinen Gedenkmuseum der Gemeinde ausgestellt. Die von ihm für den Friedhof in Mauersberg gestiftete neue Kapelle dokumentiert gleichermaßen die tiefe Heimatliebe des großartigen Chorerziehers.

Im «Goldenen Weihnachtsbuch» heißt es über den Rastelbinder – neben Versen für Soldat, Stülpner, Förster, Treiber und Schäfer – in heiterer Weise:

> *Er:*
> Servus, Vater, Mutter, Kinder!
> *Die Kinder:*
> Guten Tag, Herr Rastelbinder!
> *Er:*
> Mausifalli, Rattifalli,
> alles, was Sie haben wollen,
> Pfännle, Töpfle, Näpf' und Tiegel,
> Stürzen, Löffel, Kleiderbügel.
> Einzustricken Form und Faß.
> Gute Mutter, kauf sie was!
> *Die Mutter:*
> Mäuslein ist ins Garn gegangen,
> Ratte hat der Spitz gefangen.
> Nichts zersprungen, nichts zerbrochen,
> dreizehn glatte Töpf' zum Kochen
> reichen noch bis nächsten Winter,
> brauche nichts, Herr Rastelbinder.

82
*Festschmuck für den Weihnachtsbaum*
Die mit Miniaturen bestückten und zum Aufhängen bestimmten gebogenen Späne (Höhe 7 cm) bieten Seiffener Motive als reizvollen Christbaumbehang. Die Miniaturen werden auch in 7,5 cm großen runden Spanschachteln in der Regel paarweise geordnet angeboten. Die Kurrende erinnert an den alten vorweihnachtlichen Volksbrauch, der auch in der Gegenwart noch gepflegt wird. Der aus einem großen Span gezogene Schwibbogen vereint die Kurrende, Häuser und Bäume in harmonischer Weise. Alle Stücke: VEB Erzgebirgische Volkskunst, Seiffen (ehemals Firma Richard Gläßer). Seiffener Schwibbogen fertigen unter Verwendung von Holzspänen, zu Spanornamenten ergänzt mit Häusergruppen, noch Heinz Auerbach (geb. 1920), Seiffen, und Gottfried Hübsch (geb. 1930), Seiffen. Schwibbogen in Naturholz, getragen von stark stilisierten Figuren und Spanbäumen, gehören zum Angebot von «VERO Hobby». Auch Max Schanz entwarf für die Schüler der ehemaligen Fachschule einen sehr dekorativen Schwibbogen.

231

232

*Und der Türke erzählt:*
Ich bin der Sultan Soliman –
man sieht mir's schon von weitem an –
Ich hab dreihundert Frauen,
die ärgern mich oft gar zu sehr
und lamentieren kreuz und quer
und machen mir das Leben schwer.
Dann nehm ich meine Pfeife her
und laß sie – p – miauen.
Und blas – p –, was ich blasen kann,
und denke – p –: Was geht's dich an?
Ich bin der – p – p – Soliman,
der macht sich da nichts draus – p – p –
p – p –, nun ist die Pfeife aus!

Als leichtfertiges «Räuchermännlein Schmauch», das der Feuerwehr Kummer bereitet, ist die beliebte Weihnachtsfigur auch in das Bilderbuch eingezogen (R. Grube-Heinecke, 1966).

Wie entsteht ein Räuchermann? Die Rohform des Oberkörpers wird aus einem Vierkantholz herausgedreht. Das Holz muß dabei noch so stark bleiben, daß es beim Ausdrehen des inneren Raumes, der zur Aufnahme der Räucherkerzchen notwendig ist, nicht vibriert. Die Bearbeitung des Hohlraumes geschieht mit dem Löffelbohrer und mit der Formröhre. Für schlanke Körper mit geringen Aussparungen setzt der Drechsler harte Hölzer ein, damit das Holz durch die Wärmeentwicklung nicht reißt. Kernfreie Hölzer werden bevorzugt. Mit dem Meißel dreht man nun das äußere Profil und sticht den Körper mit dem Abstecheisen ab. Es folgt das Drechseln der Beine, Arme und der beiden Sockel für das Räucherkerzchen und für die Beine. Der Kopf wird an der Kreissäge leicht abgeschrägt, damit die Kopfbedeckung «wirklichkeitsgetreuer» aufsitzt. Die unentbehrliche Tabakspfeife besteht in der Regel aus Holzdraht mit einem gedrehen Pfeifenkopf. Das Drehstück, das mit den Beinen verbunden wird und nach oben hin den Körper abschließt, ist zugleich der Räucherkerzchenträger. Es enthält eine gebohrte Öffnung, damit Frischluft einströmen kann und den Rauch durch das Mundloch nach oben hinausdrückt. Somit wird zugleich durch den einströmenden Sauerstoff der Verbrennungsprozeß des Kerzchens, das auf einer Blechronde ruht, beschleunigt. Der Räuchermann steht auf einem scheibenförmigen Sockel, mit dem die Beine durch Dübel verbunden sind. Nase und Schuhe werden aus Holz aufgesetzt. Wenn der Rohkörper zusammengeleimt, verschliffen und grundiert worden ist, erfolgt die farbige Fassung der Figur. Es gibt verschiedene Verfahren für die Farbgebung. Früher waren reine Leimfarben in Gebrauch, heute werden diese in der Regel mit farblosem Spirituslack überzogen. Aber auch Wasserfarben mit Lacküberzug oder nur eine Lasierung, die das Naturholz wirken läßt, sind üblich. Die Größe der traditionellen Räuchermännertypen beträgt im Durchschnitt 18 bis 20 cm.

In der älteren Produktion verwendete man zur Gestaltung des Gesichtes, der Arme und der Füße eine Masse («Teig»). Die Werkstatt von Kurt Füchtner hielt diese Tradition bis 1954 aufrecht. Bestandteile der Masse: Schlämmkreide, Heißleim, das heißt Perl- oder Knochenleim, Roggenmehl, Sägemehl, Wasser. In diesem Verfahren wurde das Gesicht mit Hilfe einer Negativform dem gedrechselten Kopf aufgedrückt. Ohren und Füße modellierte der Hersteller aus Teigklümpchen, die Arme wurden zu Teigrollen gedreht und gebogen an den Körper angeleimt. Nach dem Verschmieren und Glätten der Ansetzstellen zwischen Oberarm und Rumpf mußten die Figuren drei bis vier Tage trocknen, bevor die Bemalung möglich war. (Für die technologische Beschreibung standen mir die Abschlußarbeiten [Manuskript] von Brigitte Jacob [1963] und Barbara Ceipek [1965] zur Verfügung, die sie an der Fachschule für angewandte Kunst, Schneeberg, vorlegten.)

83
*Bewahrung der Tradition aus Liebe zur Heimat*
Die 1964 in Auswertung der Ausstellung «Erzgebirgische Volkskunst» (Karl-Marx-Stadt) gegründete «Traditions- und Entwicklungsgruppe Seiffener Volkskunst» hat in den 20 Jahren ihrer intensiven Einflußnahme auf die sinnvolle Übernahme traditioneller Elemente in neue Formen der Seiffener Spielzeugproduktion manchen Typ vor dem «Aussterben» bewahrt.
Karl-Heinz Bilz (geb. 1950)
Spinne
Walter Frohs (geb. 1928)
Räuchermänner
Johannes Günther (geb. 1933)
Barrenturner
Reinhard Bernhard (geb. 1902)
Bergmänner, Engel
Heinz Preißler (geb. 1932)
Bäumchen
Alle Hersteller wohnen in Seiffen.

Damit die Räuchermänner in Funktion treten können, benötigt man etwa 2 cm hohe, kegelförmige Räucherkerzen. Sie werden vor allem im VEB Räucherartikel Crottendorf (seit 1972, vorher Firma Max Graubner) – mehr als 50 Millionen jährlich – und durch die Firma Zwetz in Mohorn bei Freital (1865 in Schleiz gegründet) – jährlich über 40 Millionen – hergestellt. Der beliebte Weihnachtsartikel ist auf dem Markt in roten, schwarzen und grünen Farben erhältlich, mit Weihrauch-, Lavendel-, Ambra-, Sandelholz- oder Fichtennadelduft. Früher geschah ihre Herstellung manuell, jetzt ist sie automatisiert. Eine Teigmasse ist die Grundlage. Sie enthält Weihrauch, Balsam Mastix, Lavendelblüte, Kaskarillenrinde, Kumarin und andere Substanzen als Duftstoffe, Holzmehl von Rotbuche, Holzkohlenstaub und Kartoffelstärke als Bindemittel. Altüberlieferte Rezepte werden gut gehütet.

Die in der Tradition der Volkskunst gebundenen Räuchermänner werden gegenwärtig vor allem vom VEB Erzgebirgische Volkskunst und anderen Betrieben des VEB Kombinat Erzgebirgische Volkskunst, von der PGH Seiffener Volkskunst, von den Handwerksbetrieben Werner Füchtner (geb. 1930) in «strenger» Familientradition (5. Generation) als Türken, Bergmänner, Rastelbinder und Briefträger von Heinz Auerbach (geb. 1920), Seiffen, als Türken und von Walter Frohs (geb. 1928), Seiffen, und Rudolf Ender (geb. 1898), Borstendorf, als «Wichtelmänner» nach einem Entwurf von Professor Alwin Seifert hergestellt. Moderne Entwürfe neuer Formen, die aber in schöpferischer Weise Elemente der Überlieferungen einbeziehen, boten den Herstellern das vormalige Institut für angewandte Kunst Berlin, die ehemalige Außenstelle des Instituts für Spielzeug in Seiffen, die Fachschule für angewandte Kunst in Schneeberg, der begabte Entwerfer Hans Reichelt und der Holzgestalter Hans Brockhage, Schwarzenberg. Die Kinder und Jugendlichen der dörflichen Schnitzschule Bernsgrün entwickelten seit 1953 unter Leitung ihres Schnitzlehrers Harry Schmidt neue, originelle Räuchermänner aus beschnitzten Asthölzern, jedoch nur als Einzelanfertigungen für den persönlichen Gebrauch.

In der Gegenwart dominieren leider vordergründig im Angebot des Erzgebirges nicht die im Stile altüberlieferter Volkskunstformen gefertigten Typen, sondern in Massen produzierte «kunstgewerbliche» Produkte. Dazu gehören grotesk verzerrte Darstellungen einzelner Berufe und «Ulkfiguren», gegen die der Volkskundler berechtigte Einwände vorzubringen hat und die er aus dem Bereich der Volkskunst verweist.

Als Grenzgebiet des Spielzeugs ist auch die Krippe zu bezeichnen. Obgleich in süddeutschen und österreichischen Schnitzgebieten Krippenkunst und -pflege bereits seit etwa zwei Jahrhunderten Heimatrecht hatten, wurde die volkskünstlerische Krippengestaltung im Erzgebirge erst um 1820 unter dem Einfluß der böhmischen Krippenschnitzerei und der überlieferten Christgeburtsspiele heimisch. Wie sehr auch hier die figürliche Darstellung der Weihnachtslegende dem kindlichen Verlangen entgegenkam, ist daraus zu schließen, daß Figuren zum Aufbau einer Krippe schon wenige Jahre später in erzgebirgischen Musterbüchern angeboten wurden – also offenbar dem Marktbedürfnis entsprachen (vgl. Das Waldkirchner Spielzeugmusterbuch, um 1850, Blatt 71). Im Erzgebirge folgte die Krippengestaltung zunächst (vor allem in der westerzgebirgischen Schnitzerei) fast ausschließlich dem historischen Vorbild im orientalischen Stil. Als bildliche Vorlagen für Krippen und szenisch gegliederte Krippenberge dienten vor allem die Bilderbibeln der Nazarener, der Maler Julius Schnorr von Carolsfeld (1794–1872; Bibel 1853–1860) und Joseph Ritter von Führich (1800–1876). Später verlegte der Volkskünstler das Geschehen in die heimatliche Landschaft, die

84
*Max Schanz (1895–1953), sensibler Förderer der Seiffener Volkskunst*
Aus gründlicher Kenntnis der Geschichte der heimatlichen Volkskunst und mit sicherem Empfinden für die Gestaltungsprinzipien der Volkskunst vermittelte er als Lehrer und Direktor der Fachschule den Herstellern notwendiges Wissen und reife Entwürfe: Die von Otto Ulbricht (†) produzierte Kurrende erhielt auf der Weltausstellung in Paris 1937 eine Goldmedaille. Sie wurde von Heinz Preißler (geb. 1932), Seiffen, bis 1976 für den Markt gefertigt. Jetzt erhält sie der VEB Erzgebirgische Volkskunst, Seiffen, in seiner Produktion lebendig. Den stämmigen Türken (und einen Carl Stülpner) fertigte Familie Zenker am Schwartenberg. Schüler der ehemaligen Fachschule übernahmen den Schwibbogen.

235

Geburt in ein Bauernhaus, eine Bergmannskaue, eine Köhlerhütte. Fremde Bildinhalte wurden in heimische umgeschmolzen – oder mit ihnen vermischt – und ließen die allgemein menschlichen Züge der «Weihnachtsgeschichte» ausdrucksstark sichtbar werden. In den großen erzgebirgischen Heimatbergen, besonders mit bergmännischen Szenen, kann die Krippe sogar völlig zurücktreten. Aber auch «rein» orientalische werden geschnitzt.

Unter der Leitung von Max Schanz wurde 1930 in der ehemaligen Fachschule die hervorragende Heimatkrippe «Geburt in der Seiffener Kirche» mit gedrechselten und zusätzlich beschnitzten Figuren entwickelt. Sie bildet heute einen besonderen Blickpunkt in der Ausstellung des Seiffener Spielzeugmuseums.

Im gegenwärtigen Angebot des Seiffener Gebietes dominieren die Krippenfiguren im «orientalischen Stil» als Bestückung für die Vielfalt an Pyramiden in allen Größen und für die Spieldosen. Daneben gibt es geschnitzte Krippenfiguren mit Stall, naturfarben oder lasiert. Zu den produktionsstärksten Betrieben zählen der VEB Erzgebirgische Volkskunst Kurort Seiffen und der VEB Kunstgewerbe Venusberg (beides Betriebe des VEB Kombinat Erzgebirgische Volkskunst Olbernhau).

Zu den Besonderheiten unter den Seiffener Weihnachtsfiguren zählen die Kurrendegruppen. In verschiedenen deutschen Landschaften zogen sie in der Vorweihnachtszeit von Haus zu Haus – in Seiffen noch heute. Bereits Bestelmeier (Nr. 1178) ließ sich von ärmlich gekleideten Findelkindern der Nürnberger Waisenschule zur Gestaltung einer aufstellbaren Spielgruppe anregen. Nachgestaltungen der Kurrenden mit einem leuchtenden Stern schufen schon die Altdorfer Meister für Nürnberg. Auch die Seiffener Volkskünstler Max Schanz (1895–1953), Max Auerbach (1890–1977) und Karl Müller (1879–1958) hielten die Erinnerung an den fast vergangenen Brauch durch ihre Gestaltung wach. Vielleicht waren auch die Dresdner Kruzianer ihr Vorbild? Sieben Sänger umschließen im Halbkreis ihren Sternträger. Mühsam erhellt der düstere Laternenschein die Singebücher. Die ursprünglich – nach einem Entwurf von Max Schanz – von Otto Ulbricht (†) gefertigte Kurrende übernahm vorübergehend Heinz Preißler (geb. 1932) bis 1976 in die Fertigung. Der VEB Erzgebirgische Volkskunst, Seiffen, erhält das Motiv in Vereinfachung der Originalform lebendig. Zu den Kurrendesängern gesellen sich die reizvollen Mettengänger aus der Werkstatt von Günter Leichsenring (geb. 1931), Seiffen, die gleichermaßen einen regionalen Festbrauch widerspiegeln.

Weltberühmt wurden die «Striezelkinder», die Max Schanz nach dem bekannten Holzschnitt Ludwig Richters «Ausverkauf wegen Geschäftsaufgabe» (um 1850) als Erinnerung an den Dresdner Weihnachtsmarkt gemeinsam mit Max Auerbach entwarf. Frierend kuscheln sich die Kleinen aneinander, geduldig auf die Käufer für die letzten Pflaumentoffel wartend. In die Produktion übernahm sie ab 1930 Max Auerbach (1890–1977), der vor allem als erstklassiger Kenner in- und ausländischer Hölzer meisterhafte Schalen, Teller und Dosen drehte, als «Onkel Max aus Seiffen» zu den humorvollen Originalen zählte. Trotz einer schweren Verwundung im ersten Weltkrieg lernte er mit der linken Hand zu arbeiten. Liebevoll unterstützte ihn seine Frau bei der Ausgestaltung der Figürchen mit schmückenden Details. 1937 bekamen die Striezelkinder eine Goldmedaille der Weltausstellung in Paris und werden gegenwärtig in der PGH «Seiffener Volkskunst» gefertigt.

85
*Max Schanz (1895–1953), sensibler Förderer der Seiffener Volkskunst*
Zu den beliebtesten Lichtträgern gehört die schlichte, zerlegbare Stabpyramide, deren Grundgerüst Max Schanz um 1940 entwarf und zunächst mit Engel und Bergmann bestückte. Von Elfriede Jahreiß (1907–1981) stammen die Figuren des Weihnachtsmannes mit Spielzeug (oder auch Krippenfiguren in Miniaturgröße zur Bestückung). Sie übernahm die Pyramide in ihre Produktion, bevor diese vor einigen Jahren Günther Flath (geb. 1932) in sein Angebot einbezog.
Die weltberühmten «Striezelkinder», einem Holzschnitt von Ludwig Richter (1803–1884) nach einem Motiv vom Dresdner Weihnachtsmarkt nachempfunden, gestaltete Max Auerbach (1890–1970) auf Anregung von Max Schanz um 1930. Auch sie errangen auf der Weltausstellung in Paris 1937 eine Goldmedaille. In der Gegenwart werden sie von der PGH «Seiffener Volkskunst» als Weihnachtsboten aus dem Erzgebirge in die Welt geschickt.
Das Seiffener Dorf ist als Spanschachtelfüllung ein beliebtes Reiseandenken aus der Werkstatt von Heinz Auerbach (geb. 1920).

237

Max Auerbach bereicherte das Seiffener Weihnachtsangebot noch mit Bergmann und Engel, einer erzgebirgischen Heimatkrippe, mit Hängeleuchtern aus Holzperlen und in Kronenform sowie mit Adventsleuchtern und «Spinnen». – Der VEB Erzgebirgische Volkskunst, Seiffen, hat die Striezelmarktkinder in stark stilisierter, verkleinerter Form, um einen Spanbaum stehend, im gegenwärtigen Angebot. Im 19. Jahrhundert bot der Striezelmarkt oft den Armen der Stadt eine bescheidene Möglichkeit, wenige Pfennige zusätzlich zu verdienen. Ludwig Richters Blatt vom Dresdner «Christmarkt» zeigt frierende, sich aneinander kuschelnde Kinder, die weihnachtliche Kleinigkeiten, darunter die für Dresden bekannten Pflaumentoffel, zum Kauf anbieten. Das war eine typische Erscheinung für die damalige Zeit! Der Chronist Carl Canzler vermerkte 1860 in seinem Tagebuch: «Drängt man sich durch die Reihen der armen Kinder, wer wollte sich hier einen Griff in die Tasche versagen. Von welcher Not könnten die gold- und silberglänzenden Erzeugnisse, die Pflaumenmännchen, Schäfchen und Puppen, Ruprechte und Pyramiden erzählen, die auf kleinen Tischen oder Bänken längs der Häuserreihen feilgeboten werden und von deren Verkauf vielleicht die Weihnachtsfreuden des kleinen Händlers abhängen.» Als arme Eltern in ihrer Not ihre Kinder anhielten, bereits Anfang Dezember ihre kleinen Dinge auf der Straße zu verkaufen, verbot das am 28. Dezember 1850 die Königliche Polizeidirektion und forderte die Beschränkung des Handels auf die letzten 14 Tage vor dem Fest. So war die «gute, alte» Zeit!

Der Holzschnitt von Hugo Bürkner (1818–1897) mit der Striezelmarktszene (1851) verdeutlicht kritischer und schärfer die gleiche soziale Situation. Die «Pflaumentoffel» auf Richters Blatt symbolisieren nicht nur den «Essenkehrer» als Glücksbringer, sondern erinnern an die bittere soziale Tatsache, daß noch im 19. Jahrhundert die Kinder der Ärmsten oft als sieben- und achtjährige Kaminfegergehilfen («Essenkehrer») die Schornsteine zu durchsteigen hatten. Darüber beklagte sich 1821 bitter der Direktor Niemeyer der Franckschen Stiftungen in Halle. Diese Jungen kommen «um ihre schönsten Kinderjahre, oft um Gesundheit und Leben». In der Literatur über «Kaufrufe» finden wir dafür Belege. Den Schornsteinfeger (humorvoll umgesetzt als «Pflaumentoffel») nur als Glücksbringer zu bewerten oder – wie in der Krippenliteratur nachzulesen – als Sinnbild des Übergangs von Jahr zu Jahr, reicht nicht aus und läßt die sozialen Bezüge außer acht. Nach der Bestallungsurkunde von 1635 für die von Johann Georg I. bestätigten «Schlotfeger» in Dresden haben sie die «Schlote, Feuermauern und Essen» zu reinigen und zu kehren. Dies «sollen sie schuldig sein auf Unseren Schlössern, Häusern, Forwergen undt deren Zugehörungen, welche Innerhalb drey Meilen dieser Gegend alsz: Dresden, Meissen, Moritzburgk, Radebergk, Stolpfen, Hohnstein, Pirna, Königstein, Zabeltitz, Kalckreuth, Baselitz, Ostraw, Zadel, Dippoldiswalde und Grillenburgk, die Schlotte undt Feueressen so offt es im Jahre die Notturfft erfordert, zu reinigen, zu kehren, auch jeder einen Jungen, welcher die engen undt Hohen Feuer-Essen durch Kriechen kann, uff ihre Kosten zu halten». (Nach Lingke, A.: Die Schornsteinfeger-Kreis- (Zwangs-) Innung zu Dresden. In: Festschrift zur Feier des 200jährigen Jubiläums ... 1910. S. 23 ff.)

Diese Quelle ist einer der frühesten Belege für härteste Kinderarbeit und für die Technik des Essenkehrens in den damals bestehenden sogenannten Klöppelessen, die aus Holz, Stroh und Lehm bestanden und von untenher «steigend» gereinigt wurden. Erst das 19. Jahrhundert brachte im Bauwesen die sogenannte russische oder Ableinesse, die mittels eines Fallgerätes, das aus einer Kugel und einem breiten Besen bestand, gereinigt wurde.

1877 wurde verfügt, daß die Lehrlinge erst mit 14 Jahren und nicht schon, wie bisher mit 7 oder 8, in der Regel mit 10 (!) Jahren, eingestellt werden durften. Zumeist waren es bisher Waisenkinder, denen man das Kehren der engen, besonders der schleifenden, d. h. der schräg über Bodenräumen errichteten Essen abverlangte. (Um die Erforschung der Geschichte des Berufsstandes der Schornsteinfeger oder Essenkehrer in Sachsen machte sich besonders Dr. Alfred Fiedler [1903–1983] verdient, dessen plötzlicher Tod die Drucklegung der im Manuskript vorliegenden Arbeiten bisher noch nicht möglich machte.)

Sowohl die Striezelmarktkinder als auch die Pflaumentoffel nahm Kurt Arnold Findeisen (1883–1963) in sein «Goldenes Weihnachtsbuch». Die Verse wurden schließlich durch den Dresdner Weihnachtszyklus der Kruzianer in der Vertonung von Kreuzkantor Professor Rudolf Mauersberger (1889–1971) weit verbreitet.

*Ausverkauf wegen Geschäftsaufgabe*
(Nach einem Bild von Ludwig Richter)
«Ausverkauf wegen Geschäftsaufgabe?
Hui, hier heißt es: Mach' geschwind!
Na, was kost't so'n schwarzer Knabe?»
«'n Dreier, weil's die letzten sind!»
«Sapperlot, 'nen ganzen Dreier
für so'n lump'gen Feuerrüpel?
Nein, das ist mir doch zu teuer;
*Ihr* macht Preise, nehmt's nicht übel!»
«Oho, unsre Pflaumentoffel
sind die schönsten von der Welt.
Ich, die Mali, er, der Stoffel,
hab'n sie selber aufgestellt.
Unsre Mutter heißt Frau Schanzen,
Pirn'sche Gasse linkerhand.
Unsre Firma ist beim ganzen
Dresdner Striezelmarkt bekannt!»
«Donnerwetter! So'n Bewenden
hätt ich mir nicht träumen lassen:
Her mit allen Restbeständen,
hier ist Kasse, hier ist Kasse!»

*Striezelmarktkinder*
Pflaumentoffel! Hampelmänner!
Neuen Christbaumschmuck für Kenner
Schaumgold! Eistau! Wunderkerzen!
Frische Pfefferkuchenherzen!
Liebe Leute, kauft doch was!
Stehn seit Mittag auf der Straße,
leer der Magen, kalt die Nase;
Dabei zieht's an allen Ecken.
Striezelmarkt ist kein Zuckerlecken!
Liebe Leute, kauft doch was!
Pflaumentoffel!!
Hampelmänner!!!
Eistau!!!!

Wir danken auch anderen Künstlern ähnliche Szenen von Weihnachtsmärkten, so unter anderem Josef D. Schubert (1761–1822) «Berliner Weihnachtsmarkt», 1796; Hermann Lüders (1836–1908) «Weihnachtsleben in den Straßen von Berlin» («Illustrierte Zeitung» 23.12.1871); Theodor Hosemann (1807–1885) «Een Dreier, det Schäfeken», 1869, und «Waldteufelverkäufer auf dem Berliner Weihnachtsmarkt», 1847; Otto Marcus (1863–1927) «Auf dem Berliner Weihnachtsmarkt», 1893; Heinrich Hoffmann (1809–1894) «Christkindsmarkt um 1850» (Frankfurt). In beißender, erschütternder Anklage geißelten Heinrich Zille (1858–1929), George Grosz (1893–1959) und Sella Hasse (1878–1963) mit sozialkritischer Schärfe auf ihren Weihnachtsbildern die herrschende Klasse.

Die Umsetzung von Werken der bildenden Kunst in spezifische Gestaltungen der Volkskunst ist auch für andere, bedeutende Künstler belegt. J. E. Liotards «Schokoladenmädchen», 1745 für die Dresdner Gemäldegalerie erworben, gehörte bereits etwa acht Jahrzehnte später als Spielzeugfigur, geschnitzt, kaschiert und aus mehrfarbigem Vorsatzpapier gefertigt, zum Angebot Dresdner Händler. (Vgl. dazu: Bachmann, Manfred: «Das Schokoladenmädchen von J. E. Liotard als Motiv der Volkskunst». In: Dresdener Kunstblätter 15. Jg. 1971. H. VI, S. 180 ff.) In der Gegenwart gibt es innerhalb der Oberlausitzer Töpferei noch Übernahmen dieses Motivs. Diese Art der Umsetzung ist abzugrenzen von der tatsächlich «trivialen», oftmals aus merkantilen Erwägungen erfolgenden Verwendung der Motive zum Beispiel für Werbung, Warenverpackungen, «Kunstgewerbe» u. ä. Erinnert sei an Dürers «Betende Hände» als Schnitzwerk. Neuerdings bietet der Katalog: «Raffael und kein Ende» (Freilichtmuseum Hessenpark, Neu-Anspach, 1983) interessantes Material zu diesem Problemkreis (besonders am Beispiel der Engel im Bild der «Sixtinischen Madonna»).

Man ist geneigt, die Lichterpyramide als typisch erzgebirgische Volkskunstform anzusehen. Das vielfältige Angebot der Schnitzer und Drechsler verführt zu der Annahme, daß die Pyramide im Erzgebirge entstanden sei, weil sie in der Gegenwart nur noch dort weitverbreitet im Weihnachtsbrauch verankert ist. Historisch belegt ist aber die Tatsache, daß der erzgebirgische Volkskünstler aus einer bereits früher in verschiedenen deutschen

Landschaften vorhandenen Altform der Pyramide erst um 1800 die für das Erzgebirge charakteristische Drehpyramide entwickelte. Sicher hat dabei das Prinzip des im Bergbau seit etwa 1500 gebräuchlichen Pferdegöpels den Schnitzer zur Gestaltung angeregt. Außerdem gab es bereits im 18. Jahrhundert kostbare Spieldosen mit bergmännischen Motiven, von begabten Kunsthandwerkern gefertigt, die gestalterisch in gleicher Weise aufgebaut sind. Ganz allgemein verstehen wir unter Pyramiden – der Begriff kam um 1800 unter den klassisch eingestellten Berlinern auf – mit Kerzen oder Rüböllämpchen und Schmuckwerk versehene Holzgestelle, deren vier Streben mit Buntpapier oder immergrünen Zweigen umwickelt sind. Zeitgenössische Stiche aus den ersten Jahrzehnten des 19. Jahrhunderts belegen die Verbreitung solcher «Weihnachtsgestelle», die zum Beispiel auf dem Berliner Christmarkt angeboten wurden. Diese einfache Pyramidenform ist der Vorläufer des lichtergeschmückten Tannenbaums. Ursprünglich war sie zum Aufhängen an der Decke bestimmt und damit der Lichterkrone verwandt. Verschiedene landschaftliche Abwandlungen führten zu Sonderformen, wie Bügel- und Reifenbaum.

Im Erzgebirge gab es noch an der Schwelle zum 20. Jahrhundert neben der Drehpyramide unbewegliche Formen. In den letzten Jahrzehnten hat sich die Drehpyramide jedoch allein durchgesetzt. Bereits um 1809 berichtet Christian Wild von vier bis fünf Stock hohen Pyramiden, worauf man Bergwerke, Eisenhämmer und Wasserkünste in Gang sehen konnte. So verwandelt der erzgebirgische Volkskünstler das starre Pyramidengestell in eine Drehleuchte, die in vielen Familien sogar den grünen Tannenbaum ersetzt. Da drehen sich auf den einzelnen Stockwerken die bekannten erzgebirgischen Volkstypen, der Holzmacher, der Pilzsucher, Musikanten und Jäger, Märchenfiguren, Carl Stülpner und die festliche Bergparade neben den biblischen Gestalten der Weihnachtslegende. Seltener sind Darstellungen aus der bergmännischen Arbeitswelt. Der Seiffener Meister Walter Werner (geb. 1931) gibt mit seiner gut proportionierten «Göpelpyramide» interessante Einblicke in die Bergbautechnik in alter Zeit und läßt sich dabei von den Holzschnitten im Bergbaubuch von Agricola («De re metallica», 1556) anregen. Auch Hans Reichelt ließ in seiner mit spitzem Schindeldach versehenen Göpelpyramide musizierende Bergleute aufmarschieren. Erzgebirgische Sonderformen des 19. Jahrhunderts sind Pyramiden in Zinn und Blech. Gläserne Pyramiden, wie sie in Böhmen hergestellt wurden, kannte Sachsen nicht.

Im Laufe der Entwicklung ist der Pyramidenbau teilweise verflacht: Glühlampen vertreten die Stelle der Kerzen; ein Elektro- oder Federmotor hat den Wärmeantrieb des Flügelrades verdrängt. Vielfach wird seit der Jahrhundertwende die Pyramide von dem zu reichlichen Beiwerk überwuchert und in verschiedenen Baustilen nach Laubsägevorlagen, zum Beispiel als «Gotische Turmpyramide», unschöpferisch kopiert. Die meisten Schnitzgruppen wenden sich jedoch immer mehr ab von jenen sinnwidrigen Gestaltungen und kehren zu echten, einfachen und übersichtlich gebauten Erzgebirgspyramiden zurück

Enge Verwandtschaft mit der Pyramide verrät der sogenannte Laufleuchter, ein meistens mit Figuren (oft Bergleuten) besetzter Leuchter, an dessen Spitze sich unmittelbar unter der Zimmerdecke ein Flügelrad dreht.

Im Erzgebirge führte die Entwicklung in Parallele zum «Weihnachtsbaum für alle», den zum ersten Mal der Buchhändler J. W. Hofmann in Weimar 1812 für arme Kinder gestiftet hatte, zu den interessant und vielfältig gestalteten Gemeinschaftspyramiden oder Ortspyramiden der Schnitzgruppen auf den Marktplätzen, vor Rathäusern, Schulen, Schnitzerheimen und Gaststätten. Unter der Obhut des Kulturbundes der DDR, der die Schnitzer in den örtlichen Fachgruppen betreut, entstanden vor allem nach 1950 wundervolle Beispiele dieser gemeinschaftsfördernden Volkskunst. Diese «Pyramiden im Freien» sind im wesentlichen Ergebnisse im «Nationalen Aufbauwerk» bzw. im

86
*Festliches Geleucht*
Die Hängeleuchten in Lüsterform, aus Ringen und Perlenketten aufgebaut, kennzeichnen eine spezifische Seiffener Entwicklung und haben sicher ihre künstlerischen Vorbilder in den Glasgestaltungen. Sie unterscheiden sich von der vor allem im westlichen Teil des Erzgebirges überlieferten «Spinne» mit der gedrechselten Mittelspindel und den angesetzten Kerzenhalterarmen. Museumsstück.

241

Wettbewerb «Schöner unsere Städte und Gemeinden – Mach mit!» Sie dokumentieren sinnfällig das Bemühen der Bürger, auf der Grundlage unserer sozialistischen Gesellschaftsordnung im kollektiven Wirken die Stadt, das Dorf und das Wohngebiet festlich zu gestalten, den Mitbürgern Freude zu bereiten. Oft viele Meter hoch, mit wetterfest hergerichteten Figuren ausgestattet, mechanisch bewegt und abends festlich beleuchtet, künden die Pyramiden auf eindrucksvolle Weise vom neuen Sinn des Weihnachtsfestes. Claus Leichsenring konnte 1979 bereits etwa 70 dokumentieren, darunter auch in Eppendorf (1), Marienberg (1), Seiffen (5) und Waldkirchen (1).

In den Kreis der vielfältigen Lichtträger, die zur Weihnachtszeit in den Wohnungen der Erzgebirger die Festfreude erwartungsvoll steigern helfen, gehört der seit etwa 250 Jahren überlieferte Schwibbogen. Gerade in den letzten Jahren ist seine weit über das sächsische Erzgebirge hinausreichende Ausstrahlungskraft als Element eines weihnachtlichen Volksbrauches zu bemerken. Der Name Schwibbogen ist aus der gotischen Architektur abgeleitet worden und bedeutet eigentlich Schwebebogen, das heißt, er bezeichnet einen frei zwischen zwei Mauerkörpern schwebenden und von diesen gestützten Bogen. Schwibbogen ist in der Kunstgeschichte die genaue Bezeichnung für einen Bogen größeren Ausmaßes, unter dem man hindurchgeht. – Der Bergschmied Johann Teller aus Johanngeorgenstadt fertigte in der ersten Hälfte des 18. Jahrhunderts den ersten schmiedeeisernen Leuchter dieser Art. Zu den ältesten überlieferten Zeugen zählen drei Schwibbogen, wovon zwei die Jahreszahl 1778 und den Namen des Bergschmiedes Teller tragen. Auf der Silberzeche «Vivat – Neu-Leipziger-Glück» (Johanngeorgenstadt) stand ein um 1796 gearbeiteter Schwibbogen, den – rings um das sächsische Wappen – Bergleute, schwebende Engel und Adam und Eva zierten. Damit sind die charakteristischen Bildelemente der frühen Stücke umrissen. Aus der Werkstatt von Meister Teller und weiteren Angehörigen dieser Familie gingen viele dieser aus Eisenblech gefertigten dekorativen Weihnachtsleuchter hervor, die je nach Größe mit sieben bis zwölf Kerzen bestückt waren. Die Exulantensiedlung und altehrwürdige Bergstadt Johanngeorgenstadt ist also die Heimat des Schwibbogens, eines der schönsten Zeugnisse bergmännischer Weihnachtskunst. Ursprünglich galt er auch als Illuminationsgerät am «Zechenheiligabend» während der traditionellen «Mettenschicht», die am Nachmittag des 24. Dezember in den Hutstuben abgehalten wurde und die Bergleute bei Musik, Gesang und Essen vereinte. Dabei hängten die Häuer ihre Grubenlampen hufeisenförmig, das heißt das Stollenmundlicht andeutend, an die Wand. Die sozialkritisch zu verstehende «Lichtsehnsucht» des Bergmanns, die sich im Erzgebirge gerade zur Weihnachtszeit im überlieferten Formenschatz so einmalig ausweist, ist das eigentliche Quellgebiet auch für die Entstehung des Schwibbogens. Der Schwibbogen galt zunächst als repräsentatives Geschenk für die Knappschaft und für den Bergmeister als kostbares Familienerbstück. Mit Beginn des Wirkens der Schnitzvereine seit dem letzten Viertel des 19. Jahrhunderts erweiterte sich die Funktion dieses Volkskunstwerkes und seine Verbreitung: Der Schwibbogen fand Eingang in die Weihnachtsstuben als beliebter Lichtträger, seit dem 20. Jahrhundert auch vielfach aus Laubsägeholz geschnitten oder gar reliefartig bzw. vollplastisch geschnitzt, wie die Seiffener Beispiele belegen. Dabei wurden die im Bogen dargestellten Figuren vom Motiv her häufig verändert oder ergänzt: Der Schnitzer, die Klöpplerin, Waldleute und andere für das Erzgebirge typische Personen, die Seiffener Kirche und Häuser der Spielzeugmacher sowie Figuren der Volkskunst füllen silhouettenartig das Halbrund des Leuchters, gelegentlich mit durchsichtigem Papier farbig hinterlegt. Immer wieder kommt es dabei zu neuen, interessanten Variationen. So verband der Schneeberger Schnitzmeister Heinrich Dörfelt seinen mit zehn Kerzen besetzten Schwibbogen mit einer Pyramide, auf deren Tellern unter

87
*«Un de Peremett dreht sich, dreht sich in Glanz ...»*
Die für Seiffen typische Stockwerkform der Pyramide ist mit Miniaturfiguren zur Weihnachtslegende bestückt, die von Karl Müller (1879–1958) mit der Fußdrehlade gefertigt wurden. Sie wurde in mehreren Größen von Bruno Hennig (1886–1930) und danach von seinem Sohn Hans Hennig bis 1939 (im zweiten Weltkrieg gefallen) hergestellt. Museumsbesitz.

243

dem Bogen geschnitzte Figuren kreisen. Eine besonders ansprechende Form stellt der Schwarzenberger Schnitzmeister Ernst Riedel in zwei Größen her. Der Meißner Zinnfigurengestalter und Lehrer Helmut Braune produziert seit 1966 einen flachgegossenen Schwibbogen in kleinem Format als ansprechendes Souvenir für das Museum für Volkskunst in Dresden und weitere volkskundliche Sammlungen. Der Schwibbogen bekam in den vergangenen vier Jahrzehnten als großflächige Gestaltung noch eine weitere Funktion: Er wurde zum Wahrzeichen bedeutender Volkskunstausstellungen und wanderte damit gleichsam in die Öffentlichkeit. So war das Treppenhaus der Dresdner Weihnachtsmesse 1959 von einem gewaltigen Schwibbogen überspannt. Auch großformatige Bogen «im Freien», gewissermaßen als Parallelen zu den Weihnachtsbäumen und Pyramiden im Freien, sind keine Seltenheit mehr. Der von den Schmiedemeistern Curt Teller und Karl Adler für Johanngeorgenstadt geschaffene Bogen mißt in der Breite 6 m, und seine Höhe beträgt 3 m. Vom Balkon der Schule in Neuwelt strahlt seit 1959 der ursprünglich in Schwarzenberg ausgestellte Schwibbogen, der in der Schmiede der Brüder Just (Schwarzenberg) gebaut wurde. 1966 übergaben die Schnitzer der Fachgruppe «Glückauf» in Schneeberg II (Neustädtel) den Bürgern ihrer Stadt einen prachtvoll geschnitzten Bogen, der seitdem in der Nähe des Schnitzheimes Aufstellung fand. Die Darstellung der Figuren in den neuen Schwibbogen verdeutlicht in heimatgebundener Weise das Weiterleben alter Volkskunsttraditionen in unserem sozialistischen Land. (Zur Geschichte des Schwibbogens vgl. Teller, Faltbogen Schneeberg 1982.)

Zur Gruppe der festlichen Weihnachtsleuchter gehören neben den Pyramiden und Schwibbogen vor allem auch die Hängeleuchten in der typischen Auszier der Seiffener Drechsler. Auf ihre gestalterischen Beziehungen zu den frühen Glashängeleuchtern hat in mehreren Arbeiten Johannes Eichhorn überzeugend verwiesen (vgl. Sächsische Heimatblätter H. 1, 1980): «Kunstgewerbliche Einflüsse gingen von der 1488 gegründeten Glashütte Heidelbach aus (1451 wird schon eine ihr voraufgegangene in der Frauenbach erwähnt). In ihr waren neben Glasarbeitern auch Glasmaler, Glasschleifer und Edelsteinschneider tätig. Sie schufen kunstvoll verzierte Gläser ... Zeugen sind der 300 Jahre alte Glashängeleuchter in der Seiffener Kirche (in Spinnenform mit fester Mittelspindel), vier 1612 entstandene Glasgemälde im Schloß Purschenstein, drei Scherben eines Glasgemäldes von 1575 aus der alten Seiffener Bergkapelle (aufbewahrt im Stadt- und Bergbaumuseum Freiberg), ein Glasgemälde von 1710 mit dem Namen des Herstellers ‹Caspar Hetze Glaßer in Seuffen› (aufbewahrt im Museum) Oederan), ein mit einem Männchen bemaltes Schnupftabakfläschchen von 1781 (aufbewahrt im Museum Seiffen), ein mit Wappen bemalter Becher von 1624 (aufbewahrt im Nationalmuseum Warschau) und eine Flasche mit dem sächsischen Wappen von 1674 (im Museum für Kunsthandwerk Dresden). Die Glasmeisterfamilie Preußler stand familienmäßig in Beziehung zu bedeutenden Glashütten Nordböhmens bis hinüber zum Iser- und Riesengebirge. Nach dem Dreißigjährigen Krieg erhielt die Glashütte auch Zuzug durch Exulanten.

Die an der Heidelbacher Hütte manufakturmäßig gepflegte Kunstfertigkeit übertrug sich auf das spätere Gewerbe der Seiffener Volkskunst in Holz und bildete dafür eine Vorstufe. Der Spinnen-Glashängeleuchter wurde in Holz mit vielen gedrehten Einzelteilen nachgebildet. Leuchterspinnen gehören seitdem als eine Seiffener Volkskunstform zum Weihnachtsschmuck. Das Seiffener Museum bewahrt eine große Zahl davon auf. Neben Einfachspinnen entstanden Doppelspinnen. Dazu kamen Ring-Lüsterformen, Perlenkronen und ‹Laufleuchter› mit eingebautem Pyramidenflügelrad und figurenbestückten Lauf-

88
*Pyramiden in neuen Formen*
Günther Flath (geb. 1932), Seiffen, übernahm die überlieferte Grundform der Pyramide in ihrem vierstöckigen Aufbau und bestückte sie mit gedrechselten, in sparsamen Formen (nach Vorbildern von Elfriede Jahreiß) gehaltenen Figuren der Weihnachtslegende. – Heinz Auerbach (geb. 1920), Günter Leichsenring (geb. 1931), Walter Werner (geb. 1931), verschiedene Betriebe des VEB Erzgebirgische Volkskunst Olbernhau und andere Werkstätten widmen sich in vielfältiger Weise dem Pyramidenbau. Eine schöne Pyramide mit der Seiffener Kirche und traditionelle Stockwerkspyramiden bot früher Arno Pflugbeil (1894–1978) an.

245

scheiben.» Freilich: Pyramiden, Hängeleuchter und Schwibbogen sind nicht mit dem Begriff Spielzeug zu fassen. Sie sind traditionell überlieferte Elemente des Brauchkreises um Weihnachten und am Jahresende, in denen das Licht für die Menschen Hoffnung auf ein gutes Jahr, auf Gesundheit, soziale Geborgenheit und Frieden ausdrückt. Es darf auch nicht vergessen werden, daß für die ärmeren Schichten des Volkes die weihnachtliche Lichterfülle von wirtschaftlichen Faktoren abhängig war: Erst im Laufe der zweiten Hälfte des 19. Jahrhunderts wurde eine wirkliche «Lichterweihnacht» möglich, nachdem das künstliche Stearin (1818), das billige Paraffin (1830) und der gedrehte Docht erfunden worden waren. (Für die Geschichte von Engel und Bergmann und zur Entwicklung der Weihnachtspyramide vgl. die grundlegenden Aufsätze von Karl-Ewald Fritzsch in den Sächsischen Heimatblättern 6 [1960] 9, S. 534–542; 9 [1963] 6, S. 516–522; 12 [1966] 6, S. 474–499.)

# Literaturverzeichnis

## I
*Allgemeine Grundlagenwerke zur Geschichte und Einzelstudien zur Geschichte der Arbeiterbewegung*

Alt, Robert: Bilderatlas zur Schul- und Erziehungsgeschichte. 2 Bde. Berlin 1965

Alt, Robert: Das Bildungsmonopol. Berlin 1978

Arndt, Paul: Die wirtschaftliche und soziale Bedeutung der Heimarbeit. 2., erw. Auflage, Jena 1932

Arndt, Paul: Heimarbeiterelend in Deutschland. Jena 1927

Autorenkollektiv (Herausgeber Günter Wendel): Beiträge zur Wissenschaftsgeschichte – Die Zeit der Industriellen Revolution. Berlin 1982

Autorenkollektiv: Biographisches Lexikon Geschichte der deutschen Arbeiterbewegung. Berlin 1970

Autorenkollektiv (Leitung Rolf Badstübner): Geschichte der Deutschen Demokratischen Republik. Berlin 1981

Autorenkollektiv: Handbuch Wirtschaftsgeschichte. 2 Bde. Berlin 1981

Autorenkollektiv: Historischer Führer – Stätten und Denkmale der Geschichte in den Bezirken Leipzig, Karl-Marx-Stadt. Leipzig/Jena/Berlin 1980

Autorenkollektiv: Sachwörterbuch zur Geschichte Deutschlands und der deutschen Arbeiterbewegung. 2 Bde, Berlin 1969, 1970

Autorenkollektiv: Klassenkampf – Tradition – Sozialismus. Grundriß. Berlin 1974

Autorenkollektiv: Sächsische Geschichte im Überblick. Teil 1 (= Zusammendruck von Beiträgen aus: Sächsische Heimatblätter, 28 [1982] 5/6)

Autorenkollektiv: Zur Geschichte der Kultur und Lebensweise der werktätigen Klassen und Schichten des deutschen Volkes vom 11. Jahrhundert bis 1945. Ein Abriß. Berlin 1972

Autorenkollektiv: Zur Theorie der sozialistischen Kultur. Berlin 1982

Autorenkollektiv: Arbeiterleben um 1900. Berlin 1983

Bausinger, Hermann: Volkskultur in der technischen Welt. Stuttgart 1961

Bebel, August: Die Frau und der Sozialismus. 55. Auflage, Berlin 1946

Benjamin, Hilde: Georg Benjamin – Humanisten der Tat. 2. Auflage, Leipzig 1982

Benjamin, Walter: Über Kinder, Jugend und Erziehung. Frankfurt/M. 1969

Bergschicker, Heinz: Deutsche Chronik 1933–1945. Ein Zeitbild der faschistischen Diktatur. Berlin 1981

Blaschke, Karlheinz: Bevölkerungsgeschichte von Sachsen bis zur industriellen Revolution. Weimar 1967

Böhmer, Günter: Die Welt des Biedermeier. München 1968

Brambke, Werner: Vom Freistaat zum Gau. Sachsen unter der faschistischen Diktatur 1933–1939. In: Zeitschrift für Geschichtswissenschaft 31 (1983). Berlin 12, S. 1067 ff.

Bräuer, Helmut: 30 Jahre regionalgeschichtliche Forschungsarbeit im Bezirk Karl-Marx-Stadt. In: Sächsische Heimatblätter, Dresden 29 (1983) 5, S. 208 ff.

Brecht, Bertolt: Schriften zur Politik und Gesellschaft. Bd. II 1933–1956. Berlin 1968

Büttner, Wolfgang: Weberaufstand im Eulengebirge 1844 (= Illustrierte historische Hefte Nr. 27). Berlin 1982

Deneke, Bernward: Europäische Volkskunst (Propyläen Kunstgeschichte). Berlin 1980

Duncker, Käte: Die Kinderarbeit und ihre Bekämpfung. 2. Auflage, Stuttgart 1910

Engelhardt, Karl August: Merkels Erdbeschreibung. Bd. 2. Dresden/Leipzig 1804

Engels, Friedrich: Die Lage der arbeitenden Klasse in England. 7. Auflage Berlin 1979

Engels, Friedrich: Zur Wohnungsfrage. In: Karl Marx/Friedrich Engels. Ausgewählte Werke in sechs Bänden. Bd. IV, S. 177 f. Berlin 1977

Falke, Jakob: Die nationale Hausindustrie. In: Gewerbehalle 10 (1872), Nr. 1 ff., S. 1 ff.

Feist, Peter H.: Künstler, Kunstwerk und Gesellschaft. Dresden 1978

Fielhauer, Helmut; Bockhorn, Olaf: Die andere Kultur. Volkskunde, Sozialwissenschaften und Arbeiterkultur. Wien/München/Zürich 1982

Forberger, Rudolf: Industrielle und bürgerliche Revolution. In: Sächsische Heimatblätter, Dresden 29 (1983) 1, S. 21 f.

Forberger, Rudolf: Die Manufaktur in Sachsen vom Ende des 16. bis zum Anfang des 19. Jahrhunderts. Berlin 1958

Fricke, Dieter: Die deutsche Arbeiterbewegung 1869–1914. Ein Handbuch über ihre Organisation und Tätigkeit im Klassenkampf. Berlin 1976

Friebe, Wolfgang: Vom Kristallpalast zum Sonnenturm. Eine Kulturgeschichte der Weltausstellungen. Leipzig 1983

Gädicke, Johann Christian: Fabriken- und Manufacturen-Addreß-Lexicon von Teutschland und einigen angränzenden Ländern... 2. Auflage. Erster Theil. Zweiter Theil. Weimar 1799

Gebauer, Heinrich: Die Volkswirtschaft im Königreich Sachsen. Bd. 3. Dresden 1893

Geismeier, Willi: Biedermeier. Leipzig 1979

Glaser, Hermann: Maschinenwelt und Alltagsleben. Industriekultur in Deutschland vom Biedermeier bis zur Weimarer Republik. Frankfurt/M. 1981

Groß, Reiner: Agrarproduktion und Agrarverfassung in Sachsen im Übergang von feudalen zu kapitalistischen Produktionsverhältnissen. In: Sächsische Heimatblätter, Dresden 29 (1983) 1, S. 23 ff.

Heilfurth, Gerhard: Der Bergbau und seine Kultur. Zürich/Freiburg/Br. 1981

Heiss, Cl.; Koppel, A.: Heimarbeit und Hausindustrie in Deutschland. Berlin 1906

Hofmann, Ernst: Zur Wirksamkeit der Gedanken von Karl Marx in der Chemnitzer Arbeiterbewegung bis zum Tode im Jahre 1883. In: Sächsische Heimatblätter, Dresden 29 (1983) 5, S. 203 ff.

Hofmann, Werner: Das Irdische Paradies. Kunst im 19. Jahrhundert. Stuttgart/Hamburg 1960

Hoernle, Edwin: Grundfragen der proletarischen Erziehung. Berlin 1983

Jonas, Wolfgang: Thesen zum Wesen der Industriellen Revolution. In: Jahrbuch für Wirtschaftsgeschichte (1974). Teil II, Berlin 1974

Katalog: Weltausstellungen im 19. Jahrhundert. München 1973

Kirnbauer, Franz: Bausteine zur Volkskunde des Bergmanns oder Bergmännisches Brauchtum. Wien 1958

Koch, Heinrich, S. J.: Die deutsche Hausindustrie. M-Gladbach 1905

Kötzschke, Rudolf; Kretzschmar, Hellmut: Sächsische Geschichte (Nachdruck). Frankfurt/M. 1965

Kuczynski, Jürgen: Geschichte des Alltags des deutschen Volkes. 5 Bde. Berlin 1980–1982

Kulischer, Josef: Allgemeine Wirtschaftsgeschichte des Mittelalters und der Neuzeit. 2 Bde. Berlin 1954

Lesanovsky, Werner: Die Bemühungen der sozialdemokratischen Abgeordneten im sächsischen Landtag um die Verbesserung der proletarischen Familienerziehung und der Kampf gegen die kapitalistische Kinderausbeutung (1877–1900). In: Sächsische Heimatblätter, Dresden 28 (1982) 3, S. 121 ff.

Liefmann, Robert: Über Wesen und Formen des Verlags (der Hausindustrie). Freiburg/B. 1899

Mara, Wolfgang: Absatzbedingungen und Absatzgestaltung der deutschen Spielwarenwirtschaft (Dissertation). Leipzig 1940

Marx, Karl: Das Kapital. 1. Bd. Buch I. Berlin 1947

Meerwarth, Rudolf: Untersuchungen über die Hausindustrie in Deutschland. Jena 1906

Mehring, Franz: Historische Aufsätze zur preußisch-deutschen Geschichte. Berlin 1946

Merkel, D. J.: Erdbeschreibung von Kursachsen und den jetzt dazu gehörenden Ländern. Bd. 2. Dresden (Leipzig) 1804

Mottek, Hans: Wirtschaftsgeschichte Deutschlands. Ein Grundriß. Bd. II. Berlin 1976

Neef, Helmut: Zur Geschichte der revolutionären deutschen Arbeiterbewegung im 19. Jahrhundert. 2 Hefte. Berlin 1973

Pätzold, Kurt; Weißbecker, Manfred: Hakenkreuz und Totenkopf. Die Partei des Verbrechens. Berlin 1981

Reible, Karl: Die deutsche Spielwarenindustrie, ihre Entwicklung und ihr gegenwärtiger Stand (Dissertation). Gießen 1925

Riegl, Alois: Volkskunst, Hausfleiß und Hausindustrie (Nachdruck). Mittenwald 1978

Röder; Ludwig: Heimarbeit in der Landwirtschaft. Jena 1925

Roth, Hans: Von alter Zunftherrlichkeit. Rosenheim 1981

Rüder, Peter von; Koszyk, Kurt: Dokumente und Materialien zur Kulturgeschichte der deutschen Arbeiterbewegung 1848–1918. Beiträge zur Kulturgeschichte der deutschen Arbeiterbewegung 1848–1918. Frankfurt 1979

Rühle, Otto: Illustrierte Kultur- und Sittengeschichte des Proletariats. Bd. 1 Berlin 1930 (Reprint 1970). Bd. 2 Lahn-Gießen 1977, 1. Auflage

Schlesinger, Paul: Die Not der deutschen Heimarbeiter. Die Deutsche Heimarbeitsausstellung in Berlin. In: Die Gartenlaube 1906, S. 151 ff., 9 Abb.

Schmitz, Gerhard: Wohnung – Siedlung – Lebensweise. Aus Werken und Briefen von Karl Marx und Friedrich Engels. 2. Auflage, Berlin 1982

Schultz, Helga: Handwerk, Verlag, Manufaktur in den deutschen Territorien während des 17. und 18. Jahrhunderts. In: Hansische Studien (V), S. 199 ff. Weimar 1981

Schultz, Helga: «Protoindustrialisierung» und Übergangsepoche vom Feudalismus zum Kapitalismus. In: Zeitschrift für Geschichtswissenschaft 31 (1983). Berlin 12, S. 1079 ff.

Schumann, August: Vollständiges Staats-, Post- und Zeitungslexikon von Sachsen. 11. Bd. Zwickau 1824

Slotta, Rainer: Einführung in die Industriearchäologie. Darmstadt 1982

Sombart, Werner: Hausindustrie (Verlagssystem). In: Handwörterbuch der Staatswissenschaften. 5. Bd. S. 179 ff. Jena 1923

Sombart, Werner: Die Hausindustrie in Deutschland. Berlin 1891

Sonnemann, Rolf (Herausgeber): Geschichte der Technik. Leipzig 1978

Stenbock-Fermor, Graf Alexander: Deutschland von unten. Reisen durch die proletarische Provinz 1930 (Neudruck). Luzern/Frankfurt 1980

Stephan, Arthur: Der Absatz der Erzeugnisse der deutschen Spielwarenindustrie unter besonderer Berücksichtigung der Verhältnisse der Nachkriegszeit (Dissertation). Halle 1924

Strieda, Wilhelm: Literatur, heutige Zustände und Entstehung der deutschen Hausindustrie. Leipzig 1889

Süssmilch, Moritz von: Das Erzgebirge in Vorzeit, Vergangenheit und Gegenwart. Annaberg 1889

Vespignani, Renzo: Über den Faschismus. Berlin (West) 1976

Vorstand des deutschen Holzarbeiterverbandes: Bilder aus der Heimat in der Holzindustrie. Stuttgart 1906

Wenzel, Georg: Die Geschichte der Nürnberger Spielzeugindustrie (Dissertation). Erlangen/Nürnberg 1967

Wernet, Friedrich: Handwerksgeschichte als Forschungsgegenstand. 2 Teile. Münster 1961

Westenberger, B. E.: Die Holzwarenindustrie im sächsischen Erzgebirge unter besonderer Berücksichtigung der Hausindustrie. Leipzig 1911

Wieck, Friedrich Georg: Industrielle Zustände Sachsens. Chemnitz 1840

Wiese, Leopold von: Was wurde mit der deutschen Heimarbeiterausstellung in Berlin beabsichtigt? In: Sozialer Fortschritt 63/64, 1906, S. 2 f.

Wilbrandt, Robert: Arbeiterinnenschutz und Heimarbeit. Jena 1906

Willmann, Heinz: Geschichte der Arbeiter-Illustrierten-Zeitung 1921–1938. Berlin 1974

Wilsdorf, Helmut: Elemente der Montanethnographie. In: Abhandlungen und Berichte des Staatlichen Museums für Völkerkunde Dresden. 36 (1978), S. 37 ff.

Wilsdorf, Helmut: Montanethnographie und Museum. In: Festschrift 75 Jahre Staatliches Museum für Volkskunde zu Berlin 1889–1964, S. 195 ff. Berlin 1966

Winkelmann, Heinrich (Herausgeber): Der Bergbau in der Kunst. Essen 1958

Winter, Irina: Georg Benjamin, Arzt und Kommunist. Berlin 1962

Wunderlich, Frieda: Die deutsche Heimarbeitsausstellung 1925. Jena 1927

2

*Allgemeine Werke zur Geschichte des Spielzeugs und der Erziehung*

Alt, Robert: Kinderausbeutung und Fabrikschulen in der Frühzeit des industriellen Kapitalismus. Berlin 1958

Autorenkollektiv: Spielzeug. Leipzig 1958

Autorenkollektiv: Geschichte der Erziehung. Berlin 1969

Autorenkollektiv: Quellen zur Geschichte der Erziehung. Berlin 1968
Autorenkollektiv: Kinderleben – Kinderelend. Arbeiterkinder in der «guten alten Zeit». (Katalog) Duisburg 1971
Autorenkollektiv: Zur Geschichte der Arbeitserziehung in Deutschland. Teil 1: Von den Anfängen bis 1900. Berlin 1970; Teil 2: Von 1900 bis zur Gegenwart. Berlin 1971
Autorenkollektiv: Kursbuch 34. Kinder. Berlin (W) 1973
Autorenkollektiv: Gutes Spielzeug von A bis Z. Ratgeber für Auswahl und Gebrauch. 15. Auflage, Ulm 1979
Autorenkollektiv: Kinderspiel und Spielzeug. 25 Jahre Arbeitsausschuß gutes Spielzeug. Ulm 1979
Baer, Ulrich: Wörterbuch der Spielpädagogik. Basel 1981
Boesch, Hans: Kinderleben in der deutschen Vergangenheit. Jena 1924
Doderer, Klaus: Lexikon der Kinder- und Jugendliteratur. 3 Bde. Weinheim/Basel 1975
Eskonin, D. B.: Psychologie des Spiels. (Beiträge zur Psychologie, Bd. 7) Berlin 1980
Fritzsch, Karl-Ewald; Bachmann, Manfred: Deutsches Spielzeug. 2., ergänzte Auflage, Leipzig 1977
Gantner, Theo; Die verkleinerte Welt. Abbild – Modell – Spielzeug (Blätter für die Presse). Basel 1977
Gantner, Theo: Waltraud Hartmann: Das Spielzeugbuch. Frankfurt/M./Innsbruck 1973
Geist, Hans Friedrich; Mahlau, Alfred: Spielzeug. Eine bunte Fibel. 2., ergänzte Auflage, München 1971
Gröber, Karl: Kinderspielzeug aus alter Zeit. Berlin 1928
Halbach, Udo (Herausgeber): Lernspiele in der Umwelterziehung. Weinheim 1982
Hildebrandt, Paul: Das Spielzeug im Leben des Kindes. Berlin 1904 (Nachdruck Düsseldorf/Köln 1979)
Hinrichsen, Torkild: Spielzeug (= Battenberg Antiquitäten-Kataloge). München 1980
Hoffmann, Josef: Spielzeuge. 17 Linolschnitte der Schule Prof. Josef Hoffmann. Wien 1922
Hoppe, Ruth: Dokumente zur Geschichte der Lage des arbeitenden Kindes in Deutschland von 1700 bis zur Gegenwart. Berlin 1969
Johansen, Erna Maria: Betrogene Kinder. Eine Sozialgeschichte der Kindheit. Frankfurt/M. 1978
Kanitz, Otto F.: Das proletarische Kind in der bürgerlichen Gesellschaft. Frankfurt 1974
Katalog: Die gesellschaftliche Wirklichkeit der Kinder in der bildenden Kunst. Berlin (West) 1980
Katalog: Spielzeug der bürgerlichen Zeit. Zeugnisse für Kindererziehung und Kinderarbeit. Marburg 1973/74
König, Helmut: Zur Geschichte der bürgerlichen Nationalerziehung in Deutschland zwischen 1807 und 1815. Teil 1 und Teil 2 (= Monumenta Paedagogica Bde XII, XIII). Berlin 1972; 1973
Kuczynski, Jürgen: Studien zur Geschichte der Lage des arbeitenden Kindes in Deutschland von 1700 bis zur Gegenwart. Berlin 1968
Makarenko, Anton Semjonowitsch: Ausgewählte Pädagogische Schriften. Berlin 1952
Märten, Lu: Spiel und Spielzeug 1909. In: Formen für den Alltag. Schriften, Aufsätze, Vorträge. (Fundus-Bücher 79) Dresden 1982, S. 28 ff.
Marx, Karl; Engels, Friedrich: Über Pädagogik und Bildungspolitik. Bd. 1 u. Bd. 12. Berlin 1976
Mausbach, Hans; Mausbach-Bromberger, Barbara: Feinde des Lebens. NS-Verbrechen an Kindern. Frankfurt/M. 1. 1979
Metzger, Juliane: Spielsachen richtig kaufen und selber machen. Lahr 1962
Pinon, Roger: Probleme einer europäischen Kinderspielforschung. In Hessische Blätter für Volkskunde, Bd. 58. Gießen 1967
Retter, Hein: Spielzeug. Handbuch zur Geschichte und Pädagogik der Spielmittel. Weinheim/Basel 1979
Rühle, Otto: Das proletarische Kind. München 1911
Rumpf, Fritz; Oswald, Erich A.: Spielzeug der Völker. Berlin 1922
Seyffert, Oskar; Trier, Walter: Spielzeug. Berlin 1922
Spamer, Adolf: Weihnachten in alter und neuer Zeit. Jena 1957
Trinks, Karl: Die Sozialgestalt des Volksschullehrers. Dresden o. J. (1933)
Vedes (Herausgeber): Die Förderung behinderter Kinder durch Spiel- und Lernmaterial. Ein Handbuch für Eltern, Erzieher, Sonderschullehrer, Therapeuten. Nürnberg 1979
Verfasserkollektiv: Spielzeug zum Spielen. Beiträge zu Kriterien für gutes Spielzeug. Berlin 1980
Weber-Kellermann, Ingeborg: Die Kindheit. Frankfurt/M. 1979
Weber-Kellermann, Ingeborg: Die Familie. Frankfurt/M. 1976
Weber-Kellermann, Ingeborg: Das Weihnachtsfest. Luzern/Frankfurt/M. 1978
Weber-Kellermann, Ingeborg: Spielzeugbefragung. Überlegungen anläßlich einer Marburger Ausstellung «Spielzeug als Indikation eines sozialen Systems». In: Zeitschrift für Volkskunde 70, Teil II, S. 194 ff. Stuttgart 1974

3
*Überblicke zur sächsischen Volkskunst*

Bachmann, Manfred: Das Staatliche Museum für Volkskunst Dresden. Ein Überblick über seine Geschichte und seine Sammlungen. Dresden 1961
Bachmann, Manfred: 50 Jahre Staatliches Museum für Volkskunst Dresden. Dresden 1963
Bachmann, Manfred: 10 Jahre Volkskundearbeit in Sachsen. In: Sächsische Heimatblätter, Dresden 3 (1957) 6, S. 481 ff.
Frenzel, Walter; Karg, Fritz; Spamer, Adolf: Grundriß der sächsischen Volkskunde. Leipzig 1932 (2. Bd. 1933)
Guhr, Günter: Ethnographie in Dresden. In: Ethnographisches Mosaik. Berlin 1982, S. 266 ff.
Just, Johannes: Sächsische Volkskunst. Leipzig 1982
Just, Johannes: Das Museum für Volkskunst Dresden. 2., verbesserte Auflage, Dresden 1980
Seyffert, Oskar: Das Landesmuseum für sächsische Volkskunst. Dresden 1924
Seyffert, Oskar: Von der Wiege bis zum Grabe. Ein Beitrag zur sächsischen Volkskunst. Wien o. J. (1906)
Sieber, Friedrich: Volkskunst in Sachsen. In: Bachmann, Manfred, 50 Jahre Staatliches Museum für Volkskunst Dresden. S. 36 ff. (1963)
Spamer, Adolf: Deutsche Volkskunst. Sachsen. Weimar 1954
Wuttke, Robert: Sächsische Volkskunde. Dresden. 2., erweiterte Auflage 1901

## 4
*Studien zum Bergbau,
zur Wirtschafts- und Sozialgeschichte des Erzgebirges,
insbesondere des Gebietes um Seiffen*

Agricola, Georgius: De re metallica libri XII (Bergbau und Hüttenkunde, 12 Bücher). Hg. G. Franstadt und H. Prescher. Berlin 1974

Akte Gewerbliche Kinderarbeit (1900–1932). HSA Nr. 6289

Autorenkollektiv: Probleme der frühbürgerlichen Revolution im Erzgebirge und seinem Vorland. Karl-Marx-Stadt 1975

Autorenkollektiv: Brockhaus-Reisehandbuch Erzgebirge, Vogtland. Leipzig 1973

Autorenkollektiv: Neue sächsische Kirchengalerie, Ephorie Freiberg, Leipzig 1901

Autorenkollektiv: Das erzgebirgische Zinn in Natur, Geschichte und Technik. 2., überarbeitete Auflage, Altenberg 1983

Bachmann, Manfred: Hausindustrie und Volkskunst. In: Sächsische Gebirgsheimat (Kalender). Ebersbach 1970

Bericht über die Ausstellung sächsischer Gewerb-Erzeugnisse 1831. Dresden/Leipzig 1832

Bericht über die Ausstellung sächsischer Gewerb-Erzeugnisse 1834, Dresden/Leipzig 1836

Blum, Robert: Ein Blick in das Leben des Erzgebirges. In: Album für's Erzgebirge. Von Mitgliedern des Schriftstellervereins. S. 8ff. Leipzig 1847

Bodemer, Heinrich: Die Abhilfe des Notstandes im Erzgebirge. Leipzig, Meißen, Riesa 1855

Dietrich, Alfred: Erzgebirgische Exulantendörfer. Crimmitschau 1927

Engewald, Giesela-Ruth: Georgius Agricola. Leipzig 1982

Enke, Rudolf: Die Bemühungen um die Hebung der erzgebirgischen Spielwaren-Industrie. In: Zeitschrift für Drechsler, Elfenbeingraveure und Holzbildhauer VII (1884) 15, S. 113f., Leipzig

Entwicklungsgeschichte des Verbandes der Erzgebirgischen Spiel- und Holzwareninteressenten, e. V., Olbernhau. In: Wegweiser für die Spielwaren-Industrie (Export-Anzeiger) Hildburghausen 40 (1925) o. S.

Fritzsch, Karl-Ewald; Wilsdorf, Helmut: Die bergmännische Kleidung im Berufsleben und in ihrer gesellschaftlichen Funktion. In: Sächsische Heimatblätter, Dresden. T. 1, 18 (1972), S. 221ff.; T. 2, 19 (1973), S. 106ff.

Fritzsch, Karl-Ewald; Sieber, Friedrich: Bergmännische Trachten des 18. Jahrhunderts im Erzgebirge und im Mansfeldischen. Berlin 1957

Göhre, Paul: Die Heimarbeit im Erzgebirge und ihre Wirkungen. Chemnitz o. J.

Hohendorf, Gerd: Das sächsische Schulgesetz von 1835 – Teil der liberalen Staatsreformen? In: Sächsische Heimatblätter, Dresden 29 (1983) 1, S. 39ff.

Jahresbericht der Handels- und Gewerbekammer Dresden für die Jahre 1866, 1867, 1868, 1869

Lehnert, Horst: Entstehung, Entwicklung und Verbreitung der Fabrikschulen in Sachsen. In: Jahrbuch für Erziehungs- und Schulgeschichte, 7 (1967) S. 3ff.

Lindenberg, Fritz: Heimarbeit in der Spielzeugindustrie des oberen Erzgebirges (Dissertation). Leipzig 1936

Lindner (Finanzprocurator): Wanderungen durch die interessantesten Gegenden des Sächsischen Obererzgebirges. Annaberg 1844

Löscher, Hermann: Quellenschriften zum Durchzuge der vertriebenen Salzburger im Jahre 1732 durch Sachsen und besonders durch das Erzgebirge. In: Glückauf, Schneeberg (1935) 55. S. 63ff.

Noltze-Winkelmann, Anne (Herausgeber): Trachten der Berg- und Hüttenleute im königlichen Sachsen von G. E. Rost, Freiberg 1831. (Neudruck) Frankfurt/M. o. J.

Pollmer, Karl Hans: Die Fabrikschule in Herold – eine unter vielen. In: Sächsische Heimatblätter, Dresden 28 (1982) 3, S. 132ff.

Schöne, Bernd: Posamentierer – Strumpfwirker – Spitzenklöpplerinnen. In: Volksleben zwischen Zunft und Fabrik. Herausgeber: Rudolf Weinhold, S. 107ff. Berlin 1982

Sieber, Siegfried: Wie das Erzgebirge Industrieland wurde. In: Urania, Leipzig (1951) S. 367ff.

Sieber, Siegfried: Zur Geschichte des erzgebirgischen Bergbaues. Halle 1954

Sieber, Siegfried: Die Spitzenklöppelei im Erzgebirge. Leipzig 1955

Strauß, Rudolph: Aus der Vergangenheit des Bezirkes Karl-Marx-Stadt. Karl-Marx-Stadt 1953

Die Vertriebsgesellschaft handwerklicher Erzeugnisse e. V. in Dresden und Seiffen i. Erzgebirge. In: Wegweiser für die Spielwarenindustrie (Export-Anzeiger) Hildburghausen 40 (1925) o. S.

Vogel, Hugo: Zur Geschichte der erzgebirgischen Posamentenindustrie (= 1. Teil der Betriebschronik des VEB Obererzgebirgische Posamenten- und Effekten-Werke Annaberg-Buchholz 1)

Wächtler, Eberhard; Neubert, Eberhard: Die historische Bergparade anläßlich des Saturnfestes im Jahre 1719 (Kommentar zum Faksimiledruck). Leipzig 1982

Wiefel, Bernd: Leseholz – ein Kapitel Alltagsgeschichte aus der Mitte des 19. Jahrhunderts. In: Erzgebirgische Heimatblätter (1982) 5, S. 115ff.

Wilsdorf, Helmut: Kulturelle Entwicklung im Montanbereich während der Zeit der frühbürgerlichen Revolution. In: Autorenkollektiv. Der arm man 1525. Volkskundliche Studien. Berlin 1975

Wilsdorf, Helmut: Einblick in die Montangeschichte des Osterzgebirges. In: Werte der Heimat. Bd. 10. Berlin 1966

## 5
*Allgemeine Studien zur Seiffener Volkskunst
bzw. zur Schnitzerei des Erzgebirges*

Autorenkollektiv: Beiträge zur Pflege der erzgebirgischen und vogtländischen Folklore. In: Glückauf 2, Schneeberg 1980

Autorenkollektiv: Festschrift 650 Jahre Seiffen. 1974

Bachmann, Manfred: Aktives Wirken für Seiffens Volkskunst: Zum 70. Geburtstag von Bundesfreund Johannes Eichhorn. Sächsische Heimatblätter, Dresden 20 (1974) 3, S. 137

Bachmann, Manfred: Folkkonst från Erzgebirge (Katalog). Falun 1975

Bachmann, Manfred: Die Widerspiegelung des Bergbaues in der traditionellen Holzschnitzerei des sächsischen Erzgebirges. In: Arbeit und Volksleben, Göttingen (1967) S. 174ff.

Bachmann, Manfred: Seiffener Spielzeugschnitzer. Leipzig 1956

Bachmann, Manfred: Zur Entwicklung der erzgebirgischen Holzschnitzerei. In: Abhandlungen und Berichte des Staatlichen Museums für Völkerkunde Dresden, Bd. 22. Berlin 1963, S. 143 ff.

Bachmann, Manfred: Zur Geschichte der Seiffener Volkskunst. In: Abhandlungen und Berichte des Staatlichen Museums für Völkerkunde Dresden, Bd. 28. Berlin 1968, S. 171 ff.

Bilz, Hellmut: Erzgebirgisches Spielzeugmuseum Seiffen, 6. Auflage. In: Schriftenreihe (1981) Seiffen, Heft 1

Bilz, Hellmut: Die gesellschaftliche Stellung und soziale Lage der hausindustriellen Seiffener Spielzeugmacher im 19. und Anfang des 20. Jahrhunderts. In: Schriftenreihe (1975) Seiffen, Heft 2

Bilz, Hellmut: Im Spielzeugdorf entsteht ein Freilichtmuseum. In: Sächsische Heimatblätter, Dresden 19 (1973) 6, S. 281 f.

Bilz, Hellmut: 25 Jahre Erzgebirgisches Spielzeugmuseum Kurort Seiffen. In: Sächsische Heimatblätter, Dresden 24 (1978) 6, S. 241 ff.

Bilz, Hellmut: Die Neugestaltung des Erzgebirgischen Spielzeugmuseums Seiffen. In: Neue Museumskunde 12 (1969) 2, S. 237 ff. Berlin

Bilz, Hellmut: Das Reifendrehhandwerk im Spielwarengebiet Seiffen, 3. Auflage. In: Schriftenreihe, Seiffen (1982) Heft 3

Eichhorn, Johannes: Auf den Spuren Seiffener Volkskunst. In: Sächsische Heimatblätter, Dresden 26 (1980) 6, S. 246

Eichhorn, Johannes: Seiffener Volkskunst – Tradition und Entwicklung. Ein Arbeitsbericht 1950–1980. In: Sächsische Heimatblätter, Dresden 26 (1980) 1, S. 13 ff.

Eichhorn, Johannes: Das Spielzeug in der Volkskunst des Erzgebirges. In: Rufer, Karl-Marx-Stadt (1965) S. 16 ff.

Eichhorn, Johannes: Verantwortung für die Seiffener Volkskunst. In: Sächsische Heimatblätter, Dresden 19 (1973) 6, S. 265 f.

Eichhorn, Johannes: Das «Seiffener Drehwerk». In: Heimatkundliche Blätter 3 (1957) 4, S. 306 ff.

Eichhorn, Johannes: Seiffen, das Spielzeugdorf im Blickpunkt des Lebens. In: Sächsische Heimatblätter, Dresden 5 (1959) 8, S. 529 ff.

Eichhorn, Johannes: Die Entwicklung des Seiffener Spielzeugs zur Handelsware und der gegenwärtige Stand des Volkskunstschaffens. In: Heimatkundliche Blätter, Dresden 3 (1957) 6, S. 483 ff.

Fritzsch, Karl-Ewald: Die Umstellung des Bergortes Seiffen zur Spielzeugproduktion. In: Sächsische Heimatblätter, Dresden 11 (1965) 6, S. 482 ff.

Fritzsch, Karl-Ewald: Vom Bergmann zum Spielzeugmacher. In: Deutsches Jahrbuch für Volkskunde, Bd. II, S. 179 ff. Berlin 1956

Fritzsch, Karl-Ewald: Bergmann und Holzdrechsler. In: Festschrift für Friedrich Sieber (= Letopis, Reihe C, 6/7) S. 152 ff. Bautzen 1964

Fritzsch, Karl-Ewald: Erzgebirgische Spielwaren auf Märkten und Messen. In: Sächsische Heimatblätter, Dresden 13 (1967) 6, S. 241 ff.

Fritzsch, Karl-Ewald: Pobershauer Bergleute werden Spielzeugdrechsler. In: Sächsische Heimatblätter, Dresden 13 (1967) 6, S. 264 ff.

Grauwiller, Christoph P.: Spielzeug aus dem Erzgebirge (Sonderdruck). Lausen/Schweiz 1978

Kunze, Rolf: Die Volkskunst des Schnitzens im Erzgebirge. Teil I: Vom Ursprung. In: Glückauf, Schneeberg. Beiträge zur Folklorepflege (1982) 7/8

Kunze, Rolf: Die Volkskunst des Schnitzens im Erzgebirge. Tradition – Wesen – Gestaltung. In: Glückauf, Schneeberg. (1982) 7/8

Langner, Reinhold (in Zusammenarbeit mit Herbert Clauß und Manfred Bachmann): Neue Schnitzarbeiten aus dem Erzgebirge. Leipzig 1957

Lohse, Emil (Hg. J. Eichhorn): Erlebte Volkskunst. Dresden 1963

Meyer, Gertrud: Die Spielwarenindustrie im sächsischen Erzgebirge. Leipzig 1911

Pflugbeil, Werner: Museum für bergmännische Volkskunst (Katalog). Schneeberg 1972

Pflugbeil, Werner: Erzgebirgische Schnitzarbeiten. Schneeberg 1972

Schelling, Walter: Die sächsisch-erzgebirgische Holzwarenindustrie seit dem Ausbruch des Weltkrieges (Dissertation). Leipzig 1935

Statut der Reifendreherinnung (Zwangsinnung) im Bezirke der amtshauptmannschaftlichen Delegation Sayda. Olbernhau 1906

Tautenhahn, Fritz: Das Schnitzen im Erzgebirge. Eine bergmännische Volkskunst. Schwarzenberg 1937

Winkler, Johannes: Entwicklung und Lage der Holzspielwarenindustrie des sächsischen Erzgebirges in den beiden letzten Jahrzehnten (Dissertation). Halle–Wittenberg 1935

*6*
*Studien zu ästhetischen*
*und technologischen Fragen der Holzgestaltung,*
*insbesondere des Spielzeugs*

Bachmann, Manfred: Gedanken zum bildnerischen Volksschaffen in der DDR. In: Sächsische Heimatblätter, Dresden 16 (1970) 6, S. 241 f.

Blandford, Percy: Holz als Werkstoff. Ravensburg 1982

Born, Erwin: Die Kunst zu drechseln. Entwurf – Ausführung – Beispiele. München 1983

Born, Erwin: Die Einrichtung historischer Drechslerwerkstätten. In: Volkskunst (6) 3, S. 129 ff. München 1983

Dietze, Knut; Schwalbe, Gernot: Erzgebirgisches Spielzeug. Eine Analyse des erzgebirgischen Spielzeuges und Raumschmuckes (Abschlußarbeit Fachschule für angewandte Kunst). Schneeberg 1983

Eckstein, Karl: Schnitzen und Gestalten. Leipzig 1962

Eggen, Lars: Schnitzen. Ravensburg 1979

Flade, Helmut: Das Erbe Friedrich Fröbels in der VERO-Design-Strategie (Manuskript). 1982

Flade, Helmut: Holz – Form und Gestalt. Dresden 1976

Hirzel, Stephan: Spielzeug und Spielware. Ravensburg 1956

Hüning, Heinrich: Gestalten mit Holz. Köln 1977

Katalog: Lüder Baier – Holzgestaltung. Dresden 1980

Katalog: Spiel als Beispiel. Fundamente zu Spiel und Kunst. Riehen/Basel 1982

König, Werner: Holzschnitzen. Leipzig 1968

Kunze, Rolf: Schnitzfibel für Kinder und Jugendliche. Karl-Marx-Stadt o. J.

Langner, Reinhold: Zur Definition der Volkskunst. In: Katalog «Deutsche Volkskunst». Berlin 1952

Langner, Reinhold: Neue Schnitzarbeiten aus dem Erzgebirge. Leipzig 1957
Maisenbach, Hans-Peter: Werken und Basteln mit Holz. München 1974
Mohrmann, Ute: Marginalien zur Volkskunstforschung. In: Jahrbuch für Volkskunde und Kulturgeschichte. 25. Bd. (Neue Folge 10) S. 53 ff. Berlin 1982
Mommertz, Karl Heinz: Bohren, Drehen und Fräsen. Geschichte der Werkzeugmaschine. Hamburg 1981
Nerdinger, Winfried (Herausgeber): Richard Riemerschmid. Vom Jugendstil zum Werkbund. Werke und Dokumente. München 1982
Peesch, Reinhard: Holzgerät in seinen Urformen. Berlin 1966
Peesch, Reinhard: Volkskunst. Umwelt im Spiegel populärer Bildnerei des 19. Jahrhunderts. Berlin 1978
Piekarck, Udo: Holzspielzeug (Katalog). Berlin (W) 1981
Platt, John: Holzarbeiten. Ravensburg 1982
Pohl, Herbert: Holzschnitzen. München 1980
Reichelt, Hans: Neue Gestaltungsmöglichkeiten bei Fahrspielen. In: Standardisierung Spielzeug. Sonneberg 8 (1967) 3, S. 15 f.
Reichelt, Hans: Konstruktion und Gestaltung alter Fahrspiele. In: Spielzeug 8 (1967) 1, S. 12 ff. Sonneberg
Reichelt, Hans: Holzspielzeug – farbig gestaltet. In: Spielzeug 3 (1962) 4, S. 5 f. (II); 3 (1962) 3, S. 8 ff. (I). Sonneberg
Reichelt, Hans: Holzspielzeug – farbig gestaltet. In: Standardisierung Spielzeug, 3 (1962) 3, S. 8 f.; 4, S. 5 f. Sonneberg
Ritz, Joseph: Holz. In: Deutsche Volkskunde. Bd. 1 (1934) S. 414 ff. Berlin
Röttger, Ernst: Das Spiel mit den bildnerischen Mitteln. Bd. II Werkstoff Holz. Ravensburg 1961
Schanz, Max: Volkskunst in der erzgebirgischen Holz- und Spielwarenarbeit. In: Mitteldeutsche Blätter für Volkskunde 16 (1941) 3/4 S. 76 ff. Dresden
Schlicker, Franzgünter; Krieger, Barbara: Hundert Tips für den Hobby-Drechsler. Leipzig/Jena/Berlin 1982
Seifert, Alwin: Neues erzgebirgisches Holzspielzeug. In: Sächsische Heimat 9 (1925) 3
Spannagel, Fritz: Das Drechslerwerk. Ravensburg 1948
Steinert, R.; Hegewald, H.: Der Drechsler. 4., verbesserte Auflage, Leipzig 1981
Verfasserkollektiv: Bewertungsrichtlinien der Jury des Warenzeichenverbandes für Kunsthandwerk und Kunstgewerbe e. V. der DDR – expertic – für die Bewertung der Qualität von Erzeugnissen der ihm angehörenden Betriebe und Werkstätten. Olbernhau o. J.
Vogenauer, E. R.: Spielzeug (Mappe). Berlin 1963
Werner, L.: Vom Buchenstamm zum Spielzeugkram. Ein Blick hinter die Kulissen der Holzspielzeugherstellung. In: Spielmittel, Bamberg (1982) 5, S. 17 ff.

*7*
*Studien zu einzelnen Zentren,*
*Herstellern, Künstlern oder zu einzelnen*
*Spielzeug- und Volkskunstformen*

Anthes, Helmut: Beim Odenwälder «Gailchesmacher». In: Puppen und Spielzeug (1982), 4, S. 8 f. Stuttgart
Arndt, Gisela: Erinnerungen an den Seiffener Männelmacher Louis Hiemann. In: Sächsische Heimatblätter, Dresden 6 (1960), 9, S. 543 ff.
Autorenkollektiv: Wer knackt dem Seiffener Nußknacker die Nuß? In: Neue Berliner Illustrierte Nr. 52 (1965), S. 10 ff.
Autorenkollektiv: Zwischen Rennsteig und Sonneberg (= Werte der Heimat Bd. 39) Berlin 1983
Autorenkollektiv: Erzgebirgische Volkskunst aus Olbernhau. Olbernhau 1983
Bachmann, Manfred: Der Holzschnitzer Erich Müller – Ein Künstler aus dem Volke. (= Letopis Reihe C, 13) S. 19 ff. Bautzen 1970
Bachmann, Manfred: Das «Schokoladenmädchen» von J. E. Liotard als Motiv der Volkskunst. In: Dresdener Kunstblätter, 15 (1971), 4, S. 180 ff.
Bachmann, Manfred: Das Zürcher Spielzeugmuseum. In: du. 7, 1982 Basel S. 4 ff.
Bachmann, Manfred: Elfriede Jahreiß zum Gedenken. In: Sächsische Heimatblätter, Dresden 6 (1981)
Bachmann, Manfred: Krippenschnitzerei im sächsischen Erzgebirge. In: Die Weihnachtskrippe 32 (1965), S. 82 ff. Telgte
Bachmann, Manfred: Ludwig Richter und die Volkskunde (Manuskript für Ausstellungskatalog), 1983
Bachmann, Manfred und Hanemann, Claus: Das große Puppenbuch. 4. Auflage, Leipzig 1978
Bachmann, Manfred und Langner, Reinhold: Berchtesgadener Volkskunst. Leipzig 1957
Barthel, Friedrich: Zur Geschichte des vogtländischen Drehturmes. In: Sächsische Heimatblätter, Dresden 7 (1960) 9, S. 548 ff.
Bayer, Lydia: Das Spielzeugmuseum der Stadt Nürnberg. Nürnberg 1978
Bayer, Lydia: Das europäische Puppenhaus von 1550–1800. (Teildruck einer Dissertation) Würzburg 1962
Benkert, Gertrud: Altes bäuerliches Holzgerät. München 1976
Bilz, Hellmut: Das Reifendreherhandwerk in der erzgebirgischen Spielzeugproduktion des Seiffner Gebietes. Eine volkskundliche Untersuchung zur Geschichte der Produktivkräfte. In: Wissenschaftliche Zeitschrift der Humboldt-Universität zu Berlin, Ges.-Sprachw. R. XX (1971) 1, S. 99 ff.
Bilz, Hellmut: Einem vergessenen Volkskünstler zum Gedächtnis (über Louis Hiemann). In: Unsere Heimat (1957) 9, S. 1 ff. Marienberg
Bilz, Hellmut: Seiffener Reifentiere – Herstellung, Gestaltung und Bedeutung (Manuskript). Seiffen 1983
Bogner, Gerhard: Das große Krippenlexikon. Geschichte, Symbolik. Glaube. München 1982
Buschmann, Wolfgang: Die Geschichte vom Nußknacker Kunka. Berlin 1974
Dauskardt, Michael: Die Spanschachtel, eine vergessene Verpackung. In: Volkskunst (6) 2 (1983) S. 71 ff. München
Döderlein, Wilhelm: Alte Krippen. München o. J.
Döderlein, Wilhelm: Erzgebirgische Weihnachtskunst heute. In: Westermanns Monatshefte, 12 (1958) S. 47 ff. Braunschweig
Dröge, Kurt: Spanschachteln (Bestandskatalog). Westfälisches Freilichtmuseum bäuerlicher Kulturdenkmale. Detmold 1979
Eichhorn, Johannes: Der Baum in der Volkskunst des Erzgebirges. In: Der Heimatfreund für das Erzgebirge. (1972) 12, S. 275 ff. Stollberg

Eichhorn, Johannes: Professor Alwin Seifert (1873–1937), ein verdienter Förderer der Seiffener Volkskunst. In: Kalender Sächsische Gebirgsheimat. Ebersbach 1967

Eichhorn, Johannes: Emil Helbig zum 100. Geburtstag. In: Erzgebirgische Heimatblätter, Olbernhau (1983) S. 141 ff.

Eichhorn, Johannes: Von Seiffener Schwebeengeln (Manuskript). Seiffen 1954

Eichhorn, Johannes: Faltfotomappe über die Werkstatt Kurt Füchtner, Seiffen o. J.

Eichhorn, Johannes: Zum Gedenken Kurt Füchtners. In: Sächsische Heimatblätter, Dresden 17 (1971) 3, 3. Umschlagseite

Eichhorn, Johannes: Max Auerbach, Seiffen. 80 Jahre. In: Sächsische Heimatblätter, Dresden 16 (1970) 4, S. 192, 3. Umschlagseite

Eichhorn, Johannes: Die Schnitzkunst eines Webersohnes. Emil Helbig zum 100. Geburtstag. In: Erzgebirgische Heimatblätter, Olbernhau 6 (1983) S. 141 ff.

Findeisen, Kurt Arnold: Das Goldene Weihnachtsbuch. Leipzig 1940

Flade, Helmut: In Memoriam Grete Wendt (1887–1979). In: Expertic – Information S. 3, Juli 1979, Olbernhau

Flade, Helmut: Fröbel – Spielzeug im Erzgebirge. In: Spielzeug (1982) 2, S. 2 ff. Sonneberg

Fleischer, M.: Holzdreherei und Holzschnitzerei im Odenwald und in der Rhön. Frankfurt/M. 1913

Fritzsch, Karl-Ewald: Die Arche. In: Sächsische Heimatblätter, Dresden 22 (1976), 6, S. 250 ff.

Fritzsch, Karl-Ewald: Haus, Siedlung und bäuerliche Arbeit im Spielzeugmodell. In: Sächsische Heimatblätter, Dresden 14 (1968) 6, S. 268 ff.

Fritzsch, Karl-Ewald: Zur Geschichte der erzgebirgischen Weihnachtspyramide. In: Sächsische Heimatblätter, Dresden 12 (1966) 6, S. 474 ff.

Fritzsch, Karl-Ewald: Zur Entwicklungsgeschichte des Lichterengels. In: Sächsische Heimatblätter, Dresden 9 (1963) 6, S. 516 ff.

Fritzsch, Karl-Ewald: Bergmann und Engel. Zur Geschichte der weihnachtlichen Lichterträger des Erzgebirges. In: Sächsische Heimatblätter, Dresden 6 (1960) 9, S. 534 ff.

Gantner, Theo: Die verkleinerte Welt. Abbild – Modell – Spielzeug (Blätter für die Presse). Basel 1977

Gröber, Karl: Das deutsche Holzspielzeug des 18. und 19. Jahrhunderts. In: Bayerischer Heimatschutz (23) S. 87 ff. München 1927

Gröber, Karl: Alte Oberammergauer Hauskunft. 2., ergänzte Auflage, Rosenheim 1980

Grube-Heinecke, Regine; Grube, G. R.: Räuchermännlein Schmauch. Leipzig 1966

Grube-Heinecke, Regine; Grube, G. R.: Nußknacker Siebenzahn. Leipzig 1966

Guleja, Karl: Die Welt der Drahtbinder. Geschichte und Schicksal eines Gewerbes. (In Vorbereitung)

Haberlandt, Artur: Die Holzschnitzerei im Grödener Tale. In: Werke der Volkskunst. Bd. II, Wien 1914

Hagenau, M.: Im Spielwarendorf. In: Die Gartenlaube, Heft 52. Leipzig 1908

Haller, Reinhard: Volkstümliche Schnitzerei. Profane Kleinplastiken aus Holz. München 1981

Hartig, Hans: Vom Feuerstein zum Zündholz. In: Sächsische Heimatblätter, Dresden 6 (1960) 2, S. 89 ff.

Hartmann, August: Zur Geschichte der Berchtesgadener Schnitzerei. In: Volkskunst und Volkskunde, I. (1903) S. 61 ff., 77 ff., 87 ff.

Heinold, Ehrhardt; Rau, Hans Jürgen: Holzspielzeug aus aller Welt. Weingarten 1983

Hempel, Eberhard: Reinhold Langner. Holzschnitte. Dresden 1960

Hercik, Emanuel: Volksspielzeug. Prag 1952

Himmelheber, Georg (Herausgeber): Kleine Möbel. Modell-, Andachts- und Kassettenmöbel vom 13.–20. Jahrhundert. (Katalog) München 1979

Hirzel, Stephan: Th. Artur Winde. Potsdam 1948

Hoffmann, Heinrich: König Nußknacker und der arme Reinhold. Neudruck München 1975

Katalog: Spielzeug gestern und heute. Sonneberg 1981

Katalog: Die Türken vor Wien. Europa und die Entscheidung an der Donau 1683. Wien 1983

Katalog: Th. Artur Winde. Arbeiten in Holz. Freiberg 1949

Katalog: Spielzeugmuseum Michelstadt. 1982

Katalog: Reinhold Langner (Gedächtnisausstellung). Dresden 1958

Kaut, Hubert: Alt-Wiener Spielzeugschachtel. Wien 1961

Kind, Hermann: Der Hausiererhandel der slowakischen Drahtbinder unter besonderer Berücksichtigung des Königreiches Sachsen (Dissertation). Leipzig 1899

Knop, Steffi: Spielzeugmacher. In: Wochenpost (1982) 52, S. 4 f. (betr. Werkstatt G. Leichsenring)

Koerner, Heinz: Kann die alte Spänziehermühle in Grünhainichen uns helfen, den Zweig einer alten Volkskunst neu zu beleben? In: Sächsische Heimatblätter, Dresden 8 (1962) 1, S. 105 ff.

Kraft, Ruth; Ehnert, Albrecht: Usch und Thomas im Spielzeugland. Leipzig 1963

Krauß, Annemarie: Aus der Welt des Spielzeugs. Weiden 1982

Leber, Wolfgang: Die Puppenstadt Mon Plaisir. Leipzig 1965

Lehmann, Emmy: Die Puppe im Wandel der Zeiten. Sonneberg 1957

Leichsenring, Claus: Erzgebirgische Ortspyramiden. (= Glückauf, Heft 1) Schneeberg 1980

Leichsenring, Claus: Bauer und Männelmacher. Zur Arbeit des Volkskünstlers Karl Timmel aus Kühnhaide. In: Sächsische Heimatblätter, Dresden 29 (1983) 6, S. 284

Markgraf, Werner: Traditionsformen – in Holz gestaltet. Zu Besuch bei Dieter Groh. In: Erzgebirgische Heimatblätter (1983) 1, S. 2 ff.

Maurenbrecher, C. P. (Herausgeber): Europäische Kaufrufe I, Europäische Kaufrufe II. In: Die bibliophilen Taschenbücher Nr. 163, 172. Dortmund 1980

Metken, Sigrid: «Da steht der kalte Wintermann...» In: Volkskunst (6) 1, München 1983, S. 20 ff.

Meyfarth, Brunhild: Die Sonneberger Spielzeugmacher. Zu den Arbeits- und Lebensbedingungen der Sonneberger Spielzeugmacher Ende des 19. und Anfang des 20. Jahrhunderts. Sonneberg 1981

Mößmer, Anton: Kindersaugflaschen aus Holz. In: Volkskunst (6) 3, S. 138 ff. München 1983

Nekola, R.: Die Holz- und Spielwarenindustrie in der Viechtau bei Gmunden. Gmunden 1882

Neumann, Walter: Erzgebirgische Volkskunst in der Zündholzschachtel – eine Seiffener Besonderheit. In: Sächsische Heimatblätter, Dresden 27 (1981) 6, S. 258 f.

Neumann, Walter: Seiffener Kostbarkeiten. Zum 125. Geburtstag des Seiffener Männelmachers Louis Heinrich Hiemann. In: Sächsische Heimatblätter, Dresden 29 (1983) 6, S. 287 ff.

Ow, Felix Freiherr von: Das Kunstholzhandwerk im oberbayrischen Salinen-Forstamtsbezirk Berchtesgaden. München 1860 (Neudruck 1972)

Pitzonka, Johannes: Carl Stülpner. Legende und Wirklichkeit. 4. Auflage Olbernhau 1981

Reichel, Friedrich: Die Türkenmode in der sächsischen Kunst. In: Beiträge und Berichte der Staatlichen Kunstsammlungen Dresden. 1972–1975, S. 143 ff.

Rietschel, Christian: Die Weihnachtskrippe. Berlin 1973

Röhrich, Lutz: Adam und Eva. Das erste Menschenpaar in Volkskunst und Volksdichtung. Stuttgart 1968

Röhrich, Lutz: Noah und die Arche in der Volkskunst. Volkskunde – Fakten und Analysen. In: Festgabe für Leopold Schmidt, S. 433 ff. Wien 1972

Roth, Johann Ferdinand: Geschichte des Nürnberger Handels. 4 Bde. Leipzig 1800–1802

Sayn-Wittgenstein, Prinz Franz zu: Das Werdenfelser Museum in Garmisch-Partenkirchen. München 1977

Schanz, Max: Volkskunst in der erzgebirgischen Holz- und Spielwarenarbeit. In: Mitteldeutsche Blätter für Volkskunde (1941) 3/4, S. 76 ff. Leipzig

Schmidt, Leopold: Das Groteske in der Volkskunst (Katalog). Wien 1975

Schmidt, Leopold: Kleine Nußknacker-Suite. In: Werke der alten Volkskunst. Gesammelte Interpretationen. S. 26 ff. Rosenheim 1979

Schober, Manfred: Die Sebnitzer Kunstblumenindustrie und ihre wirtschaftliche Bedeutung für die Sächsische Schweiz. In: Sächsische Heimatblätter, Dresden 28 (1982) 4, S. 163 ff.

Schöne, Johannes: Sie tat, was sie konnte. Vom Wirken der Holzbildhauerin Brigitta Großmann-Lauterbach. Berlin 1968

Sievert, Helmut; Herzog, G. H.: Struwelpeter-Hoffmann. Frankfurt/M. 1978

Stäblein, Rita: Altes Holzspielzeug aus Gröden. Bozen 1980

Steinbach, F. Christian: Smoking Men. 3. Auflage, Hohenhameln o. J.

Steinbach, F. Christan: Nutcrackers. Hohenhameln o. J.

Stordeur, Rochus: Spielzeug in Schleusingen. Sonneberg 1974

Sturm-Godramstein, Heinz: Kinderwagen gestern und heute. Oberursel o. J.

Teller, Christian: Erzgebirgische Schwibbogen. Schneeberg 1982

Thier-Schroeter, Lore: Friedrich Fröbel – seine Spielgaben in den Kindergärten der Deutschen Demokratischen Republik. Berlin 1977

Tschekalow, Alexander: Bäuerliche russische Holzskulptur. Dresden 1967

Tschekalow, Alexander: Russisches Volksspielzeug. Dresden 1972

Unger, Werner: Wie kommt der Türke in die erzgebirgische Volkskunst? In: Unsere Heimat. Marienberg 2 (1978) 6, S. 116 ff.

Volk, Gudrun: Kinderarbeit in der Spielzeugindustrie des Kreises Sonneberg in der Zeit zwischen der Novemberrevolution und dem Ausbruch des zweiten Weltkrieges und ihre Auswirkungen auf die Lebensweise der Kinder. (Diplomarbeit Humboldt-Universität) Berlin 1977

Weismantel, Gertrud: Roß und Reiter. Berlin 1948

Zimmermann, Ingo: Rudolf Mauersberger. Berlin 1969

8
*Musterbücher, Kataloge, Festschriften und Warenverzeichnisse aus Werkstätten, Betrieben und Handelshäusern*

Acta Kauf- und Handelsmann George Carl Oehmes zu Waldkirchen Nachlaß betr. Erlangen 1814 (1839). Amtsgericht Augustusburg Nr. 1546 (Staatsarchiv Dresden)

Bachmann, Manfred: Das Sonneberger Spielzeugmusterbuch von 1831 (mit englischer Texteinlage). Leipzig 1979

Bachmann, Manfred: Das Waldkirchner Spielzeugmusterbuch. 2., verbesserte Auflage (auch engl. Ausgabe). Leipzig 1978

Bachmann, Manfred: Das Waldkirchner Spielzeugmusterbuch. Neu herausgegeben und kommentiert von Manfred Bachmann. Dortmund 1981 (= Reihe Die bibliophilen Taschenbücher Nr. 278)

Bestelmeier, Georg Hieronimus: Magazin von verschiedenen Kunst- und anderen nützlichen Sachen ... 1803 (Neudruck Zürich 1979, Herausgeber Theo Gantner)

Borchers, Elisabeth: Das Adventsbuch. Insel-Taschenbuch 449. Frankfurt 1979

Brühl, Georg: Musterbücher der Spielwarenfabrik F. A. Grundmann und der Spielwarenfabrik August Herrmann im Besitz des Hauses der Heimat Olbernhau. In: Sächsische Heimatblätter, Dresden 16 (1970) 6, S. 276 ff.

Frick, Felix: Franz Carl Weber. Wegebereiter zum europäischen Spielwarenfachhandel. Zürich 1983

Fritzsch, Karl-Ewald: Motive des Spielzeugs nach erzgebirgischen Musterbüchern des 19. Jahrhunderts. In: Sächsische Heimatblätter, Dresden 11 (1965) 6, S. 499 ff.

Fritzsch, Karl-Ewald: Erzgebirgische Spielzeugmusterbücher. In: Deutsches Jahrbuch für Volkskunde. Bd. IV, S. 91 ff. Berlin 1958

Fritzsch, Karl-Ewald: Ein erzgebirgisches Spielzeugmusterbuch aus Olbernhau. In: Sächsische Heimatblätter, Dresden 7 (1961) 9, S. 529 ff.

Gebhard, Torsten: Warenmusterkataloge. In: Bayerisches Jahrbuch für Volkskunde. 1972–1975. S. 213 f. Volkach 1975

Grauwiller, Christoph, P. (Herausgeber): Sammlerbulletin. Liestal/Schweiz 1981 ff.

Homo Ludens. Jubiläumsfestschrift F. C. Weber Gruppe. Zürich 1981

Katalog Spielzeug. Gemeinnützige Vertriebsstelle Deutscher Qualitätsarbeit. Gegründet vom Dürerbund. Hellerau bei Dresden o. J.

Keil, Otto: Aus alten Spielzeugmusterbüchern. In: Gebrauchsgrafik, Heft 12, S. 34 ff. 1960

Meyfarth, Brunhild: Wissenschaftlicher Katalog der Spielzeugmusterbücher aus der Sammlung des Spielzeugmuseums Sonneberg. Manuskript. 1982

Pieske, Christa: Schönes Spielzeug aus alten Nürnberger Musterbüchern. München 1979

Preiscourant von C. M. Oehme, Waldkirchen, Sa. Spielwaren-Fabrikation, o. J.

Schreiter, Horst: Der Borstendorfer Spielzeug-Musterkoffer. In: Sächsische Heimatblätter, Dresden 16 (1970) 6, S. 280f.

Söhlke, G.: Illustriertes Catalog und Preis-Courant von Kinder-Spiel-Waren. Berlin 1858

Spielzeugkatalog der Fa. Wagner und Schumann, Grünhainichen. Farbdruck mit Preislisten. Um 1900

Spielzeugmusterbücher verschiedener Zentren. Aus den Fachsammlungen: Staatliche Kunstsammlungen Dresden – Museum für Volkskunst; Erzgebirgisches Spielzeugmuseum Seiffen; Haus der Heimat Olbernhau; Spielzeugmuseum Sonneberg; Kunstmuseum Waltershausen/Thür.; Spielzeugmuseum Lydia Bayer Nürnberg; Germanisches Nationalmuseum Nürnberg; Altonaer Museum Hamburg. (Spezielle Ausgaben dazu vgl. Das Waldkirchner Spielzeug-Musterbuch. Neudruck 1978. Literaturverzeichnis)

Vedes GmbH: Vedes-Ratgeber. Nürnberg

Vedes GmbH: Warenkataloge. Nürnberg

Vedes e. G.: Festschrift 75 Jahre Vereinigung der Spielwaren-Fachgeschäfte e. G. Nürnberg. Nürnberg 1979

Warenkataloge und Werbeschriften der volkseigenen Betriebe: VEB-Kombinat Spielwaren Sonneberg; Warenzeichenverband expertic; VEB VERO Olbernhau; VEB Kombinat Erzgebirge Volkskunst Olbernhau

Warenkataloge und Werbeschriften der Firmen: Berchtesgadener Handwerkskunst; Richard Gläßer, Seiffen; Max Glöckner, Seiffen; G. Hempel, Olbernhau; Max Hetze, Seiffen: Hiemann & Sohn, Seiffen; H. E. Langner, Seiffen; Emil Leichsenring, Seiffen; C. H. Müller, Olbernhau; Carl Heinrich Oehme, Waldkirchen; D. H. Wagner & Sohn, Grünhainichen; Walter Weber, Seiffen; Wendt & Kühn, Grünhainichen; Spielwarenhaus Zeumer, Dresden

Warenkataloge des Spielzeugversandhauses Franz Carl Weber, Zürich

Warenverzeichnis Loguai Holzkunst. Pöttmes 1983

# Personenregister

Adler, Karl 244
Agricola, Georgius 16, 167, 210, 240
Anthes, Helmut 170
Arndt, Gisela 195
Arndt, Paul 53
Arnold, Karl 50
Auerbach, Christel 9
Auerbach, Gustav 179
Auerbach, Heinz 85, 91, 219, 222, 230, 234, 236, 244
Auerbach, Max 236, 238
Auerbach, Rudolf 204
August I., Kurfürst von Sachsen 100
Avenarius, Ferdinand 73

Bachmann, Manfred 55, 87, 89, 92, 131, 136, 156, 239
Baehr, George 102
Baier, Lüder 132
Baluschek, Hans 65
Bayer (Verleger in Waldkirchen) 146
Bayer, Lydia 10
Bebel, August 56, 60, 62
Bellmann, Kurt 142
Benjamin, Georg 64, 74, 75
Benjamin, Walter 8, 64
Berbisdorf, Graf von 57
Bernhard, Reinhard 233
Bernhardt, Georg 113, 179
Bernstein, Eduard 37
Bestelmeier, Georg Hieronimus 104, 170, 179, 180, 185, 200, 224, 236
Beyer, Helmut 170
Biermann, Emil 44, 167
Biermann, Heinrich 167
Biermann, Kurt 31
Biermann, Louis 204
Biermann, Oswald 53, 153
Bilz, Ernst 180
Bilz, Hellmut 9, 29, 31, 32, 45, 51, 90, 91, 113, 164, 167, 195
Bilz, Helmut 156
Bilz, Karl-Heinz 233
Bilz, Paula 180
Bilz, Richard 156
Blaschke, Karlheinz 19
Blum, Robert 35
Bodemer, Heinrich 59
Born, Stephan 59
Braune, Helmut 244
Brecht, Bertolt 78
Brockhage, Hans 92, 132, 227, 234
Bromberger, Barbara 80
Bücher, Karl 70
Buchwitz, Otto 88
Bürkner, Hugo 33, 238
Busch, Wilhelm 139, 164, 227
Buschmann, Wolfgang 214

Canzler, Carl 238

Ceipek, Barbara 233
Claus, Waltraud 84
Clauß, Herbert 8

Damm, Wally 10
Deneke, Bernward 68, 70
Diederichs, Eugen 64
Dörfelt, Heinrich 242
Dröge, Kurt 159
Duncker, Käte 65
Dürer, Albrecht 239

Eberlein, Max 227
Ehnert, Gustav 188, 198
Ehnert, Richard 53, 174, 195
Ehnold (Familie) 58
Eichhorn, Johannes 9, 34, 87, 90, 91, 167, 185, 195, 203, 204, 244
Einhorn, Carl Heinrich 42
Elterlein, Johanne Amalie von 230
Ender, Fritz 132
Ender, Rudolf 102, 104, 106, 113, 116, 132, 159, 222, 234
Engelhardt, Karl August 25, 102, 132, 180, 213
Engels, Friedrich 15, 35, 37, 39, 52, 56, 59, 60, 65, 67
Enger, Wilhelm 159
Enke, Rudolf 71
Enzmann, Bruno 84, 87, 170
Enzmann, Gunter 104
Enzmann, Peter 167, 170
Enzmann, Walter 110

Fechner, Clara 222
Fehr u. Wolff 203
Feist, Peter H. 65
Fiedler, Alfred 238
Findeisen, Kurt Arnold 222, 230, 239
Firmian, Graf von, Erzbischof von Salzburg 20
Fischer, Emil 113, 179
Fischer, Samuel Friedrich 69, 83, 167, 203
Flade, Helmut 9, 73, 92, 100, 106, 131, 139, 164
Flade, Otto 146
Flade, Paul 174, 200
Flath, Arthur 87, 180, 192
Flath, Gunter 85, 106, 198
Flath, Günther 87, 180, 236, 244
Flath, Richard 174, 195
Flath, Volker 170
Fleischmann, Adolf 213
Fleischmann, Georgius 159
Franke, Ernst 54
Friedrich II., König von Preußen 21
Friedrich August I., Kurfürst von Sachsen, als König von Polen August II. (der Starke) 21, 93
Friedrich Wilhelm I., König von Preußen 20, 21
Friedrich Wilhelm III., König von Preußen 50
Fritzsch, Karl-Ewald 9, 15, 22, 68, 89, 125, 136, 164, 170, 246
Fröbel, Friedrich 104, 106, 167
Frohs, Carl Heinrich 200, 204
Frohs, Ferdinand Louis 63, 204, 228
Frohs, Georg 19
Frohs, Gerhard 174, 195
Frohs, Walter 233, 234

Frommhold, Erhard 10
Füchtner, Albert 58, 87, 204
Füchtner, Gotthelf Friedrich 222
Füchtner, Kurt 84, 204, 210, 233
Füchtner, Werner 85, 210, 214, 222, 234
Füchtner, Wilhelm Friedrich 58, 214, 222
Führich, Joseph von 234

Gädicke, Johann Christian 26
Gantner, Theo 7, 10
Gauß, Hans 10
Geist, Hans Friedrich 9
Gelb (Abgeordneter) 60
Gläser, Elsa 167
Gläßer, Hedwig Helena 146
Gläßer, Martin 180
Gläßer, Paul Arthur 174, 195, 204
Gläßer, Richard 83, 222, 224, 230
Glöckner, Arthur 180
Glöckner, Julius 112, 142
Glöckner, Manfred 136
Glöckner, Max 100, 128
Glöckner, Rudolf 180, 200
Glöckner, Wolfgang 180
Göftel, Wolf 57, 58
Göhre, Paul 63
Goethe, Johann Wolfgang 156
Graubner, Max 234
Gröber, Karl 8, 64
Groh, Dieter 131, 132, 139, 164
Groß, Reiner 188
Grosz, George 239
Grotjahn, Alfred 64
Grube-Heinecke, Regine 214, 233
Grumal, Ulrich 36
Grundig, Hans 65
Grundig, Lea 65, 79, 87
Günther, Anton 46
Günther, Johannes 104, 106, 233

Haberlandt, Artur 8
Haller, Reinhard 8, 32
Härtel, Hermann Gustav 55, 56
Hartmann, August 8
Harzer, Alfred 180
Hasse, Sella 239
Hauptmann, Gerhart 66, 75
Haustein, Gotthelf Friedrich 228
Haustein, Hulda 72, 214, 228, 230
Haustein, Louis 72, 214, 228, 230
Hegewald, Curt 180
Heidenreich, Georg 156
Heidenreich, Günter 110, 153
Helbig, Emil 77
Helbig, Otto 159, 164
Helzel, Karl 159
Hennig, Bruno 174, 195, 242
Hennig, Hans 242
Hennig, Hilma 174, 195
Hercik, Emanuel 170
Hermann, Ernestine 174

Heß, Rudolf 78
Hesse, Hans 210
Hetze, Caspar 244
Hetze, Max 100, 128, 145, 146, 174
Hiemann, Andreas 22
Hiemann, Anna 192
Hiemann, Christian Friedrich 22
Hiemann, Johann Friedrich 22, 93
Hiemann, Louis Heinrich 25, 174, 185, 192
Hiemann, Oskar 185
Hiemann, Wilhelm Friedrich 192
Hildebrandt, Paul 170
Hirzel, Stephan 132
Hoffmann, E. T. A. 213, 214, 219
Hoffmann, Heinrich 170, 208, 219, 239
Hoffmann, Josef 9
Hofmann, J. W. 240
Hofmann, Werner 70
Hohendorf, Gerd 48
Hoppe, Ruth 47
Hoernle, Edwin 67
Hosemann, Theodor 65, 239
Hübsch, Gottfried 87, 106, 110, 164, 180, 230
Hübsch, Paul 192

Jacob, Brigitte 233
Jacobeit, Wolfgang 10
Jähner, Horst 10
Jahreiß, Elfriede 84, 128, 136, 163, 236, 244
Johann Georg I., Kurfürst von Sachsen 236
Johansen, Erna Maria 51
Jonas, Wolfgang 39
Just, Brüder 244

Kaden, Ewald 180
Kaden, Gerd 92
Kanitz, Otto 64
Kautsky, Karl 39
Kegel, Max 213
Kellner, Joseph 204
Kempe, Arthur 156
Kempe, Bruno 180, 198
Kempe, Egon 174
Kempe, Emil 164, 174
Kempe, Helmut 116, 132, 228
Kirsche, Georg 100, 128
Kolb, A. 125
Kolbe, Heinz 136
Kollwitz, Karl 65
Kollwitz, Käthe 54, 65, 66, 68
Krentzlin, Heinz 10
Kretzschmar, Bernhard 65
Krüginger, Johann 58
Kuczynski, Jürgen 50
Kulischer, Josef 33
Kurth, Willy 65

Lange, Lieselotte 164
Langer, Heinrich Emil 100, 128, 145, 146, 180, 192, 198, 200, 203
Langer, Richard 87, 204, 208
Langner, Reinhold 9, 87–89, 132

Lauterbach-Großmann, Brigitte 132
Lehar, Franz 228
Leichsenring, Claus 242
Leichsenring, Emil 180
Leichsenring, Erich 85, 159, 167, 185
Leichsenring, Günter 85, 91, 116, 159, 167, 185, 236, 244
Lemm, W. 52
Lenin, Wladimir Iljitsch 32, 63
Leon, Victor 228
Lesanovsky, Werner 62
Liebermann, Max 65
Liebknecht, Wilhelm 59–61
Liesche, Emma 61, 132
Liesche, Gustav 167
Lindner (Finanzprokurator) 53
Lingke, A. 238
Liotard, Jean-Etienne 239
Lippmann (Kantor) 136
List, Friedrich 198
Lorenz, Berndt 170
Lorenz, Harald 170
Lorenz, Karl Friedrich 204
Lorenz, Nicol 19
Lorenz, Siegfried 170
Lorenz, Willy 170
Lüders, Hermann 239
Luxemburg, Rosa 62

Mahlau, Alfred 9
Marcus, Otto 239
Markgraf, Werner 164
Märten, Lu 156
Marx, Karl 36, 39, 48, 51, 52, 56, 60, 67, 68, 192
Matthes, Max 200
Mauersberger, Rudolf 230, 239
Maximilian I., deutscher Kaiser 210
May, Karl 132
Mehring, Franz 37
Meil, Johann Wilhelm 43
Merkel, Dankegott Emanuel 25, 159
Meyfarth, Brunhild 10, 32
Mielke, Robert 73
Mittenwieser, Alois 8
Mogk, Eugen 71
Mohrmann, Ute 89
Most, Johann Joseph 60, 214
Motteler, Julius 60
Mühler, Ernst Alfred 89
Müller (Verleger in Olbernhau) 146
Müller, Albert 153
Müller, Auguste 63, 66, 122, 125, 136, 139, 142, 145, 153, 156
Müller, Camillo 180, 200
Müller, Erich 132
Müller, Ferdinand Friedrich 136, 139, 145
Müller, Gottlieb Friedrich 136
Müller, Karl 77, 84, 87, 125, 128, 131, 132, 136, 139, 142, 145, 146, 150, 153, 156, 164, 179, 228, 236, 242
Müller, Manfred 106
Müller, Otto 200
Müller, Selma 145
Müller, Wilhelmine Karoline 145

Müntzer, Thomas 57
Muthesius, Hermann 73

Napoleon I., Kaiser von Frankreich 214, 224
Nedo, Paul 10, 88, 89, 163
Neef, Helmut 42
Nerdinger, Winfried 73
Neuber, Johann 170
Neuber, Reinhard 185
Neubert, Minna 228
Neubert, Willy 228
Neumann, Walter 195, 203
Neutra, Richard 110
Niemeyer, August Hermann 238
Nieritz, Gustav 22

Oehme (Verleger in Grünhainichen) 174
Oehme, Carl Heinrich 40, 128, 146, 180
Oehme, Conrad 136
Oehme, Hans (?) 18
Oehme, Johann David 113
Otto, Ilka 92

Pätzold, Kurt 78
Peesch, Reinhard 89
Peitsch (Gauamtsleiter) 79
Pestalozzi, Johann Heinrich 104
Peter I., Zar von Rußland 100
Pflugbeil, Arno 200, 244
Pflugbeil, Rudolf 185
Pflugbeil, Werner 25
Pieck, Wilhelm 86
Pommer, Heinrich 227
Preißler, Heinz 87, 185, 233, 234, 236
Preißler, Paul 84, 95, 170, 228
Preußler (Glasmeisterfamilie) 244

Quellmalz, Werner 15
Querner, Curt 68

Raffael 239
Ramm, Max 63, 174, 195
Reible, Karl 76
Reichelt, Erich 200, 203
Reichelt, Hans 9, 92, 99, 113, 214, 222, 234, 240
Reuter, Ernst 167
Reuther, Christian Gotthelf 102
Richter, Ludwig 32, 33, 164, 222, 228, 236, 238, 239
Riedel, Ernst 244
Riegl, Alois 70
Riemerschmid, Richard 73, 164
Rienäcker, Werner 10
Röder, Ludwig 53
Röhrich, Lutz 163
Roscher, Max 60
Rosenow, Emil 60, 61, 94, 146, 192
Rost, G. E. 219
Rothe (Stadtverordneter) 63
Rühle, Otto 49, 67
Rumpf, Fritz 9

Sarrasani (Hans Stosch) 132
Schalling, Kurt 102, 110, 195
Schanz, Max 77, 163, 210, 230, 234, 236
Scharrer, Fr. 125
Schelling, Walter 76
Schirach, Baldur von 80
Schlesinger, Paul 66
Schlosser, Max 170
Schmidt (Verleger in Waldkirchen) 146
Schmidt, Harry 25, 234
Schmidt, Karl 164, 195
Schmidt, Leopold 204, 227
Schmolitzky, Oskar 89
Schmoller, Gustav 70
Schnorr von Carolsfeld, Julius 234
Schönberg, Caspar Haubold von 19
Schönberg, Caspar Heinrich von 9
Schönberg, Ewald 68
Schönberg, Rudolf von 23
Schönherr, Rudolf 180, 200
Schönherr, Werner 106, 164
Schreiter, Horst 25
Schubert, Josef D. 239
Schumann, August 25, 34
Schütz (Amtshauptmann) 19
Schwindrazheim, Oskar 73
Seidel, Bruno 63
Seifert, Alwin 73, 76, 77, 113, 185, 234
Semmler, Gottlieb 24, 40
Seyffert, Oskar 9, 42, 72, 73, 77, 125, 142, 146, 195
Sieber, Friedrich 70, 89, 102
Sieber, Siegfried 42
Sohnrey, Heinrich 73
Sombart, Werner 51
Sonnemann, Rolf 39
Spamer, Adolf 9, 87, 142
Stäblein, Rita 8
Steglich, Gotthard 116, 159
Stenbock-Fermor, Alexander Graf 66
Stephani, Heinz 86, 110, 170, 180
Stiehl, Max 87, 170
Storch, Herbert 31
Strauss, Gerhard 65
Stülpner, Carl 58, 61, 153, 219, 227, 230, 234, 240

Taut, Max 54
Teller, Curt 244
Teller, Johann 242
Thiele, Ernestine 31
Tränkner, Walter 222
Trier, Walter 9
Trinks, Emil 180
Tschaikowski, Peter 214

Uhlig, Kurt 195

Ulbricht, August Hermann 159
Ulbricht, Ewald 113, 159, 179
Ulbricht, Hartmut 224
Ulbricht, Otto 234, 236
Ulbricht, Paul Edmund 150, 213
Ulbricht, Paul Hermann 94, 150
Ulbricht, Rudolf 61, 113
Ullrich & Hoffmann 192

Vahlteich, Carl Julius 60
Vogenauer, Ernst Rud. 9

Wächtler (Verleger in Grünhainichen) 146
Wagner (Verleger in Grünhainichen) 146, 204
Wagner, Christoph 18
Wagner, Gerhard 195
Wagner, H. 170
Walther, Max 153, 179
Walther, Otto 153, 179
Weber, Arno 170
Weber, Ehrenfried 180
Weber, Franz 180
Weber, Klaus 180
Weber, Roland 110, 180, 195
Weber-Kellermann, Ingeborg 50, 104
Weinert, Erich 68
Weißbach, Johann Georg 102
Weißbecker, Manfred 78
Wendt, Alberth 76
Wendt, Grete 139, 164
Wenzel, Georg 170
Werner, Christian 170, 224
Werner, Siegfried 224
Werner, Walter 86, 91, 146, 219, 224, 240, 244
Werner, Wolfgang 224
Westenberger, B. E. 24, 25, 40
Wieck, Georg 22
Wiefel, Bernd 192
Wild, Christian Gottlob 102, 240
Wilhelm II., deutscher Kaiser, König von Preußen 50
Willmann, Heinz 68
Wilsdorf, Helmut 24, 40, 219
Winde, Theodor Artur 116, 132, 164
Winkler, Johannes 75–77
Wolf, Bruno 156
Wunderlich, Frieda 54, 55
Wüsten, Johannes 48, 49, 65

Zenker, Familie 234
Zetkin, Clara 48, 62, 63, 65
Zeumer, Richard 195
Ziener, Andreas 57, 58
Zille, Heinrich 65, 239
Zimmermann, Georg 179
Zwetz, Hermann 234

VEB VERLAG DER KUNST DRESDEN
2. Auflage
Lizenz-Nr. 413-455/A 5/85.
Alle Rechte vorbehalten.
Reproduktionen
Grafischer Großbetrieb Völkerfreundschaft Dresden.
Lichtsatz INTERDRUCK Graphischer Großbetrieb Leipzig.
Druck H. F. Jütte (VOB) Leipzig,
Betrieb der ausgezeichneten Qualitätsarbeit.
Graphische Gestaltung Eberhard Kahle.
Printed in the German Democratic Republic.
LSV 8109. Best.-Nr. 500 486 5.

06800